성경 다이제스트

통독을 위한
성경 다이제스트

첫판 1쇄 2014년 12월 19일

지은이 노상균
편집·발행인 김은옥
디자인 황지은
펴낸곳 올리브북스

주소 부천시 원미구 중동 소향로 203
전화 032-233-2427
이메일 olivebooks@naver.com
블로그 blog.naver.com/olivebooks

출판등록 제387-2007-00012호

ISBN 978-89-94035-26-0   03230

도서의 국립중앙도서관 출판예정도서목록(CIP)은 서지정보유통지원시스템 홈페이지
(http://seoji.nl.go.kr)와 국가자료공동목록시스템(http://www.nl.go.kr/kolisnet)에서 이
용하실 수 있습니다.
(CIP제어번호: CIP2014035807)

총판 기독교출판유통   031-906-9191(전화), 0505-365-9191(팩스)

통독을 위한
성경 다이제스트

노상균 지음

올리브 북스
Olive Books

먼저 노상균 장로님의 기도와 땀이 서린 귀한 책, 《성경 다이제스트》가 출간됨을 진심으로 기뻐하며 축하합니다. 특별히 자신의 회갑에 맞추어 자녀들에게 믿음의 유산을 선물하는 마음으로 냈다고 하니 참으로 뜻 깊고 귀합니다.

장로님은 말씀 훈련을 통해 영적 성장을 체험하며 말씀에 기초한 신앙의 길을 걸어왔습니다. 말씀에 대한 사모함을 가지고 열정적으로 배우고 연구하며 특히 말씀의 맥과 핵심 내용을 잘 파악하여 이를 정확히 전달하고 나누는 일에 큰 은사와 기쁨을 가지고 있습니다. 그래서 바쁜 생활 가운데서도 여러 해 동안 성경 공부를 인도하며 교회의 영적 성장을 위해 기여해 왔습니다. 이러한 헌신과 열정이 이렇게 귀한 열매로 맺어져서 정말 기쁘게 생각합니다.

이 책은 몇 가지 점에서 매우 유익하고 특별한 강점을 가지고 있습니다.

첫째, 책의 목적과 내용이 성경 통독을 돕는 길라잡이 역할을 하고 있습니다. "이 예언의 말씀을 읽는 자와 듣는 자와 그 가운데에 기록한 것을 지키는 자에게 복이 있나니"(계 1:3)라는 말씀처럼, 성경은 우선 읽어야 합니다. 이보다 더 중요하고 우선적인 일은 없습니다. 그런데 많은 성경연구서들을 보면 너무 주석적·신학적인 설명과 해석에 치우친 나머지 성경을 더 어렵고 복잡한 책으로 느끼게 만드는 경향이 있습니다. 또 성경에 대해서 많은 것을 배우고 연구하면서 정작 통독은 한 번도 하지 않는 사람들도 많습니다. 이에 비해서 이 책은 성경 통독의 중요성을 일깨워 줄 뿐만 아니라, 배경과 흐르는 맥을 핵심적으로 잡아내어 본문 중심으로 설명해 줌으로써 성경을 보다 쉽고 재미있게 읽어 나가는 데 도움을 주고 있습니다.

둘째, 평신도의 관점에서 서술해서 일반 성도나 교사, 속회 인도자와 같은 평신도 성경 교사들에게 도움이 될 것입니다. 저자는 많은 경건 서적과 성경연구서들을 탐독하였고 다양한 성경 공부 프로그램 과정을 이수하면서, 성도의 편에서 필요한 것이 무엇인지를 많이 느끼고 생각하며 성경을 연구했습니다. 이런 경험과 노력의 산물이기에 이 책은 그 어떤 성경 공부 책보다 평신도들에게 어필할 수 있는 강점을 갖고 있습니다.

셋째, 성경 66권에 대한 개론과 각론을 모두 갖추어서 성경을 전체적으로 뿐만 아니라 각 권별로 일목요연하게 이해하는 데 도움을 줍니다. 각 성경 본문의 내용을 단락별로 주제어로 정하고, 핵심 요절을 인용하여 중심 내용을 정리해서 내용 파악은 물론 성경 암송 효과를 낸 것은 특히 돋보입니다. 또한 설명이 필요한 관련 주제나 성경 상식을 박스 처리해서 파악하기 쉽게 하였으며, 지도와 도표를 적절히 사용한 것도 성경을 읽고 이해하는데 많은 도움을 주고 있습니다.

이처럼 이 책은 성도들이 성경을 통독하면서, 또는 통독하기 전 사전 이해를 돕기 위한 필요한 내용을 담고 있을 뿐만 아니라, 성경의 핵심 내용과 복잡하고 난해해 한 요소들을 잘 소화해서 일목요연하게 정리했다는 점에서 성경을 공부하는 모든 분들에게 큰 도움이 될 것입니다. 이에 성도들이 이 책을 꼭 읽어보기를 권하며 적극 추천합니다. 아무쪼록 《성경 다이제스트》가 성도와 교회로 하여금 말씀 중심의 신앙으로 돌아가는 일에 귀한 밑거름이 되기를 진정으로 바라 마지않습니다.

이원재 목사(남산교회)

　변호사라는 직업을 가진 평신도가 이런 책을 내놓으면, 성경을 가르치며 사는 소위 성경 전문가 교수와 목사는 무엇을 해야 하는가? 이건 내 삶의 영역을 침범하는 행위이고 내 밥그릇을 뺏는 것이다. 이건 성경 전문가의 뺨을 치는 것이 아닌가? 이 책의 원고를 읽으면서 이처럼 흐뭇한 우려가 내 생각을 헤집었다. 평생 성경을 가르치는 신학대학교 교수가 이런 흐뭇한 위협을 느낄 정도로 좋은 책을 세상에 내놓은 노상균 장로님께 먼저 축하와 감사의 말씀을 드린다. 책을 출판한다는 것은 자식을 낳는 일과 같다. 회갑에 건강하고 아름다운 자식을 낳을 수 있다는 것은 저자가 얼마나 건강하고 아름다운 몸과 영혼의 소유자인지를 여실히 드러내고 있다고 할 수 있다.

　이 책은 구약과 신약 성경 66권 하나하나의 역사적 기록 배경과 내용을 세심하게 개관하고 있을 뿐만 아니라, 그 문헌들의 상호관계성, 중요한 용어와 사실들, 신앙 지식적인 내용을 별도로 정리해서 성경에 관한 총체적이고 입체적인 안내를 제대로 해주고 있다. 또한 성경 문헌이나 중요한 구절들에 대한 신학적 논란이 될 수 있는 언급은 최대한 줄이면서도, 신학적으로 하고 싶은 말을 촌철살인(寸鐵殺人) 한 마디나 한 문장으로 슬쩍슬쩍 언급하고 있다. 이는 성경의 전문가를 자처하는 내가 이 책에서 찾은 커다란 매력 중의 하나이기도 하다. 평신도의 시각을 잃지 않으면서도 깊은 신학적 식견이 곳곳에 묻어나는 이 책은 성경 읽기를 위한 안내서로 중대한 역할을 할 것으로 기대한다.

한국 교회를 성장하게 한 중요한 에너지 중의 하나는 성경 통독이라고 할 수 있다. 그러나 숲을 보지 못하고 나무만 보는 평면적인 통독은 단편적인 지식 차원에 머무는 경우가 많고 성경을 보다 입체적으로 이해하지 못하게 한다. 이러한 통독은 성숙한 그리스도인의 신앙 지식과 인격으로까지 승화되지 못하는 경우가 허다하고, 자칫 단편적인 지식의 자랑으로 이어져 오히려 우리를 교만하게 할 수 있다.

저자는 성경을 신학적인 눈, 신앙적인 눈, 역사적인 눈으로 읽을 것을 권한다. 이 책은 다양한 눈으로 성경의 숲을 입체적으로 보고 읽을 수 있도록 안내한다. 다양한 눈으로 성경을 읽고 안내하는 이 책과 함께 성경을 읽는다면, 우리는 단편적인 지식을 얻는 차원에서 벗어나 훨씬 입체적이고 깊은 지식과 신앙으로까지 나아가게 될 것이다. 그런 점에서 이 책은 평신도들의 성경 통독을 위한 중요한 교과서가 되어야 한다고 생각한다.

나는 신학대학에서 미래의 목사가 될 학생들에게 신약성서신학을 가르치는 교수로서 성서에 관한 여러 책도 쓰고 다양한 주제의 강의를 해오면서 늘 아쉬운 것이 학생들의 성경 전체에 대한 입체적이고 개관적 지식의 빈곤함이었다. 《성경 다이제스트》는 평신도뿐만 아니라, 신학생들에게도 매우 유용할 것이다. 성경에 대한 입체적인 지식을 원하는 모든 이들에게 이 책을 기꺼이 추천한다.

조경철 교수(감리교신학대학교 신약성서신학)

'한 번뿐인 인생을 살면서 의미 있는 일을 한다면 과연 어떤 일일까?'를 고민한 적이 있습니다. 목회자로 살아가는 저에게는 아마도 평생 강단에 서서 하나님의 말씀을 전하는 것이 아니겠습니까? 노상균 장로님께서 이번에 《성경 다이제스트》라는 책을 내신다는 이야기와 함께 육십의 인생을 사시면서 의미 있는 일을 하고 싶다는 생각을 이렇게 몸소 실천하신 것을 보고 많은 도전을 받았습니다.

이 책은 장로님께서 하나님의 말씀이 송이꿀보다 더 달다는 시편 말씀처럼 성경과 함께 경건 서적과 성경개론서를 읽고 공부하는 것이 너무나 좋고 재미있어 시작했던 성경 통독과 성경 공부 강의안으로 만들었던 자료들을 토대로 쓴 책입니다. 성경을 공부하면서 자연스럽게 배우게 된 성경 전체의 맥과 흐름을 한눈에 들어오도록 정리해서 누구나 쉽게 성경을 이해할 수 있게, 그리고 평신도의 눈높이에 맞추었기 때문에 어렵게만 느껴졌던 성경을 더 가까이 할 수 있게 했습니다.

이 책은 성경의 전체 흐름과 맥을 잘 이해하지 못한 분들을 위한 '성경 통독의 길라잡이'의 역할을 충분히 감당할 것입니다. 저자의 애정이 묻어나는 《성경 다이제스트》를 기쁜 마음으로 추천합니다.

김병삼 목사(만나교회)

세상이 많이 어지럽습니다. 시대가 점점 더 악해져 간다는 한탄의 소리가 높습니다. 좋은 세상을 위한 지식과 정보는 넘쳐나고 있고 미래를 위한 대안들도 활발히 제시되고 있지만 믿음이 가질 않습니다. 살아 있는 생명의 호흡이 느껴지질 않아서입니다. 세상을 지배하는 단편적 지식과 정보들에서는 생명의 능력이 보이질 않아서입니다.

이 시대에 한 영적 리더십을 통해 하나님의 거대한 말씀의 세계를 보게 하셨습니다. 죽을 힘을 다해 생명의 말씀을 파고 또 파기 시작했습니다. 창조를 깨닫고 생육과 번성의 비밀을 알고 용서와 구원을 체험했습니다. 은혜와 능력을 소유했습니다. 오실 메시아를 보았고 오신 메시아를 만났으며 다시 오실 메시아를 사모하기 시작했습니다. 무궁무진한 생명 샘을 발견했습니다. 그리고 이제 생명 샘 둑을 터뜨려 우리에게도 나누어 주고자 했습니다.

성경을 다 알아야 합니다. 성경을 먹어야 합니다. 생명의 양식이기 때문입니다. 부분적이 아니라 전체를 모두를 다 알기 위해 빠짐없이 먹기를 소망합니다. 세상에 희망이 있고 미래에 비전이 있음을 보게 될 것입니다. 성경에 하나님 나라가 있기 때문입니다. 생명의 능력이 있기 때문입니다. 《성경 다이제스트》이 책이 생명 양식을 먹고 생명 샘을 마시는 길로 인도해 줄 것입니다. 노상균 장로님의 귀한 수고에 뜨거운 감사의 마음 드립니다.

박종렬 목사(조이어스교회)

1980년 사법시험을 준비하던 어렵고 힘들었던 젊은 시절에 교회를 찾아
간 것이 신앙 생활의 시작이었습니다. 그 해 하계수련회 때 성령 세례를 받
고 이듬해 하나님의 은혜로 시험에 합격한 후 사법연수원에서 신우회 활동
도 했습니다. 그러나 말씀의 뿌리가 없는 관계로 바쁜 공직 생활을 핑계 삼
아 신앙 생활을 제대로 하지 못했습니다. 1992년에 가서야 비로소 섬기는
교회를 정하고 주일 성수와 십일조를 하며 교회 생활을 다시 시작했지만
여전히 '선데이 크리스천'에 불과했습니다. 그러다가 21세기를 맞는 2000
년 연말에 이재철 목사님(100주년 기념교회)의 《회복의 신앙》을 읽고 20년
전 예수님과의 첫사랑을 추억하면서 마치 돌아온 탕자처럼 지난날을 회개
하고 새롭게 신앙 생활을 하게 되었습니다.

2001년 당시 남산교회의 대표적 사역인 '101일 성경 통독 새벽예배'에 참
석하면서 구약 성경과의 만남이 시작되었고, 이스라엘과 소아시아 성지 순
례를 통해 더 가까이 성경 안으로 들어갔습니다. 하나님 말씀이 송이꿀보
다 더 달다는 시편 말씀처럼 성경과 함께 경건 서적과 성경개론서를 읽고
공부하는 것이 너무나 좋고 재미있었습니다. 급기야는 예수전도단 독수리
훈련학교의 성경연구학교와 온누리교회 두란노성경대학에서 성경을 체계

적으로 배우며 공부했습니다. 이 자리를 빌려 은혜로운 경건 서적을 통해 이 땅의 평신도들이 예수님을 아는 지식에서 자라 가게 하시고 영적 세계를 깨닫도록 해주신 많은 목사님과 교수님들께 감사의 말씀을 드립니다.

이처럼 성경 통독과 공부를 통해 자연스럽게 성경 전체의 맥과 흐름이 한눈에 들어오기 시작하면서 성경 공부를 인도하고 싶은 열망이 뜨겁게 일어났습니다. 때마침 장로로 피택 된 2009년부터 성경 공부를 인도하면서 말씀에 사로잡힌 삶이 주는 기쁨과 행복을 누렸습니다. 이때 학습효과를 높이기 위해 여러 성경과 성경개론서를 참고하여 강의안을 만들기 시작했는데 그 강의안이 이 책의 토대가 되었습니다.

이 책을 출간하기에 앞서 많은 망설임이 있었습니다. 신학 교수님과 목사님들이 쓰신 탁월한 성경개론서들이 많이 있는데 평신도가 여러 서적의 내용을 편집, 정리한 것에 불과한 책을 굳이 출간할 필요가 있을까 하는 생각과 함께 무엇보다도 여러모로 부족한 믿음 생활 때문에 내키지 않았습니다.

그런데 나이 육십이 되어 지난날을 돌아보며 의미 있는 일을 하고 싶다는 생각을 갖던 차, 지난 3년 동안 정성껏 만든 성경 공부 강의안을 책으로 출간하면 성경 통독을 원하는 성도들은 물론 말씀을 전하는 속회 인도자와 교사들에게 도움이 될 것 같고, 이제 막 믿음의 가정을 이루어 나가는 자녀들에게도 뜻 깊은 믿음의 선물이 될 것 같아 부족함이 많지만 감히 출간을 결심했습니다.

이 책의 특징은 성경 통독을 위한 도우미라고 할 수 있습니다. 성경 내용이 방대하고 이해하기 어려워 쉽사리 통독을 시도하지 않았거나 완독하지 못한 분들, 성경을 통독했어도 성경 전체 흐름과 맥을 잘 이해하지 못한 분들을 위한 '성경 통독의 길라잡이'의 역할에 중점을 두었습니다.

먼저 성경을 일별하기 쉽게 66권의 역사적 배경과 기록 목적, 주제와 구조, 특징과 내용을 간단명료하게 정리함으로써 성경을 읽기 전에 짧은 시간 내에 성경의 개관을 파악할 수 있게 하였습니다. 또한 기본 성경 요절은 물론 가급적 많은 성경 구절을 기재해서 자연스럽게 성경과의 친숙함을 갖게 했습니다. 마치 여행 전에 안내서를 참고하면 보다 재미있고 의미 있는 여행을 할 수 있듯이 이 책을 먼저 읽고 성경을 보면 보다 유익한 성경 읽기가 될 것입니다.

거듭 강조하지만 이 책은 성경 통독을 위한 안내서인 '참고서'에 불과합니다. 성경이야말로 진정 우리의 생명이고 삶의 기준인 교과서입니다. 우리 모두는 성경을 온전히 읽고 하나님 말씀 안으로 돌아가야 합니다. 무엇보다도 매일 말씀을 묵상하는 것이야말로 가장 귀하고 중요한 성경 공부임을 결코 잊어서는 안 될 것입니다. 왜냐하면 묵상을 통해 말씀에 순종하는 삶을 살아갈 수 있는 힘과 능력을 얻기 때문입니다.

끝으로 이 책이 나올 수 있도록 도움을 주신 분들에게 감사를 드립니다. 먼저 10년 이상 성경 통독 새벽예배를 통해 말씀의 능력과 즐거움을 깨닫게 해주신 이충기 남산교회 원로목사님, 귀한 말씀과 영성 지도로 여러모로 부족한 사람에게 믿음의 진보와 함께 늘 믿음의 도전을 갖도록 인도해 주시고 흔쾌히 과분한 추천의 글을 써주신 이원재 목사님, 조경철 교수님, 김병삼 목사님, 박종렬 목사님께 감사드립니다. 또한 3년 내내 '함께하는 성경공부반'에서 한결같은 격려와 출판에 도움을 주신 교우들, 이 책의 출간을 누구보다도 기뻐하며 성심껏 교정을 해준 아내 최인숙 권사, 아들 부부(진원과 주연)와 딸 부부(태환과 혜진)에게도 감사의 마음을 전합니다. 무엇보다도 부족한 저에게 믿음과 지혜를 주신 하나님께 감사와 영광을 돌립니다.

서초동 사무실에서
노상균

구약

신약

성경 개론

1. 성경의 정의

하나님의 말씀 : 성경은 성령의 감동하심을 받은 사람들이 하나님으로부터 받은 음성과 생각과 뜻을 기록한 하나님의 말씀이다. 성경은 사람의 지식이 아닌 성령님의 지혜로 기록되었기 때문에 기록 시기가 1,600년간의 차이가 있고, 다양한 직업을 가진 40명이나 되는 저자가 기록했음에도 그 주제와 내용에 있어서 일관성과 통일성이 있다.

하나님의 선물 : 성경은 하나님과 하나님 나라의 회복, 즉 구원을 계시하는 하나님의 선물이다. 구약은 이스라엘 역사를 통한 하나님의 구원 계획을, 신약은 예수님에 의한 인류 구원의 성취를 계시한다. 한마디로 성경은 인간에 대한 하나님의 사랑과 구원의 이야기이며, 예수 그리스도의 초림과 재림의 이야기다.

인생의 교과서 : 성경은 우리 인생의 선택과 갈등, 고난과 축복의 갈림길

에서 하나님의 뜻을 헤아릴 수 있는 지혜가 기록된 인생의 지침서다. 즉 진리가 무엇인지를 가르쳐 주며 우리를 모든 면에서 온전하게 해주는 기독교 경전이다.

"성경은 능히 너로 하여금 그리스도 예수 안에 있는 믿음으로 말미암아 구원에 이르는 지혜가 있게 하느니라, 모든 성경은 하나님의 감동으로 된 것으로 교훈과 책망과 바르게 함과 의로 교육하기에 유익하니, 이는 하나님의 사람으로 온전하게 하며 모든 선한 일을 행할 능력을 갖추게 하려 함이라"(딤후 3:15-17).
"성경의 모든 예언은 사람의 뜻으로 낸 것이 아니요 오직 성령의 감동하심을 받은 사람들이 하나님께 받아 말한 것이라"(벧후 1:21).
"하나님의 말씀은 살아 있고 활력이 있어 좌우에 날선 어떤 검보다도 예리하여 혼과 영과 및 관절과 골수를 찔러 쪼개기까지 하며 또 마음의 생각과 뜻을 판단하나니, 지으신 것이 하나도 그 앞에 나타나지 않음이 없고 우리의 결산을 받으실 이의 눈 앞에 만물이 벌거벗은 것 같이 드러나느니라"(히 4:12-13).

2. 성경의 구조

구약과 신약

성경은 구약 39권, 신약 27권 총 66권으로 되어 있다. 구약은 오실 메시아에 대한 내용(창 3:15)과 함께 예수님의 초림을 예언하며 심판을 주제로 약 1,000년에 걸쳐 기록하였다. 역사서, 지혜서, 예언서 순으로 편집되어 있으며, 율법과 행위 및 역사의 흥망성쇠를 주관하시는 하나님을 강조한다.

신약은 오신 메시아에 대한 내용(마 1:1)과 함께 예수님의 재림을 예언하며 구원을 주제로 약 100년간의 내용을 헬라어로 기록하였다. 복음서, 역사서, 서신서, 예언서 순으로 편집되어 있으며, 은혜와 믿음 및 인간의 생사화복을 주관하시는 하나님을 강조한다.

한눈으로 보는 성경 구조

- **4구조** : 창조(창 1~2장), 타락(창 3장), 구속 · 심판(창 4장~계 20장), 재창조(계 21~22장).
- **3구조** : 낙원(창 1~2장), 실낙원(창 3~계 20장), 복락원(계 21~22장).
- **창세기(1~3장)와 요한계시록(20~22장)의 비교** : 창세기에는 하늘과 땅, 어두움, 해와 달, 죽음(2:17), 속이는 자(3:1), 에덴동산에 죄가 들어옴(3:6-7), 사탄의 승리(3:13), 저주(3:14), 고통이 더함(3:16), 사망(3:19), 에덴동산에서 쫓겨남(3:24), 생명나무에 접근 못함(3:24) 등이 기록되어 있다. 한편 요한계시록에는 새 하늘과 새 땅, 밤과 해와 달이 없음, 더이상 사망이 없음(21:4), 마귀를 멸함(20:10), 무엇이거나 속된 것이 들어가지 못함(21:27). 어린 양의 승리, 더이상 저주가 없음(22:3), 고통이 없음(21:4), 사망 권세가 없음(20:14), 하나님의 얼굴을 볼 수 있음(22:4), 생명나무(22:2) 등이 기록되어 있다.

성경의 구조와 목록

구약 : 39권으로 되어 있으며, 역사서, 지혜서(시가서), 예언서의 순서로 편집되어 있다. 역사서는 창세기, 출애굽기, 레위기, 민수기, 신명기, 여호수아, 사사기, 룻기, 사무엘 상하, 열왕기 상하, 역대 상하, 에스라, 느헤미야, 에스더 17권이고, 지혜서(시가서)는 욥기, 시편, 잠언, 전도서, 아가

서 5권이며, 예언서는 이사야, 예레미야, 예레미야애가, 에스겔, 다니엘, 호세아, 요엘, 아모스, 오바댜, 요나, 미가, 나훔, 하박국, 스바냐, 학개, 스가랴, 말라기 17권이다.

신약 : 27권으로 되어 있으며 복음서, 역사서, 서신서, 예언서의 순서로 편집되어 있다. 복음서는 마태복음, 마가복음, 누가복음, 요한복음 4권이고, 역사서는 사도행전 1권이며, 서신서는 로마서, 고린도전후서, 갈라디아서, 에베소서, 빌립보서, 골로새서, 데살로니가전후서, 디모데전후서, 디도서, 빌레몬서(이상 바울서신 13권), 히브리서, 야고보서, 베드로전후서, 요한일이삼서, 유다서(이상 일반 서신 8권) 21권이고, 예언서는 요한계시록 1권이다.

3. 성경의 배경

구약의 시대 구분

시대 구분의 필요성

시대별로 역사와 중심 사상이 다르기 때문에 시대 구분을 할 경우 관련 성경의 내용과 뜻을 분석적·체계적으로 이해하기에 용이하다. 즉 광야시대는 하나님의 언약 백성이 되기 위한 훈련을, 사사시대는 하나님의 백성이 하나님을 버리고 세상을 닮아감을 묘사하는 등 시대별로 주제를 달리하고 있어 시대를 구분할 경우 관련된 성경을 이해하는 데 도움을 준다.

구약시대 구분

시대	주요 인물	시기	활동 장소	관련 성경
창조시대	아담, 노아			창세기 1~11장
족장시대	아브라함 등	BC 20세기	가나안, 애굽	창세기 12~50장
출애굽/광야	모세	BC 15세기	애굽, 광야	출애굽~신명기
정복시대	여호수아, 갈렙	BC 15–14세기	가나안	여호수아
사사시대	기드온 등	BC 14–11세기	가나안	사사기, 룻기
단일왕국시대	사무엘, 다윗, 솔로몬	BC 11–10세기	가나안	사무엘상~역대하 11장
분열왕국시대	히스기야, 요시야	BC 10–6세기	가나안	역대하 12장 이하
포로시대	에스겔, 다니엘	BC 6세기	바벨론, 바사	에스겔, 다니엘
포로 귀환시대	에스라, 느헤미야	BC 6–5세기	가나안	에스라, 느헤미야
침묵시대		BC 4세기 이후		말라기 이후

신약의 역사적 배경

예수님 당시의 정치적 상황은 로마의 통치하에 있으면서도 어느 정도의 자치권을 갖고 있었다.

총독은 로마에서 파견한 감독자로 중요한 사안을 재판하고, 분봉왕은 팔레스타인 사람으로 종교 및 일상적인 사안을 재판하였다. 처음에는 분봉왕인 헤롯 대왕이 전 지역을 다스렸으나 그가 죽은 후에 세 아들이 영토를 분할하여 각 분봉왕으로 통치하던 중 유대와 예루살렘을 통치하는 아켈레오의 학정으로 로마가 아켈레오를 추방하고 총독을 파견했다. 참고로 빌라도는 5대 총독이며, 예수님 재판에 관여한 헤롯은 당시 갈릴리 지역을 담당한 분봉왕 헤롯 안티파스다.

사회적 상황은 복잡한 인적 구성으로 갈등과 혼란의 사회라고 할 수 있다.

정치적으로는 로마 권력층과 독립투쟁 세력 간, 경제적으로는 부유층과 가난한 계층 간, 종교적으로는 기득권 세력(사두개)과 비판 세력(하시딤) 간, 문화적으로는 본토 유대인과 헬라파 유대인 간, 사상적으로는 전통적 유대주의(히브리즘)와 헬라 사상(헬레니즘) 간의 갈등이 있었다.

영적 상황은 종교적 형식주의로 인한 영적 갈망이 커져 갔다.

침묵시대는 그리스도의 오심을 준비하는 메시아 대망의 시기다. 이때 언어와 법의 통일 및 도로 정비로 복음 확산의 기반을 구축하고, 구약의 히브리어 성경을 헬라어로 번역했으며(70인역 헬라 성경), 디아스포라의 회당 문화 발달로 히브리 문화와 사상이 이방으로 전파되었다. 또 하스몬 왕조 때는 왕이 제사장 권한을 소유하였고, 유대교가 태동하였다. 그리고 로마의 식민지 지배 때는 왕권과 제사장 권한이 분리되어, 왕권은 분봉왕인 헤롯(에돔 출신)과 로마 총독이 소유하고, 제사장 권한은 사두개파와 바리새파가 행사하고 있었다. 참고로 사두개파는 현실 타협주의자이고, 바리새파는 비판적 율법주의자이다.

신약의 지리적 배경

지리
- 지형 : 해안 평야, 중앙 고지대, 요르단 지구대, 트란스 요르단.
- 수역 : 지중해, 갈릴리 호수, 사해, 요단 강, 유프라테스 강.
- 산지 : 사마리아(세겜, 실로, 벧엘), 유다(헤브론, 베들레헴, 예루살렘).
- 평야 : 아코(채소), 샤론(꽃), 블레셋(보리).

- 고원 : 예루살렘, 바산.
- 도로 : 해변 길, 산지 길(브엘세바, 헤브론, 예루살렘, 벧엘, 실로, 세겜), 계곡 길(여리고), 왕의 대로(에시온케벨, 다메섹).
- 사방이 막힌 곳 : 남(애굽), 동(암몬, 모압, 에돔), 북(아람), 서(지중해).
- 세상에서 가장 낮은 곳 : 갈릴리(해발 −212미터), 사해(해발 −400미터), 당시 팔레스타인 지역은 강에서 물을 끌어올리는 관개 농업을 할 수 없어서 오직 비를 통해서만 농사가 가능했다.

복음서의 지리 : 팔레스타인 지역이 중심이며 지역적으로는 크게 4개 지방인 갈릴리, 사마리아, 유대, 요단 동편(데가볼리, 베뢰아)으로 나뉘어져 있다. 지형적으로는 크게 해안 평야 지역, 중앙 산맥 지역, 요단 골짜기 지역, 동부 산맥 지역으로 되어 있으며, 길이는 동서로 80킬로미터, 남북으로 280킬로미터다.

사도행전의 지리 : 지중해 연안의 여러 나라로 확장되었는데 팔레스타인 지역(예루살렘, 가이사랴, 사마리아), 수리아 지역(다메섹, 안디옥), 갈라디아 지역(더베, 루스드라, 이고니온), 아시아 지역(에베소, 골로새, 라오디게아), 마게도냐 지역(빌립보, 데살로니가), 아가야 지역(아덴, 고린도), 이달리야 지역(로마)으로 구분할 수 있다.

기후 : 우기 때는 이른비(11월 경)와 늦은비(3월 경)가 내리는데 이른비가 내리면 씨를 뿌리고 늦은비에는 수확하며, 건기 때는 하나님이 비를 주셔야만 살 수 있는 곳으로 한서의 차가 심하다.

예수님 당시의 팔레스타인

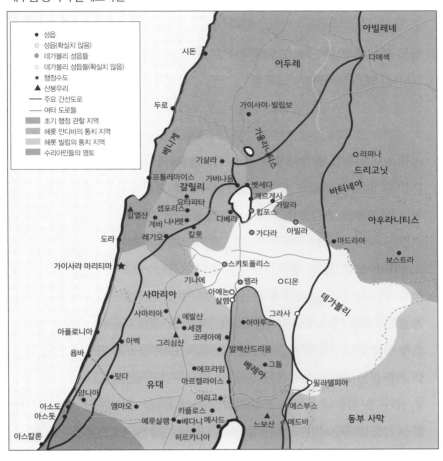

4. 성경 공부

성경 공부의 목적 : 하나님을 올바로 알고 성숙한 그리스도인이 되어 하나님의 뜻에 합당한 삶을 살며 그분의 사명을 감당하는 데 있다.

성경 공부의 필요성 : 인간의 불완전한 지혜로는 하나님을 알 수 없고 하나님의 계시로 기록된 성경을 통해서만 그분의 속성과 성품을 알 수 있기 때문에 하나님을 올바로 알기 위해서는 성경을 공부해야 한다.

방법

책별, 주제별 · 인물별, 연대기별 공부 방법 : 책별(성경 66권) 공부는 신학적 눈이 필요하고, 주제별 또는 인물별 공부는 신앙적 눈이 요구되며 연대기별 공부는 역사적 눈이 필요하다. 참고로 연대기별 공부는 먼저 숲을 보고 나중에 나무를 보는 것과 같아 성경의 전체 흐름과 맥을 잡기에 유익하다.

성경은 연구하고 학문하는 자세로 읽어야 깊이 있게 깨달아진다 : 일반적인 성경 공부 방법으로는 성경 듣기, 읽기, 연구, 암송, 묵상 등이 있다. 성경은 하나님이 각 시대적 상황에 따라 여러 사람을 통해 말씀하시고 계시하시기 때문에 기록된 시기의 역사적 · 문화적 상황을 모르면 이해하기 어렵다. 성경을 연구하지 않고 단지 듣고 읽는 것만으로 성경의 전반적인 원리와 오묘한 진리를 깨닫기는 어렵다.

성경 말씀은 성령의 조명을 받아야만 깨달아진다(고전 2:10-15) : 성경 지식은 믿음의 전제가 될 수 있지만 그 자체가 믿음은 아니다. 성경은 성령의 감동으로 기록된 하나님의 계시이므로 성경의 진리를 바르게 이해하기 위해서는 무엇보다도 성령의 조명(성경을 읽는 사람의 마음을 밝히 비추시는 것)이 필요하다.

구약 공부의 필요성 : 신약에는 구약의 내용이 많이 인용되어 있기 때문에 구약을 잘 알지 못하면 신약을 제대로 이해하기 어렵다. 또한 구약에는 성경의 위대한 진리들인 하나님의 위엄, 능력, 거룩하심, 절대 주권, 하나님의 사랑하심과 선하심 등이 직접적으로 표현되어 있어서 하나님의 속성과 성품을 알기에 좋다.

> **귀납적 성경 연구** : 먼저 성경 말씀을 면밀히 관찰하고 역사적 상황 등을 알아 그 당시의 원독자에게 주는 메시지를 해석한 후 그 뜻과 교훈을 제대로 깨달아 독자가 현재의 상황에 맞게 적용하는 성경 공부다. 이때 성경 기록 당시의 저자와 원독자는 물론 오늘날 독자 모두에게 공히 적용되는 말씀, 즉 문학과 문화와 역사의 성격을 모두 갖춘 말씀이야말로 바로 영원한 진리라고 할 수 있다.
>
> **일반 계시**(자연 계시) : 하나님께서 모든 사람에게 공통적으로 주시는 계시로 자연, 역사, 양심을 통해 나타난다. 이는 하나님이 계신다는 것과 하나님의 신성한 능력, 영광, 신실하심을 분명히 알려주지만 일반 계시만으로는 인간이 하나님을 인격적으로 알고 하나님과 친밀하게 교제할 수 없어 하나님을 확실히 알 수 없다.

특별 계시(초자연적 계시) : 하나님께서 특별한 때에 특별한 사람에게 하나님 자신을 나타내시는 것으로 하나님의 거룩하심, 사랑, 죄에서 구원하는 능력이 있다. 이는 영감이라는 과정을 통해 주어지며 주로 하나님의 아들 예수 그리스도와 그가 하신 일에서 나타나며 특별 계시를 통해 인격자인 하나님께서 인격체인 인간과 교제하시면서 구원으로 인도하신다.

창세기

1. 개요

명칭 : 창세기는 '시작, 기원, 족보, 역사'라는 뜻을 가진 헬라어 '게네세오스'에서 따온 '시작의 책'으로 모세가 BC 15세기경에 기록했다고 전해진다.

배경 : 창조시대(1~11장)와 족장시대(12~50장)로 구분되며, 창조시대에 해당되는 창세기 1~11장은 역사 증거를 발견하기 어려운 반면, 족장시대에 해당되는 창세기 12~50장은 고대 근동 지역의 역사와 생활상을 반영하고 있다.

기록 목적 : 만물의 기원이 하나님의 창조에 있고 여호와만이 인간이 섬길 유일한 경배의 대상임을 알게 하며, 인간이 타락하게 된 경위와 하나님의 구속 섭리를 보여 주고 이스라엘이 어떻게 하나님의 선민이 되었는지를 설명하고자 기록하였다. 특히 모세가 광야에 있는 이스라엘 민족에게 '왜 출애굽을 해야 했는지, 왜 가나안 땅으로 가야 하는지'를 가르치기 전에 어떻게 이스라엘 민족이 태동되어 애굽에서 살게 되었는지를 설명하는 데 그 목적이 있다.

주제 : 기독교의 핵심교리

- **시작** : 창세기는 우주, 지구, 사람과 동식물, 결혼과 가정, 죄, 예배(제사), 언어, 나라, 하나님의 구원 계획과 같은 많은 현실이 어떻게 시작되었는지를 다루는 '시작의 책'이다.
- **불순종과 죄** : 죄란 인간이 하나님의 뜻에 불순종하고 하나님을 떠난 삶에서 자기 만족을 얻고자 하는 행위다.
- **약속과 구원** : 하나님은 불순종한 인간을 위해 스스로 구원의 언약을 세우시고 구속사의 과정을 통해 그 모든 약속을 신실하게 지키시고, 인간을 구원하기 위해 먼저 이스라엘 민족을 선택하셨다(인간의 역사와 우주는 언약의 하나님의 은혜와 절대 주권하에 다스려진다).

2. 구조

◈ **창조시대(1~11장)** : 인류의 시작, 원시 역사
- 창조(1~2장), 타락(3~5장), 홍수 심판(6~9장), 바벨탑 사건(10~11장).
- 세상과 인간과 죄의 시작에 관한 역사로, 위 4대 사건을 통해 인간의 역사는 죄의 역사임을 확인하고 결국 인간은 하나님의 진노와 심판을 면할 수 없는 존재임을 설명한다.

◈ **족장시대(12~50장)** : 히브리 민족의 시작, 족장 역사
- 아브라함(12~23), 이삭(24~26), 야곱(27~36), 요셉(37~50)의 생애.
- 구속사의 시작으로 하나님이 선택한 사람들에게 땅과 후손을 약속하고, 4대 족장을 중심으로 인간을 구원하시려는 하나님의 계획을 기록하였다.

3. 내용

창조시대

창조

하나님이 말씀으로 천지 만물을 창조하다 : "하나님이 천지를 창조하시니라(창 1:1), 믿음으로 모든 세계가 하나님의 말씀으로 지어진 줄을 우리가 아나니 보이는 것은 나타난 것으로 말미암아 된 것이 아니니라"(히 11:3).

창조 순서 : 창조 이전에는 질서가 없고 캄캄한 혼돈한 상태였는데(1:2), 먼저 시간을 창조하여 빛과 어둠을 나누사 빛을 낮이라 부르시고 어둠을 밤이라 부르시며(첫째 날), 다음 공간과 형체를 창조하여 하늘 아래의 물과 하늘 위의 물을 분리한 후 하늘 아래의 물을 한 곳으로 모이게 하여 바다와 육지로 나누고(둘째 날과 셋째 날), 공허를 채우시고자 식물(셋째 날), 태양과 달과 별(넷째 날), 새와 물고기(다섯째 날), 동물과 사람(여섯째 날)을 창조하셨다.

사람 창조 : 하나님의 형상대로 창조하여 자유의지를 주시고, 인격적 교제를 하시며, 아담의 갈비뼈로 돕는 배필인 여자도 만드셨다.
"하나님이 이르시되 우리의 형상을 따라 우리의 모양대로 우리가 사람을 만들고 그들로 바다의 물고기와 하늘의 새와 가축과 온 땅과 땅에 기는 모든 것을 다스리게 하자 하시고, 하나님이 자기 형상 곧 하나님의 형상대로 사람을 창조하시되 남자와 여자를 창조하시고, 하나님이 그들에게 복을

주시며 하나님이 그들에게 이르시되 생육하고 번성하여 땅에 충만하라, 땅을 정복하라, 바다의 물고기와 하늘의 새와 땅에 움직이는 모든 생물을 다스리라 하시니라(창 1:26-28), 여호와 하나님이 땅의 흙으로 사람을 지으시고 생기를 그 코에 불어넣으시니 사람이 생령이 되니라"(창 2:7).

안식 : 안식은 하나님 창조의 최종 목적이며 안식일은 거룩하고 복된 날이다. "하나님이 그 일곱째 날을 복되게 하사 거룩하게 하셨으니 이는 하나님이 그 창조하시며 만드시던 모든 일을 마치시고 그 날에 안식하셨음이니라"(창 2:3).

생명나무와 선악과 : 생명나무는 영생과 구원을, 선악과는 믿음과 행위를 뜻한다. 선악과의 영적 의미는 하나님과 인간과의 주종관계를 상징하는 것으로 사람은 하나님의 절대 주권을 인정해야 한다. 한편 하나님은 인간에게 자유의지를 주셨는데 이에는 반드시 책임이 따른다.

타락

타락의 원인 : 하나님의 명령에 불순종할 때 인간은 타락하며, 인간의 타락으로 죄와 고통이 세상에 들어온다(죄의 기원). "선악을 알게 하는 나무의 열매는 먹지 말라 네가 먹는 날에는 반드시 죽으리라"(창 2:17).
타락의 과정 : 욕심에 미혹된 결과 선악과가 먹음직, 보암직, 지혜롭게 할 만큼 탐스럽게 보여 선악과를 먹은 것이다. "너희가 그것을 먹는 날에는 너희 눈이 밝아져 하나님과 같이 되어 선악을 알 줄 하나님이 아심이니라"(창 3:5).

결과 : 타락으로 창조의 모든 질서, 즉 인간과 하나님과의 관계, 인간과 자아와의 관계(3:7), 인간과 인간과의 관계(3:12, 16), 인간과 자연과의 관계(3:17-18)가 모두 파괴되고, 죄가 장성해서 살인과 복수, 전쟁이 일어나고 사망이 인간을 짓누르기 시작하였다.

> 구원은 깨어진 네 가지 관계가 회복되는 것으로 하나님과 인간과의 관계회복에서 출발한다.

하나님의 징계와 사랑(3:15-24) : 사탄에 대한 심판과 함께 최초의 인류 구원을 약속하고, 아담과 하와를 에덴동산에서 추방하나 가죽옷을 지어 입혀주시다.

"내가 너로 여자와 원수가 되게 하고 네 후손도 여자의 후손과 원수가 되게 하리니 여자의 후손은 네 머리를 상하게 할 것이요 너는 그의 발꿈치를 상하게 할 것이니라 하시고"(창 3:15).

타락의 모습들 : 하나님이 가인과 그 제물을 받지 아니하시고, 가인이 동생 아벨을 살해한 후 하나님 앞을 떠나 에덴 동쪽 지방에서 거주하면서 많은 후손을 가졌으나, 그들 역시 하나님을 떠나 세상 문화와 문명을 일구며 살았다.

> 하나님은 왜 가인의 제사를 받지 않으셨을까? 이는 제물보다 사람의 마음이 더 중요하고, 믿음의 제물이 아니기 때문이다(히 11:4). 제물의 열납 여부는 하나님의 뜻에 달려 있다(하나님 절대 주권).

셋과 가인의 후손 : 셋의 후손인 하나님의 아들들이 가인의 후손들로 인해 신앙을 잃고 사람의 아들이 되었다.

"여호와께서 이르시되 나의 영이 영원히 사람과 함께 하지 아니하리니 이는 그들이 육신이 됨이라 그러나 그들의 날은 백이십 년이 되리라 하시니라"(창 6:3).

노아의 방주 : 하나님은 인간의 죄의 관영함을 보시고 인간을 지으신 것을 후회하시면서도 의인인 노아에게는 공의와 자비를 베푸신다. 하나님이 사람들의 부패함과 행악함이 땅에 가득하므로 40일 동안 홍수를 내려 모든 사람을 멸하셨으나, 하나님과 동행하며 하나님의 명령을 준행하는 당대의 완전한 자이자 의인인 노아의 가족과 암수 한 쌍씩의 동물은 살리셨다. 노아 가족은 방주에서 375일간 머무른 후 뭍으로 나와 제단을 쌓고 하나님께 제사를 드리자, 하나님께서 노아의 순종과 제사로 사람에 대한 저주를 포기하시고 노아 가족에게 에덴의 언약을 재확인해 주셨다.

"여호와께서 사람의 죄악이 세상에 가득함과 그의 마음으로 생각하는 모든 계획이 항상 악할 뿐임을 보시고 땅 위에 사람 지으셨음을 한탄하사 마음에 근심하시고"(창 6:5-6).

방주의 크기는 길이 300규빗(135미터), 폭 50규빗(22.5미터), 높이 30규빗(13.5미터)이다.

바벨탑 건설

노아의 아들들 : 셈(유대인, 페니키아인, 아라비아인, 앗시리아인 등), 야벳(인도유럽어족), 함(가나안인, 아프리카인, 니므롯 등).

건축 동기 : 탑 꼭대기를 하늘에 닿게 하여 이름을 내고 온 지면에 흩어짐을 면하고자, 즉 하나님과 같아지려는 교만에서 시작되었다. 바벨의 뜻은 '혼잡'이다.

건축 결과 : 당시 온 땅의 언어와 말이 하나였는데 '언어의 혼잡'이라는 방법으로 사람들을 온 지면에 흩으셔서 성 쌓기가 중단되었다.

하나님의 구원 계획(11:10~12장 이하)

셈에서 아브라함에 이르는 계보 : 아담(930세) ··· → 노아(950세) → 셈(600세) → 나홀(148세) → 데라(205세) → 데라가 70세에 아브람, 나홀, 하란을 낳다(11:26). 아브람의 아버지인 데라는 아브람, 사래, 롯(하란의 아들)을 데리고 갈대아 우르를 떠나 가나안으로 가고자 하란에 이르러 거주하다가 205세에 죽다(11:31-32).

아브람을 선택하심 : 홍수와 바벨탑 사건 이후 하나님이 온 인류를 구원하시고자 '한 사람' 아브람을 선택하심으로 족장시대가 시작된다(선민 이스라엘 민족의 태동).

아브라함의 이주

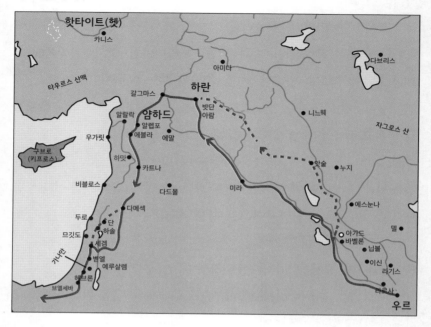

족장시대

아브라함(12~23장)

아브라함의 일생 : 우르(창 15:7 참조) → 하란 → 세겜 모레(제단) → 벧엘 동쪽(장막) → 애굽 → 벧엘 동쪽(롯은 동쪽 요단 강 부근 소돔으로 이동) → 헤브론 마므레(제단, 롯 구출, 멜기세덱에게 십일조, 이스마엘 출생, 소돔과 고모라 멸망, 롯 구원) → 그랄(아비멜렉 왕, 이삭 출생, 이스마엘 추방) → 브엘세바(아비멜렉과 언약, 이삭 번제) → 헤브론(마므레 땅 막벨라 굴)

아브람은 75세에 하란에서 가나안으로 가서 86세에 이스마엘과 100세에 이삭을 낳고, 115세에 이삭을 번제로 드렸으며, 137세에 사라가 죽고, 140세에 이삭이 결혼했으며, 175세에 사망했다. '아브람'은 훌륭한 아버지라는 뜻이고, '아브라함'은 열국의 아비라는 뜻이다.

아브람의 부르심과 축복의 약속(12:1-3) : 아브람에 대한 약속은 하나님의 일방적이고 영원한 무조건적인 약속으로 그 성취는 오로지 하나님께 달려 있는 언약이다. 그리고 자손과 땅에 관한 언약은 하나님이 아담과 노아와 맺은 약속에 그 뿌리를 두고 있으며(1:22, 9:1), 축복의 근원의 참뜻은 축복의 누림 보다 나눔에 있다.

"여호와께서 아브람에게 이르시되 너는 너의 고향과 친척과 아버지의 집을 떠나 내가 네게 보여 줄 땅으로 가라, 내가 너로 큰 민족을 이루고 네게 복을 주어 네 이름을 창대하게 하리니 너는 복이 될지라, 너를 축복하는 자에게는 내가 복을 내리고 너를 저주하는 자에게는 내가 저주하리니 땅의 모든 족속이 너로 말미암아 복을 얻을 것이라 하신지라"(창 12:1-3).

아브람의 순종과 연단(12:4~14장)

아브람이 하나님 약속의 말씀에 순종하여 하란을 떠나다 : 이에 아브람이 여호와의 말씀을 따라갔고 롯도 그와 함께 갔으며 아브람이 하란을 떠날 때에 칠십오 세였더라, 여호와께서 아브람에게 나타나 세겜 땅 모레를 네 자손에게 주리라 하신지라 이에 아브람이 제단을 쌓고 여호와의 이름을 부르더라(12:4-8).

애굽에서의 사래 누이 사건(12장 후반) : 부르심에 순종한다고 바로 축복이 오는 것이 아니고 시련과 고난이 오는데 이것이 바로 하나님의 시험이다.

세겜 땅에서 조카 롯에게 땅 선택권을 양보하다(13장) : 아브람과 롯의 목자들이 서로 장막을 차지하려고 다투자 이에 아브람이 롯에게 먼저 땅 선택권을 양보하자 하나님께서 복을 주셨다.

시날 왕으로부터 롯을 구출하다(14장) : 시날 왕이 소돔과의 전쟁에서 승리하고 롯을 사로잡아가자, 아브람이 집에서 훈련한 자 삼백십팔 명을 이끌고 단까지 쫓아가 그들을 물리친 후 롯을 구출하고 노략당한 재물을 찾아와서 이중 십분의 일을 아브람을 축복한 살렘 왕 멜기세덱에게 주었다(십일조의 시작).

아브람의 의, 언약과 할례(15~17장)

아브람의 의(15장) : 아브람의 의란 여호와의 약속을 그대로 믿는 것을 뜻하며 기독교의 교리인 '이신칭의'의 근거가 된다. 하나님의 약속을 믿을 때 하나님께서 그 약속을 보증하시며 성취해 주신다. "아브람이 여호와를 믿으니 여호와께서 이를 그의 의로 여기시고"(15:6).

하갈과 이스마엘(16장) : 사래의 여종 하갈이 아브람 86세에 이스마엘을 낳은 후, 사래의 학대로 광야로 나갔으나 약자를 살피시는 하나님의 사랑으로 다시 집으로 돌아오다.

영원한 언약과 할례, 이삭의 출생을 약속하다(17장) : 할례는 언약의 표징이다.

아브라함의 중보 기도와 롯의 구원(18~19장) : 하나님은 전능하시고 공의로우시며 자신의 일을 하나님의 사람에게 알려 주신다. 하나님이 아브라함의 끈질긴 중보 기도로 소돔 성에 의인 열 명이 있으면 멸하지 않겠다고 약속하시고, 멸망하는 소돔과 고모라에서 롯을 구원하는데 이는 여호와가 아브라함을 생각하사 그의 핏줄인 롯을 구원한 것이다. 한편 롯은 두 딸과의 사이에서 아들을 낳았는데 이들이 모압과 암몬의 조상이 되었다.

하나님의 보호를 받는 아브라함(20~21장)

그랄에서의 사라 누이 사건(20장) : 사라가 동생이라는 아브라함의 거짓말을 믿고 사라를 취하려는 그랄 왕 아비멜렉이 꿈에서 아브라함을 중보 기도하는 선지자로 경고하는 하나님의 말씀을 듣고 아브라함에게 돌려보냈는데, 이는 이방인 아비멜렉이 하나님을 경외함으로 하나님을 두려워하지 않은 아브라함을 부끄럽게 만든 사건이다.

이삭의 출생과 이스마엘의 추방(21장) : 하나님이 이스마엘을 추방하나 말씀대로 긍휼하심으로 돌보시고 축복하셔서 아랍족의 조상으로 큰 민족을 이루게 하시다.

아비멜렉과의 브엘세바 언약(21:22-34) : 아비멜렉의 종들이 아브라함의 우물을 빼앗은 것으로 아브라함이 아비멜렉을 책망하자, 아비멜렉이 아브라함이 무슨 일을 하든지 하나님이 함께 계심을 보고 우물의 권리를 암양 새끼 일곱을 받고 아브라함에게 주기로 함께 맹세하고 그곳을 브엘세바라 이름했으며, 그 후 아브라함은 브엘세바 우물에서 에셀 나무를 심고 영생하시는 하나님의 이름을 불렀다(21:33).

유대교, 이슬람교, 그리스도교는 모두 아브라함을 믿음의 조상으로 숭배한다.

아브라함의 이삭 번제 시험과 축복(22장) : "네가 네 아들 독자까지도 내게 아끼지 아니하였으니 내가 이제야 네가 하나님을 경외하는 줄을 아노라, 내가 네게 큰 복을 주고 네 씨가 크게 번성하여 네 씨로 말미암아 천하 만민이 복을 받으리니 이는 네가 나의 말을 준행하였음이니라"(12:12,

22:17-18).

아브라함의 노년과 죽음(23~25장) : 사라의 묘지로 사용하고자 헷 족속으로부터 마므레 땅 막벨라 굴을 400세겔에 매수하다. 이삭은 아브라함의 종 엘리에셀의 기도로 피택받은 리브가(아브라함 동생 손녀)와 결혼했는데, 이때 엘리에셀은 사람의 모든 삶에 은밀히 개입하시는 하나님을 찬송하였다.

아브라함이 그두라와 재혼하여 낳은 많은 자식은 앗수르와 미디안의 조상이 되었다. 아브라함은 이삭에게 자신의 모든 소유를 주고 서자들에게도 재산을 주어 자기 생전에 이삭을 떠나 동방으로 가게 하였으며, 이삭과 이스마엘에 의해 장사되어 막벨라 굴에 묻혔다.

이삭(24~28장)

이삭의 생애 : 브엘세바에서 태어나서, 15세 때 모리아 산 번제 사건을 경험하고, 40세에 결혼한 후 60세에 야곱과 에서를 낳고 180세에 죽었다. '이삭'은 웃음이라는 뜻이다.

이삭에 대한 언약 : 자손과 땅과 엄청난 축복을 약속하시다(26:1-6, 12-13). "여호와께서 이삭에게 나타나 이르시되 애굽으로 내려가지 말고 내가 네게 지시하는 땅에 거하라 이 땅에 거하면 내가 너와 함께 있어 네게 복을 주고 내가 이 모든 땅을 너와 네 자손에게 주리라"(26:2-3).

브엘세바 계약 : 그랄 왕 아비멜렉은 이삭의 온유함과 선함으로 하나님의

함께하심을 인정하고 이삭과 불가침 계약을 체결하였다(26:28 참조).

이삭의 축복 원인 : 첫째는 아브라함의 믿음과 순종의 결과이고, 둘째는 이삭 자신의 온유함 때문이다. "네 자손을 하늘의 별과 같이 번성케 하며 이 모든 땅을 네 자손에게 주리니 네 자손으로 말미암아 천하 만민이 복을 받으리라, 이는 아브라함이 내 말을 순종하고 내 명령과 법도를 지켰음이라(26:4-5), 두려워하지 말라 내 종 아브라함을 위하여 내가 너와 함께 있어 네게 복을 주어 네 자손이 번성하게 하리라"(26:24).

야곱(27~36장, 46~50장)

야곱의 생애 : 헤브론에서 출생 → 벧엘(제단) → 하란(20년) → 마하나임(하나님의 군대) → 브니엘(하나님의 얼굴, 얍복 강가의 씨름, '이스라엘'이라는 이름을 얻음) → 에서 상봉 → 숙곳(요단 강 동쪽) → 세겜(제단) → 벧엘(제단, 하나님의 재약속) → 라헬의 죽음(베들레헴에서 베냐민 출생) → 헤브론 → 애굽에서 17년 거주하다가 죽었다.

야곱은 '발꿈치를 잡았다'라는 뜻을 가진 부정적인 이름이었으나, 얍복 강 사건 후 하나님으로부터 '이스라엘'이라는 이름을 얻었다. 야곱의 삶의 여정은 이동 지역도 넓은 등 한마디로 험난함 그 자체였다.

야곱과 에서 : 야곱이 브엘세바에서 에서로부터 장자권(재산 두배 상속)을 팥죽으로 사고 축복권도 가로챘다. 에서는 40세에 가나안 헷 족속 여인과 결혼하고, 나중에는 이스마엘 딸과 결혼하여 에돔 족속(아말렉, 그나스,

야곱의 여행

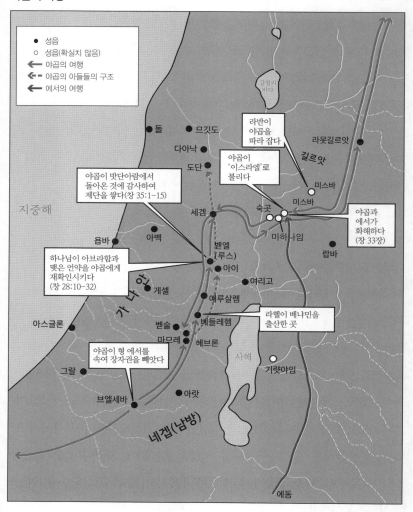

- ● 성읍
- ○ 성읍(확실치 않음)
- ← 야곱의 여행
- ←- 야곱의 아들들의 구조
- ← 에서의 여행

갈릴리 바다

돌 · 므깃도

다아낙

도단

라반이 야곱을 따라 잡다

라못길르앗

길르앗

야곱이 '이스라엘'로 불리다

미스바

미스바

야곱이 밧단아람에서 돌아온 것에 감사하여 제단을 쌓다(창 35:1-15)

세겜

숙곳

마하나임

야곱과 에서가 화해하다 (창 33장)

지중해

욥바 · 아벡

벧엘 (루스)

아이

랍바

하나님이 아브라함과 맺은 언약을 야곱에게 재확인시키다 (창 28:10-32)

게셀

여리고

아스글론

벧술

예루살렘

베들레헴

라헬이 베냐민을 출산한 곳

마므레

헤브론

사해

야곱이 형 에서를 속여 장자권을 빼앗다

그랄

브엘세바

아랏

기럇야임

네겝(남방)

에돔

데만 족속 등)의 조상이 된다.

도망가는 야곱(28장) : 에서의 축복권을 가로챈 후 브엘세바에서 하란으로 도망가던 중 벧엘(하나님의 집)에서 꿈에 하나님으로부터 땅과 자손과 복의 근원에 관한 축복을 받고 단을 세운 후 하나님께 십일조 봉헌을 약속하다.

"내가 너와 함께 있어 네가 어디로 가든지 너를 지키며 너를 이끌어 이 땅으로 돌아오게 할지라 내가 네게 허락한 것을 다 이루기까지 너를 떠나지 아니하리라 하신지라"(창 28:15).

밧단아람(하란)에서의 삶(29~31장) : 야곱이 삼촌 라반에게 속아 라헬 대신 레아를 첫째 부인으로 얻고 그 후 7일 후에 다시 7년간 일해 주는 조건으로 라헬을 신부로 얻었으며, 라헬의 시녀 빌하와 레아의 시녀 실바로부터 아들을 낳다. 야곱의 아들들은 모두 12명으로 레아의 아들 6명(르우벤, 시므온, 레위, 유다, 잇사갈, 스불론), 라헬의 아들 2명(요셉, 베냐민), 빌하의 아들 2명(단, 납달리), 실바의 아들 2명(갓, 아셀)이다.

야곱은 하나님의 약속에 따라 가족들과 함께 많은 가축을 끌고 라반에게서 탈출하여 고향으로 가던 중 뒤쫓아오는 라반을 야곱의 고난과 수고를 감찰하시는 하나님의 이름으로 책망하고 그와 화해한 후 귀향한다.

> 야곱의 아들 열두 명이 열두 지파의 조상이었으나 레위 지파는 광야시대 때 제사장 직무 때문에 열두 지파에서 빠지고 대신 요셉의 아들인 에브라임과 므낫세 지파가 열두 지파에 포함되었다.

압복 강 사건과 형제 화해(32~33장) : 하란에서 가나안으로 돌아오던 중, 에서가 400명을 데리고 온다는 소식에 두려워 압복 강가에서 홀로 남아 하나님께 간구하면서 씨름하다가 환도뼈가 위골되었지만 끝내 승리함으로 이스라엘이라는 새 이름을 얻은 후, 용기를 갖고 직접 맨 앞으로 나아가서 일곱 번 절한 후 에서와 화해하다.

> **이스라엘** : 하나님과 겨루어 이기다.
> **브니엘** : 하나님과 대면하였으나 생명이 보전되다.

가나안에서의 야곱(33:17-35) : 요단 강 동쪽인 숙곳에서 처음 머물다가 세겜으로 이동하여 제단을 쌓고 정착하던 중 세겜의 추장 아들이 야곱의 딸 디나를 강간하자, 시므온과 레위가 이를 복수한 후 세겜 족의 공격을 피하여 벧엘로 도망가다. 그곳에서 하나님의 계시를 받아 2차 제단을 쌓은 후 이방 신상을 버리고 정결한 의복을 입고 정결한 제사를 드리며 '나의 환난 날에 내게 응답하시고 나의 가는 길에 나와 함께 하신 하나님'(35:3)이라고 고백하자, 하나님이 생육하고 번성하라고 하시면서 아브라함과 이삭에게 준 땅을 너와 네 후손에게 주겠다고 축복을 재약속하시다. 베들레헴에서 라헬이 베냐민을 낳고 죽은 후 헤브론에 정착하여 자식들과 함께 목축업에 종사하였다. 요셉이 형들에 의해 도단에서 노예로 팔려간 후 120세 때 에서와 함께 마므레 땅 막벨라 굴에서 이삭을 장례하다.

애굽으로 이주하는 야곱(46장) : 130세 때 헤브론에서 '애굽으로 내려가기를 두려워하지 말라 내가 거기서 너로 큰 민족을 이루게 하리라, 내가 너와 함께 애굽으로 내려가겠고 반드시 너를 인도하여 다시 올라올 것이며 요셉이 그의 손으로 네 눈을 감기리라'는 하나님의 음성을 듣고 애굽으로 이주 후 요셉의 도움으로 고센에서 정착하다가 147세에 사망하다. 요셉이 장례 후 아브라함의 무덤이 있는 마므레 막벨라 굴에 매장하다.

축복하는 야곱(48~49장) : 요셉의 아들인 므낫세와 에브라임을 축복하고 요셉에게 세겜 땅을 주고, 또 열두 명 아들을 각 사람의 분량대로 축복하면서 특히 유다와 요셉을 크게 축복하다(유다 : 형제의 찬송, 사자 새끼, 통치자의 지팡이가 떠나지 않을 것이다. 요셉 : 샘 곁의 무성한 가지, 풍성한 축복).

요셉(37~50장)

요셉의 생애 : 17세 때 노예로 팔려가 30세 때 애굽 총리가 되고, 39세때 야곱 가족이 애굽으로 이주하였으며, 56세 때 야곱이 죽고, 110세에 사망하다.

연단의 고난과 형통의 축복이 함께하는 요셉 : 해와 달과 별이 자기에게 절하고, 열한 단의 곡식들이 자기에게 절하는 꿈 이야기와 함께 야곱의 편애로 형제들에게 미움과 시기를 받아 미디안 상인들에게 애굽의 노예로 팔렸다. 그러나 13년간의 노예 생활과 옥중 생활 중에서도 하나님에 대한 믿음을 지켜 하나님의 함께하심과 형통하심의 축복을 받다(39:2, 3, 23).

> **유다** : '형제의 찬송'이라는 뜻, 레아의 넷째 아들, 이방인과 결혼, 아들 두 명 죽음, 큰며느리 다말과 행음, 다윗과 예수 그리스도의 직계 조상이다.

꿈을 성취하는 요셉(41장) : 옥중 생활 중 바로의 꿈을 해석한 후 30세에 애굽 총리가 되어 온 땅의 기근을 해결하였는데, 이는 아브라함과 맺은 하나님의 언약이 구체화되기 시작한 것으로 하나님의 섭리 속에서 연단을 거친 후에 정금같이 나오는 장면을 연상할 수 있다(욥 23:10 참조).

화해와 용서를 실천하는 요셉 : 요셉이 애굽에서 형제들을 만난 후 첩자 누명을 씌어 시므온을 인질삼아 동복 동생인 베냐민을 브엘세바에서 데려오게 하자, 르우벤과 유다가 야곱에게 간청하고 설득하여 베냐민을 애굽으로 데리고 왔다(42:37, 43:9 참조). 다시 베냐민에게 도둑 누명을 씌어 인질로 삼자, 유다가 요셉에게 '베냐민과 야곱은 단순한 부자관계가 아니라 생명을 결탁한 관계이므로 자신이 베냐민 대신 인질로 있겠다'고 간청하는 등 형제들이 잘못을 뉘우치는 것을 보고 형들을 용서하며 형제간에 화해가 이루어지다(45장).

요셉의 신앙 고백(50:19-21) : 세상의 역사와 생사화복은 하나님의 계획과 주권 아래에 있고 하나님의 약속은 반드시 이루어진다.
"하나님이 생명을 구원하시려고 나를 당신들 앞서 보내셨나이다, 그런즉 나를 이리로 보낸 이는 하나님이시라(45:5-8). 두려워하지 마소서 내가 하나님을 대신하리이까, 당신들은 나를 해하려 하였으나 하나님은 그것을 선으로 바꾸사 오늘과 같이 많은 백성의 생명을 구원하게 하시려 하셨나니(창 50:19-20). 나는 죽을 것이나 하나님이 당신들을 돌보시고 이 땅에서 인도하여 내사 아브라함과 이삭과 야곱에게 맹세하신 땅에 이르게 하시리라"(창 50:24).

출애굽 · 광야시대

1. 개요

관련 성경 : 출애굽기, 레위기, 민수기, 신명기.

중심 인물 : 모세

BC 1525년 출생, 갈대상자(물에서 건져냄, 노아의 방주와 어원이 같음)를
통해 애굽 공주의 양아들이 되어 40세까지 애굽 왕자로 생활하다가 40세
부터 80세까지 미디안 광야에서 유목 생활을 하면서 하나님의 사람(인내,
온유)으로 훈련된 후 80세에 호렙 산에서 하나님의 부르심을 받고 120세
까지 이스라엘 지도자로 활동하였다.

주요 내용 : 출애굽(출 1~18장), 시내 산 훈련(출 19~40장, 레위기, 민수
기 1~9장), 바란 광야 훈련(민 10~36장), 모압 평지 설교(신명기).

2. 배경(역사/지리적 상황)

- BC 1445년~1405년경 애굽과 팔레스타인 지역의 역사적 무대
- 애굽 고센 지방 → 숙곳(국경수비대를 피하고 이민족과의 전쟁을 피하고
  자 해안 지역이 아닌 곳으로 이동) → 홍해(이집트와의 단절을 위해) →
  마라(쓴뿌리를 없애고자), 엘림(오아시스) → 르비딤(만나, 에서 후손인
  아말렉과의 전쟁 : 모세의 기도) → 호렙 산(시내 산, 1년간 체류, 십계명
  과 율법을 받고 하나님과 언약 체결, 성막 제작) → 가데스 바네아 사건

(40일 정탐) → 38년 6개월 간 광야 생활 → 에시온케벨 → 모압 → 여리고

3. 출애굽(출 1~18장)

- 이스라엘 백성의 부르짖음을 들으신 하나님께서 강한 손으로 구원하심.
- 모세가 하나님의 부르심을 받음, 열 가지 재앙, 유월절, 홍해 사건.
- 마라, 엘림, 신 광야, 르비딤을 거쳐 시내 산에 도착.

4. 광야시대

하나님 백성으로 훈련되는 시기
- 이스라엘 민족의 우상에 찌들었던 삶을 정화하고, 하나님만을 의지하고 예배하는 백성으로 훈련한 시대.
- 광야는 하나님 백성의 훈련장으로 광야 훈련을 통과한 사람만이 '젖과 꿀이 흐르는 세상'을 이루어 낼 수 있다. → 신구약의 중요 주제
- 십계명, 언약법전, 언약 체결, 성막에 관한 지시, 언약의 파기와 갱신, 제사법전, 성결법전 등을 통해 하나님 백성으로 훈련.

광야시대 관련 성경 : 출애굽기(19장 이하), 레위기, 민수기, 신명기.
- **시내 산 훈련(출 19~40장, 레위기, 민 1~9장)** : 시내 산에서 십계명을 받고 성막을 세우며 예배 공동체로 1년간 훈련 → 십계명(출 20장), 언약법전(출 21~24장), 성막 건축(출 25~40장), 제사법전(레 1~16장), 성결법전(레 17~26장).
- **1차 인구조사 후 가나안으로 진군**

- **가데스 바네아 사건(민 10~14장)** : 가나안 남쪽 경로로 입성 계획을 세웠으나 정탐꾼 열두 명 중 열 명의 반대로 포기한 후 모세에 대한 원망과 불평으로 말미암아 하나님의 진노를 받았는데, 이는 하나님의 약속보다 현실을 바라본 자들의 실패의 교훈이다.
- **바란 광야에서 40년간 하나님 백성으로 거듭나는 훈련 후 가나안으로 재진군(민 15~36장)** : 불신의 세대는 죽고 새로운 세대만 남아 2차 인구조사 후 가나안 동쪽인 요단 동편 경로로 입성 추진한다.
- **모압 평지에서의 모세의 마지막 설교(신명기)** : 요단 동쪽 모압 평지에서 출애굽과 광야 생활을 회고한 다음 가나안에서 하나님 백성으로서의 삶의 규범을 교육하고 마지막 당부 후 모세가 느보 산에서 가나안 땅을 바라보고 120세에 죽는다.

출애굽 경로

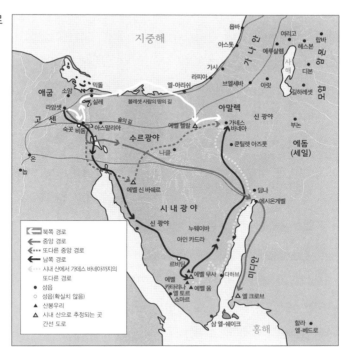

출애굽기

1. 개 요

명칭 : 출애굽기는 '나감과 떠남'이라는 뜻의 헬라어 '엑스 호도스'에서 따왔다.

배경 : 모세가 BC 1446~1406경 광야에서 기록했다고 한다(왕상 6:1 참조). 당시 애굽의 중왕조(요셉 시대)는 이스라엘 민족을 우대한 반면 신왕조는 노예로 삼아 학대했는데(1:8-22), 이스라엘 민족은 400년간 70명에서 250만 명으로 증가했다(1:1-7).

기록 목적 : 이스라엘 민족을 애굽에서 구원하신 하나님의 은혜를 찬양하고 구원받은 백성이 지켜야 할 삶의 원리를 가르치고자 기록하였다.

주제

- **구속** : 애굽의 종살이에서 해방(유월절 어린 양이신 예수 그리스도).
- **하나님의 인도** : 하나님은 홍해의 이적, 구름 기둥과 불 기둥을 통해 이스라엘의 출애굽과 광야 여정을 인도.
- **율법** : 십계명, 시민법, 의식법(성막 건축과 제사제도) → 순종의 축복
- **옛 언약의 중보자 모세** : 새 언약의 중보이신 예수 그리스도를 예표

출애굽기와 창세기와의 관계 : 창세기는 족장들의 이야기를 통해 왜 출애
굽하게 되었는지, 창조시대의 이야기를 통해 왜 하나님이 아브라함을 부
르시게 되었는지를 설명한다. 출애굽기는 하나님이 이스라엘 백성을 부
르신 이유와 어떻게 하나님과의 관계를 맺었는지를 설명한다.

출애굽의 의의

- 출애굽의 메시지는 우리의 모든 것을 감찰하시고 역사하시는 하나님의
  살아 계심과 함께하심, 신실하심을 깨닫게 한다. '너희는 나의 백성이
  고 나는 그들의 하나님이다.'
- 출애굽 사건은 구약 성경에 나타난 중요 사건 중 하나로 매우 중요한
  신앙의 핵심인 구속(救贖)을 담고 있다. → 유월절과 홍해 사건
- 출애굽의 궁극적 목적은 해방 자체에 있는 것이 아니라 하나님의 임재
  안에서 예배하는 공동체로 세우시는 것과 약속의 땅을 향해 나아가는 데
  있다. '내 백성을 보내라 그들이 나를 섬기리라'(5:1, 9:1, 13, 10:3).

2. 구조

◈ 출애굽 과정(1~15장)
◈ 시내 산으로의 여정(16~18장)
◈ 시내 산에서의 영적 훈련 : 언약 체결 및 성막 건축
  - 언약 체결(19~24장) : 십계명과 율례
  - 성막 모형(25~31장)
  - 우상숭배 금송아지 사건(32~34장)
  - 성막 건축(35~40장)

3. 내용

출애굽 과정 : 하나님의 구원하심을 경험

이스라엘 자손의 번성(1장) : 애굽에 있는 이스라엘 자손이 생육하고 번성하여 온 땅에 가득하게 되자, 애굽 왕이 이스라엘의 출생하는 남자 아이들을 죽이려고 하다.

모세의 출생과 성장, 미디안으로 도피(2장)

모세를 부르시는 하나님(3~4장) : 하나님이 이스라엘 백성의 부르짖음을 들으시고 약속의 땅으로 구원하시고자 호렙 산에서 모세에게 나타나사, 자신의 이름을 여호와(스스로 있는 자)라고 하시면서 다섯 번 거절하는 모세에게 이적(지팡이, 문둥병 손, 하수의 피)을 보이는 방법으로 지도자로 세우시다. "네가 선 곳은 거룩한 곳이니 네 발에서 신을 벗어라(3:5). 내가 반드시 너와 함께 있으리라(3:12). 내가 네 입과 아론의 입에 함께 있어서 너희들이 행할 일을 가르치리라"(4:15).

모세를 애굽의 바로에게 보내는 하나님(5~12장) : 하나님이 이스라엘 백성에게 '너희를 내 백성으로 삼고 나는 너희의 하나님이 되리라, 조상에게 주기로 맹세한 땅으로 너희를 인도하고 그 땅을 주어 기업을 삼게 하리라'(6:7-8)고 약속하시고, 열 가지 재앙(애굽의 우상 종교에 대한 심판)을 통해 하나님의 권능을 선포하시며, 하나님의 때에 하나님의 방법으로 약속을 이루시다(하나님의 주권).

"내가 너를 세웠음은 나의 능력을 네게 보이고 내 이름이 온 천하에 전파되게 하려 하였음이니라(출 9:16). 내가 그의 마음과 그의 신하들의 마음을 완강하게 함은 나의 표징을 그들 중에 보이기 위함이며 네게 내가 애굽에서 행한 일들 곧 내가 그들 가운데에서 행한 표징을 네 아들과 네 자손의 귀에 전하기 위함이라 너희는 내가 여호와인 줄을 알리라"(출 10:1-2).

> **열 가지 재앙 :** 피(나일 강 신), 개구리(다산 신), 이(땅 신), 파리(바알세불), 악독(가축 신), 독종(피부암 치료 신), 우박(하늘 신), 메뚜기(곡식 신), 흑암(태양 신), 장자 사망 사건(죽음 신).

유월절 사건과 출애굽(12~13장) : 애굽의 장자들이 다 죽은 여호와의 밤(12:42)에 장정만 60만 명인 이스라엘 민족이 무교병과 요셉의 유골을 가지고 애굽 라암셋에서 하나님의 인도하심에 따라 남동쪽 숙곳을 향해 떠났다. 유월절은 이스라엘 민족이 애굽에서 해방한 날을 기념하고자 이날을 이스라엘 역사의 원년으로 삼은 최고 절기 중 하나이다. "숫 양과 염소의 피를 문설주와 인방에 묻히면 하나님이 그곳을 심판하시지 아니하고 넘으사 우리의 집을 구원하셨느니라"(12:27).

'블레셋 사람의 땅의 길인 해안 길로 가지 않고 홍해의 광야 길로 간 이유는 전쟁으로 인해 애굽으로 돌아갈까 하셨음이라, 하나님께서 그들 앞에 가시며 낮에는 구름 기둥으로 그들의 길을 인도하시고 밤에는 불 기둥을 그들에게 비추사 낮이나 밤이나 진행하게 하시니 낮에는 구름 기둥, 밤에는 불 기둥이 백성 앞에서 떠나지 아니하리라'(13:17, 21-22).

홍해 사건(14~15장) : 애굽의 전차부대가 뒤쫓아 오자 이스라엘 민족이 모세를 원망하므로, 이에 모세가 하나님 말씀에 따라 지팡이를 들어 손을 뻗자 홍해가 갈라지고 모세와 백성들이 하나님을 찬양하다. "너희는 두려워하지 말고 가만히 서서 여호와께서 오늘 너희를 위하여 행하시는 구원을 보라, 너희가 오늘 본 애굽 사람을 영원히 다시 보지 아니하리라 여호와께서 너희를 위하여 싸우시리니 너희는 가만히 있을지니라(출 14:13-14). 여호와는 나의 힘이요 노래시며 나의 구원이시로다 그는 나의 하나님이시니 내가 그를 찬송할 것이요 내 아버지의 하나님이시니 내가 그를 높이리로다"(출 15:2).

시내 산으로의 여정(15:22-18)

홍해 사건 후 광야에서 불평하다 : 생존권과 직결된 불평

> 생존권과 직결된 불평은 중보 기도를 통한 하나님의 도움으로 해결될 수 있지만(15:22-27), 욕심과 불신에서 비롯된 불평은 하나님의 진노로 재앙을 받을 수밖에 없다(민 11장 참조).

작은 시험으로 이스라엘 백성을 훈련하다 : 수르 광야에서 마라의 샘(치료하는 여호와)과 엘림의 샘(12개, 종려나무 70그루)을 경험하게 하고, 신 광야에서 이스라엘 백성이 배고픔을 원망하자 메추라기(저녁)와 만나(아침)를 내려주시며, 르비딤에서 목마름을 원망하자 모세가 하나님 말씀에 따라 지팡이로 반석을 쳐 생수가 나게 하고(반석 생수), 아말렉과의 전투에서 모세의 기도로 승리하게 하셨다(여호와 닛시).

만나의 영성 : 거둠의 영성(먹을 만큼 거두었더라), 나눔의 영성(누구든지 아침까지 그것을 남겨두지 말라), 안식의 영성(여섯째 날에는 각 사람이 갑절의 식물을 거둔지라) → 많이 거둔 자도 남음이 없고, 적게 거둔 자도 부족함이 없이 각 사람은 먹을 만큼만 거두었더라(16:18).

중간 지도자를 세우다(18장) : 모세가 미디안 제사장 장인 이드로의 충고에 따라 능력 있는 자들을 중간 지도자(천부장, 백부장, 오십부장, 십부장)로 세웠는데, 하나님을 두려워하고 진실하며 불의한 이익을 미워하는 자가 능력 있는 자다.

3개월 만에 시내 산에 도착

시내 산에서의 영적 훈련 : 율법과 성막

여호와께서 강림하시다(19장) : 하나님이 이스라엘과 시내 산에서 조건부 언약을 맺으시고 그들을 제사장 나라와 거룩한 백성으로 삼으시다. 빽빽한 구름 가운데서 모세에게 임하시고, 불 가운데서 시내 산 꼭대기에 강림하신 후 모세와 아론만 올라오게 한 다음 이스라엘 백성에게 십계명을 직접 말씀하시다.

"세계가 다 내게 속하였나니 너희가 내 말을 잘 듣고 내 언약을 지키면 너희는 모든 민족 중에서 내 소유가 되겠고, 너희가 내게 대하여 제사장 나라가 되며 거룩한 백성이 되리라"(출 19:5-6).

십계명(20장) : 십계명은 이스라엘 민족의 대헌장인 하나님 사랑과 이웃 사랑의 계명으로 하나님께서 직접 하신 말씀인데 반해 나머지 율법 (21~23장)과 신명기 십계명은 모세를 통한 간접적인 말씀이다.

십계명은 구원(출애굽)받은 자의 축복을 지키게 하고자 거룩한 백성이 되도록 주신 율법 중의 율법이고 모든 법(613개)의 기초 및 영적 · 도덕적 원리이다. 1~4계명은 하나님과 인간의 관계에 관한 것으로 그 구체적 내용은 레위기에서 설명(제사법)하고 있다. 5~10계명은 사람과 사람의 관계에 관한 것으로 그 구체적 내용은 율례(언약법전, 생활규범)로 출애굽기 21~23장에서 설명한다.

'나 이외의 다른 신들을 네게 두지 말라, 너 자신을 위해 우상을 만들지 말고 그것들을 섬기지 말라, 나의 이름을 망령되이 부르지 말라, 안식일을 기억하고 거룩히 지키라, 부모를 공경하라, 살인하지 말라, 간음하지 말라, 도적질하지 말라, 거짓 증언하지 말라, 네 이웃의 소유를 탐하지 말라.'

제10계명은 내적 탐욕과 탐심을 경계한다.

율례 :언약법전, 생활규범(21~23장)

이스라엘 공동체의 사회생활에서 필요한 법률 : 이웃 사랑, 즉 생명 존중과 약자 보호(공평, 공의, 사랑)를 강조하며 레위기의 성결법전(레 17~26장) 및 신명기의 생활법전(신 12~26장)과 같다. 우상숭배 금지법, 약자보호법(이방 나그네, 고아, 과부를 압제하지 말라), 종교상 의무규정, 안식년과 안식일에 관한 법률, 삼대 절기에 관한 법률 등이 있다.

십계명의 세칙이다 : 노예제도에 관한 법률(5계명), 살인과 상해에 관한 법률(6계명), 재산법(8계명), 공정한 재판에 관한 법(9계명).

3대 절기

무교절 : 보리 수확을 기념, 유월절, 출애굽을 기억, 십자가 보혈.

맥추절 : 첫 열매 수확을 기념, 칠칠절, 율법을 기억, 오순절 성령강림.

수장절 : 나중 수확물의 저장을 기념, 초막절, 광야 생활을 기억, 추수감사절.

희년 : 50년이 지나면 모든 것이 원 위치.

언약 체결(24장) : 하나님이 시내 산에서 십계명과 율례를 말씀하신 후 이스라엘 백성에게 언약을 선포하시자, 이에 모세가 제단을 쌓은 후 청년들에게 번제와 화목제를 드리게 하고 피를 제단과 백성들에게 뿌리며 언약서를 백성에게 낭독하다. 이에 백성들이 여호와의 모든 말씀을 준행하겠다고 다짐하자 모세가 십계명 돌판을 받으려고 시내 산에 올라가서 40일간 머무를 때 여호와의 영광이 시내 산에 머물렀다.

성막 건축을 계시(25~31장) : 모세가 십계명 돌판을 받기 위해 시내 산에서 40일간 있을 때 하나님이 성막에 관한 계시를 하셨는데, 이는 이스라엘 백성이 십계명과 율법을 어겨서 언약이 파기될 경우 하나님과의 관계를 다시 회복할 수 있도록 제사제도를 주신 것이다.

성막은 하나님과 이스라엘 백성과의 예배 및 교제 장소로 언약궤(속죄소), 진설병 상, 등잔대(25장), 성막(26장), 번제단과 뜰과 등불 기름(27장), 제사장의 옷(28장), 분향단, 속전, 놋 물두멍, 관유와 향(30장)이 있다.

제사장에게 하나님의 권한과 일의 일부를 맡기고, 제물의 피를 제단과 제사장의 옷에 뿌리는 등 거룩을 강조하며, 안식일은 거룩한 날이요 하나님과의 영원한 표징이 되는 날로 지켜야 한다고 말씀하시다.

"너희는 나의 안식일을 지키라 이는 나와 너희 사이에 너희 대대의 표징이니 나는 너희를 거룩하게 하는 여호와인 줄 너희가 알게 함이라"(출 31:13).

성막은 450년간 유지되다가 솔로몬 왕 때 성전으로 대치되면서 소멸되었다.

금송아지 사건과 모세의 중보 기도(32~33장)

금송아지 사건과 하나님의 진노 : 모세가 40일간 시내 산에 올라가 있는 동안 산 밑에 있는 아론과 백성이 금송아지 형상을 만들어 화목제와 번제를 드리는 등 우상숭배와 부도덕에 빠지자 하나님께서 진노하셨다. "내가 이 백성을 보니 목이 뻣뻣한 백성이로다, 그런즉 내가 하는 대로 두라 내가 그들에게 진노하여 그들을 진멸하고 너를 큰 나라가 되게 하리라"(출 32:9-10).

모세의 1차 중보 기도와 진노(32:11-35) : 모세의 중보 기도 후 하나님께서 뜻을 돌이켜 진노를 내리지 아니하자, 모세가 이스라엘 백성에게 십계명 돌판을 던져 깨뜨리고 금송아지 가루를 마시게 하고 레위인으로 하여금 3천 명을 살해하게 하다.

모세의 이스라엘 민족을 위한 2차 중보 기도(33장) : 모세가 먼저 '하나님께서 주의 종 아브라함과 이삭과 이스라엘에게 하신 맹세를 기억하소서, 내 이름을 주의 책에서 지워도 좋으니 백성들의 죄를 사하여 주옵소서, 원하건대 주의 길을 내게 보이사 내게 주를 알리시고 나로 주의 목전에 은총을 입게 하시며 이 족속을 주의 백성으로 여기소서'라고 중보 기도하자 하나님께서 '친히 가리라'고 약속하고, 다시 모세가 '주의 백성이 은총을 입은 줄을 무엇으로 알리이까 주께서 우리와 함께 행하심으로 나와 주의 백성을 천하 만민 중에 구별하심이 아니니이까, 원하건대 주의 영광을 내게 보이소서'라고 중보 기도하자 하나님께서 '내가 내 모든 선한 것을 네 앞으로 지나가게 하고 여호와의 이름을 네 앞에 선포하리라, 나는 은혜 베풀 자에게 은혜를 베풀고 긍휼히 여길 자에게 긍휼을 베푸느니라' 하시고 모세에게 여호와의 영광을 보여 주시다.

언약의 갱신과 새로운 율법 증거판(34장) : 하나님이 이스라엘 백성을 용서하시고 언약을 갱신하며 명령하는 것을 삼가 지키라(가나안 땅의 주민과 언약을 세우지 말라, 다른 신에게 절하지 말라, 신상들을 부어 만들지 말라, 절기를 지키라, 네 소산의 처음 익은 것을 하나님의 전에 드려라)고 말씀하시고, 함께 시내 산에 40일간 있으면서 떡도 먹지 않고 물도 마시지 않는 모세에게 십계명 돌판(2차 돌판)을 주시자, 모세가 십계명 판을 들고 내려올 때 백성들이 두려워할 정도로 얼굴에 광채가 나다.

성막의 건축(35~40장) : 백성이 성막을 위해 자원하여 예물을 드리고, 브살렐과 오홀리압이 하나님의 영으로 충만하여 성소에서 쓰이는 모든 물건을 제작하고, 성막 건축이 완성되자 구름이 성막을 덮고 여호와의 영광이 성막에 충만하였으며, 구름이 성막 위로 올라가면 행군을 출발하고 구름이 올라가지 않으면 머물렀다.
"낮에는 여호와의 구름이 성막 위에 있고 밤에는 불이 그 구름 가운데에 있음을 이스라엘의 온 족속이 그 모든 행진하는 길에서 그들의 눈으로 보았더라"(출 40:38).

언약궤 : 크기는 가로 한 규빗반(66.8센티미터), 세로 두 규빗반(110센티미터), 높이 한 규빗반(66.6센티미터)이고, 안에는 십계명 돌판과 만나 항아리와 아론의 싹난 지팡이가 있다.

성막의 구조 : 성막 울타리, 출입문(동쪽), 성막뜰(번제단, 물두멍), 성소(진설병 상, 분향단, 등대), 지성소(언약궤, 속죄소), 성소 휘장.

구조물의 상징적 의미(예배) : 번제단(속죄제물은 예수 그리스도), 물두멍(그리스도 보혈), 진설병(말씀이신 예수 그리스도), 분향단(성도들의 기도), 등대(성령), 지성소(하나님의 임재), 속죄소(은혜의 보좌), 십계명 돌판(말씀이신 예수님), 아론의 싹난 지팡이(부활이요 생명이신 예수님), 만나 담은 금항아리(생명의 떡이신 예수님).

레위기

1. 개요

명칭 : 히브리어 성경의 뜻은 '그리고 그가 불렀다', 70인역 성경은 '연합'이라는 뜻이다.

기록 연대 및 배경 : 모세가 BC 1445년경 광야에서 성막 건축을 마친 후부터 시내 산을 떠나기 전에 받은 하나님의 계시를 기록한 것으로, 출애굽기의 부록과 같다.

기록 목적 : 이스라엘 백성이 하나님과 연합하여 살되 거룩하신 하나님을 어떻게 섬겨야 하는지를 가르치고자, 즉 모든 삶에서 제사장처럼 거룩을 지키게 하기 위해 기록하였다.

주제

• **거룩 :** 하나님의 거룩하신 성품을 닮아 세상과 구별된 삶을 살아라.

• **희생과 속죄 :** 희생제사는 하나님께 드리는 사랑과 감사의 표시이며, 인간의 죄를 대속하기 위해서는 생명을 하나님께 바쳐야 한다. 왜냐하면 생명은 피에 있으며 피 흘림이 없으면 사함이 없기 때문이다. "육체의 생

명은 피에 있음이라 내가 이 피를 너희에게 주어 제단에 뿌려 너희의 생명을 위하여 속죄하게 하였나니 생명이 피에 있으므로 피가 죄를 속하느니라"(레 17:11).

2. 구조

◈ **성막에서 하나님을 섬기는 법(1~10장) :** 제사
  • 제사법(1~7장)
  • 제사장법(8~10장)
◈ **성막 밖에서 하나님을 섬기는 법(11~27장) :** 생활 규범
  • 백성의 정결법(11~15장)
  • 속죄일(16장)
  • 성결법전(17~27장)

3. 내용

성막에서 하나님을 섬기는 방법 : 제사와 제사장 규정

제사의 종류와 방법(1~7장) : 하나님과의 관계 회복

번제 : 소, 양, 염소, 새를 불에 태우는 제사. 제물은 예배자가 죽이고 제사장이 그 피를 번제단에 뿌리는 완전한 헌신과 희생을 뜻한다.

소제 : 곡식을 빻은 고운가루에 기름과 유향를 섞어 드리는 제사. 하나님의 은혜에 감사하여 자발적으로 드리는 제사로 누룩과 꿀 사용을 금지하고 소금을 사용한다.

화목제 : 짐승을 도살하여 피를 뿌리고 내장을 태우며 살은 공동 식사하는 제사. 하나님과의 화평과 친교를 위한 제사(감사제, 서원제, 낙헌제)로 화목제물은 이 땅에 오신 평화의 왕 예수 그리스도를 상징한다.

속죄제 : 짐승을 도살하여 그 피를 제단에 뿌리고 내장을 태우는 제사. 부지중에 저지른 범죄를 속죄받기 위한 제사로 죄 지은 자에 따라 제물이 다르며 신약에서의 그리스도의 고난과 속죄를 상징한다.

속건제 : 원래 제물의 가격에 1/5을 추가하여 손해배상하게 하는 제사. 하나님의 성물과 이웃에게 피해를 입힌 경우에 죄 용서를 받기 위한 제사다.

> 속죄제와 속건제는 죄를 용서받기 위한 제사로 드리기 전에 먼저 자신의 죄를 자복하고 회개해야 한다. 속죄제는 계명에 나타난 하나님께 대한 죄를 속죄받기 위한 제사이고, 속건제는 인간 대 인간의 죄를 속하기 위하여 드리는 제사다.

제사장들에게 주는 지시 사항(6:8~7:36) : 제단의 불이 꺼지지 않게 해야 하며(여호와께 대한 끊임없는 예배를 뜻함), 소제와 화목제와 속건제의 제물은 제사장이 먹어야 한다.

제사장 임명

제사장과 성도의 성별(8장) : 제사장들은 공식 복장을 입고, 대제사장은 머리에 관유를 바르고 제물의 피를 신체의 일부에 바르며 관유와 피를 옷에 뿌리며 7일 동안 회막문을 나갈 수 없다.

첫 제사의 수행(9장) : 먼저 대제사장인 아론을 위하여 속죄제와 번제를 드린 후, 다음 백성을 위하여 속죄제 · 번제 · 소제 · 화목제를 드리고 아론이 축복하자 여호와의 영광이 임하고 불이 임하여 제물을 태우다.

잘못된 제사에 대한 심판(10장) : 제사장은 올바르고 성별된 방법으로 하나님께 예배를 드려야 한다. 아론의 아들 나답과 아비후가 각기 향로를 가져다가 여호와께서 명령하지 않은 다른 불을 담아 여호와 앞에 분향하였더니, 불이 여호와 앞에서 나와 그들을 삼키매 그들이 여호와 앞에서 죽다(레 10:1-2).

성막 밖에서 하나님을 섬기는 방법(11~27장) : 삶

백성의 정결법(11~16장) : 먹을 수 있는 동물에 관한 규정(11장), 산모의 정결 규정(12장), 문둥병 규정(성경의 문둥병은 하나님의 재앙, 죄, 부정을 상징한다. 미리암의 문둥병, 게하시의 문둥병, 웃시야 왕의 문둥병), 유출병 정결 규정(15장).

속죄일 규정(16장) : 대제사장이 일 년에 한 번 지성소에 들어가 속죄제를 드리는 속죄일은 백성 전체를 위한 속죄 절기로 안식일 중의 안식일이다(7월 10일). 아론과 그 가족을 위한 속죄제사 및 백성을 위한 속제제사를 드렸는데 두 마리 염소 중 여호와를 위한 염소는 속죄제로 드리고, 아사셀을 위한 염소는 광야로 보낸다.

성결법전(17~25장) : 공동체 생활 속에서 거룩한 삶을 유지하는 규례
음식의 성결(17) : 제사를 통해 음식을 성별하고 우상의 제물을 먹는 일을 막기 위한 것으로, 피는 인간의 생명을 속하는 데 사용되기 때문에 먹는

것을 금한다.

"육체의 생명은 피에 있음이라 내가 이 피를 너희에게 주어 제단에 뿌려 너희의 생명을 위하여 속죄하게 하였나니 생명이 피에 있으므로 피가 죄를 속하느니라"(레 17:11).

혼인의 성결(18장) : 근친상간 금지 등 음란죄

거룩을 위한 생활 윤리와 약자 돌봄을 위한 규례(19장) : 부모 경외, 우상 금지, 공의 재판과 공평한 상거래, 추수시 가난한 사람과 타국인에 대한 배려, 품꾼 임금 체불 금지, 이웃 사랑, 노인에 대한 공경, 타국인과 객에 대한 친절 등 십계명을 근간으로 구체적으로 규례를 제정하다.

"너희는 거룩하라 이는 나 여호와 너희 하나님이 거룩함이니라(레 19:2). 네 이웃 사랑하기를 네 자신과 같이 사랑하라"(레 19:18).

죄에 대한 형벌 규정(20장) : 우상숭배, 성적 범죄는 돌로 죽이는 사형으로 처벌한다. "너희는 스스로 깨끗하게 하여 거룩할지어다 나는 너희의 하나님 여호와이니라"(레 20:7).

제사장의 성결(21장), 제물의 성결(22장)

절기의 성결(23장) : ① 안식일, ② 유월절(금요일)과 무교절(유월절 다음 날인 안식일부터 1주일간, 애굽의 고난을 기억), ③ 칠칠절(초실절로부터 50일째 되는 오순절, 밀 수확물을 드림, 맥추절, 율법 주심을 기억), ④ 초막절(7월 15일, 수장절, 늦은 작물의 수확물을 저장, 광야 생활을 기억), ⑤ 속죄일(7월 10일, 안식일), ⑥ 초실절(무교절이 시작하는 날의 다음 날인 일요일, 첫 열매인 햇보리 추수에 대한 감사, 신약의 부활절과 같은 의미), ⑦ 나팔절(7월 1일, 성회로 모이고 노동을 금지).

이른 초실절(보리 수확물 드림), 늦은 초실절(밀 수확물 드림, 칠칠절).

등잔불과 진설병, 하나님 모독과 살인에 대한 처벌 규정(24장) : 하나님을 부인하는 죄는 가장 큰 영적 범죄다.

안식년과 희년(25장) : "일곱째 해에는 그 땅이 쉬어 안식하게 할지니 여호와께 대한 안식이라(레 25:4). 너희는 오십 년째 해를 거룩하게 하여 그 땅에 있는 모든 주민을 위하여 자유를 공포하라 이 해는 너희에게 희년이니 너희는 각각 자기의 소유지로 돌아가며 각각 자기의 가족에게로 돌아갈지라"(레 25:10).

> **희년의 축복 :** ① 종이 자유케 됨. ② 채무가 면제됨. ③ 빼앗겼던 토지를 되찾음. ④ 가난한 자가 자기의 재산을 되찾음. ⑤ 일하지 않고 안식함. ⑥ 하나님을 찬양하고 예배함 → 이것은 누가복음 4장 18-19절에서 예수의 구속 사역으로 표현되었는데, 마귀와 죄와 사망에서 자유하게 됨을 의미한다.

순종과 불순종의 결과(26장) : 축복과 저주의 갈림길은 하나님의 명령을 준행하는지 여부에 달려 있으나 비록 불순종으로 저주를 받아도 회개하면 하나님께서 아브라함 등 조상들과의 언약으로 인하여 미워하지 아니하며 아주 멸하지 아니하리라(26:40-45).

헌물에 대한 추가 규정(27장) : 돈으로 바꾸어 드릴 수 있는 헌물에 관한 규정으로 가축의 첫 새끼는 여호와의 소유이고, 여호와께 온전히 바치는 예물은 다시 사거나 팔 수 없고 모든 작물의 1/10은 여호와의 소유다.

진정한 제사(예배) : 제사의 본뜻은 피조물이 창조주에게 감사함으로 자신을 아낌없이 드리고 하나님을 섬기는 데 있다. 제사에서 중요한 것은 사람이 무엇을 특별히 포기하여 하나님을 움직이거나 영향을 주는 것이 아니다. 사람의 참된 삶은 생명의 근원이신 하나님과 교제하는 데 있기 때문에 자신만을 위해 살고 자신을 하나님께 내놓지 않는 사람은 생명의 근원에서 떨어져 나가는 것이다. 성도는 모든 삶 속에서 하나님의 거룩하심에 어울리도록 살아야 한다.

제사(예배)의 중요성 : 죄 사함의 통로다(우리는 예배를 통해 죄 사함을 받고 하나님의 자녀로 영생의 삶을 살 수 있다).

성막의 평면도

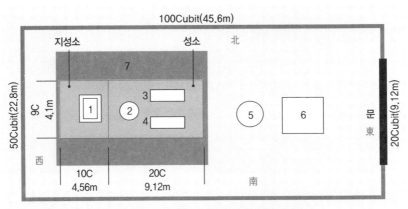

- 1-법궤, 2-분향단, 3-떡상, 4-등대, 5-물두멍, 6-번제단, 7-덮개
- 성소와 지성소의 높이:10C(4.56m) • 성막뜰 울타리 높이:2.5m

민수기

1. 개요

명칭 : 히브리어 성경의 뜻은 '광야에서', 70인역 헬라어 성경의 뜻은 '숫자들'이다.

기록 연대 및 배경 : 광야 40년의 역사를 모세가 기록한 것으로 20세 이상 장정을 두 차례 인구조사하는 등 광야에서 하나님에 대한 절대적인 믿음과 순종을 가르치고자 훈련(1차 인구조사는 시내 산에서 광야 여정의 효율적인 통제를 위해, 2차는 모압 평야에서 가나안 정복 전쟁을 준비하기 위함)한 것을 기록하였다.

기록 목적 : 이스라엘의 정체성과 사명을 깨닫게 하고, 하나님 백성이 약속의 땅에 들어가기 위해서는 절대적인 믿음과 순종이 필요하며, 언약의 하나님께서는 그 하신 말씀을 반드시 이루시는 신실하신 하나님이심을 가르치고자 기록하였다.

주제

• **믿음과 순종** : 하나님 백성이 약속의 땅에 들어가기 위해서는 믿음과 순

종이 필요하며 불순종한 자들은 모두 광야에서 죽음을 맞는다.

• **하나님의 신실하심** : 백성의 거듭되는 반역에도 불구하고 택한 백성을 끝까지 버리지 않으시고 사랑과 자비로 신실하게 자신의 약속을 지키신다.

2. 구조

◈ **전반부(1:1~9:23)** : 시내 산에서 광야 행진을 위한 준비(1차 인구조사).
◈ **중반부(10:1~22:1)** : 바란 광야의 여정(가데스 바네아 사건).
◈ **후반부(22:2~36장)** : 모압 평지에서 선지자 발람 사건과 가나안 출정을 위한 준비(2차 인구조사).

3. 내용

전반부(1~10:10) : 시내 산에서 광야 행진을 위한 준비(1차 인구조사)

인구조사(1장) : 시내 산에서 첫 유월절을 지킨 후 가나안 진군을 위해 20세 이상의 남자를 대상으로 가족과 종족에 따라 군사 목적으로 인구조사를 하였는데 레위 지파를 제외한 장정의 수가 603,550명이었다.

출애굽기 30장의 인구조사 : 성막 관리와 속전 징수를 위한 인구조사

진 배치(2장) : 성막을 중심으로 사면에서 세 지파씩 진을 친다.
레위 지파의 직무(3~4장) : 아론과 그 아들들은 제사장의 직분을 행하고, 다른 레위인들은 성막에서 봉사하는 등 레위 사람들이 맡아들 구실을 했

다. "레위인은 내 것이라 나는 여호와니라"(민 3:45).

성결의 규례(5~8장)

부정함과 범죄를 처리하는 부정방지법(5장), 하나님께 헌신했다는 증빙으로 음주와 삭도를 금지하고, 여호와께 각종 제사의 헌물을 드리는 나실인에 대한 규례(6장), 봉헌 예물(7장), 제사장의 성결의식과 레위인의 정결의식(8장).

제사장의 축도(6:24-26) : 여호와는 네게 복을 주시고 너를 지키시기를 원하며, 여호와는 그의 얼굴을 네게 비추사 은혜 베푸시기를 원하며, 여호와는 그 얼굴을 네게로 향하여 드사 평강 주시기를 원하노라.

제사장의 성결의식 : 제물의 피를 뿌리고 기름을 바른다.

행군 준비 완료(9~10:10)

출애굽 다음 해 첫째 달 14일 시내 산에서 유월절을 지키며 성막 위의 구름 기둥과 불 기둥을 통해 하나님의 함께하심을 상기하다.

"유월절을 지키지 아니하는 자는 그 백성 중에서 끊어지리니 이런 사람은 그 정한 기일에 여호와께 헌물을 드리지 아니하였은즉 그의 죄를 담당할지며"(민 9:13).

중반부(10:1~22:1) : 바란 광야의 여정

출발(10:1~12장)

제사장들로 은 나팔을 불게 한 후 둘째 해 둘째 달 20일 구름이 증거의 장막에서 떠오르매 동편의 유다 지파를 선두로 남편, 서편, 북편의 순으로 출발하고(각 3계파), 레위 지파는 성막과 성물을 걷고 이동하며, 여호와의 명령을 따라 구름이 성막에 머무르면 진을 치고 떠오르면 행진한다.

탐욕으로 인한 원망과 불평, 비방(11~12장)

다베라에서 여호와의 불이 원망하는 백성들의 진영 끝을 사르다가 모세의 중보 기도로 불이 꺼지고, 기브롯 핫다아와에서 백성들이 고기가 없다고 원망하고 모세도 불평하자 여호와께서 칠십 명을 택하여 성령을 임하게 한 후, 모세와 함께 백성의 짐을 담당하게 했다. 이때 두 명의 장로에게 성령이 임해 예언했으며 또한 모세가 한 달 먹을 고기를 주시겠다는 하나님의 말씀을 의심하자 이에 "여호와의 손이 짧으냐 네가 이제 내 말이 네게 응하는 여부를 보리라"(11:23)고 말씀하신 후 메추라기를 주시고, 욕심을 낸 백성을 장사지내게 했다.

하세롯에서 모세를 비방한 미리암이 하나님의 징계로 문둥병에 걸리고, 한편 모세는 온유함과 충성으로 백성의 불평과 원망을 참다. "모세는 온유함이 지면의 모든 사람보다 더하더라"(민 12:3).

가데스 바네아 사건(13~14장)

가나안 정탐과 보고 : 열두 지파 대표들이 40일간 가나안을 정탐한 후 열개 지파 대표는 구원자 되시는 하나님을 바라보지 못하고 환경을 바라본 불신앙과 불순종으로 가나안을 '강한 거민, 견고한 성읍, 거인 아낙 자손, 빈 터가 없다'라고 부정적으로 보고했다. 반면에 여호수아와 갈렙은 오직 믿음으로 '그들은 우리 밥이라, 여호와가 함께 하시므로 그들을 두려워 말라'고 정복을 주장하다.

불순종과 징벌 : 하나님께서 자신을 원망하며 애굽으로 돌아가자고 하는 불순종한 자들을 전염병으로 멸하겠다고 분노하셨으나 모세의 중보 기도로 돌이키시지만 불순종한 20세 이상의 사람들은 모두 광야에서 죽을 것이고 그 자녀들은 40년간 광야에서 유리하는 자가 되리라고 선포하시다. 열 명의 정탐꾼은 여호와 앞에서 재앙으로 죽고 백성은 모세의 경고를 거역하고 올라가다가 아말렉과 가나인인에게 패하다.

> **모세의 중보 기도** : 여호와는 노하기를 더디하시고 인자가 많아 죄악과 허물을 사하시나 형벌받을 자는 결단코 사하지 아니하시고 아버지의 죄악을 자식에게 갚아 삼사대까지 이르게 하리라 하셨나이다. 구하옵나니 주의 인자의 광대하심을 따라 이 백성의 죄악을 사하시옵소서(14:18~19).

광야의 유랑 생활을 하게 되다(14:45) : 이후 38년 6개월간 광야에서 생활하였는데 이는 애굽의 노예 습성을 버리고 하나님 백성으로의 훈련, 즉 하나님에 대한 절대적인 믿음과 순종을 훈련한 것이다.

반역과 심판(16~19장)

고라당의 반역과 심판(16장) : 고핫 자손의 고라가 제사장 직분을 탐내어 250명과 함께 모세에게 반역하자, 모세가 고라를 책망하며 거룩한 자의 구별을 제안한 후 250명은 여호와의 불로 소멸되고 나머지 가족들은 땅이 삼키다. 이튿날 회중이 다시 모세와 아론을 원망하자, 여호와가 염병으로 징벌하여 4,700명이 죽다.

아론의 싹난 지팡이(17장) : 아론의 권위 회복과 함께 제사장의 권위가 하나님의 절대 주권에 의한 것임을 확인하다.

제사장들과 레위인들이 할 일과 받을 몫을 규정(18장) : 아론의 분깃은 땅과 기업이 아니고 바로 여호와이시다(18:20).

미리암의 죽음과 므리바 사건(20:12) : 40년이 지난 다음 회중이 다시 신 광야 가데스에 이르러 미리암이 죽고, 이곳에서 백성이 물이 없으므로 모세와 아론을 공박함에 모세가 '반석을 명하여' 물이 나오게 하라는 여호와의 지시와 달리 '반석을 두 번 쳐서' 물이 나게 하였으나, 목전에서 여호와의 거룩하심을 나타내지 않았다는 이유로 모세의 가나안 땅 입성을 허락하지 않으시다.

모압으로의 행군(20:14~22:1)

에돔의 거절과 아론의 죽음 : 광야에서의 방황을 거의 끝내고 가나안으로 가고자 에돔에게 '왕의 대로(King's way)'를 통과하도록 요청하였으나 거절당한 후 형제 국가인 에돔을 공격하지 말라는 하나님의 말씀에 따라 우회하여 가나안 동편 모압 쪽으로 진군하다. 아론이 호르 산에서 죽자 아들 엘르아살을 대제사장으로 임명하고, 호르마에서 남부 가나안 사람들과의 전쟁에서 승리하다.

놋뱀 사건 : 백성이 에돔 땅을 우회하여 가는 것 때문에 하나님과 모세를 원망하자, 하나님이 불뱀으로 징계하셨는데 모세의 중보 기도로 놋뱀을 만들어 장대 위에 매달게 하여 이를 바라보는 자를 살게 하시다.

아모리 족 헤스본 왕 시혼과 바산 왕 옥을 물리치고, 여리고 맞은편 요단 동쪽 모압 평지에 도착하다(22:1) : 호르 산 → 에돔 땅을 우회 → 오봇, 모압 앞쪽 해 돋는 쪽 광야 → 아르논 강 건너 비스가 산, 아모리 왕 시혼에게 사신을 보냈으나 거절하여 전쟁 승리(헤스본 등 아르논에서 얍복까지 점령) → 바산 길에서 바산 왕 옥을 패배시키다(21장).

가데스 바네아에서 모압 평지까지의 여정

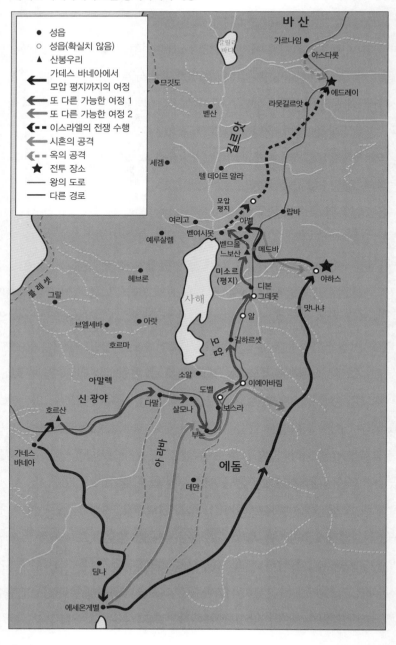

후반부 (22:2~36장) : 모압 평지에서 2차 인구조사

바알브올 사건 (22:2~25장)

모압 왕 발락이 이스라엘을 물리치기 위해 모압 장로들과 미디안 장로들과 함께 메소포타미아 선지자 발람을 초빙하였으나 발람이 처음에는 하나님의 말씀을 듣고 발락의 요구를 일단 거절하다. "은금을 줄지라도 내가 능히 여호와 내 하나님의 말씀을 어겨 덜하거나 더하지 못하겠노라" (22:18).

그 후 발람이 여호와의 지시에 따라 발락에게 가는 중에 여호와의 사자가 나귀를 막은 일로 인해 나귀가 발람에게 대드는 사건이 발생하고, 또 발락이 발람에게 이스라엘의 저주를 요청하였으나 발람이 오히려 이스라엘을 세 차례에 걸쳐 축복하고 이를 항의하는 발락에게 신앙 고백을 하다 (22:41~24장). "하나님이 저주하지 않으신 자를 내가 어찌 저주하며 여호와께서 꾸짖지 않으신 자를 내가 어찌 꾸짖으랴(민 23:8). 하나님은 사람이 아니시니 거짓말을 하지 않으시고 인생이 아니시니 후회가 없으시도다 어찌 그 말씀하신 바를 행하지 않으시며 하신 말씀을 실행하지 않으시랴(민 23:19). 나는 여호와의 말씀을 어기고 선악간에 내 마음대로 행하지 못하고 여호와께서 말씀하신 대로 말하리라"(민 24:13).

그러나 발람이 싯딤에서 탐욕에 눈이 어두워 이스라엘로 하여금 모압 여인들과 음행하게 하고 바알브올의 우상숭배를 하게 함으로써 이스라엘 백성 24,000명이 염병으로 죽고 발람은 이단의 대명사로 추락한다.

→ 벧후 2:15 참조

2차 인구조사(26장)

여리고 건너편 요단 강가 모압 평지에서 군사적 목적과 함께 땅의 분배 목적에 따라 20세 이상 장정을 인구조사하고, 땅을 인구수와 제비뽑기로 분배하기로 하다.

새 세대를 위한 지시들(27~30장)

여자에게도 기업의 상속권을 인정하고 여호수아가 후계자로 임명되다(27장), 제사장을 위한 제사 규례인 연중 정규 제사의 율법(28~29장), 여자 서원의 유효성에 관한 율법(30장).

전쟁 승리의 탈취물과 땅 분배(31~32장)

미디안과의 전쟁에서 승리한 후 탈취물을 분배하고 발람을 죽이다(31장). 요단 강 동편에 정착하고 르우벤, 갓, 므낫세 반 지파에게 땅을 분배하다 (32장).

출애굽 여정(33:1~49)

약속의 땅에 대한 규정들(33:50~36:13)

가나안 땅 거민을 몰아내고 우상을 타파하라 그렇지 않으면 남겨둔 자들이 너희의 눈에 가시와 옆구리에 찌르는 것이 되어 너희를 괴롭게 할 것이다(33:52). 가나안 땅의 경계선과 레위인의 48개 성읍과 6개 도피성을 정하다(요단 서편 : 게데스 · 세겜 · 헤브론, 요단 동편 : 베셀 · 길르앗 라못 · 바산 골란). 상속자가 된 딸은 아버지 지파를 떠나 결혼할 수 없다 (36장).

고난의 영적 의미

- 고난과 역경은 축복의 통로임을 깨닫고, 고난을 인내와 오래 참음으로 견디어 나갈 때 비로소 하나님께서 예비하신 축복을 받을 수 있다.

- 고난이 닥칠 때 강하고 담대한 믿음으로 환경을 두려워하지 말고 인간의 생사 화복을 주관하시는 하나님만을 바라보며 의뢰하라.

- 고난 없이는 정금 같은 믿음을 소유할 수 없다.

- 고난을 통해 우리에게 주시는 하나님의 생각과 뜻을 헤아려 그 뜻에 합당한 삶을 살라.

신명기

1. 개요

명칭 : 히브리어 성경의 뜻은 '이것들은 말씀들이다', 70인역 헬라어 성경의 뜻은 '제2의 율법, 율법의 반복', 우리말은 신명기(申命記)다.

기록 연대와 배경 : 모세가 모압 평지에서 가나안 입성을 직전에 두고 새로운 만나 세대들에게 40년간의 광야 생활을 회고하며 하나님 말씀(율법, 계명)을 되풀이하여 설교한 내용이다.

기록 목적 : 시내 산에서의 하나님과의 언약 관계를 잘 모르는 만나 세대들에게 하나님의 언약 백성임을 분명히 알게 하고, 하나님의 율법에 순종하는 삶을 살아가도록 가르치고자 기록하였다.

주제

- **언약의 갱신 :** 시내 산에서의 하나님과의 언약 관계를 계속 유지하게 하고자 시내 산 언약의 갱신을 강조하다(하나님 백성).
- **유일신 :** 이스라엘을 택하시고 보호하며 인도하시는 하나님은 유일하신 여호와이시다.

- **신앙 교육** : 부모는 자녀들의 영적 양육에 힘써야 한다.
- **순종과 불순종** : 율법을 순종하면 복이, 불순종하면 저주가 뒤따른다.

2. 구조

◈ **광야 역사에 대한 회고(1~4:43)** : 1차 설교
◈ **시내 산 율법을 되풀어 선포(4:44~26장)** : 2차 설교
- 율법 선포 준비(4:44~11장)
- 신명기 법전(12~26:15) : 사랑과 율법(신명기의 핵심)
◈ **이스라엘과 하나님의 언약 관계를 설명(27~30장)** : 3차 설교
◈ **모세의 마지막 사역(31~34장)**
- 여호수아를 후계자로 임명
- 모세의 노래, 축복, 죽음

3. 내용

1편 설교(서론) : 광야 생활에 대한 역사적 회고(신 1~4:43)

역사적 노정(1:1~3:39)
시내 산에서 가데스 바네아에 이르기까지(1장) : 가데스 바네아(바네아 지역에 있는 성읍)에서의 불순종으로 40년간 광야 생활을 하다.

아모리 헤스본 왕 시혼을 이길 때까지(2장) : 가데스 바네아에서 세일 산의 에돔을 거쳐 가나안으로 가려고 했으나 에돔이 거절해서 에돔을 우회하

여 모압과 암몬의 변경을 거쳐 아모리 땅으로 진군했다. 이때 여호와께서 기업으로 주신 에돔, 모압, 암몬과는 다투지 말라는 명령에 순종한 결과 가나안 족속인 아모리 족속의 헤스본 왕 시혼과의 전쟁에서 승리하다.

바산 왕 옥을 이기고 모압 평지에 이르기까지(3장) : 아모리 족속의 바산 왕 옥과의 전쟁에서 승리한 후 요단 동쪽의 아르논 골짜기에서 헤르몬 산까지 땅을 세 지파(므낫세 반 지파, 갓 지파, 르우벤 지파)에게 분배했으며, 모세에게는 므리바 사건으로 약속의 땅을 밟을 수 없으리라고 말씀하시다.

역사적 교훈(4:1-43)

율법을 듣고 준행하라, 여호아의 명령을 가감하지 말고 지키라, 너희는 스스로 삼가고 네 마음을 힘써 지키라, 네 자녀들에게 가르쳐 알게 하라, 하나님의 언약을 잊지 말고 어떤 형상의 우상도 조각하지 말라, 하나님은 소멸하시는 불이시오 질투하시는 분이시다(24), 하나님은 자비하시므로 네가 악을 행하여 진노를 받더라도 마음을 다하고 뜻을 다하여 하나님을 찾으면 만나리라, 하나님은 유일하신 분이시며 너희는 선택받은 민족이다.

"여호와께서 너를 교훈하시려고 하늘에서부터 그의 음성을 네게 듣게 하시며 땅에서는 그의 큰 불을 네게 보이시고 네가 불 가운데서 나오는 그의 말씀을 듣게 하셨느니라(신 4:36). 위로 하늘에나 아래로 땅에 오직 여호와는 하나님이시요 다른 신이 없는 줄을 알아 명심하라"(신 4:39).

2편 설교(본론) : 가나안 땅에서 지키고 행해야 할 율법(4:44~26장)

율법 선포 준비(4:44~11장)

이스라엘과 언약을 세우시다 : "이 언약은 우리 조상들과 세우신 것이 아니요 오늘 여기 살아 있는 우리 곧 우리와 세우신 것이라"(신 5:3).

십계명(5장) : 모세가 모압 평지에서 새 세대들에게 십계명을 가르치다(율법을 듣고, 배우며, 지켜, 행하라).

> **출애굽기 20장의 십계명과는 안식일 준수의 이유에서 차이가 있다** : 출애굽기는 창조주의 휴식에 근거한 반면, 신명기는 사회적 성격이 짙고 하나님의 구원을 강조한다(안식일은 사람을 위해 있는 것이요, 막 2:27).

하나님을 사랑하고 그에게 순종하라(6장) : 우리 하나님 여호와는 오직 유일한 여호와이시니 너는 마음을 다하고 뜻을 다하고 힘을 다하여 네 하나님 여호와를 사랑하라(6:4-5), 여호와만 섬겨라(6:13), 여호와를 시험하지 말라(6:16).

이방인과 사귀지 말라(7장) : 이방인과는 아무런 협약도 맺지 말고 완전히 멸절시켜야 한다, 이방인과 결혼하지 말라, 여호와는 신실하신 하나님이시라 그를 사랑하고 그의 계명을 지키는 자에게는 천 대까지 그의 언약을 이행하시며 인애를 베푸시고 사랑하시고 복을 주시되 그를 미워하는 자에게는 당장에 보응하여 멸하신다(7:9-13).

광야의 교훈(8~10장) : 하나님의 인도하심을 기억하라, 겸손하라, 유일하신 하나님을 섬기라, 하나님이 만민 중에서 너희를 택하셨다.

"네 하나님 여호와께서 사십 년 동안에 네게 광야 길을 걷게 하신 것을 기억하라 이는 너를 낮추시며 너를 시험하사 네 마음이 어떠한지 그 명령을 지키는지 지키지 않는지 알려 하심이라(신 8:2). 사람이 떡으로만 사는 것이 아니요 여호와의 입에서 나오는 모든 말씀으로 사는 줄을 네가 알게 하심이니라(신 8:3b). 네 하나님 여호와를 경외하여 그의 모든 도를 행하고 그를 사랑하며 마음을 다하고 뜻을 다하여 네 하나님 여호와를 섬기고 내가 오늘 네 행복을 위하여 내게 명하는 여호와의 명령과 규례를 지킬 것이 아니냐"(신 10:12-13).

모세의 권면(11장) : 오늘날 하나님의 교훈과 위엄과 광야에서 행하신 이 모든 일을 기억하라, 내가 오늘 복과 저주를 너희 앞에 두나니 하나님의 명령을 청종하고 지키면 복이 될 것이요 돌이켜 떠나면 저주를 받으리라.

율법 선포(12~26장)

예배에 관한 율법(12~16:17) : 제사법(12장), 우상숭배 경고(13장), 십일조의 용도(제사 공동체 십일조, 구제 십일조), 안식년(형제의 빚을 면제하고 형제를 구제하라, 가난한 형제에게 네 마음을 완악하게 하지 말며 그에게 필요한 대로 쓸 것을 넉넉히 꾸어주라 줄 때에는 아끼는 마음을 품지 말 것이니라 그리하면 너의 모든 일에 복을 주시리라), 3대 명절(유월절, 칠칠절, 초막절).

> 제사 공동체 십일조는 레위인의 생활비이고, 구제 십일조는 매 삼 년 토지 소산의 십일조로 기업이 없는 레위인과 이방인과 고아와 과부들을 위해 사용된다. 성전 완성 후에는 성전 유지 및 보수에도 사용되었다(대하 35장, 스 1:4).

지도자들에 관한 법(16:18~18장) : 재판장은 공의로 재판하고, 사형은 두 사람 이상의 증인이 필요하며, 어려운 사건은 상급심에 넘겨라. 왕은 말(馬)을 많이 두지 말고, 아내를 많이 두지 말며, 자기를 위하여 은금을 많이 쌓지 말고, 율법서를 늘 곁에 두고 정치하라. 제사장과 선지자는 이방인의 가증한 것을 본받지 말고 여호와 앞에서 완전하라.

> **그리스도에 관한 예언** : 내가 그들의 형제 중에서 너와 같은 선지자 하나를 그들을 위하여 일으키고 내 말을 그 입에 두리니 내가 그에게 명령하는 것을 그가 무리에게 다 말하리라(18:18).

사회법(19~26장) : 도피성 제도(과실범을 보호하고 피의 보복을 막기 위한 제도), 전쟁 시 규례(하나님이 함께하시니 전쟁을 두려워 말라, 병역 면제 대상자들을 집으로 돌려 보내라, 군대장관들을 세우라), 기타 규례(불량한 아들은 사형에 처하라, 나무에 달린 자의 장례, 누명 쓴 여자와 강간당한 여자를 보호하는 율법, 여호와의 회중에 들어올 수 있는 자격, 진을 정결하게 보존하라, 백성의 생활에 관한 계명, 약자와 가난한 자의 권리 등), 토지소산과 십일조의 올바른 사용에 관한 당부(민수기 18장의 십일조에 대한 축복을 상기한 내용으로 특히 이웃 사랑의 정신으로 고아, 과부, 객, 레위인에게 나누라). "네 입으로 말한 것은 그대로 실행하도록 유의하라"(23:23). "곡식 떠는 소에게 망을 씌우지 말지니라"(신 25:4).

3편 설교 : 모압 언약(27~34장)

율법 기념비를 세우라(27장) : 하나님 여호와의 성민 즉 보배로운 백성이 되게 하시리라, 율법의 말씀을 돌비석에 새기고 에발 산에 세우며 율법의 돌비가 있는 곳에 번제와 화목제를 드리고(말씀 중심의 예배) 다듬지 않은 돌단을 쌓으라(외모가 아닌 마음 중심의 예배), 예배는 그리심 산에 6개 지파 · 에발 산에 6개 지파 · 중간에 레위 지파가 위치하여 드려라.

축복과 저주의 선포(28장)

복(1-14절) : 개인적 복(본인, 자녀, 소유물, 가정과 일터), 국가적 복(전쟁에서 승리, 경제적 부요, 머리가 되는 복).

저주(15-67절) : 개인적 저주(신체적 질병, 경제적 재앙), 국가적 저주(전쟁의 패배, 포로로 잡혀감, 국가적 재앙과 질병).

모압에서의 언약 체결(29장) : 이 언약의 말씀을 지켜 행하라 그리하면 너희가 하는 모든 일이 형통하리라, 하나님이 너를 자기 백성으로 삼으시고 친히 너의 하나님이 되시려 함이니라, 이 언약과 맹세를 우리와 함께 여기 서 있는 자와 오늘 우리와 함께 여기 있지 아니한 자에게까지 세우느니라, 여호와를 사랑하고 그 말씀을 순종함으로 생명과 복을 택하고 약속하신 땅에 거하라.

여호와께로 돌아오는 축복(30장) : 말씀을 청종하고 율법을 지키고 하나님께 돌아오면 하나님께서 긍휼히 여기사 축복을 주시리라, 하나님의 말씀은 지키기에 어려운 것이 아니고 하나님에 대한 믿음과 사랑함으로 그 말씀을 입과 마음에 두면 온전히 행할 수 있다(29:11-14).

모세의 마지막 사역 : 미래(신 31~34장, 시 90편)

모세의 당부(31장) : 이스라엘 민족에게 당부하고 여호수아를 격려하며 율법책을 제사장과 장로에게 전수하면서 하나님 경외하기를 배우게 하라고 당부하다.

"너희는 강하고 담대하라 두려워하지 말라 그들 앞에서 떨지 말라 이는 네 하나님 여호와 그가 너와 함께 가시며 결코 너를 떠나지 아니하시며 버리지 아니하실 것임이라(신 31:6). 여호와 그가 네 앞에서 가시며 너와 함께 하사 너를 떠나지 아니하시며 버리지 아니하시리니 너는 두려워하지 말라 놀라지 말라(신 31:8). 강하고 담대하라 내가 너와 함께 하리라"(신 31:23).

모세의 노래(32:1-43) : 하나님의 보살피심, 의로우심, 긍휼하심을 찬양하다.

"반석이시니 그가 하신 일이 완전하고 그의 모든 길이 정의롭고 진실하고 거짓이 없으신 하나님이시니 공의로우시고 바르시도다(신 32:4). 여호와께서 호위하시며 보호하시며 자기의 눈동자같이 지키셨도다(신 32:10). 나는 죽이기도 하며 살리기도 하며 상하게도 하며 낫게도 하나니 내 손에서 능히 빼앗을 자가 없도다"(신 32:39).

모세의 유언(32:44-52) : 율법을 지켜 행하라 이는 헛된 일이 아니라 너희의 생명이니라(32:46-47).

모세의 열두 지파 축복(33장) : 모세가 이스라엘에게 남겨준 가장 큰 유산은 하나님의 율법이다. "영원하신 하나님이 네 처소가 되시니 그의 영원하신 팔이 네 아래에 있도다 그가 네 앞에서 대적을 쫓으시며 멸하라 하시도다(신 33:27). 이스라엘이여 너는 행복한 사람이로다 여호와의 구원을 너 같이 얻은 백성이 누구냐 그는 너를 돕는 방패시요 네 영광의 칼이시로다 네 대적이 네게 복종하리니 네가 그들의 높은 곳을 밟으리로다"(신 33:29).

모세의 죽음(34장) : 120세에 느보 산(비스가 봉)에서 죽다. 하나님과 얼굴을 마주 대면하고 말했던 모세와 같은 예언자가 다시 나지 않았다(34:10).

- 모세 오경의 법전
  - 십계명 : 출 20장, 신 5장
  - 언약법전 : 출 21~23장
  - 제사법전 : 레 1~16장
  - 성결법전 : 레 17~26장
  - 신명기 법전 : 신 12~26장
- 신약 성경은 구약의 율법을 하나님 사랑과 이웃 사랑으로 압축 : 하나님 사랑(신 6:4), 이웃 사랑(레 19:18).
- 율법의 기본정신은 '사랑'이다. 율법은 구원법이 아니고, 하나님의 거룩한 백성으로 살아가는 방법을 일러준 '성민법'이다.

여호수아

1. 개요

명칭 : 히브리어 성경의 뜻은 '여호와는 구원이시다', 70인역은 '예수'다.

배경 : 모세가 죽은 후 여호수아의 인도로 이스라엘 민족이 가나안을 정복하여 그 땅을 각 지파에게 분배하고 정착하는 내용이다.

기록 목적 : 가나안 전쟁과 땅 분배는 오직 신실하신 하나님의 도우심과 인도하심에 달려 있음을 알게 하고자 기록하였다.

주제

- **성취와 안식 :** 아브라함의 언약의 성취, 가나안 땅의 정복을 통한 안식.
- **믿음과 순종 :** 하나님을 믿고 그 말씀에 순종하면 승리한다. 하나님의 함께하심을 믿고 하나님의 율법을 좌로나 우로나 치우치지 않고 그대로 다 지켜 행하면 형통하리라(1:7-9, 23:5-6).

2. 구조

◈ 가나안 입성(1~5장)
◈ 가나안 정복(6~11장)
◈ 가나안 땅 분배(12~22장)
◈ 세겜 언약과 여호수아의 신앙 고백(23~24장)

3. 내용

가나안 입성(1~5장)

여호수아의 소명(1:1–9) : 신명기 31장의 모세의 당부와 동일하다. "네 평생에 너를 능히 대적할 자가 없으리니 내가 너와 함께 있을 것임이니라 내가 너를 떠나지 아니하며 버리지 아니하리니 강하고 담대하라 너는 내가 그들의 조상에게 맹세하여 그들에게 주리라 한 땅을 이 백성에게 차지하게 하리라 오직 강하고 극히 담대하여 나의 종 모세가 네게 명령한 그 율법을 다 지켜 행하고 우로나 좌로나 치우치지 말라 그리하면 어디로 가든지 형통하리니 이 율법책을 네 입에서 떠나지 말게 하며 주야로 그것을 묵상하여 그 안에 기록된 대로 다 지켜 행하라 그리하면 네 길이 평탄하게 될 것이며 네가 형통하리라 내가 네게 명령한 것이 아니냐 강하고 담대하라 두려워하지 말며 놀라지 말라 네가 어디로 가든지 네 하나님 여호와가 너와 함께 하느니라 하시니라"(수 1:5–9).

두 명 정탐꾼과 기생 라합(2장) : 라합의 신앙 고백 '여호와는 상천하지의 하나님이시다', 붉은 줄은 구원의 징표이다(어린 양의 피, 십자가 보혈).

요단 강 도하 사건(3~4장)

성결하라 : 언약궤를 메고 먼저 발을 내밀어라, 요단 강이 갈라지다.
요단 강 가운데와 길갈의 열두 개의 돌 기념비를 세우다 : 이는 하나님의 도 우심으로 요단 강을 건넜음을 증거함으로써 자손들에게는 하나님의 손이 강하신 것을 알게 하며 그들에게는 하나님을 항상 경외하게 하려 하심이 라(4:9, 20-24).

할례를 행하고 유월절을 지키다(5장) : 하나님 백성으로서의 정체성을 확 립하는 의식, 그 땅의 소산물을 먹은 다음 날 만나 공급이 중단되고 하나 님의 군대장관(대장)이 나타나다(5:13-15). "네 발에서 신을 벗으라 네가 선 곳은 거룩하니라"(5:15). → 모세와 동일

가나안 정복(6~11장)

여리고 성 정복(6장) : 무장한 군사 → 제사장 일곱(양각나팔) → 언약궤 → 다른 군사의 순으로 하루에 한 번씩 성을 돌다가 7일째에 나팔을 길게 불 면 백성들이 다 큰 소리로 외쳐라(총 13회 돌다).
여리고 성 함락 후 이 성 가운데 있는 모든 것은 하나님께 온전히 바치라, 즉 사람과 소와 양과 나귀를 죽이고, 은금 및 동철 기구는 하나님 곳간에 두라.

아이 성 전투(7~8장)

1차 패배 : 하나님의 뜻을 구하지 않고 임의로 상대방을 공격한 결과 패배한 후 여호수아의 기도와 제비뽑기로 아간의 범죄(일부 전리품 은닉)가 발각되어 아간을 아골 골짜기에서 죽이다.

2차 승리 : 매복과 거짓 패배의 후퇴 전략으로 성을 점령하고 적 전멸 후(모든 전리품을 가짐), 에발 산에 돌 제단을 쌓아 제물을 드리고 그리심 산과 에발 산 앞에 지파 절반씩 서게 한 후 여호수아가 모세의 율법을 낭독하다.

남부연합군 전쟁(10장)

: 기브온 사람들이 거짓 화친으로 다가오자 기브온 주민을 종으로 삼다. 남부 다섯 왕 연합군과 기브온에서 전투하여 승리한 후 다섯 개의 성(예루살렘, 헤브론, 라기스, 에글론, 야르뭇) 등 남부 지역을 정복하다. 이때 하나님의 함께하심으로 태양이 멈추다. "태양아 너는 기브온 위에 머무르라, 달아 너도 아얄론 골짜기에서 그리 할지어다(수 10:12). 여호와께서 사람의 목소리를 들으신 이같은 날은 전에도 없었고 후에도 없었나니 이는 여호와께서 이스라엘을 위하여 싸우셨음이니라"(수 10:14).

→ 출 14:25 참조

북부연합군 전쟁(11장)

: 하솔 왕 중심의 북부연합군과 메롬 강에서 전투하여 31명 왕을 멸하는 대승을 거두다.

"호흡이 있는 자는 하나도 남기지 아니하였으니 이는 하나님이 모세에게 명하신 모든 것을 하나도 행하지 아니한 것이 없었더라"(11:14-15).

> 전쟁 승리의 원인은 하나님에 대한 믿음과 순종이고, 모든 전쟁은 하나님께 속한 것이다(하나님의 성전).

가나안 분배(13~22장)

요단 동쪽 땅 분배(13장) : 르우벤, 갓, 므낫세 반 지파에게 요단 동쪽 땅을 분배하고, 레위 지파는 하나님이 그들의 기업이므로 땅이 없다(13:33).

요단 서쪽 땅 분배(14~19장) : 제비뽑기

갈렙이 헤브론 땅을 분배받다 : 그 날에 모세가 맹세하여 이르되 네가 내 하나님 여호와께 충성하였은즉 네 발로 밟는 땅은 영원히 너와 네 자손의 기업이 되리라 하였나이다, 그 날에 하나님께서 말씀하신 이 산지를 지금 내게 주소서, 여호와께서 나와 함께 하시면 내가 여호와께서 말씀하신대로 그들을 쫓아내리이다(14:8-9, 12, 민 14:24 참조), 헤브론이 갈렙의 기업이 되어 오늘에 이른 것은 그가 이스라엘의 하나님 여호와를 온전히 쫓았음이라(14:14).

지파들의 땅 분배 : 길갈에서 유다 지파와 에브라임 지파와 므낫세 지파가 땅을 분배받고, 실로에서 베냐민, 시므온, 스블론, 잇사갈, 아셀, 납달리, 단 지파가 땅을 분배받고, 마지막으로 여호수아가 기업을 받다(에브라임 산지 딤낫세라).

도피성 제도와 레위 지파의 땅(20~21장) : 레위 사람들이 거할 성읍은 6개의 도피성 포함 48개 성읍이고, 도피성은 동쪽의 3성(베셀, 길르앗라못, 골란)과 서쪽의 3성(게데스, 세겜, 헤브론)이다.

언약의 성취와 제단 쌓음(21:43~22장) : 가나안 땅 분배를 마친 후 여호와께서 안식을 주시고, 요단 동쪽 지파들이 요단 강 서쪽에 제단을 쌓다.

이스라엘 열두 지파 땅 분배

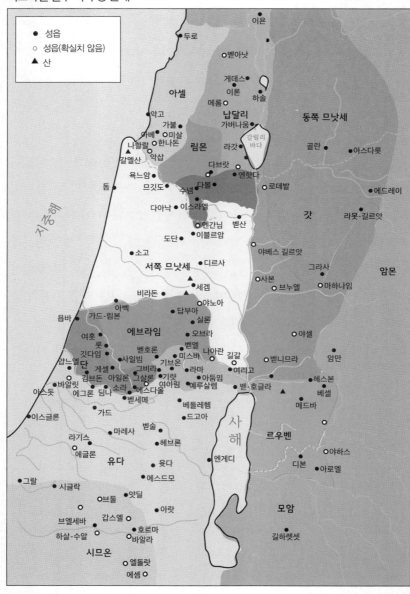

● 성읍
○ 성읍(확실치 않음)
▲ 산

이욘
두로
벧아낫
게데스
이론   하솔
메롬
아셀   악고   납달리   동쪽 므낫세
        가불   가버나움
    아베 미살   골란   아스다롯
    나할랄 한나돈 림몬   라갓 갈릴리 바다
    ▲갈멜산 악삽
        다브랏
    돔   욕느암   엔핫다   로데발   에드레이
        므깃도 수넴 다볼
        다아낙 이스라엘   벧산   갓   라못-길르앗
지중해   엔간님
            벧산
        도단 이블르암   야베스 길르앗   암몬
        소고   디르사   그라사
    서쪽 므낫세   ▲세겜 사본 마하나임
                브누엘
    비라돈 ▲야노아
        아벡 답부아 실론   야셀
    가드-림몬 에브라임 오브라
    여호   벧엘
    룻 깃다임 벧호론 미스바 나아란 길갈   벤니므라 암만
    얍느엘 단 게셀 사알빔 기브온 라마 여리고
    바알릿 깁브돈 아일론 그살론 기럇 아둠밈
    아스돗 에그론 딤나 소라 에스다올 예루살렘 벧-호글라
        벧세메   베들레헴   헤스본 베셀
    이스글론 가드   드고아 메드바
        마레사 벧술   사해
    라기스   헤브론   르우벤
    에글론 유다 윳다   야하스
    그랄 시글락 에스드모 엔게디   디본 아로엘
        브둘 얏딜
    브엘세바 갑스엘 ○ 아랏   모암
    하살-수알 호르마
        바알라   길하렛셋
    시므온 엘돌랏
        에셈

"여호와께서 이스라엘 족속에게 말씀하신 선한 말씀이 하나도 남음이 없이 다 응하였더라"(수 21:45).

여호수아의 고별 설교와 세겜 언약(23~24장)

여호수아의 고별 설교(23장) : 하나님께 순종하라, 하나님을 섬겨라, 스스로 조심하여 너희의 하나님 여호와를 사랑하라, 이방 민족과 통혼하면 그들이 너희의 올무와 덫과 채찍과 가시가 되어서 마침내 너희가 이 아름다운 땅에서 멸하리라(23:11-13).

세겜에서의 언약 체결과 여호수아의 신앙 고백(24장) : 여호수아가 '여호와를 경외하며 온전함과 진실함으로 여호와만 섬기라 너희가 섬길 자를 택하라 오직 나와 내 집은 여호와를 섬기겠노라'(24:14-15)고 신앙 고백을 하자, 이에 백성들이 '우리도 우리 목전에서 큰 이적들을 행하시고, 우리의 모든 길에서 우리를 보호하셨으며, 우리 앞에서 모든 대적을 쫓아내신 하나님 여호와를 섬기리라'고 맹세하다(이스라엘의 세 번째 언약). 여호수아가 백성에게 여호와를 섬기라고 당부하면서 증거의 돌을 세우다.

여호수아와 엘르아살의 죽음(24:29-32) : 요셉의 유골을 세겜 땅에 안장하다. "이스라엘이 여호수아가 사는 날 동안과 여호수아 뒤에 생존한 장로들 곧 여호와께서 이스라엘을 위하여 행하신 모든 일을 아는 자들이 사는 날 동안 여호와를 섬겼더라"(수 24:31).

여호수아서는 땅을 주리라는 아브라함의 언약이 성취된 것을, 출애굽기는 민족을 주고 복(율법)을 주리라는 언약이 성취된 것을 기록하였다.

여호수아의 신앙 고백(24:14-15) : 여호와를 경외하며 온전함과 진실함으로 여호와만 섬기라, 너희가 섬길 자를 택하라 오직 나와 내 집은 여호와를 섬기겠노라, 여호수아의 신앙 유산은 세겜으로 북이스라엘의 신앙의 본산이 되었다.

갈렙의 신앙 고백(14:6-15) : 하나님께서 말씀하신 이 산지를 내게 주소서, 여호와께서 나와 함께 하시면 내가 여호와께서 말씀하신대로 그들을 쫓아내리이다. 갈렙의 신앙 유산은 헤브론으로 유다 신앙의 본산이 되었다.

사사기

1. 개요

명칭 : 히브리어 성경은 '사사들', 70인역 성경의 뜻은 '재판자들'이다.

기록 연대 및 배경 : 사무엘이 BC 1050년경 여호수아가 죽은 후부터 왕이 세워지기 전까지 약 350년 동안 사사들의 활동을 기록하였다.

기록 목적 : 백성의 진정한 왕이신 하나님을 경외하게 하고, 하나님을 떠나면 죄악에 빠질 수밖에 없음을 깨닫게 하고자 기록하였다.

주제

- **죄와 심판** : 영적인 타협으로 인한 모든 죄악은 심판을 면할 수 없다.
- **회개와 구원** : 죄악을 회개하고 우상숭배에서 돌이켜 하나님께 자비와 구원을 호소하면 구원하신다.

2. 구조

◈ **서론** : 이스라엘의 사명 미완수(1~3:6)

- 가나안 완전 정복과 하나님 왕국 건설의 실패
- 이스라엘에 왕이 없던 시대(17:6, 18:1, 19:1, 21:25)
- 이스라엘 사회의 악순환, 사사들이 등장하게 된 배경 : 구원 → 타락 → 심판 → 회개 → 구원

◈ **본론** : 사사들의 활동(3~16장) → 350년 동안 악순환이 일곱 번 반복

- 우상숭배에 대한 하나님의 징계와 사사들을 통한 구원 이야기
- 옷니엘(3:7-11), 에훗(3:12-30), 드보라와 바락(4~5장)
- 기드온(6~8:32), 돌라와 야일(8:33~10:5), 입다(10:6~12:15)
- 삼손(13:1~16:31)

◈ **결론** : 대표적 타락상(17~21장)

- 종교적 타락(17~18장) : 미가의 우상 사건
- 도덕적 타락(19장)과 정치적 혼란(20~21장) : 레위인의 첩 사건

3. 내용

이스라엘 사명 미완수 : 타락, 심판, 회개, 구원의 반복

불순종으로 하나님의 언약이 깨어지다 : 각 지파가 가나안 정복 후 하나님의 명령을 순종하지 못한 채 가나안의 원주민을 완전히 쫓아내지 못해서 하나님의 언약이 깨어지다. 가나안 원주민이 그들의 가시와 올무가 되리라(2:1-5).

타락, 징벌, 회개, 구원의 연속

타락 : 여호수아 시대에는 여호와를 섬기다가 그 후 세대는 여호와를 알지 못하고 여호와께서 이스라엘을 위해 행하신 일도 알지 못하여 여호와의 목전에 악을 행하다. 이방인과 혼인하고 우상을 숭배하며 후손에 대한 교육이 없었다.

징계 : 여호와의 진노로 인하여 대적에게 노략질과 압제를 당하고 여호와께서 재앙을 내려 심한 괴로움에 빠지다(2:14-15).

회개 : 대적에게 압박과 괴로움을 받아 슬피 부르짖다(2:18b).

구원 : 여호와께서 뜻을 돌이켜 사사들을 세워 구원하시다(2:16-18a).

타락 : 사사가 죽은 후에는 다시 우상숭배와 패역함으로 타락하다(2:19).

자기 소견대로 행할 때는 하나님의 시험을 통과하지 못한다(2:20∼3:6)

여호와가 이스라엘 민족이 여호와의 도를 행하는지 여부를 시험하시려고 여호수아가 죽을 때 남겨둔 이방 민족들을 그들 앞에서 하나도 쫓아내지 아니하였는데, 이스라엘 자손은 불순종하여 가나안 원주민들과 통혼하며 그들의 신들을 섬겼더라.

사사들의 활동(3:7~16장)

사사 제도

사사는 왕과 제사장과 선지자의 기능을 일부씩 보유한다. 왕은 평상시에는 재판관이지만 전쟁시에는 군대장관이고, 제사장은 백성들의 문제를 가지고 하나님께 나아가며, 선지자는 하나님의 음성을 백성에게 들려준다. 사사는 세습이 되지 않으며, 사사시대의 진정한 왕은 하나님이시다(8:22-

23). 또한 사사는 대사사와 소사사로 구분되는데, 대사사는 비상시에 군대장관과 선지자의 역할을 하면서 수직적·군사적·카리스마적 리더십을 발휘하고, 소사사는 평상시에 재판관과 제사장 역할을 하면서 수평적·정치적 리더십을 발휘한다.

성경의 대사사로는 옷니엘(메소포타미아 구산 리사다임 왕의 침공), 에훗(모압 왕 에그론의 침공), 삼갈(블레셋의 침공), 드보라(가나안 왕 야빈과 시스라 군대장관의 침공), 기드온(미디안과 아말렉의 침공), 입다(암몬의 침공), 삼손(블레셋의 침공), 사무엘(블레셋의 침공) 등이 있다.

> 사울 왕 때는 사무엘이 제사장과 선지자의 직분을 가지고 있었고, 다윗 왕 때는 왕(다윗), 제사장(사독), 선지자(나단)의 직분이 구별되었다.

기드온 : 므낫세 지파로 미디안과 아말렉과 동방 사람들이 이스라엘을 공격할 때 여호와로부터 부르심을 받고 사사로 활동하였다.

처음에는 '므낫세 중에 극히 약하고 아버지 집에서 가장 작은 자'라고 고백하며 거부하였는데 세 가지 표징을 보고 승낙한 후, 여호와의 말씀대로 바알의 제단을 헐고 아세라상을 찍은 후 산성 꼭대기에 하나님의 제단을 쌓고 제물을 드리며 여룹바알(바알과 더불어 다투다)이라는 별명을 얻고, 300명 용사로 적을 물리쳤으며('전쟁은 하나님께 속한 것이다'), 에브라임의 교만을 지혜로 응하여 전쟁을 피하기도 했다.

노년에는 금으로 에봇을 만드는 등 우상숭배에 빠져 타락한 결과 첩의 아들인 아비멜렉이 기드온의 아들 요담을 제외한 70명을 살해하고 가시나무의 비유와 같이 교만과 악행을 일삼았다.

입다 : 길르앗 사람으로 서자다. 암몬이 이스라엘을 공격할 때 사사로 부름받았다.

암몬이 길르앗 땅을 자기 소유라고 주장했으나 입다는 이스라엘이 모압과 암몬을 침범한 적 없으며 오히려 길르앗 땅은 암몬 땅이 아니라 원래 아모리 시혼 왕의 땅이었다고 주장하면서 암몬의 주장을 반박하며 물리쳤다. 기드온과 달리 에브라임의 교만을 힘으로 응징하여 42,000명을 죽이는 한편 하나님의 뜻에 어긋난 서원으로 인해 딸을 제물로 바쳤다.

삼손 : 단 지파로 블레셋의 공격시 사사로 활동했는데, 나실인으로 태에서 나올 때부터 하나님께 바쳐진 사람이며, 삼손의 힘의 근원은 '여호와의 영이 함께 하심'이다.

대표적 타락상(17~21장)

미가의 우상 사건(17~18장)

에브라임 산지에 사는 미가와 그 어머니가 신상과 에봇과 드라빔(가정 수호신)을 만들어 자신들의 신당에 두고 미가의 한 아들을 세워 제사장으로 삼았다가, 그 후 유다 베들레헴에 사는 청년 레위인을 제사장으로 삼았다.

미가는 신상을 만들고 레위인 제사장이 있기 때문에 여호와께서 복을 주실 것으로 알았으며, 단 지파 역시 이 엉터리 레위인 제사장에게 자신들의 길이 형통한지 여부를 물어보고, 그 신상과 제사장을 빼앗아 가는 등 자기 소견의 옳은 대로 신앙생활을 행하였다(영적 타락).

레위인의 첩 사건(19~21장)

에브라임에 사는 레위인이 음행한 첩의 친정 유다 베들레헴에서 자신의 집으로 데리고 오던 중 기브아 지방에서 베냐민 지파 사람들에 의해 첩이 윤간으로 죽임을 당한 후, 베냐민 지파의 악행을 알리고자 첩을 열두 토막으로 나누어 각 지파에게 보내자, 이스라엘 백성이 미스바에서 하나님 백성의 총회를 개최한 후 베냐민 지파와 세 차례 전쟁(이스라엘 총회 40만 명, 베냐민 26,000명)을 했는데 처음에는 베냐민 지파에게 패배했지만 결국 승리했다.

당시 베냐민 지파는 장정 600명만 생존하였는데, 베냐민 지파의 존립을 위해 야베스 길르앗에서 400명의 처녀를, 실로에서 나머지 처녀들을 강제로 데리고 와 혼인하게 해서 베냐민 지파의 명맥을 유지하게 하였다(도덕적 타락).

신앙의 정체성이 훼손되고 상실됨 : 하나님 말씀대로 행하지 않고 자기 소견의 옳은 대로 신앙생활을 하면 무너질 수밖에 없다.

사사기의 교훈

- 영적 건강은 도덕적 수준을 결정한다.
- 날마다 신앙을 점검하면서 하나님 말씀에 순종하며 살아야 한다.
  - 하나님을 더 사랑하는가, 세상과 재물을 더 사랑하는가?
  - 하나님 말씀에 순종하는가, 사탄의 말에 더 순종하는가?

룻기

1. 개요

명칭 : 여주인공 룻의 이름을 딴 것으로 '우정, 교제'의 의미가 있다.

기록 연대 및 배경 : 영적·도덕적·사회적으로 어둡고 혼란한 사사시대가 배경(1:1)이다.

기록 목적 : 사사시대를 살면서 참된 기쁨과 안식을 누리지 못하던 한 가정(나오미의 가정)이 하나님 섭리와 인애의 삶을 살았던 사람들(룻, 보아스)로 인해 회복되어 가는 과정을 통해 이스라엘 백성이 어떻게 참된 기쁨과 안식을 누릴 수 있는가를 보여 주고자 기록하였다.

주제

- **복음과 구원의 보편성** : 이방인도 믿음으로 하나님 백성이 될 수 있다.
- **헌신적 사랑에는 하나님의 복과 상급이 뒤따른다(2:11-12)** : 룻이 다윗 왕의 조상으로 그리스도의 계보에 오르다.

2. 구조

◈ 나오미 가정의 시련(1장) : 베들레헴으로 돌아온 나오미와 룻
◈ 룻과 보아스의 만남(2장) : 보아스의 밭에서 곡식을 줍는 룻
◈ 룻과 보아스의 약속(3장) : 타작 마당에서의 보아스와 룻
◈ 나오미 가정의 회복(4장) : 구속자 보아스

3. 내용

나오미 가정의 시련과 귀향(1장) : 사사시대에 가나안 전역에 흉년이 들자 나오미의 가정이 모압 땅으로 이주하여 10년 동안 살았다. 나오미는 남편과 두 아들이 죽고 두 명의 모압 여인 며느리(룻, 오르바)만 남아 베들레헴으로의 귀향을 결심할 때, 룻은 자신의 안위보다는 시어머니 나오미를 불쌍히 여겨 동행하다.

"어머니께서 가시는 곳에 나도 가고 어머니께서 머무시는 곳에서 나도 머물겠나이다, 어머니의 백성이 나의 백성이 되고 어머니의 하나님이 나의 하나님이 되시리니, 어머니께서 죽으시는 곳에서 나도 죽어 거기 묻힐 것이라"(룻 1:16b-17a).

룻과 보아스의 만남(2장) : 룻이 생계를 위해 우연히 나오미 남편의 친족인 보아스의 밭에서 이삭을 줍다가 보아스와 만났는데, 이때 보아스가 룻의 시어머니에 대한 효성을 듣고 룻을 축복하며 이삭을 많이 줍도록 배려하다.

"여호와께서 네가 행한 일에 보답하시기를 원하며, 여호와께서 그의 날개 아래에 보호를 받으러 온 네게 온전한 상 주시기를 원하노라"(룻 2:12).

롯과 보아스의 약속(3장) : 룻이 나오미의 조언에 따라 보아스 잠자리에 들어가 '당신의 옷자락을 펴 당신의 여종을 덮으소서 이는 당신이 기업을 무를 자가 됨이니이다'라고 청혼하자, 보아스가 룻의 청혼을 율법의 절차에 따라 받아드리기로 약속하다.

"네가 가난하건 부하건 젊은 자를 따르지 아니하였으니 네가 베푼 인애가 처음보다 나중이 더하도다. 나보다 더 가까운 기업 무를 자가 책임을 이행하지 아니하면 그때 내가 그 책임을 네게 이행하리라"(룻 3:10-13).

나오미 가정의 회복(4장) : 기업 무를 자가 처음에는 나오미 남편 소유의 땅을 무르려고 하였으나 룻과 결혼하여 아들을 낳을 경우 이 아들이 성년이 되면 이 땅을 취득하게 되는 율법으로 인하여 자신에게 미칠 재산상 손해 때문에 보아스에게 기업 무를 권한을 양보하자, 보아스가 많은 증인 앞에서 나오미와 두 아들의 모든 것을 사고 룻을 아내로 맞이하고 그 죽은 자의 기업을 그의 이름으로 세워 그의 이름이 끊어지지 아니하게 하겠다고 선포하다. 사람들이 룻의 아들인 오벳을 축복하다(오벳은 이새의 아버지요 다윗의 할아버지이다).

룻기의 신약적 이해 : 그리스도의 모형

- 보아스가 '기업 무를 자(redeemer)'에 관한 율법을 통해 나오미와 룻을 구원한 점에서 그리스도의 구속사역을 보이고 있다.
- 기업 무를 자 : 혈연 관계, 잃었던 친족의 땅을 살 수 있는 능력이 있어야 하며 자발적이어야 한다. → 예수 그리스도는 육적으로는 다윗 언약에 의한 다윗 왕의 혈통이고, 영적으로는 하나님의 아들이시며, 하나님의 뜻에 따라 자원하여 대속사역을 이루신 우리의 기업 무를 자이시다.

단일왕국시대

1. 개요

관련 성경 : 사무엘, 열왕기상(1~11장), 역대상, 역대하(1~9장).

사무엘, 사울, 다윗, 솔로몬의 시대.

사사시대 종말의 사회상 : 백성의 타락을 넘어 제사장들도 타락하다.

사무엘이 하나님의 말씀을 대변할 선지자로 등장 : 새로운 시대에 새로운 사람을 사용하시는 하나님의 섭리이다.

> 선지자는 가장 타락한 시대에 등장하는데 이는 하나님 말씀이 영적으로 가장 어두운 시대에 필요하기 때문이다. 우리가 그리스도인으로서의 정체성이 가장 명확하게 드러나는 곳은 교회가 아니고 세상이 되어야 한다.

왕을 요구하는 이스라엘 백성

- 하나님의 통치를 거부하고 열방과 같이 왕을 원함(이스라엘의 세속화).
- 사무엘은 처음에는 왕 제도의 문제점을 경고하고 왕 제도를 가르치다가, 백성들이 계속 왕을 요구하자 하나님의 음성에 따라 승낙하다(8장).

> **왕의 의무(신 17:14-20) :** 여호와께서 택하신 자를 왕으로 세우고, 병마를 많이 두지 말며, 부인을 많이 두지 말고, 재물을 많이 갖지 말고, 율법책을 옆에 두고 배우며 지켜 행할 것(왕 제도의 견제책).

2. 사울(삼상 8~31장) : 사람의 마음에 합한 자(40년 통치)

- 초대 왕이지만 왕권의 한계를 넘어서는 월권으로 하나님께 버림받다.
- 처음에는 외모가 준수하고(9:2), 겸손하며(9:21, 10:22-23), 하나님의 신이 임하여 라마나욧에서 예언할 정도로 신실한 사람이었다.
- 블레셋과의 전쟁에서 자신이 직접 제사하고(13:9-), 아말렉을 진멸하라는 사무엘의 명령을 위반하며(15:1-), 다윗을 시기하여 끈질기게 죽이려 하는 등 하나님의 섭리를 위배하고(삼상 18:6-16), 신접한 여인을 찾는 등 형식적 신앙(28:3-7)으로 인해 몰락하다가 블레셋과의 전투에서 사망하다.

3. 다윗(삼상 15~삼하 24장) : 하나님의 마음에 합한 자(40년 통치)

이새의 여덟째 아들 : 하나님은 사람의 외모를 보지 아니하고 마음의 중심을 보신다(삼상 16:7).

영적 · 정치적 부분에서 균형을 갖춘 왕

- 사울 왕을 죽일 수 있었으나 하나님께서 기름 부은 왕을 죽일 수 없다고 살렸을 뿐만 아니라, 수도를 아무 지파에도 속하지 않은 예루살렘으로 정하고, 법궤를 가져오는 등 이스라엘 통합의 기틀을 마련하다.
- 다윗은 성경에서 가장 많이 기록된 인물(800회)이며, 기도와 찬양의 사람(시편의 주요 저자)이다.
- 하나님의 마음에 합한 사람(삼상 13:14, 행 13:22)으로 사울의 유족들에게 긍휼과 자비를 베풀었고, 법궤 이동 및 성전 건축 준비 등 하나님을

향한 열정으로 예수님의 왕권을 보여 주었다.

- 전쟁에서 패배한 적 없다 : "전쟁은 하나님께 속한 것이다"(삼상 17:47).

이스라엘을 통일한 왕(통합 리더십) : 이스라엘의 실력자 아브넬의 항복을 7년 동안 기다렸으며 이스라엘 통합 왕으로 추대된 후 수도를 헤브론에서 예루살렘으로 이전하고, 헷 사람 우리야를 30인 장군에 임용하는 등 하나님 중심의 정치를 하다(법궤, 성전).

생애 : 비전과 열정 → 안주 → 범죄 → 하나님의 진노와 징계(왕자의 난과 아들 죽음) → 철저한 회개(시편 22, 32, 51편) → 인구조사(80만 대군) → 하나님의 징계(삼하 24장) : 3일 전염병 → 아라우나(오르난) 타작 마당의 제사 → 하나님의 징계 그침 → 아도니아, 요압 반란 → 솔로몬 왕위 → 다윗 유언(왕상 2:1-4).

4. 솔로몬(왕상 1~11장) : 지혜의 왕, 전도자, 허무한 인생

초기에는 하나님을 경외하며 하나님의 지혜를 따르다 : 하나님에게 지혜를 간구하여 부귀와 장수도 얻어 명 재판장, 평화의 왕, 하나님이 사랑하는 자로 경제부국과 함께 문화 및 학문의 전성시대를 구축하고 성전을 건축하였다.

말기에는 사람의 지혜를 좇다가 우상숭배를 허용하다 : 정략 결혼한 이방 공주들이 이스라엘 땅에서 이방의 우상을 숭배하고 많은 산당을 건축한 결과 이스라엘이 혼합 종교의 타락과 부패로 결국 분열되었다.

사무엘상

1. 개요

배경 : 이스라엘의 역사에 있어 사사들이 통치하는 신정시대에서 왕들이 통치하는 왕정시대로 넘어가는 과도기적 상황을 역사적 배경으로 하고 있다(주요 인물 : 사무엘, 사울, 다윗).

기록 목적 : 사사시대 이후 왕정시대의 변천과 이스라엘을 통치하시는 하나님의 섭리를 보여 주기 위해 기록하였다.

주제

- **하나님에 대한 순종 :** 순종이 제사보다 낫고 하나님 말씀을 듣는 것이 수양의 기름보다 낫다(15:22).
- **역사의 주관자이신 하나님 :** 사람은 외모를 보거니와 여호와는 중심을 보느니라(16:7).

2. 구조

◈ 사무엘(1~7장)
◈ 사울(8~12장)
◈ 사울의 퇴락과 다윗의 부상(13~31장)

3. 내용

사무엘

출생(1:1~2:10) : 하나님의 음성이 땅에 거의 들리지 않을 영적 타락기 때, 레위 지파의 엘가나와 한나의 서원 기도로 태어났다. 어렸을 때부터 부모 곁을 떠나 평생 제사장과 선지자로 살았다.

> 사무엘은 제사장(16:5), 마지막 사사(7:6, 15), 최초의 선지자다(3:19–21).

사무엘의 어린 시절(2:11~3:21) : 대제사장 엘리가 두 아들인 홉니와 비느하스의 범행(여호와의 제사를 멸시, 간음)을 단호히 척결하지 못하자, 하나님께서 "너는 어찌하여 네 아들들을 나보다 더 중히 여겨 내 백성 이스라엘이 드리는 가장 좋은 것으로 너희들을 살지게 하느냐, 나를 존중히 여기는 자를 내가 존중히 여기고 나를 멸시하는 자를 내가 경멸하리라"고 심판하시다(2:29–30).

한편 어린 사무엘은 하나님의 음성을 듣고 자라다. "사무엘이 자라매 여호와께서 그와 함께 계셔서 그의 말이 하나도 땅에 떨어지지 않게 하시니

단에서부터 브엘세바까지의 온 이스라엘이 사무엘은 여호와의 선지자로 세우심을 입은 줄을 알았더라"(삼상 3:19-20).

사무엘의 사역(4:1~7:17)

엘리 제사장의 아들인 홉니와 비느하스가 블레셋과의 전쟁에서 패하고 법궤도 빼앗겼으나, 법궤의 재앙으로 인해 법궤가 블레셋 아스돗에서 이스라엘로 다시 돌아와 벧세메스에서 기럇여아림(아비나답의 집)으로 옮겨져서 20년간 보관되었다.

사무엘이 미스바에서의 금식 기도 및 회개로 민족을 여호와께 향하도록 하여 블레셋과의 전쟁에서 '여호와의 우레'로 승리한 후 빼앗겼던 성읍을 되찾고, 미스바에서 돌을 취하여 미스바와 센 사이에 세워 가로되 '여호와께서 여기까지 우리를 도우셨다'하고 그 이름을 '에벤에셀'이라 하였다. 사무엘은 평생 동안 이스라엘 백성을 순회 통치하며 하나님 말씀을 선포하고, 우상을 제하게 하며, 오직 여호와만을 섬기도록 가르쳤다 (7:15-17).

사무엘의 삶과 고별 설교(12장) : 백성이 절대적으로 인정하는 청렴하고 깨끗한 삶을 살았다.

"나는 너희를 위하여 기도하기를 쉬는 죄를 여호와 앞에 결단코 범하지 아니하고 선하고 의로운 길을 너희에게 가르칠 것인즉, 너희는 여호와께서 너희를 위하여 행하신 큰 일을 생각하여 오직 그를 경외하며 너희의 마음을 다하여 진실히 섬기라"(삼상 12:23-24).

사울

왕을 달라는 이스라엘의 요구(8장) : 사무엘이 늙고 자식들의 행실도 나쁘다는 이유로 백성이 자신들을 강력하게 이끌어 줄 왕을 요구하자, 사무엘이 처음에는 이는 백성이 하나님을 버려 자기들의 왕이 되지 못하게 하는 요구라고 거절하다가 결국 백성은 왕의 종이 될 것이라고 경고하며 왕 제도를 승낙하다.

> 원래 왕 제도는 하나님의 계획 속에 들어 있었다(신 17:14-20).

사울이 기름 부음을 받고 이스라엘의 첫 번째 왕이 되다(9~12장)
사울은 사람들의 마음을 만족시키기에 충분한 외모의 소유자이며(9:2), 사무엘이 사적(9:3~10:16), 공적(10:17-24, 미스바에서 제비뽑기로 왕으로 선출)으로 사울에게 기름을 부었다. 길르앗의 야베스에서 암몬과의 전투를 승리하고, 반대자들을 수용하는 등 관대하고 겸손하며 신중한 왕으로 출발하였다.

> '기름 부음'은 왕으로 하여금 통치권을 잘 행사하도록 성령의 부으심을 뜻한다. '기름 부음을 받은 자'라는 말은 구약에서 39회 사용되었는데, 그중 23회는 이스라엘을 다스리는 왕의 칭호로 사용되었다(요일 2:20, 27 참조).

사울의 퇴락과 부상하는 다윗(13~31장)

사울의 잘못 : 사울이 사무엘도 제어할 수 없는 거만한 폭군으로 변하여 제사장 영역을 침범하고(블레셋과 전투할 때 길갈에서 사무엘을 7일간 기다리라고 하였으나 오지 않자 사울이 대신 제사를 지냄), 하나님의 명령을 어겨(아말렉 족속과 가축들을 진멸하라고 했으나 값비싼 가축들을 사유화함) 사무엘로부터 책망받았다.

"순종이 제사보다 낫고 듣는 것이 수양의 기름보다 나으니 이는 거역하는 것은 점치는 죄와 같고 완고한 것은 사신 우상에게 절하는 죄와 같음이라 왕이 여호와의 말씀을 버렸으므로 여호와께서도 왕을 버려 왕이 되지 못하게 하셨나이다(삼상 15:22b–23). 이스라엘의 지존자는 거짓이나 변개함이 없으시니 그는 사람이 아니시므로 결코 변개하지 않으심이니이다"(삼상 15:29).

이와 같이 사울이 하나님의 말씀보다 백성의 평가에 더 관심을 두고 하나님보다 백성의 눈을 더 두려워하자, 성령이 사울을 떠나고 하나님이 사무엘로 하여금 사울의 눈길을 피해 다윗에게 기름을 붓게 하시다.

골리앗을 물리친 다윗의 신앙 고백(17장) : 사자와 곰으로부터 보호해 준 하나님이 골리앗의 손에서 건져내시리이다(17:37). "너는 칼과 창과 단창으로 내게 나아 오려니와 나는 만군의 여호와의 이름 곧 네가 모욕하는 이스라엘 군대의 하나님의 이름으로 네게 나아가노라"(삼상 17:45).

다윗의 도피와 망명 생활(19~30장)
다윗은 사울의 사위로서 군대장관으로 있다가 사울로부터 살해 위협을 받게 되자 처음에는 라마에 있는 사무엘에게 도피하여 라마나욧 공동체에서 생활하다가, 사울이 그곳까지 직접 찾아와 체포하려고 하자 성령의 도우심으로 모면하고 요나단과의 아름다운 이별 후에 놉으로 도피했다. 놉에서 제사장 아히멜렉(아비아달 제사장의 부친)에게 골리앗의 칼과 떡을 얻고 블레셋 가드 왕 아기스에게 피하였으나, 아기스가 다윗을 경계하자 미친 척하며 탈출하였다(21장, 시편 34편 참조).

이어 아둘람 굴에서 400명(환난당한 자, 빚진 자, 마음이 원통한 자)을 규합하여 모압으로 망명하였다가 선지자 갓의 말에 따라 유다 헤렛으로 돌아온 후, 그일라에서 블레셋과의 전투에서 승리하였다. 그 후 사울의 끈질긴 추격을 피해 십 광야(하길라 산 수풀 요새), 마온 광야 아라바, 엔게디 광야 굴, 바란 광야 등으로 도망다녔다.

바란 광야에서 나발이 다윗 일행을 홀대했으나 나발의 처 아비가일의 간청으로 나발을 살려주고, 도피생활 중 사울을 두 번씩이나 죽일 수 있는 상황에서(엔게디 동굴과 십 황무지) 기름부음 받은 왕이라고 살려준다. 다시 블레셋 가드로 망명하여 소수 민족 정벌로 아기스 왕의 신임을 받고 시글락에서 살다가 아말렉을 격퇴하고, 사울이 죽은 후 헤브론으로 옮겨 유다의 왕으로 옹립되었다.

사울의 최후(31장) : 사무엘의 죽음 후(25:1) 사울은 블레셋과의 전쟁 때 신접한 여인을 찾아가 사무엘을 불러냈으나 전쟁에서 패하고 죽을 것이라는 말을 듣고 실망한다. 다음 날 전투에서 패한 후 스스로 목숨을 끊자, 길르앗 야베스 주민들이 목숨 걸고 벧산 성벽에 못 박힌 사울과 세 아들의 시체를 빼내어 장사지낸다.

사울의 추격과 다윗의 도피 생활

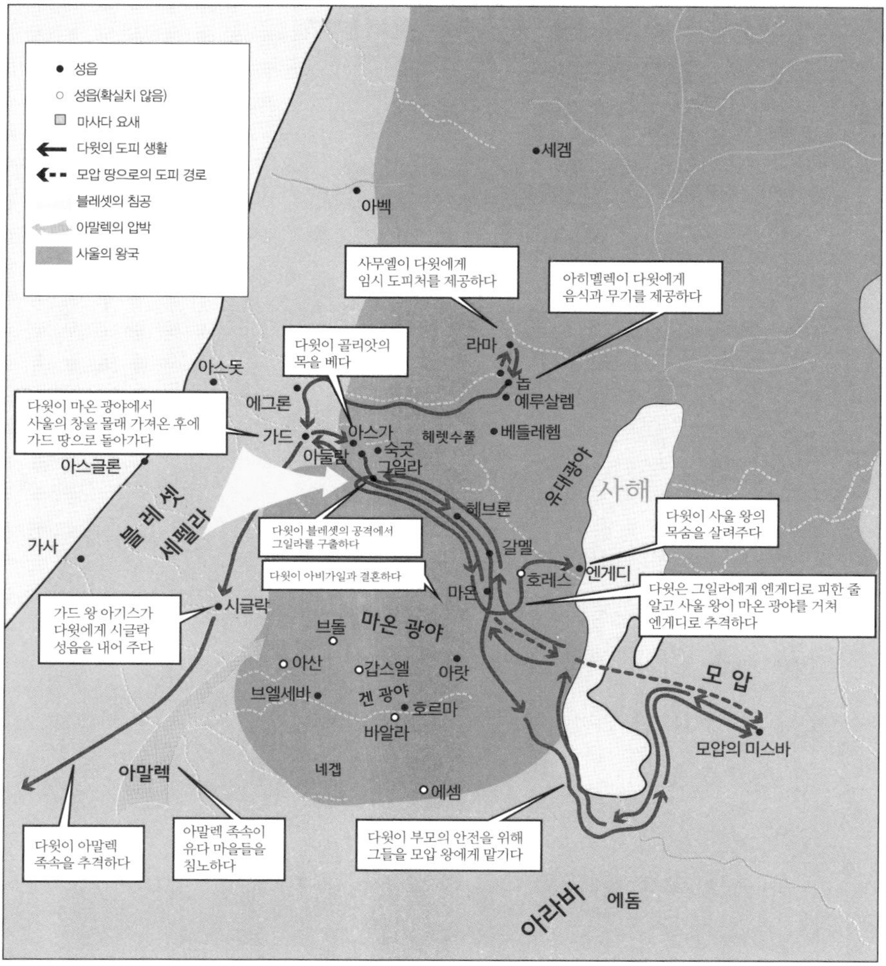

성읍
성읍(확실치 않음)
마사다 요새
다윗의 도피 생활
모압 땅으로의 도피 경로
블레셋의 침공
아말렉의 압박
사울의 왕국
세겜
아벡
사무엘이 다윗에게 임시 도피처를 제공하다
아히멜렉이 다윗에게 음식과 무기를 제공하다
라마
다윗이 골리앗의 목을 베다
아스돗
놉
에그론
예루살렘
다윗이 마온 광야에서 사울의 창을 몰래 가져온 후에 가드 땅으로 돌아가다
가드
아스가
헤렛수풀
베들레헴
아둘람
숙곳
그일라
아스글론
유대광야
사해
블레셋
세펠라
헤브론
다윗이 블레셋의 공격에서 그일라를 구출하다
다윗이 사울 왕의 목숨을 살려주다
가사
갈멜
다윗이 아비가일과 결혼하다
호레스
엔게디
마온
다윗은 그일라에게 엔게디로 피한 줄 알고 사울 왕이 마온 광야를 거쳐 엔게디로 추격하다
가드 왕 아기스가 다윗에게 시글락 성읍을 내어 주다
시글락
브돌
마온 광야
아산
갑스엘
아랏
모 압
브엘세바
겐 광야
호르마
바알라
모압의 미스바
아말렉
네겝
에셈
다윗이 아말렉 족속을 추격하다
아말렉 족속이 유다 마을들을 침노하다
다윗이 부모의 안전을 위해 그들을 모압 왕에게 맡기다
아라바
에돔

사무엘하

1. 개요

배경 : 이스라엘 왕정의 발전, 특히 다윗의 왕권 통치에 관한 이야기다.

기록 목적 : 이스라엘의 위대한 왕 다윗의 신앙과 통치를 통해 역사의 주관자이신 하나님의 섭리를 알게 하고자 기록하였다(주요 인물 : 다윗, 나단, 압살롬, 요압).

주제

- **하나님의 역사적인 섭리** : 목동이 왕으로 등극하게 된 것은 철저히 하나님의 약속과 섭리에 의한 것이다.

- **다윗 언약** : "네 집과 네 나라가 내 앞에서 영원히 보전되고 네 왕위가 영원히 견고하리라"(7:16).

- **죄와 징계와 회개** : 이제 네가 여호와의 말씀을 업신여기고 여호와 보기에 악을 행하였은즉, 칼이 네 집에서 영원토록 떠나지 아니하고, 네 아내를 빼앗아 이웃들에게 주며, 네가 낳은 아이가 반드시 죽으리라(12:7-14).

2. 구조

◈ 다윗의 승리(1~10장)
◈ 다윗의 범죄(11장)
◈ 다윗의 환난(12~24장)

3. 내용

다윗의 승리

다윗의 애가(1장) : 사울 왕과 요나단의 죽음을 슬퍼하다.

유다 왕으로 즉위(2~4장)

시글락에서 하나님의 명에 따라 헤브론으로 이주한 후 유다 지파가 다윗에게 기름을 부어 왕으로 옹립하자(30세, BC 1011년), 다윗은 사울 쪽 사람들을 포용하고자 사울을 장사지낸 길르앗 야베스의 주민들을 칭찬하다. 또한 사울의 군사령관 아브넬이 이스보셋(사울의 아들)을 이스라엘 지파의 왕으로 삼고 요단 강 동편 마하나임에서 7년 6개월 통치했을 때, 다윗이 이스라엘 지파를 공격할 수 있었으나 같은 민족이라 참고 기다리다.

아브넬이 이스보셋과의 갈등 끝에 다윗에게 환심을 갖고자 투항하려고 다윗을 찾아왔다가 요압에게 살해당하자, 다윗은 아브넬의 죽음과 무관함을 보이고자 애곡하며 극진히 장사를 지내는 한편 요압의 죄를 선포하고, 이스보셋을 살해한 이스라엘인들을 사형하는 등 이스라엘과 유다 간의 갈등 원인을 사전에 제거하는 정치력을 발휘하다.

이스라엘 왕으로 즉위한 다윗(5~6장)

북이스라엘과 남유다의 평화통일(5:1-3) : 다윗 왕이 헤브론에서 여호와 앞에 이스라엘 모든 장로와 언약을 맺으매 그들이 다윗에게 기름을 부어 이스라엘 왕으로 삼으니라(37세).

예루살렘으로 수도 이전과 법궤 이동 : 여부스 족의 난공불락의 예루살렘 성을 기혼 샘에서 연결된 수구를 이용하여 점령하고 예루살렘으로 수도 를 이전한 후 궁전을 건축하고 법궤를 예루살렘으로 이동하자, 그때부터 예루살렘은 이스라엘의 종교적 · 정치적 중심지로 발전하다.

다윗 언약(7~10장)

다윗이 성전 건축을 소망하였으나, 하나님이 나단 선지자를 통해 성전 건 축을 허락하지 않으시고 대신 다윗에게 언약을 해주시자, 다윗이 자신을 '하나님의 종'이라고 거듭 고백하면서 하나님께 감사 기도를 드리다.

"내가 너를 목장 곧 양을 따르는 데에서 데려다가 내 백성 이스라엘의 주 권자로 삼고 네가 가는 모든 곳에서 내가 너와 함께 있어 네 모든 원수를 네 앞에서 멸하였은즉 땅에서 위대한 자들의 이름 같이 네 이름을 위대하 게 만들어 주리라(삼하 7:8b-9), 네 집과 네 나라가 내 앞에서 영원히 보 전되고 네 왕위가 영원히 견고하리라"(삼하 7:16).

> **다윗 언약**
>
> • **아브라함 언약의 부속 언약으로 무조건적 언약** : 한 민족과 한 왕에 대한 약 속을 자세히 발전시켜 가깝게는 다윗의 가문에 주어진 약속이지만, 길게는

다윗의 후손으로 오실 그리스도가 영원히 다스리는 메시아 왕국이 이루어질 것을 약속한 것이다.

- **구체적 내용** : 이스라엘의 주권자를 삼음. 어디를 가든지 함께하심으로 모든 대적을 멸하셔서 이름을 존귀케 함. 이스라엘 백성이 유랑하지 않고 정착하게 하심. 이스라엘을 평안케 하심. 왕가를 세우게 하심.
- **예언적 의미** : 이스라엘은 한 민족으로 결국 팔레스타인 땅으로 돌아오게 된다. 다윗의 후손인 메시아 예수가 언약 왕국을 다스리기 위해 오신다.

다윗의 범죄(11장)

밧세바와의 간음(11:1-4) : 거짓말, 이웃을 탐하지 말라, 우리야 간접 살인 등 십계명을 위반하다(게으름 → 이기심 → 탐욕 → 간음 → 속임 → 살인).

나단의 책망에 다윗이 회개하다(시 51편) : "나의 죄악을 말갛게 씻으시며 나의 죄를 깨끗이 제하소서, 내 속에 정한 마음을 창조하시고 내 안에 정직한 영을 새롭게 하소서, 나를 주 앞에서 쫓아내지 마시며 주의 성령을 내게서 거두지 마소서, 하나님께서 구하시는 제사는 상한 심령이라 하나님이여 상하고 통회하는 마음을 주께서 멸시하지 아니하시리이다"(시 51:2, 10, 11, 17).

다윗의 환난(12~24장)

나단 선지자를 통한 심판의 예언(12:10-14) : 나단이 범죄한 다윗에게 '밧세바에게서 난 아들이 죽을 것, 다른 사람이 아내들을 범할 것, 다윗의 집에 칼이 끊이지 않을 것' 등을 예언하자, 다윗은 아이의 생존을 위해 7일 간 금식 기도하였으나 아이가 죽은 후에는 평소의 삶으로 돌아와 밧세바 와의 사이에서 솔로몬(여디디야 : 여호와의 사랑을 받는 자) 등을 낳다.

압살롬의 반역(13~15:12) : 암논이 압살롬의 누이 다말을 강간하고 버리 자, 압살롬이 암논을 살해하고 그술 지방으로 도피한 3년 후에 요압의 간 청으로 다윗의 사면을 받아 예루살렘으로 돌아와서 2년 후에 다윗을 만나 다. 그러나 예루살렘에서 4년 동안 백성의 환심을 산 후 헤브론에서 왕으 로 선포하고 아히도벨을 참모로 삼다.

다윗의 도피(15:13~17장) : 압살롬이 다윗을 공격하자, 다윗은 예루살렘 을 떠나 감람산에 숨어 하나님께 기도하고 아히도벨의 작전을 무력화시 키고자 노장 참모 후새를 투항하는 것처럼 예루살렘으로 보내는 등 연락 체계를 구축하다(후새 → 사독 제사장, 아비아달 제사장 → 그 아들들 → 다윗).
다윗의 후궁들을 범한 압살롬이 다윗을 즉시 추격하자는 아히도벨의 작 전을 수용하지 않고 나중에 추격하자는 후새의 제안을 받아 들이자, 다윗 은 시간을 벌어 요단 강을 건너 마하나임으로 도망하면서 피난 길에서 시 므이(베냐민 지파)로부터 저주를 받기도 하고 바르실래로부터 위로를 받 기도 하다.
"내 몸에서 난 아들도 내 생명을 해하려 하거든 하물며 이 베냐민 사람이 랴 여호와께서 그에게 명령하신 것이니 그가 저주하게 버려두라, 혹시 여 호와께서 나의 원통함을 감찰하시리니 오늘 그 저주 때문에 여호와께서 선으로 내게 갚아 주시리라"(삼하 16:11-12).

압살롬의 패배와 사망(18~19장) : 압살롬이 아마사(요압의 이종사촌)를 군 지휘관으로 삼은 후 길르앗에서 다윗 군대(요압, 아비새, 잇대)와 전투하다가 패배하여 도망하던 중 요압에게 살해당하다. 당시 요압은 다윗의 지시에 반하여 압살롬을 살해하였으며, 압살롬의 죽음을 애도하는 다윗에게 슬퍼하지 말고 군과 백성의 사기를 위해 그들을 위로해 주라고 강권하다. 한편 다윗이 다시 왕위에 오른 후 피난 길에 저주하였던 시므이가 제일 먼저 찾아와 살려달라고 애원하자, 당시에는 이를 받아들였지만 나중에 솔로몬에게 그를 죽이라고 유언하다.

세바의 반란(20장) : 베냐민 지파 세바가 다윗에게 대적하였으나 요압과 아비새에게 패하여 도망하다가 이스라엘 여인에게 살해당함으로 반란이 진압되다.

이스라엘에 삼 년 기근 발생(21장) : 이스라엘 기근의 원인이 사울이 기브온 주민을 살해한 죄의 결과로 밝혀지자, 다윗이 사울 집안의 사람 일곱 명을 기브온 사람들에게 넘겨주어 복수하게 하고, 다시 사울과 요나단을 장사지내다.

다윗의 감사시(22장)와 신앙 고백(23장) : 여호와는 반석, 요새, 건지시는 자, 방패, 구원의 뿔, 높은 망대, 피난처, 구원자, 등불이시다.

인구조사(24장) : 다윗이 인구조사를 한 후 하나님의 진노로 인한 온역으로 7만 명이 사망하자, 다윗은 회개하고 아라우나의 타작 마당에 단을 쌓고 여호와께 번제와 화목제를 드리다.

아도니야(다윗의 넷째 아들)와 요압의 반역(왕상 1:32-40) : 아도니야가 요압과 아비아달 제사장과 함께 왕위를 계승하려고 쿠데타를 일으키자, 다윗이 밧세바와 나단 선지자와 제사장 사독 등의 요청으로 솔로몬을 왕으로 선포하다.

다윗의 유언(왕상 2:2-9)

신앙적 유언(왕상 2:2-4) : 힘써 대장부가 되고 계명을 지키라 그리하면 무엇을 하든지 어디로 가든지 형통할지라.

정치적 유언(왕상 2:5-9) : 요압과 시므이에 대한 경계를 늦추지 말라 (편안히 음부로 내려가지 못하게 하라), 바르실래의 아들에게 은혜를 갚으라.

다윗의 시편들
- 다윗은 목동, 시인, 신앙인, 군사 전략가, 정치인, 지도자다.
- 매일 아침 주의 얼굴을 뵙고, 언제나 눈동자 같이 자신을 지키시는 하나님을 의지하며, 하나님께서 구원하실 그날을 향해 자신의 길을 당당하게 걸어가는 삶을 하나님께 감사, 찬양하다.
- 다윗의 신앙 고백 : 하나님은 고난당하는 의인을 감찰하신다. 전쟁은 하나님께 속하였다. 하나님은 진실된 기도를 응답하신다. 여호와는 나의 목자시다. 하나님의 공과 의가 역사의 새벽을 깨울 것이다. 불평하지 말라. 내 영혼아 여호와를 송축하라. 은혜를 잊지 말고 감사하라.

분열왕국시대

1. 관련 성경

열왕기(상 12장~하 25장), 역대하(10~36장)

- 왕국의 분열(왕상 12~15장)
- 북왕국 이스라엘(왕상 16~왕하 17장)
- 남왕국 유다(왕하 18~25장, 대하 10~36장)

2. 전체 구조

- 전반부 : 솔로몬의 통치, 왕국의 분열(왕상 1~15장)
- 중반부 : 북이스라엘의 오므리 왕조와 예후 왕조
- 오므리 왕조 : 아합 왕, 엘리야, 엘리사의 사역(왕상 16장~왕하 8장)
- 예후 왕조 : 엘리사의 사역, 여로보암 2세(왕하 9~15:12)
- 후반부 : 북이스라엘 멸망, 남유다의 역사와 멸망(왕하 15:13~25장)

3. 왕국 분열의 원인(왕상 11~14장)

- 솔로몬의 우상숭배와 과중한 부역과 세금에 의한 반감.

- 지파 공동체의 문제점이 드러남(유다 지파와 다른 지파들 간의 갈등).
- 솔로몬의 아들 르호보암의 정치적인 미숙.
- 애굽 왕 시삭의 정치 공작(반 솔로몬 세력인 여로보암 지원).

4. 북이스라엘(왕상 15~왕하 17장)

- 여로보암의 길을 좇은 불의한 왕국
- 19명의 왕, 200년간 통치, BC 722년 앗수르에 멸망, 아홉 번의 역성 혁명, 대표 왕조는 오므리 왕조(아합 왕)와 예후 왕조(여로보암 2세). 정권 투쟁의 무수한 정변 발생으로 사회적으로 불안하였으며 상당수 왕들이 전사, 살해, 자살 등으로 죽다.
- 금송아지 제단(단, 벧엘)과 산당을 세워 보통 사람을 제사장으로 삼다 : '여로보암의 길을 걸었더라'(북이스라엘 왕국의 특징을 말하는 관용구), 앗수르에게 멸망당할 때 손, 발, 코를 잘리고, 산 채로 살갗을 벗긴 채로 살해당하는 등 값비싼 대가를 치르다.
- 아합 왕과 이세벨의 노골적인 우상숭배(바알과 아세라를 섬김), 여호보암 2세의 사치ㆍ향락의 양극화 정치.
- 엘리야, 엘리사, 호세아, 아모스, 요나 선지자들이 활동.

5. 남유다(왕상 15~왕하 25장, 대하 10~36장)

- 다윗의 길을 따르다가 벗어나다가 하는 변덕스러운 왕국.
- 20명의 왕(8명의 왕이 선하다는 평을 받음), 235년간 통치, BC 587년 바벨론에 의해 멸망.

- 히스기야의 종교개혁 : 성전 보수, 우상숭배 타파, 앗수르의 산헤립을 믿음으로 물리침, 이사야의 활동.
- 요시야 왕의 종교개혁 : 성전 보수 중 신명기 원본을 발견하고 종교개혁, 산당 타파, 바벨론을 공격한다는 명목으로 유다 지역의 통행을 요구한 애굽 왕 바로느고와 전투 중 므깃도에서 전사.
- 이사야, 예레미야, 하박국, 스바냐, 요엘 등 선지자들이 활동.

6. 열왕기 상하의 비교

열왕기상	열왕기하
이스라엘의 솔로몬	바벨론의 느브갓네살
예루살렘의 영광	예루살렘의 파괴
솔로몬의 영광	피투성이가 된 시드기야의 종말
성전 건축	성전 파괴
자유로운 하나의 왕국	포로가 된 두 왕국

7. 열왕기의 교훈 : 신명기 사관

- 한 나라의 흥망성쇠와 인간의 생사화복은 오직 하나님의 말씀에 순종하느냐 불순종하느냐에 달려 있다.
- 오직 하나님 만을 왕으로 섬기고 하나님 말씀에 순종함으로 하나님의 풍성한 복을 누리는 자가 되어야 한다.
- 죄에 대한 심판을 강조하는 선지자적(신명기적) 관점에서 기록하였다.

열왕기상

1. 개요

명칭 : 히브리어 성경은 '왕들', 70인역 성경의 뜻은 '왕국기 3'이다.

배경 : 솔로몬 왕과 그 이후 분열 왕국에 관한 이스라엘 역사다.

기록 목적 : 이스라엘의 흥망성쇠가 백성과 왕들의 신앙과 불신앙에 따른 결과임을 밝히고, 역사적 사실을 통해 하나님이 어떻게 언약을 이루어 나가셨나를 가르치고자 이스라엘 쇠망의 원인을 죄에 대한 심판의 측면에서 기록하였다.

주제

- **언약과 왕권** : 순종의 축복과 불순종의 심판은 하나님의 약속이다. 하나님의 백성은 이방 민족의 종교와 완전한 분리를 유지해야 생존한다.
- **하나님의 선지자** : 하나님 말씀을 전달하는 충실한 사역을 통해 참된 신앙을 독려하는 한편 불의한 왕들에게는 심판을 선언해야 한다.

2. 구조

◈ 솔로몬의 통치(1~11장)
◈ 왕국의 분열(12~16장)
◈ 엘리야의 사역(17~19장)
◈ 아합의 통치(20~22장)

3. 내용

솔로몬의 통치(1~11장) : 40년

솔로몬의 등극(1장) : 다윗의 말년에 아도니야(다윗의 넷째 아들)가 요압 장군, 아비아달 제사장과 함께 반역하여 스스로 왕이 됨을 선포하자, 다윗이 브나야 장군과 사독 제사장과 나단 선지자를 불러 솔로몬을 왕으로 세우고, 사독과 나단이 기혼 샘에서 솔로몬에게 기름을 붓다. 이는 요압과 아비아달을 중심으로 한 구 세력과 사독과 나단과 브나야 중심으로 한 신 세력간의 대결이라 할 수 있다.

솔로몬의 왕권 확립(2장) : 솔로몬이 아도니야가 다윗의 첩 아비삭을 아내로 요구했다는 이유로 아도니야를 처단하고 아비아달의 제사장직을 파직하다. 다윗의 유언에 따라 요압을 반역죄와 함께 선한 아브넬과 아마사를 죽인 죄값으로, 시므이를 왕명을 어긴 죄값으로 각각 처형하다.

솔로몬의 치세(3∼4장) : 솔로몬이 기브온 산당에서 일천 번제를 드린 날 여호와께서 꿈에 나타나 백성을 다스릴 지혜(듣는 마음)를 구한 그에게 '네가 만일 다윗의 행함과 같이 내 길로 행하며 내 법도와 명령을 지키면' (3:14)이라는 조건하에 지혜와 총명은 물론 부귀와 영광까지 주시다. "듣는 마음을 종에게 주사 주의 백성을 재판하여 선악을 분별하게 하옵소서, 솔로몬이 이것을 구하매 그 말씀이 주의 마음에 든지라"(왕상 3:9–10).

성전과 궁전 건축(5∼7장) : 다윗 때 성전 건축에 필요한 모든 재료를 준비하고 솔로몬 때 성전 건축을 하였다(7년 동안 건축).

성전 봉헌(8:1∼9:9) : 언약궤를 다윗 성에서 성전의 지성소로 옮겨 안치하자 하나님의 영광이 전에 가득했으며, 솔로몬이 봉헌 기도를 드린 후 여호와께서 꿈에 다시 나타나사 '네가 다윗의 행함같이 순종하여 법도와 율례를 지키면 다윗에게 언약한 바와 같이 너의 이스라엘의 왕위를 영원히 견고하게 하려니와, 만일 우상숭배하면 이스라엘을 모든 민족 가운데 속담거리가 되게 하고 모든 재앙을 내리겠다'고 응답하시다.

솔로몬의 치적(9:10∼10:29) : 도시 요새화, 두로와 애굽과의 동맹관계, 무역 등으로 부강한 나라를 만들고, 스바 여왕이 방문하다.

솔로몬의 타락(11장) : 이방 여인들과의 결혼과 이방 종교의 허용, 지나친 풍요와 번영으로 야기된 무질서 등으로 타락한 결과 에돔 사람 하닷과 르손이 대적하고, 에브라임 지파 여로보암이 반란을 일으키며 아히야 선지자가 왕국 분열을 예언하다.

왕국의 분열

왕국 분열의 이유(11~14장) : 솔로몬의 우상숭배와 과중한 부역과 세금 때문에 반감이 쌓였으며, 지파 공동체 간의 갈등이 이어졌고, 솔로몬의 아들 르호보암의 정치 미숙과 애굽 왕 시삭의 정치 공작(반 솔로몬 세력인 여로보암 지원)으로 분열되었다.

르호보암의 통치(12:1-19) : 고된 고역과 멍에를 가볍게 해달라는 백성의 요청에 대하여 지혜로운 노인들의 조언을 듣지 않고 경험없는 젊은 이들의 조언에 따라 거절하자, 백성이 르호보암을 떠나가다(아히야의 예언 성취).

여로보암의 통치(12:20-33) : 여로보암이 이스라엘의 새 왕으로 추대되어 정치력을 발휘하는 한편, 유다와의 분리를 위해 백성들로 하여금 예루살렘 성전을 잊게 하려고 벧엘과 단에 금송아지와 산당을 세우고 레위 지파가 아닌 사람을 제사장으로 삼는 범행을 저질렀다. 이는 이스라엘 민족을 혼합 종교로 이끌어가는 커다란 죄이며, '여로보암의 길을 걷다'는 말은 북이스라엘 왕국의 특징을 말하는 관용구가 되었다.

유다의 쇠퇴(14:21~15:24)
르호보암(14:21-31) : 17년 통치, 산당과 우상과 아세라 목상을 세우다.
아비얌(15:1-8) : 3년 통치, 르호보암의 악행을 그대로 본받다.
아사(15:9-24) : 41년 통치, 하나님 보시기에 정직히 행하였으나 하나님을 온전히 신뢰하지 못하고 벤하닷과 동맹하고 산당을 남겨두다.

이스라엘의 쇠퇴(15:25~16:34)

- 나답(2년), 바아사(24년), 엘라(2년), 시므리(7일), 오므리(12년)
- 아합 왕(16:29-34) : 22년 통치, 이전의 모든 왕보다 더욱 악한 왕, 시돈 공주 이세벨과 결혼하여 이방신 바알 산당과 아세라 목상을 세우고 하나님 명령에 불순종하여 여리고 성을 다시 세웠다. → 수 6:26 참조

엘리야의 사역(17~19장)

엘리야 : 길르앗 사람으로 광야에서 낙타옷에 가죽띠를 띠고 생활하며 까마귀를 통해 음식을 공급받는 등 하나님의 사역을 불같은 정열과 불굴의 정신으로 수행했고, 신약의 세례 요한의 모형이 된 구약의 대표적인 선지자다. 수년 동안의 가뭄을 예언했는데 비가 내리는 문제는 북이스라엘이 섬기는 바알이 아니고 하나님께 달려 있음을 선포하는 것을 뜻한다.

사르밧(시돈 지방) 과부의 신앙 고백(17:8-24) : 사르밧 과부 집에 가루와 기름이 그치지 아니하고, 죽은 아들이 살아나다. "내가 이제야 당신은 하나님의 사람이시요 당신의 입에 있는 여호와의 말씀이 진실한 줄 아노라"(왕상 17:24).

갈멜 산 사건(18:19-40) : 여호와가 엘리야에게 '지면에 비를 내리리라'고 말씀하시자 엘리야가 갈멜 산에서 바알 선지자 450명과 아세라 선지자 400명과 싸웠는데 이는 불의 응답에 따라 바알과 하나님 중 '누가 참 신이냐?'라는 영적 싸움이다. 하나님이 엘리야의 기도에 응답하여 불을 내리시고, 엘리야가 바알 선지자들을 모두 죽인 후 비가 내리다.

호렙 산으로 도피한 엘리야(19장) : 이세벨의 살해 위협으로 브엘세바를 거쳐 광야로 도망하다가 로뎀 나무 아래에 앉아 죽기를 원하여 '내 생명을 거두시옵소서'라고 낙담하였으나, 천사의 도움으로 떡과 물을 먹고 호렙 산으로 가서 머무르면서 하나님의 위로와 함께 세 가지 사명(아람 사람 하사엘에게 기름 부어 아람 왕을 세우라, 예후에게 기름 부어 이스라엘 왕으로 세우라, 엘리사에게 기름 부어 후계자로 삼아라)과 함께 남은 자의 계시를 받다(19:18).

기타 이적 : 하늘에서 불이 내린 이야기(왕하 1:9-12), 요단 강이 갈라져서 마른 땅으로 건넌 일(왕하 2:8), 회오리바람과 함께 하늘로 승천한 일(왕하 2:11).

아합 왕의 통치(20~22장)

시돈 공주 이세벨과 결혼 : 아합은 북이스라엘의 네 개 왕조(여로보암 왕조, 바아사 왕조, 오므리 왕조, 예후 왕조) 중 오므리 왕조의 왕으로 이스라엘 왕들 중 최고의 악행을 저질렀으며, 시돈 공주 이세벨은 가나안의 대표적 우상인 바알을 숭배하는 수로보니게인(페니키아인)으로 이스라엘이 영적 타락의 길을 걷게 한 이방 여인이다.

아합과 이세벨의 딸인 아달랴가 남유다의 5대 왕 여호람과 결혼 : 유다도 이세벨의 딸 아달랴와의 결혼으로 바알 숭배의 길을 걷게 되었으며, 아달랴는 쿠데타로 요아스를 제외한 왕자들을 죽이고 남유다의 7대 왕으로 등장했다. 이는 엘리야를 죽이려 했던 이세벨의 피가 그 딸 아달랴를 타고 흘러서 다윗의 씨를 말리려고 한 영적 전쟁으로 볼 수 있다.

> 하나님의 아들과 세상의 딸의 결혼으로 네피림 등장(창 6장)
> → 하나님의 노아홍수 심판 : 하나님 나라는 섞이면 안 된다.

아합과 벤하닷(20:1~43) : 선지자를 통하여 아람 왕 벤하닷을 멸하도록 하였으나, 아합은 그를 놓아줌으로 아합이 대신 멸망하다.

나봇의 포도원 사건(21장) : 이세벨이 나봇을 죽이고 그의 포도원을 뺏은 당대의 대표적 불의한 사건으로, 엘리야가 '개들이 나봇의 피를 핥은 곳에서 개들이 아합의 피도 핥으리라'(21:19)고 하나님의 무서운 심판을 예고하다.

> 토지처분권은 하나님에게 있고, 인간에게는 경작권만 있다(레 25:23).

아람과의 싸움에서 아합이 전사하다(22장) : 아합과 유다 왕 여호사밧이 동맹하여 아람과 전쟁을 했으나, 이 전쟁에서 아합이 전사해서 선지자 미가야의 예언이 성취되고, 아합의 병거를 사마리아 못에 씻으매 개들이 그 피를 핥음으로 엘리야의 예언이 성취되다.

열왕기하

1. 개요

배경 : 분열 왕국인 북이스라엘과 남유다의 쇠퇴와 멸망의 역사다.

기록 목적 : 이스라엘과 유다의 멸망이 하나님에 대한 불순종의 결과임을 깨닫게 하고 오직 여호와의 말씀과 진리에 거하도록 격려하고자 신명기적 관점에서 기록하였다.

주제

- **순종의 축복과 불순종의 심판**
- **철저한 개혁** : 히스기야 왕과 요시야 왕의 종교개혁

2. 구조

◈ 엘리사의 사역(1~8장)

◈ 이스라엘과 유다의 왕들(9~17장)

◈ 이스라엘의 멸망(17장)

◈ 유다의 개혁과 악행(18~23장)
◈ 유다의 멸망(24~25장)

3. 내용

엘리사의 사역

엘리야와의 관계 : 엘리사가 엘리야를 끝까지 따라가며 하늘의 능력을 구한 후 엘리야가 불말과 불병거를 타고 회오리바람으로 승천하자, 엘리야의 겉옷을 주워 가지고 요단의 물을 치며 건너다. "여호와께서 살아 계심과 당신의 영혼이 살아 있음을 두고 맹세하노니 내가 당신을 떠나지 아니하겠나이다(2:6), 당신의 성령이 하시는 역사가 갑절이나 네게 있게 하소서"(2:9).

사적 이적(2:19∼6:7) : 소금으로 샘물을 정화하다. 이스라엘과 유다와 에돔의 연합군이 모압과 전쟁하기 위해 에돔 광야를 거쳐 가던 중 에돔의 군사와 가축들이 먹을 물이 없자 엘리사의 말에 따라 광야의 골짜기를 파자 물이 나와 모압과의 전쟁에서 승리하다. 선지자의 아내 과부 집 빈 그릇들에 기름이 가득 차다. 수넴 여인에게 아들을 약속하고 또한 죽은 아이를 살리다. 국의 독을 제거하고 떡 20개로 많은 사람을 먹이다. 아람 군대장관 나아만 장군의 문둥병을 고치다. 종 게하시가 나아만으로부터 한 달란트와 옷 두벌을 받아 집에 감추자 나병이 발하다. 나뭇가지를 베어 물에 던지자 물속에 빠진 도끼가 떠오르다.

엘리야가 하나님의 율법과 심판을 강조했다면, 엘리사는 하나님의 은혜와 사랑을 강하게 나타낸 선지자다.

공적 사역(6:8~8장) : 도단에서 성을 포위하는 아람 군대를 두려워하는 사환의 눈을 열어 불말과 불병거를 보여 주고 아람 군대의 눈을 어둡게 하여 아람 군대가 물러날 것이라는 예언이 성취되다. 장차 아람 왕 벤하닷이 죽을 것과 부하 하사엘이 아람 왕이 될 것과 아합 가문이 멸절될 것이라는 예언들이 성취되다(하사엘이 벤하닷을 살해한 후 왕이 되고, 이세벨이 살해당하고 개들이 이세벨의 살을 먹다).

이스라엘과 유다의 왕들

예후(9~10장) : 엘리사에게 기름 부음을 받은 후 엘리야의 예언대로 이스라엘의 왕이 되어 아합 왕 사람들과 바알 숭배 선지자들과 제사장들을 모두 죽이고 바알의 신당과 목상을 없앴으나 벧엘과 단의 금송아지만은 제거하지 않고 섬기다.

요아스(11~12장) : 이세벨의 딸인 아달랴가 정권을 잡은 후 우상숭배를 합법화하고 다윗 혈통의 멸절을 시도하였으나, 요아스가 제사장 여호야다의 도움으로 7세에 등극한 후, 바알 제단과 우상들을 깨뜨리고 아달랴와 그 제사장들을 죽이고 성전을 수리하였다. 그러나 말년에 여호야다가 죽자 여호와를 버리고 우상을 숭배하며 침공한 아람 왕 하사엘에게 성전의 보물을 내어 주는 등 하나님께 불순종한 결과 신하에게 살해당하다.

아마샤(13~14장) : 여호와 보시기에 정직히 행하여 아버지 요아스가 행한대로 다 행하였으나 다윗과는 달리 산당을 제거하지 않아서 백성이 여전히 산당에서 제사를 드리고 분향했으며, 한편 에돔을 물리친 다음 이스라엘을 침공하였다가 패했다.

아사랴(웃시야) : 유다 왕, 52년간 통치(15:1-7), 건전한 지도력으로 블레셋과 아라비아 전쟁에서 승리하고 관개시설을 건설하는 등 강국을 이룩하여 하나님 보시기에 정직히 행하였으나 오직 산당을 제거하지 아니하여 백성이 여전히 산당에서 제사를 지냈고, 성전에서 향을 피우는 교만으로 문둥병을 얻어 별궁에서 격리된 삶을 살다가 묘실에 장사되지 못했다.

아하스(16장) : 웃시야의 손자로 여호와 보시기에 정직히 행하지 않고 자기 아들을 불 가운데로 지나가게 하며 산당에서 제사를 드리고 분향했다. 아람과 북이스라엘 동맹군의 침략으로 앗수르와 동맹하려고 할 때 이사야가 강력하게 반대했으나 결국 앗수르와 동맹한 후 다메섹에서 이방신 제단을 받아들여 하나님의 성전을 더럽혔다.

이스라엘의 멸망(14~17장)

여로보암 2세(예후 왕조) : 41년 통치로 이스라엘의 전성기(왕하 14:25)를 이룩하였으나 극심한 양극화(사치, 향락, 죄악)로 호세아와 아모스 선지자에게 경고받았다.

멸망의 원인 : 부익부 빈익빈의 양극화로 정의와 공의가 무너지고 우상숭배가 만연하는 등 사회 전반이 부패했으며, 특히 바알 산당을 세우고 일월성신을 섬기며 목을 굳게 하여 하나님과의 언약과 말씀을 버리고 허무한 것을 뒤따르며 심지어 자녀를 불 가운데로 지나게 하고 복술과 사술을 행하였다. "땅에는 진실도 없고, 인애도 없고, 하나님을 아는 지식도 없고"(호 4:1b).

이스라엘 왕들의 마지막 몸부림 : 베가 왕은 앗수르에 대항하고자 아람의 르신 왕과 연합한 다음 배후 침략을 막고자 유다(아하스 왕)를 침공했으며, 호세아 왕은 애굽과 연합하여 앗수르에 반란을 기도했지만 역부족으로 BC 722년에 멸망하다.

앗수르의 식민정책 : 주변의 피정복 민족을 이스라엘로 이민시키고 이스라엘 민족을 다른 곳으로 강제 이주시키는 인구 혼합정책을 실시했다. 그 결과 이스라엘은 민족의 순수성 상실로 이방신과 하나님을 겸하여 섬기는 등 종교적 혼잡과 영적 타락이 극심했으며 이때부터 사마리아인으로 불려지기 시작했다.

유다의 개혁과 악행(18~23장)

히스기야(29년 통치)

다윗의 모든 행위와 같이 여호와께서 보시기에 정직하게 행하여 산당을 제하고 주상과 아세라 목상을 찍어 버리고 모세가 만든 놋뱀을 부수다. 여호와께 연합하여 그에게서 떠나지 않고 여호와의 계명을 지킴으로 여호와께서 그와 함께하시매 그가 어디로 가든지 형통하였다.

그러나 앗수르에 대항하고자 이사야의 반대에도 불구하고 애굽과 동맹을 맺고 앗수르에 조공을 바치지 않다가 결국 앗수르의 침공을 받고 성전 문의 금을 벗겨 금 삼십 달란트를 앗수르 왕에게 조공하였다.

앗수르 왕 산헤립의 재침공과 자신이 죽을 병에 걸렸을 때 하나님께 간구하여 나라를 위기에서 구하고 자신의 생명을 15년 연장하였는데, 이때 징표로 해시계 위의 해 그림자가 10도 뒤로 물러가는 기적이 일어났다. 그러나 바벨론 사신에게 군사 시설과 무기 창고를 다 보여 주는 등 예루살렘의 국방력을 자랑한 나머지 바벨론이 유다의 모든 사정을 파악하게 되다. 이에 이사야가 히스기야에게 유다가 바벨론에게 망할 것이라고 예언하였다(사 39:5-7).

므낫세 : 이방인을 좇아 산당을 다시 세우고, 아합을 따라 바알 제단을 쌓고, 아세라 목상을 만들며 일월성신을 섬기고, 자기 아들을 불 가운데로 지나게 하며 무죄한 자들이 피를 심히 많이 흘리는 등 여호와 보시기에 악을 많이 행하였다.

아몬 : 므낫세의 뒤를 따라 악행을 저지르다.

요시야

므낫세 55년 악행과 아몬 2년 악행 후 요시야가 8세에 등극하여 여호와 보시기에 정직히 행하여 다윗의 모든 길로 행하고 좌우로 치우치지 아니하였다(22:2). 성전 수리 중에 율법책(신명기 등 모세 오경)을 발견하고 하나님 말씀을 준행하지 않은 죄를 자복하고 회개한 후 성전에서 모든 장로

사마리아의 함락과 이스라엘 백성의 강제 이주

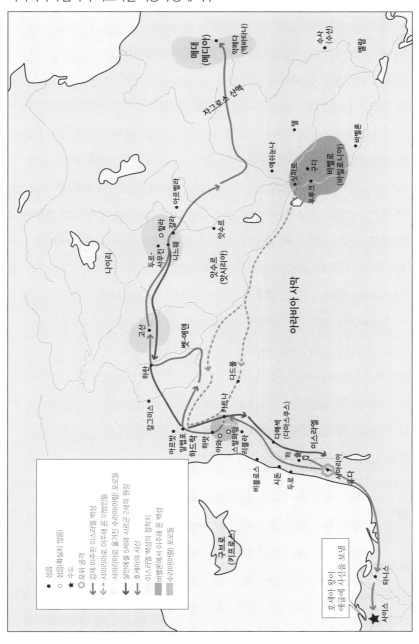

와 제사장들과 백성들에게 율법책의 모든 말씀을 읽어주고 여호와 앞에서 언약을 세우되 마음과 뜻을 다하여 여호와께 순종하고 그 계명을 지켜 이 언약의 말씀을 이루게 하리라 하매 그 백성들이 다 언약을 따르기로 하였다. 또한 철저한 종교개혁으로 아세라 상을 태워 가루로 만들고 도벳(몰렉 신의 장소)을 더럽게 하여 몰렉에게 제사를 지내지 못하게 하며 벧엘과 단의 산당을 헐어 버리고 유월절을 온전히 회복하였다(유월절이 사사시대 이후 한번도 언약책에 기록된 대로 지켜지지 않았다).

그러나 요시야의 개혁에도 불구하고 오랜 므낫세의 악행으로 말미암아 백성은 여전히 불신앙에 빠져 있음으로 인해 하나님의 진노를 돌이키지 못했다. 요시야 왕은 애굽 왕 바로느고와의 므깃도 전투에서 전사하고 아들 여호아하스가 애굽의 볼모로 잡혀가다.

"요시야와 같이 마음을 다하며 뜻을 다하며 힘을 다하여 모세의 모든 율법을 따라 여호와께로 돌이킨 왕은 요시야 전에도 없었고 후에도 그와 같은 자가 없었더라"(왕하 23:25).

> 히스기야의 아들 므낫세가 55년간 치리하면서 가장 악행을 저지름 : 유다의 멸망이 므낫세의 죄 때문이라고 말씀하셨다(왕하 23:26-27, 24:2-4).

유다의 패망(24~25장)

왕위의 폐위(24:1~25:7) : 요시야 전사 → 여호아하스(제위 기간 석 달, 애굽에 포로) → 여호야김(11년, 여호아하스의 형제, 애굽에 충성, 바벨론 1차 포로〈24:1-6〉) → 여호야긴(석 달, 여호야김의 아들, 바벨론 2차 포로) → 시드기야(10년, 여호야김의 동생, 바벨론 3차 포로).

백성의 추방(24:14~25:30) : 18개월 동안 3차에 걸쳐 바벨론의 공격을 받고 예루살렘 성과 성전이 함락되고 파괴된 후 백성은 포로로 끌려가거나 여러 나라 특히 애굽으로 흩어지다. 그 후 예루살렘은 포로들이 귀환하기까지 70년 동안 폐허 상태에 놓여 있었다.

역대기

1. 명칭

- 히브리어 성경의 뜻 : '각 시대의 사건들', 70인역의 뜻은 '생략된 부분들' 이다.
- 히브리어 성경은 본래 역대기가 한 권의 책이었으나 70인역에서 역대상 과 역대하 두 권으로 나뉘어졌다.

2. 기록 목적

포로 귀환 시대의 이스라엘 공동체에게 하나님의 백성임을 격려하고 다윗 왕조와의 언약 유효성을 상기시켜 하나님의 영광이 회복될 것을 강조하여 위로와 소망을 주기 위해 유다의 역사를 성전을 중심으로 제사장적 관점 에서 재해석하여 기록하였다(역대기는 사무엘서와 열왕기서의 해설서다).

3. 중심 사상

- 성전 : 하나님의 집
- 다윗 언약은 하나님이 영원히 지키신다(대상 17:14).
- 회개하고 하나님에게 돌아오면 죄를 사하신다(대하 7:14).

4. 구조

・역대상 : 사무엘 상하
- 이스라엘 민족의 족보(대상 1~9장)
- 사울 왕의 통치(대상 10장)
- 다윗 왕의 통치(대상 11~29장)

・역대하 : 열왕기 상하
- 솔로몬 왕의 통치(대하 1~9장)
- 남유다 왕들의 통치(대하 10~36장)

5. 특징

・열왕기와 에스라서(느헤미야서)를 연결하는 유다 중심의 역사.
- 창세기부터 이스라엘 민족의 역사를 다시 쓰고 싶은데 현실적으로 어려워 족보로 대치하여 창세기, 출애굽기, 민수기, 여호수아, 사사기, 사무엘, 열왕기, 에스라, 느헤미야의 내용을 중심으로 기록하였다.
- 하나님 나라의 방향을 재조정하는 책 : 눈에 보이는 하나님 나라는 망했지만 그 안에 이루시려고 하는 하나님 나라는 하나님께서 '남은 자, 그루터기'를 통해서 이어가신다.

・제사장과 성전 문화 중심의 역사
・다윗 언약에 대한 하나님의 신실하심을 강조 : 메시아의 뿌리
・남은 자들을 격려하기 위해 쓴 글

6. 열왕기와 역대기의 비교

열왕기	역대기
북왕국과 남왕국의 역사	남왕국(유다)의 역사
왕위(정치와 전쟁) 강조	성전(예배) 강조
선지자적 심판 강조	제사장적 소명 강조
부정적 내용도 묘사	이상적 왕의 모습 묘사
두 나라를 고발	남은 자들을 격려
신명기 역사서	역대기 역사서
포로 공동체를 대상	포로 귀환 공동체를 대상으로 쓴 책

역대상

1. 개요

저자 : 에스라가 기록했다는 설이 다수이다. 그 근거는 본서가 포로 귀환에 대해 기록하고 있는 점, 성전과 제사 및 레위인에 관한 기록이 제사장으로서의 에스라의 관심을 반영하고 있는 점, 역대하의 마지막 부분이 에스라서의 첫부분과 동일한 점 등을 들고 있다.

배경 : 아담에서부터 다윗까지의 이스라엘의 역사다.

기록 목적 : 에스라가 포로 귀환 후 이스라엘 공동체를 대상으로 이스라엘의 영광스러운 과거 역사를 가르쳐 주며, 민족 재기에 대한 소망과 하나님께 대한 신앙 회복과 성전 재건에 대한 열정을 불러일으키기 위해 기록하였다.

주제

- **하나님 언약의 신실하심** : 아브라함 언약의 성취, 이스라엘은 하나님 백성으로 선택받은 언약의 상속자다.
- **성전** : 성전은 하나님의 임재와 통치 상징, 국가와 민족의 구심점.

2. 구조

◈ **이스라엘 민족의 족보(1~9장)**

- 아담에서 아브라함, 이삭, 에서의 족보(1장).
- 야곱(이스라엘)의 족보, 특히 유다와 다윗의 족보(2~4장).
- 야곱의 기타 아들들의 족보(4~8장) : 레위, 베냐민, 에브라임 등.

◈ **사울 왕의 통치(10장)**

◈ **다윗 왕의 통치(11~29장)**

3. 내용

족보(1~9장)

이스라엘 민족의 계보를 추적 : 아담에서부터 바벨론 포로 생활자까지의 계보, 특히 유다 지파와 레위 지파를 선별하여 기록했다. 이는 귀환자들로 하여금 하나님의 언약 백성임을 확인시켜 주고 어디에 거주할 것인지를 알게 하는 데 있다.

아담에서 아브라함까지(1:1-27)

- 아담은 모든 인류의 조상, 아브라함은 믿음의 조상.
- 아담의 후손 : 셋, 에녹, 므두셀라, 노아, 셈, 함, 야벳.
- 함의 자손 : 니므롯, 블레셋 종족, 가나안(시돈, 헷, 여부스, 아모리, 기르가스, 히위, 알가, 신, 아르왓, 스말, 하맛 종족을 낳음).
- 셈의 자손 : 아르박삿, 나홀, 데라, 아브람(1:17-27).

아브라함의 자손(1:28-34) : 이스마엘, 이삭, 미디안 족속(그두라의 자손).

에서의 자손(1:35-54) : 아말렉, 세일의 후손, 에돔의 족장들.

야곱에서 다윗까지(2:1-55)

다윗에서 포로기까지(3:1-24) : 다윗의 아들들은 암논, 다니엘, 압살롬, 아도니아, 솔로몬(열째) 등 19명이다.

야곱의 아들들(열두 지파의 뿌리) : 유다(찬송함), 시므온(들으심), 르우벤(보라 아들이다), 갓(행운), 레위(연합), 잇사갈(보상), 베냐민(기쁨의 아들), 납달리(나의 경쟁), 아셀(기쁨), 단(공평함), 므낫세(잊어 버림 : 요셉의 첫째 아들), 에브라임(창성함 : 요셉의 둘째 아들) 열두 명이다.

• 유다 지파와 레위 지파의 중요성을 강조하기 위해 두 지파의 족보 분량을 많이 기록하고 있다.

• 시므온, 르우벤, 갓, 므낫세 반지파, 잇사갈, 납달리, 에브라임, 아셀의 자손(4:24~7장).

• 레위 자손(6장) : 찬양대 가문, 아론의 직무와 자손(성소에서 제사를 담당), 48개 성읍에서 거주하다.

• 에브라임 지파의 주요 주거지 : 벧엘과 세겜(7:28)

• 베냐민 자손 : 사울의 집안(8장)

귀환자들의 명단(9장) : 유다 자손, 베냐민 자손, 에브라임과 므낫세 자손, 제사장과 레위 사람들이 하나님의 영광을 회복하는 일에 동참하기 위해 귀환하여 예루살렘에 거주하다. 레위 지파는 성전 문지기, 성전 기명 관리자, 찬송 맡은 자로 활동하였다.

사울의 통치와 죽음(9:35~10장)

사울의 조상과 자손 : 여이엘, 넬, 기스, 사울, 요나단, 므립바알, 미가 등. 하나님이 선택하신 다윗과 대조하기 위해 그의 불성실과 불순종을 언급하다: "사울이 죽은 것은 여호와께 범죄하였기 때문이라 그가 여호와의 말씀을 지키지 아니하고 또 신접한 자에게 가르치기를 청하고 여호와께 묻지 아니하였으므로 여호와께서 그를 죽이시고 그 나라를 이새의 아들 다윗에게 넘겨 주셨더라"(대상 10:13-14).

다윗의 통치(11~29장)

다윗의 등극(11장) : 다윗 언약의 배경을 설명하면서 다윗이 하나님에게 합당한 사람임을 강조하다. 다윗이 세 차례 기름부음을 받고(이스라엘의 목자 시절 베들레헴에서 사무엘로부터, 헤브론에서 왕이 된 후 유다 장로들로부터, 이스라엘 장로들로부터 각 기름부음 받음), 예루살렘 시온 성을 점령하다.

다윗의 용사들과 행적(11:10~12장) : 다윗의 용사들이 목숨을 바친 충성을 기록하였다.

법궤를 기럇여아림에서 예루살렘으로 옮기다(13, 15장) : 아비나답의 집에서 수레로 궤를 옮기다가 소들이 뛰어 웃사가 손을 펴서 궤를 붙듦으로 말미암아 하나님의 진노로 죽자, 궤를 오벧에돔의 집에 석 달 보관한 후 제사장들과 레위 사람들의 지도자들이 몸을 성결하게 하고 규례대로 여호와의 궤를 메어 모든 백성의 감사의 축제 속에서 예루살렘 성에 있는 장막으로 옮기다.

다윗의 성전 건축 소망(17장) : 언약궤가 휘장 아래에 있음을 안타까워하다가 성전 건축을 소망하였으나, 하나님께서 나단 선지자를 통해 다윗의 소원을 허락하지 않으시고 그 대신 다윗 왕조를 영원히 견고하게 해주시겠다고 약속하시다(다윗 언약).
"네가 어디로 가든지 내가 너와 함께 있어 네 모든 대적을 네 앞에서 멸하였은즉 세상에서 존귀한 자들의 이름 같이 이름을 네게 만들어 주리라(대상 17:8). 네 생명의 연한이 차서 네가 조상들에게로 돌아가면 내가 네 뒤에 네 씨 곧 네 아들 중 하나를 세우고 그 나라를 견고하게 하리니 그는 나를 위하여 집을 건축할 것이요 나는 그의 왕위를 영원히 견고하게 하리라(대상 17:11-12). 내가 영원히 그를 내 집과 내 나라에 세우리니 그의 왕위가 영원히 견고하리라"(대상 17:14).

다윗의 정복 사업(18:1~20:8) : 블레셋, 모압, 소바, 아람, 에돔, 암몬과의 전쟁에서 승리한 후 전리품을 하나님께 드려 성전 건축에 사용하다.

다윗의 인구조사(21장) : 사탄이 일어나 이스라엘을 대적하고 다윗을 충동하여 이스라엘을 계수하게 하자 하나님이 이 일을 불순종의 죄로 악하게 여기고 이스라엘을 치시매, 다윗이 하나님께 '내가 이 일을 행함으로 큰 죄를 범하였나이다 이제 간구하옵나니 종의 죄를 용서하여 주옵소서 내가 심히 미련하게 행하였나이다'라고 회개하자, 하나님께서 온역으로 7만 명을 죽게 하시다. 그 후 칼을 들고 있는 여호와의 천사가 회개하는 다윗에게 오르난(아라우나)의 타작 마당에서 여호와를 위하여 제단을 쌓으라고 하여 이에 다윗이 제단을 쌓고 번제와 화목제를 드리자, 여호와께서 번제단 위에 불을 내려 응답하시고 천사로 하여금 들고 있는 칼을 칼집에 꽂게 하시다.

아라우나의 타작 마당은 이삭의 번제 사건의 모리아 산에 위치함.

성전 건축 준비(22장) : 종전에는 성막과 번제단이 사울의 활동 무대인 기브온의 산당에 있었으나, 다윗이 유다 왕국의 상징으로 예루살렘의 오르난 타작 마당에 성전을 건축하여 이곳에 언약궤를 안치하게 하다. 다윗이 성전을 건축할 터, 재료와 사람에 관한 모든 준비(이방인 기술자, 석수로 다듬은 돌, 백향목)를 완료하고 솔로몬과 방백들에게 성전 건축을 부탁하다.

레위인의 직무(23~26장) : 삼십 세 이상의 레위 사람을 계수하여 여호와의 성전 일을 보살피는 일(24,000명), 관원과 재판관(6,000명), 문지기(4,000명), 찬송대(4,000명) 등 직무를 정하다.

군대와 행정조직 정비(27장)

다윗의 권면(28장)

다윗이 백성에게 솔로몬을 후계자로 소개하다 : 여호와께서 내 아들 솔로몬을 택하사 왕 위에 앉혀 이스라엘을 다스리게 하려 하실새 그가 내 성전을 건축하리니 그를 택하여 내 아들로 삼고, 그가 만일 나의 계명과 법도를 힘써 준행하면 내가 그의 나라를 영원히 견고하게 하리라 하셨느니라.

솔로몬에 대한 당부 : "내 아들 솔로몬아 너는 네 아버지의 하나님을 알고 온전한 마음과 기쁜 뜻으로 섬길지어다 여호와께서는 모든 마음을 감찰하사 모든 의도를 아시나니 네가 만일 그를 찾으면 만날 것이요 만일 네가 그를 버리면 그가 너를 영원히 버리시리라(대상 28:9), 또 그의 아들 솔로몬에게 이르되 너는 강하고 담대하게 이 일을 행하라 두려워하지 말며 놀라지 말라 네가 여호와의 성전 공사의 모든 일을 마치기까지 여호와 하나님 나의 하나님이 너와 함께 계시사 네게서 떠나지 아니하시고 너를 버리지 아니하시리라"(대상 28:20).

다윗의 마지막 감사 기도와 임종(29장) : 하나님께 영광을 돌리며 성전 건축에 자원하여 기쁨으로 봉헌할 수 있음을 감사하고 하나님께 진실되이 행하였음을 고백한 후 백성과 솔로몬이 성전을 건축할 수 있도록 간구하다. 다윗은 나이 많아 늙도록 존귀를 누리다가 죽었다.

"여호와여 위대하심과 권능과 영광과 승리와 위엄이 다 주께 속하였사오니 천지에 있는 것이 다 주의 것이로소이다, 여호와여 주권도 주께 속하였사오니 주는 높으사 만물의 머리이심이니이다, 부와 귀가 주께로 말미암고 주는 만물의 주재가 되사 손에 권세와 능력이 있사오니 모든 사람을 크게 하심과 강하게 하심이 주의 손에 있나이다(대상 29:11-12). 나와 내 백성이 무엇이기에 이처럼 즐거운 마음으로 드릴 힘이 있었나이까 모든 것이 주께로 말미암았사오니 우리가 주의 손에서 받은 것으로 주께 드렸을 뿐이니다(대상 29:14). 나의 하나님이여 주께서 마음을 감찰하시고 정직을 기뻐하시는 줄을 내가 아나이다, 내가 정직한 마음으로 이 모든 것을 즐거이 드렸사오며 이제 내가 또 여기 있는 주의 백성이 주께 자원하여 드리는 것을 보오니 심히 기쁘도소이다"(대상 29:17).

역대하

1. 개요

배경 : 솔로몬의 통치로부터 유다가 바벨론에 의해 멸망한 이후 제1차 포로 귀환이 이루어졌던 BC 538년까지의 남유다 역사다. 솔로몬의 성전 건축을 시작으로 바사 왕 고레스가 성전을 건축하라는 명령을 내리는 것으로 끝난다(36:22-23).

기록 목적 : 포로 귀환 공동체에 하나님 백성의 정체성을 새롭게 주지시키고, 민족의 영광을 회복하는 시대적 사명을 철저히 인식시키기 위해 기록하였다.

주제

- **신앙 개혁과 미래에 대한 소망** : 하나님의 임재를 상징하는 성전 중심의 예배를 회복하고, 하나님과의 바른 관계를 이루는 신앙 개혁만이 미래를 위한 유일한 보장이 된다.
- **진정한 회개와 간구를 통한 죄사함** : "내 이름으로 일컫는 내 백성이 그 악한 길에서 떠나 스스로 겸비하고 기도하여 내 얼굴을 구하면 내가 하

늘에서 듣고 그들의 죄를 사하고 그들의 땅을 고칠지라"(대하 7:14).

2. 구조

◈ **솔로몬 왕의 통치(대하 1~9장)** : 성전 건축 후 하나님의 임재를 상징하는 언약궤를 성전의 지성소로 옮겼는데, 성전은 하나님의 말씀인 율법을 가장 소중히 여기는 곳임을 강조하기 위해서다.

◈ **남유다 왕들의 통치(대하 10~36장)** : 역대 왕들을 하나님에 대한 신앙과 성전 예배와 관련하여 우상숭배 제거, 성전 수축, 절기 예배 준수를 기준으로 평가하다.

3. 내용

솔로몬 왕의 통치(1~9장)

솔로몬이 제사를 드리고 지혜를 간구하다(1장, 왕상 3:10-15) : 기브온 산당에서 천부장, 백부장, 재판관 등 모든 이스라엘 백성과 함께 일천 번제를 드렸는데, 당시 기브온 산당에는 모세의 회막이 있고 예루살렘에도 언약궤를 위한 장막이 있었다. 꿈에 나타난 하나님에게 재물과 영광과 장수를 구하지 않고 백성을 다스릴 지혜와 지식을 구하자, 하나님께서 모든 축복으로 응답하시고 그 후 솔로몬의 이스라엘 왕국이 최대 전성기를 이루게 하시다.

성전 건축(2~4장) : 솔로몬이 여호와의 이름을 위해 성전을 건축하고, 자기 왕위를 위해 궁궐 건축을 결심한 후 다윗이 정한 예루살렘 모리아 산에 있는 오르난의 타작 마당에 성전을 건축하다. 금을 성전과 들보와 문지방과 벽과 문짝에 입히고, 벽에 그룹들을 아로새기며, 지성소 안에 두 그룹의 형상을 새겨 만들어 금으로 입히고, 성전 앞에 야긴과 보아스의 두 기둥을 세우며(야긴 : 그가 일으켜 세우신다, 보아스 : 그의 안에 능력이 있다), 놋단과 놋바다(제사장 손 씻음)와 물두멍(번제에 속한 물건 씻음)과 금 제단과 진설병 상과 순금 등잔대 및 등잔 등 성전 기구들을 제작하여 비치하다.

성전 봉헌(5장) : 엄청난 번제와 찬양대의 찬양을 올리고 하나님의 임재를 상징하는 언약궤를 성전의 지성소에 안치하였는데 이는 성전이 하나님의 말씀을 가장 소중히 여기는 곳으로 여호와의 율법이 모든 삶의 중심이 되어야 함을 강조하기 위해서다. 제사장, 레위 사람들이 '여호와의 선하심과 인자하심이 영원히 있도다'라고 찬송하매, 여호와의 임재를 상징하는 구름이 가득하므로 말미암아 여호와의 영광이 성전에 가득하게 된다.

솔로몬의 봉헌 기도(6장) : 다윗 왕권을 위한 기도와 제사장적 기도(백성의 기도를 열납해 달라고 간구)를 마치매 불이 하늘에서부터 내려와서 그 번제물과 제물들을 사르고 여호와의 영광이 그 성전에 가득하다.
"주께서는 온 마음으로 주의 앞에서 행하는 주의 종들에게 언약을 지키시고 은혜를 베푸시나이다, 주께서 주의 종 내 아버지 다윗에게 허락하신 말씀을 지키시되 주의 입으로 말씀하신 것을 손으로 이루심이 오늘과 같으니이다(대하 6:14b-15), 하나님이 참으로 사람과 함께 땅에 계시리이까 보소서 하늘과 하늘들의 하늘이라도 주를 용납하지 못하겠거든 하물며 내가 건축한 이 성전이오리이까(대하 6:18), 주의 종과 주의 백성 이 스라엘이 이 곳을 향하여 기도할 때에 주는 그 간구함을 들으시되 주께서 계신 곳 하늘에서 들으시고 들으시사 사하여 주옵소서"(대하 6:21).

하나님이 밤에 나타나 성전을 기도하는 집으로 약속하시다(7:12–22) : "내 이름으로 일컫는 내 백성이 그들의 악한 길에서 떠나 스스로 낮추고 기도 하여 내 얼굴을 찾으면 내가 하늘에서 듣고 그들의 죄를 사하고 그들의 땅을 고칠지라"(대하 7:14), 내가 네게 명령한 것을 행하여 지키면 네 나 라 왕위를 견고하게 하리라, 그러나 너희가 돌아서면 이 성전을 내 앞에 서 버려 모든 민족 중에 속담거리가 되게 하리라(7:17–22).

솔로몬의 영화와 종말(8~9장) : 20년 동안 성전과 왕궁을 건축하고 국방 및 종교정책으로 부국강병의 국가를 건설하였으나, 혼인한 이방 공주들 이 가지고 온 이방신들로 인한 우상숭배와 사치와 향락으로 사후에 왕국 이 분열되다.

왕국의 분열

이스라엘이 다윗 집에서 떨어져 나가다(10장, 왕상 12:1–24) : 예루살렘에 서 세겜을 찾아간 르호보암 왕에게 여로보암과 온 이스라엘이 멍에를 가 볍게 해달라고 요청했으나, 르호보암이 노인들의 충고를 듣지 않고 멍에 를 더욱 무겁게 하겠다고 하자, 온 이스라엘(유다 지파와 베냐민 지파를 제외한 열 개 지파)이 르호보암에게 등을 돌리다.
한편 르호보암이 유다와 베냐민 족속의 용사들을 모아 이스라엘을 회복하기 위해 쳐들어가려고 했으나 선지자 스마야로부터 형제들과 싸우지 말라는 하나님의 말씀을 듣고 공격을 중단하다.

르호보암의 통치(11~12장) : 초기 3년은 강력한 왕권을 가지고 예루살렘을 중심으로 모든 성읍을 견고하게 하고 양식과 기름과 포도주와 무기를 저장하는 등 국가의 안정을 이룩하였다. 이스라엘에서 금송아지 산당을 세우고 일반인을 제사장으로 삼자 많은 이스라엘 사람이 예루살렘으로 올라와 르호보암을 도왔다. 그러나 즉위 5년에 여호와께 범죄함으로 말미암아 애굽 왕 시삭의 침공을 받았지만, 이에 즉시 겸비하여 회개하자 여호와께서 노를 돌이키사 다 멸하지 아니하셨다.

분열왕국시대의 유다 왕들

(1) 남북 갈등 시기
르호보암(17년), 아비야(3년), 아사(41년), 여호사밧(25년)

아비야(13장) : 이스라엘과의 전쟁에서 승리, 여로보암 사망.
아사(14~16장)
하나님 보시기에 선과 정의를 행하여 이방 제단과 산당을 없애고 주상과 아세라 상을 제거했으며 백성을 하나님의 율법과 명령을 행하게 하고 선지자 아사랴의 예언에 따라 개혁운동을 시행하여 여호와의 단을 중수하고 백성을 예루살렘에 모으고 일심으로 여호와를 찾기로 언약하다. 어머니가 가증한 목상을 만들자 태후 자리에서 폐하고 그 우상을 찍고 빻아 기드론 시냇가에서 불사르는 등 개혁에 앞장섰으나, 말기에 이스라의 공격을 받자 하나님께 의지하지 않고 아람 왕 벤하닷에게 도움을 청하면서 성전과 왕궁의 보물을 주었다. 이를 책망하는 선견자 하나니를 옥에 가두는 등 불순종의 길을 걷다가 하나님의 진노로 인하여 그 후부터 전쟁의 소요가 계속되다.

"여호와의 눈은 온 땅을 두루 감찰하사 전심으로 자기에게 향하는 자들을 위하여 능력을 베푸시나니 이 일은 왕이 망령되이 행하였은즉 이 후부터는 왕에게 전쟁이 있으리이다"(대하 16:9).

여호사밧(17~20장)

바알들에게 구하지 아니하고 오직 하나님께 구하며 그의 계명을 행하여 전심으로 여호와의 길을 걷고 산당과 목상들을 제거하고 여호와의 율법책을 적극적으로 가르치다. 참 선지자(미가야)와 거짓 선지자(시드기야)의 논쟁 가운데 이스라엘의 아합 왕과 혼인하고 동맹하고 길르앗 라못을 공격하였으나 참 선지자 미가야의 예언처럼 전쟁에서는 이겼지만 아합 왕은 전사하였다.

사법제도를 정비하여 공정한 재판을 받게 하고(19장), 여호사밧의 기도로 모압과 암몬과 마온의 연합군과의 전쟁에서 승리하다(20장).

"주의 손에 권세와 능력이 있사오니 능히 주와 맞설 사람이 없나이다, 주는 우리의 부르짖음을 들으시고 구원하시리라고 하셨사오니 우리는 오직 주만 바라보나이다, 두려워하거나 놀라지 말라 이 전쟁이 너희에게 속한 것이 아니요 하나님께 속한 것이니라(15). 하나님 여호와를 신뢰하라 그리하면 견고히 서리라 그의 선지자를 신뢰하라 그리하면 형통하리라."

(2) 여호람에서 아하스까지

여호람(8년), 아하시야(1년), 아달랴(6년), 요아스(40년), 아마샤(29년), 웃시야(52년), 요람(16년), 아하스(16년).

여호람(21장) : 처 아달랴, 장인 아합, 장모 이세벨의 악한 길을 좇은 결과 하나님의 응징으로 북이스라엘 선지자 엘리야의 예언처럼 몹쓸 병으로 사망했으며, 당시 에돔과 립나가 배반하고 블레셋과 아라비아의 공격을 받았다.

아하시야(22장) : 여호람과 아달랴의 막내 아들, 아합의 집 길을 행하다가 하나님의 응징으로 이스라엘 요람 왕과 함께 길르앗 라못에서 아람 왕 하사엘과 전쟁했으나 패배 후 예후에게 살해당하다.

요아스(23~24장) : 아하시야의 어머니 아달랴가 다윗의 씨를 모두 진멸하였으나, 요아스는 고모인 여호세바(제사장 여호야다의 처)의 도움으로 살아 남았고 왕위에 올랐다. 처음에는 제사장 여호야다의 도움으로 하나님을 잘 섬기고 성전을 보수하였으나, 여호야다가 죽은 후에는 여호와의 전을 버리고 우상을 섬기다가 이를 책망하는 여호야다의 아들 스가랴를 성전 뜰에서 돌로 쳐 죽이는 악행을 저질러 하나님의 응징으로 아람과의 전쟁에서 패배하고 신하들에게 살해당하다.

아마샤(25장) : 여호와께서 보시기에 정직하게 행하기는 하였으나 온전한 마음으로 행하지 아니하였고, 에돔과의 전쟁에서 이스라엘 용병들과 함께 가려고 했으나 선지자의 말에 따라 이스라엘 용병들을 그들의 고향으로 돌아가게 한 다음 유다 혼자 싸워 전쟁에서 승리하였다. 에돔의 신을 가져와서 경배하고 분향하다가 하나님의 응징으로 이스라엘과의 전쟁에서 패배한 후 부하에게 살해당하다.

웃시야(26장) : 처음에는 여호와 보시기에 정직하게 행하며 외교적·경제적·군사적으로 강국을 건설하였으나 나중에는 교만해져 성전에서 제사장 대신 분향한 잘못으로 문둥병에 걸리다.

요담(27장) : 여호와 보시기에 정직하게 행하였으나 여호와의 성전에는 들어가지 아니하였고 백성은 여전히 부패하였더라.

아하스(28장) : 여호와 보시기에 정직하게 행하지 아니하고 바알의 우상을 부어 만들고 이방의 가증한 일을 본받아 그의 자녀들을 불사르고 산당에서 제사를 드리며 분향하다가 하나님의 응징으로 아람과 이스라엘의 공격을 받아 많은 백성이 포로로 잡혀가고 많은 재물을 빼앗겼다. 에돔이 쳐들어오자 앗수르에게 도움을 요청하였으나 앗수르가 돕지 아니하고 도리어 유다를 공격해서 성전과 왕궁과 방백들의 재물을 주었지만 유익이 없었다. 곤고할 때에 더욱 하나님께 범죄하여 다메섹 신들에게 제사하고 제단을 쌓고 산당을 세워 이방신들에게 분향하였다.

(3) 히스기야에서 요시야까지(29~35장)
히스기야(29년), 므낫세(55년), 아몬(2년), 요시야(31년).

다윗의 모든 행실과 같이 여호와 보시기에 정직하게 행하였다. 성전을 수리하고 레위인들과 성전을 성결하게 하며 찬송과 구별된 제물로 온전한 제사를 드리고, 우상의 제단과 향단을 제거하며 온 백성이 유월절을 준수함으로 하나님께 영광을 돌리다(종교개혁). 우상을 파괴하고 산당을 제거하며 제사장과 레위인의 반차를 회복하고 성전 봉사자에게 규정된 보수를 지불하여 백성들이 소산의 첫 열매와 십일조를 내다(제사제도 개혁).

앗수르 왕 산헤립이 18만 5천 명의 군사를 이끌고 침입했지만 이사야와 함께 부르짖고 기도해서 하나님이 한 천사를 보내 앗수르를 진멸하다. "너희는 마음을 강하게 하며 담대히 하라 두려워하지 말며 놀라지 말라 우리와 함께 하시는 이가 산헤립과 함께 하는 자보다 크니라"(32:7).

한편 히스기야가 병들어 죽게 되었으므로 여호와께 기도하매 여호와께서 그에게 대답하시고 또 이적을 보이셨으나 마음이 교만하여 그 받은 은혜를 보답하지 아니하므로 진노가 그와 유다에 내리게 되었더니 히스기야가 마음의 교만을 뉘우치고 예루살렘 주민들도 그와 같이 하였으므로 여호와의 진노가 히스기야의 생전에는 그들에게 내리지 아니하니라.

므낫세(33장) : 처음에는 엄청난 악행(산당과 제단을 쌓고 주상과 목상을 만들며 일월성신에게 경배하고 아들들을 불 가운데로 지나가게 하며 점술과 사술과 요술을 행하고 신접한 자와 박수를 신임)을 저질렀으나, 나중에는 앗수르 군대에게 포로로 끌려가 환난을 당하자 그때 죄를 깨닫고 회개하여 하나님께 돌아와 뒤늦게 여호와의 제단을 보수하고 여호와께만 제사를 드렸다.

요시야(34~35장)

여호와 보시기에 정직하게 행하여 다윗의 길을 걸으며 좌우로 치우치지 아니하고 여호와를 온전히 경배하다. 성전을 수리하는 중에 율법책을 발견하고, 모든 백성을 소집하여 율법책을 읽어 주고 하나님과 언약을 세우며 유월절을 온전히 지키다.

애굽 왕 느고가 앗수르와 바벨론과의 갈그미스 전쟁에서 앗수르를 돕기 위해 이스라엘을 통과할 수 있도록 요청했으나, 요시야가 반대하여 애굽과 므깃도에서 전투하다가 전사하다(35:20-25).

"우리 조상들이 여호와의 말씀을 지키지 아니하고 이 책에 기록된 모든 것을 준행하지 아니하였으므로 여호와께서 우리에게 쏟으신 진노가 크도다(대하 34:21b). 여호와 앞에서 언약을 세우되 마음을 다하고 성품을 다하여 여호와를 순종하고 그 계명과 법도와 율례를 지켜 이 책에 기록된 언약의 말씀을 이루리라(31). 요시야가 사는 날에 백성이 그들의 조상들의 하나님 여호와께 복종하고 떠나지 아니하였더라"(대하 34:33b).

(4) 여호아하스에서 시드기야까지(36장)

여호아하스(3개월), 여호야김(11년), 여호야긴(3개월), 시드기야(11년).

애굽과 바벨론과의 전쟁(대하 35:20~36:6, 왕하 24:1)

1차 전쟁 : BC 609년 앗수르와 바벨론 간의 전쟁에서 애굽(바로느고 왕)이 앗수르를 돕고자 유다에게 길을 비켜 달라고 하자, 요시야 왕이 반대하다가 므깃도 전투에서 전사한 후, 아들 여호아하스가 왕이 되었지만 애굽이 3개월 만에 그를 볼모로 잡아가고 여호야김(여호아하스 형)을 왕으로 세우는 등 유다가 애굽에 종속되다.

2차 전쟁(대하 36:6, 왕하 24:1) : BC 605년 바벨론이 애굽과 앗수르 연합군과의 갈그미스 전투에서 승리하여 앗수르를 멸망시키고, 애굽에 조공을 바치던 유다를 침공하다(여호야김 4년).

바벨론의 예루살렘 침공(BC 605년)

1차 침공 : BC 605년 다니엘 등을 포로로 데려가는 등 유다가 바벨론에 종속되다(렘 22장).

2차 침공(왕하 24:1-16) : BC 597년 여호야김이 바벨론을 배반하자 느브갓네살 왕이 유다를 침공하여 여호야김이 사망하고 여호야긴이 왕이 되었지만, 전쟁 후 성전의 금기명 및 보물을 노획하고 여호야긴 왕과 에스겔 등을 포로로 데려가고 요시야의 아들 시드기야를 왕으로 세우다.

3차 침공(왕하 24:17~25:21) : BC 587년 시드기야가 친애굽 정책으로 바벨론을 배반하자 다시 느브갓네살이 예루살렘을 침공하여 성전을 불태우고 함락해서 유다가 멸망하고, 시드기야 왕과 귀족들이 바벨론에 포로로 잡혀가다.

유다의 멸망 원인 : 고아와 과부 등 사회적 약자를 압제하고 우상숭배가 팽배하는 등 사회 죄악상이 극심했으며, 지도자들은 바벨론에 항복하라는 예레미야의 말을 거부하고 친애굽 정책으로 바벨론에게 대항하다가 처절하게 패배하다. 한편 예레미야는 바벨론 포로 생활이 70년의 세월에 그치고 회복될 것이라고 위로하고 격려하다(렘 25:11-14).

포로시대(36장) : 바벨론이 유다 백성을 무차별 살육하고 성전을 불태우며 성벽을 파괴한 후 시드기야 왕을 포로로 잡아가고 성전과 왕궁의 보물을 약탈하여 예루살렘이 70년간 황폐하였고, 그 후 바사 왕 고레스 원년(BC 538년)에 포로 귀환의 칙령을 발표하여 성전을 건축하도록 허용하자 포로들이 예루살렘으로 귀환하여 성전을 재건축하다.

"바사의 고레스 왕 원년에 여호와께서 예레미야의 입으로 하신 말씀을 이루시려고 여호와께서 바사의 고레스 왕의 마음을 감동시키시매 그가 온 나라에 공포도 하고 조서도 내려 이르되, 바사 왕 고레스가 이같이 말하노니 하늘의 신 여호와께서 세상 만국을 내게 주셨고 나에게 명령하여 유다 예루살렘에 성전을 건축하라 하셨나니 너희 중에 그의 백성된 자는 다 올라갈지어다 너희 하나님 여호와께서 함께 하시기를 원하노라"(대하 36:22-23).

포로 귀환시대

1. 개요

바벨론 포로들의 예루살렘 귀환 : BC 605년부터 BC 587까지 세 차례에 걸쳐 바벨론로 포로로 끌려간 유다 백성들이 BC 538년 바사 왕 고레스의 칙령에 따라 세 차례에 걸쳐 예루살렘으로 귀환하다.

고레스 칙령 : 하나님이 고레스의 마음을 감동시키시매, 고레스가 칙령을 내리다. "하늘의 하나님 여호와께서 세상 모든 나라를 내게 주셨고 나에게 명령하사 유다 예루살렘에 성전을 건축하라 하셨나니, 이스라엘의 하나님은 참 신이시라 너희 중에 그의 백성된 자는 예루살렘으로 올라가서 여호와의 성전을 건축하라, 그는 예루살렘에 계신 하나님이시라"(스 1:2-3).
하나님은 하나님의 일을 이루시려고 이방인에게도 기름을 붓고 사명을 주시다. "내가 나의 종 야곱, 내가 택한 자 이스라엘 곧 너를 위하여 네 이름을 불러 너는 나를 알지 못하였을지라도 나는 네게 칭호를 주었노라"(사 45:4).

세 차례의 귀환

- 1차 귀환(스 1~6장) : BC 538년, 고레스 왕, 스룹바벨, 성전 재건.

- 2차 귀환(스 7~10장) : BC 458년, 아닥사스다 왕, 에스라, 영적 개혁.

- 3차 귀환(느 1~7장) : BC 445년, 아닥사스다 왕, 느헤미야, 성벽 재건.

포로 귀환은 제2의 출애굽으로 평가

에스라, 느헤미야, 에스더서의 연대표

- 고레스(BC 539–530) : 스룹바벨 1차 귀환, 학개, 스가랴 선지자.

- 다리오 1세(BC 521–486) : 성전 완성

- 아하수에르(BC 486–465) : 에스더, 모르드개.

- 아닥사스다(BC 465–423) : 에스라, 느헤미야, 말라기 선지자.

2. 포로 귀환의 영적 의미

- 하나님은 선택한 백성과 나라를 지키시는 분이시다 : 하나님은 다함 없는 사랑으로 백성의 부르짖음을 들으시고 구원의 역사를 이루어 주신다.

- 하나님은 유다의 죄악을 심판하시기 위해 바벨론이라는 도구를 사용하셨지만, 징벌은 결코 하나님의 뜻이 아니다.

- 하나님은 당신의 백성이 포로 생활의 고난을 통해 영적 유익과 각성을 체험하게 한 다음 자기에게 돌아오게 하신다.

에스라

1. 개요

명칭 : '여호와께서 도우신다'라는 뜻이다.

배경 및 기록 목적 : BC 450경 제사장 겸 학사인 에스라가 이스라엘 포로 귀환 공동체에게 하나님 언약에 대한 성취, 즉 하나님의 신실하심을 보여 주고자 성전 재건축과 영적 개혁을 통한 이스라엘의 영적 회복을 기록하였다.

주제

- **하나님의 신실하심 :** 예레미야의 70년 후의 포로 귀환 약속의 성취.
- **성전 재건 :** 성전은 이스라엘 민족의 신앙 구심점.
- **말씀을 통한 회복 :** 율법의 가르침을 통해 백성을 회개와 개혁의 길로 인도하다. 신앙인의 삶을 바르게 이끄는 것은 오직 하나님의 말씀뿐이다.

특징

- 에스라의 뜻처럼 '하나님의 선한 손이 도우신다'는 내용이 여러 곳에 나타나 있다(스 7:6, 9, 28, 8:18, 22, 31).

- 본서의 서두(1:1-3)는 역대기하 끝부분(36:22-23)과 동일한 점으로 보아 역대기하의 이야기를 계속 이어가고 있음을 알 수 있다. 또한 예레미야 선지자를 통해 하신 하나님의 약속(렘 25:11-12)이 하나님의 선하신 손에 의해 어떻게 이루어졌는지를 보여 주고 있다.

중심 인물
- **에스라** : 학사 겸 제사장, 회당 예배의 확립과 성경 공부의 부활에 기여.
- **스룹바벨** : 유다 총독, 여호야긴의 손자, 다윗의 위(예수님 족보).
- **예수아** : 대제사장 스가랴의 손자, 종교 지도자, 성전 완공에 기여.

2. 구조

◈ **스룹바벨 인도 하의 귀환과 성전 재건(1~6장)**
- 1차 포로 귀환(1~2장) : 고레스 칙령, 귀향자 명단
- 성전 재건(3~6장)

◈ **에스라 인도 하의 귀환과 영적 개혁(7~10장)**
- 2차 포로 귀환(7~8장)
- 영적 개혁(9~10장)

3. 내용

스룹바벨 인도 하의 귀환과 성전 재건(1~6장)

1차 포로 귀환과 바사 왕 고레스의 칙령(1장) : 고레스 왕이 유다 포로들에게 예루살렘으로 귀환하여 성전을 재건하도록 명령하다. 이사야와 예레

미야의 예언이 성취되다. "나 여호와는 나의 기름 부음을 받은 고레스의 오른손을 잡고 칭호를 주었노라(사 45:1, 4), 70년이 차면 유다 자손을 권고하여 예루살렘으로 돌아오게 하시리라"(렘 25:11).

귀향자 총 42,360명을 상세히 구분하여 가문과 지역을 중심으로 기록하다.

성전 재건(3~6장)

성전 재건의 시작(3장) : 타버린 성전 터 위에 하나님의 번제단을 세워 제사를 드리고 초막절을 지키며 하나님과의 언약을 지키기 위해, 하나님 임재의 공간인 성전을 회복하기 위해 성전의 기초를 놓을 때 레위인들과 백성들이 찬송하고 제사장들과 나이 많은 족장들이 감격하여 대성통곡하다.

성전 재건의 방해(4장) : 스룹바벨과 족장들이 혼혈족이 된 사마리아인들의 도움을 거절하자, 그들이 성전 재건을 방해하고 아닥사스다 왕에게 '귀환한 유다 사람들이 성전이 아닌 성곽을 건축한 후 세금도 납부하지 않고 반란을 도모할 것이라'고 모함해서 16년 동안 성전 재건이 중단되다 (4:23-24).

성전 건축의 재개(5~6:12) : 학개와 스가랴 선지자가 성전 건축을 촉구하자 스룹바벨과 예수아의 인도로 성전 건축을 재개했는데, 이때 유브라데 강 지역 총독의 도움으로 다리오 왕이 위 고레스 왕의 조서를 발견하고 총독에게 성전 공사를 도우라는 조서를 내리다.

성전 완공 및 봉헌식(6:13-22) : 다리오 왕 6년에 성전 완공(BC 516년), 성전 봉헌식을 올리고 속죄제를 드리며 모든 사람이 함께 유월절과 무교절을 지키다.

에스라 인도 하의 귀환과 영적 개혁

에스라가 아닥사스다 왕의 조서를 받고 2차 포로 귀환을 인도하다(7–8장)
에스라 : 학사 겸 제사장, 아론의 16대손, 하나님 여호와의 도우심으로 왕에게 구하는 것은 다 받고 하나님의 선한 손의 도우심으로 예루살렘에 귀환하다. "에스라가 여호와의 율법을 연구하여 준행하며 율례와 규례를 이스라엘에게 가르치기 결심하였었더라"(스 7:10).

에스라에게 전권을 주는 아닥사스다 왕의 조서 : 바사에 있는 은금과 예물을 가져다가 하나님의 성전 제단 위에 드리고 나머지는 하나님의 뜻을 따라 쓰고, 하나님의 성전에 드리고자 하거든 무엇이든지 궁중 창고에서 내어다가 드리며, 유브라데 강 건너편 모든 창고지기들은 에스라가 구하는 것을 신속히 시행하되 하나님의 율법을 아는 자를 재판관으로 삼아 강 건너편 백성을 재판하고 네 명령을 어기는 자를 엄벌하라(7:11–26).

2차 포로 귀환자(8장) : 에스라 일행은 귀환을 위해 아하와 강가에 모여 880킬로미터의 긴 여정에 평탄한 길을 달라고 3일간 금식하며 하나님께 간구하자, 하나님의 선한 손이 도우사 레위인 40명, 성전 봉사자 200명 등 총 1,800명이 4개월 후 무사히 예루사렘에 도착하였다.

이방 혼인 때문에 에스라가 회개 기도를 드리다(9장) : 에스라가 1차 귀환한 제사장들과 레위 사람들과 방백과 고관들이 으뜸으로 이방 민족과 통혼한 사실을 알고 성전 앞에 엎드려 통회 자복하는 기도를 드리다.

에스라의 개혁(10장) : 에스라의 회개 기도에 백성들도 통곡으로 화답하자 스가냐의 제안에 따라 예루살렘에 모인 회중에게 '하나님 앞에서 죄를 자복하고 그의 뜻대로 행하여 이방 여인을 끊어 버리라'고 명령하고 재판위원회를 구성하여 잡혼자 명단을 조사한 후 이방 여인을 돌려보내고 속건제물을 드리며 제사를 지내다.

느헤미야

1. 개요

명칭 : 히브리어 성경의 뜻은 '여호와의 위로'다.

배경 및 기록 목적 : BC 425년경 바사 제국 아닥사스다 왕의 술관원인 느헤미야가 유다 총독으로 부임하여 유다인의 포로 귀환 공동체에게 하나님 백성을 향한 하나님의 역사하심을 보여 주기 위해 기록하였다.

주제

• **지도자의 믿음** : 경건하고 청렴하고 능력 있는 믿음, 안팎의 온갖 방해를 물리치고 짧은 시일 내에 예루살렘 성벽을 재건한 솔선수범의 믿음.

• **신앙개혁** : 말씀 중심의 성전 예배와 율법에 복종하는 삶에 충실하도록 신앙개혁을 단행하여 삶 속에서 하나님의 말씀을 실천하도록 개혁하다.

2. 구조

◈ 3차 포로 귀환과 예루살렘 성벽 재건(1~7장)
  • 귀환
  • 성벽 재건
◈ 종교개혁을 통한 백성의 영적 부흥 재건(8~13장)
  • 언약의 갱신(7~10장) : 귀환자 명단, 말씀의 선포, 언약에 대한 책임.
  • 민족의 개혁(11~13장) : 거주지 조정, 성벽 봉헌식, 신앙의 영적 개혁.

3. 내용

3차 포로 귀환과 성벽 재건

느헤미야가 예루살렘 때문에 슬퍼하고 기도하다(1장) : 동생 하나니에게 포로 귀환자들이 예루살렘에서 큰 환난을 당하고 능욕을 받으며 예루살렘 성은 허물어지고 성문들은 불탔다는 소식을 듣고 애통하며 금식하고 하나님 찬양과 함께 자신과 온 백성의 죄를 고백했다. 하나님 약속의 말씀을 붙잡고 약속의 성취를 간청하며 하나님의 능력과 형통함을 간구하다.

느헤미야가 왕에게서 예루살렘에 갈 허락을 받다(2:1-10) : 느헤미야가 먼저 하늘의 하나님께 묵도한 후 아닥사스다 왕에게 예루살렘 성을 건축하도록 허락하여 줄 것을 간청하자, 왕이 이를 허락하고 강 서쪽 총독과 삼림 감독에게 조서를 내림에 따라 군대장관의 호위로 예루살렘 성벽 재건에 필요한 재목을 가지고 귀향하다.

성벽 재건의 시작(2:11~3:32) : 예루살렘에 도착한 지 3일 만에 밤중에 예루살렘 성벽의 상황을 사찰한 후, 백성들을 상대로 성벽 재건은 하나님의 은총과 하나님의 특별한 섭리로 진행될 것이며 하나님의 선한 손이 도울 것이라고 설득하여 백성의 동의를 받다.

한편 사마리아인과 이방인들인 산발랏(호론), 도비야(암몬), 게셈(아라비야)이 성벽 재건 계획을 비웃자, 느헤미야는 하나님이 형통하게 하실 것이라고 대답하면서 그들에게 예루살렘에 아무런 기업과 권리도 없음을 단호하게 경고한 후 성전 건축을 분담하여 공사를 진행하다.

성벽 공사의 방해와 느헤미야의 대처 : 사마리아 총독 산발랏 등이 조롱과 멸시, 폭력, 살해 음모, 협박, 선지자를 매수한 거짓 예언(6:10-14) 등 갖가지 술수로 위협하자, 하나님께 기도하며 무장한 채 밤에는 파수하고 낮에는 일하며 공사를 추진하다.

또한 백성들이 귀인들과 민장들의 횡포로 인한 생활고로 원망하자, 느헤미야가 귀족들과 민장들을 책망하며 폭리를 반환하도록 독려하고 다른 총독과는 달리 백성을 압제하지 아니하고 총독의 녹도 받지 아니하다(5:14-16).

성벽 재건의 완성(6:15-19) : 52일 만에 성벽을 재건하자, 반대자들도 성벽 재건은 하나님의 도우심으로 이루어졌음을 알고 두려워하다(6:16).

신앙부흥운동과 개혁을 통한 백성의 영적 부흥 재건

포로 귀환자와 성전 예물 기록 : 1차 귀환자의 계보와 그들이 예루살렘 성
전 재건을 위해 드린 예물을 기록하다.

에스라 율법의 낭독(8:1–12) : 에스라가 수문 앞 광장에서 모세의 율법책
을 새벽부터 정오까지 낭독하고 레위인들이 그 뜻을 해석하여 깨닫게 하
자, 이에 백성은 일어나서 손을 들고 여호와를 송축한다고 아멘으로 응답
하며 몸을 굽혀 얼굴을 땅에 대고 여호와께 경배하다.
"하나님의 율법책을 낭독하고 그 뜻을 해석하여 백성에게 그 낭독하는 것
을 다 깨닫게 하니, 백성이 율법의 말씀을 듣고 다 우는지라(느 8:8–9a).
이 날은 우리 주의 성일이니 근심하지 말라 여호와로 인하여 기뻐하는 것
이 너희의 힘이니라"(느 8:10b).

백성이 초막절을 지키다(8:13–18) : 여호수아 때부터 초막절을 지키지 않
았던 백성이 모세의 율법에 따라 초막을 짓고 그 안에서 거하며 하나님의
은혜를 기억하다.

백성의 회개 기도(9장) : 백성이 모두 모여 금식하며 죄와 허물을 자복 통
회하고 '천지를 창조하시고 보존하시는 하나님, 우리가 고난받는 것을 감
찰하시며 우리의 부르짖음을 들으시고 우리에게 이적과 기사를 베풀어
구원하시는 하나님, 은혜로우시며 긍휼히 여기시며 더디 노하시며 인자
가 풍부하신 하나님, 우리를 용서하시고 버리지 아니하시는 하나님, 광대
하시고 능하신 하나님, 언약과 인자하심을 지키시는 하나님, 공의와 진실

을 행하시는 하나님을 고백하다'(9:5-38).

백성이 율법을 지키기로 약속하다(10장) : 이방인과 혼인하지 않는다, 안식일을 거룩하게 지킨다, 안식년을 지킨다, 성전세와 십일조를 드린다, 제단에 땔 나무를 공급한다, 소출의 첫 열매를 헌납한다, 성전을 지킨다.

거주지 조정(11장) : 백성의 지도자, 유다 자손과 베냐민 자손의 일부, 나머지 백성 중 1/10을 제비뽑아 예루살렘 성내에 거주시키고, 나머지 9/10는 다른 성읍에 거주하게 하다.

제사장과 레위 사람들의 명단(12:1-26)

성벽 봉헌식(12:27-43) : 예식을 집행할 제사장과 레위인들을 정결하게 하고 성전에서 큰 희생제사를 드리다.

영적 개혁(12:44~13:31) : 제사장들과 레위 사람들의 몫을 맡을 관리를 세우고, 모압과 암몬 사람들을 하나님의 총회에 들어오지 못하게 하다. 그 후 느헤미야가 12년 만에 바사의 수산궁으로 돌아갔다가 예루살렘의 신앙 부패 소식을 듣고 예루살렘으로 돌아와 대제사장 엘리아십과 친분이 있는 도비야의 성전 방을 정결하게 하고, 부패한 제사장과 레위인을 새 사람으로 임명하다. 제사장과 레위 사람의 반열을 세우고, 안식일을 거룩하게 지키게 하며, 이방 혼인을 금지하고, 산발랏의 사위인 엘리아십의 손자를 쫓아내는 등 개혁을 단행하다.

에스더

1. 개요

명칭 : 여주인공 에스더 왕비의 이름에서 따온 것으로 '별'이라는 뜻이다.

기록 연대 및 배경 : BC 470년경 1차 포로 귀환과 2차 포로 귀환 사이 바사왕 아하수에르 때 바사에 살고 있었던 유대인들이 겪은 일이다. 당시 바사의 2인자인 이방인 하만이 유대인들을 진멸하려고 할 때 하나님께서 에스더와 모르드개를 사용하여 유대인을 구원하는 이야기다.

기록 목적 : 부림절의 내력과 그 기원을 후대에 전하고, 이스라엘 민족이 이방 나라의 포로로 있다 할지라도 여전히 하나님의 보호 아래 있다는 사실을 알게 하고자 기록하였다.

주제

- **하나님의 보이지 않는 섭리(하나님의 필연)** : 본서에서는 하나님에 대한 언급이 전혀 없으나, 하나님이 자기 백성의 구원을 위해 역사를 주권적으로 섭리해 가심을 드러내고 있다(4:14, 5:2, 6:1).
- **담대한 신앙** : 사람을 두려워하지 않고 오직 하나님을 두려워하며, 모든

일을 하나님께 온전히 맡기며 그분의 뜻대로만 살겠다는 담대한 신앙은 궁극적으로 구원을 보장한다(죽으면 죽으리이다).

2. 구조

◈ 하나님 백성에게 닥친 위기(1~4장)
◈ 하나님 백성의 승리와 영광(5~10장)

3. 내용

하나님 백성에게 닥친 위기(1~4장)

와스디 왕후가 폐위되고, 에스더가 왕후가 되다(1~2장) : 모르드개(베냐민 자손, 바벨론 2차 포로, 에스더의 사촌 오빠)가 왕의 내시들이 왕을 암살 하려는 음모를 에스더에게 알리자, 에스더는 이를 모르드개의 이름으로 왕에게 아뢰어 내시들을 처형하다.

하만의 득세와 유대인 살해 계획(3장) : 바사 왕국의 2인자인 하만(아각 사 람)이 모르드개가 무릎 꿇지도 않고 절하지도 않으므로 모르드개와 그의 민족 유다인 모두를 멸할 계획을 하고, 12월 13일 유다인을 진멸하고 재 산을 탈취하라는 내용의 조서를 왕의 이름으로 인치고 선포하다.

모르드개와 에스더의 신앙(4장) : 모르드개가 에스더에게 "너는 왕에게 나 아가서 자기 민족을 위하여 간절히 구하라 네가 왕후의 자리를 얻은 것이

이 때를 위함이 아닌지 누가 알겠느냐"라고 간구하자, 이에 에스더가 "당신은 가서 수산에 있는 유다인을 다 모으고 나를 위하여 금식하되 밤낮 삼 일을 먹지도 말고 마시지도 마소서 나도 나의 시녀와 더불어 이렇게 금식한 후 규례를 어기고 왕에게 나아가리니 죽으면 죽으리이다"(4:16)라고 응답하다.

하나님 백성의 승리와 영광(5~10장)

왕과 하만을 초대한 에스더(5장) : 하만이 다음 날에도 에스더가 베푼 잔치에 왕과 함께 초청받자, 모르드개를 매달기 위한 나무를 만들게 하다.

모르드개의 영예와 하만의 굴욕(6장) : 왕이 모르드개가 암살 음모를 알렸던 사실을 뒤늦게 알고 상을 베풀기 위해 하만에게 상의하자, 이를 모른 하만은 상 받을 자에게 왕복을 입히고 왕관을 씌우며 말을 타게 하여 성중 거리를 다니게 하고 그 옆에서 왕의 가장 존귀한 신하로 하여금 이를 백성들에게 반포하게 하라고 건의하다. 이에 왕은 하만으로 하여금 이를 집행하게 해서 모르드개는 영광을 받고 하만은 굴욕을 당하다.

하만의 처형(7장) : 에스더가 왕에게 자신과 자신의 민족을 구해 달라고 애청하면서 그 대적과 원수가 하만이라고 말하자, 하만이 에스더가 앉은 걸상 위에 엎드려 생명을 구하였으나, 왕이 하만의 행동을 강간하려는 것으로 알고 하만을 모르드개를 매달려고 한 나무에 달아 처형하다.

유대인의 승리(8장) : 왕이 하만에게서 거둔 반지를 모르드개에게 주고, 에스더는 모르드개에게 하만의 집을 관리하게 하며 하만의 조서와 반대로 왕으로부터 12월 13일에 유다인으로 하여금 유다인의 대적들을 진멸하라는 내용의 조서를 받아 반포하다.

부림절의 기원(9~10장) : 12월 13일 유다인들이 그 대적들을 쳐서 도륙하여 진멸하고, 그 다음날에도 계속하여 도륙하여 총 7만 5천 명을 진멸한 후, 모르드개가 모든 유다인에게 해마다 12월 14일과 15일을 규례(부림절)로 지키라는 글을 보내다. "이 날에 유다인들이 대적에게서 벗어나서 평안함을 얻어 슬픔이 변하여 기쁨이 되고 애통이 변하여 길한 날이 되었으니 이 두 날을 지켜 잔치를 베풀고 즐기며 서로 예물을 주며 가난한 자를 구제하라"(9:22).

지혜서

1. 개요

- **지혜서** : 성도들의 삶 가운데 나타나신 하나님의 은혜와 사랑, 위대하심을 찬송하고 고백한 시가서.
- **역사서와 비교** : 역사서는 영적 생활의 외적 체험과 역사 속에 나타나신 하나님을 강조한 반면, 지혜서(시가서)는 영적 생활의 내적 체험과 함께 찬양과 기도 속에 나타나신 하나님을 강조한다.
- **히브리 시의 세 가지 유형**
  - 서정시(시편), 교훈시(잠언 · 전도서), 극시(욥기 · 아가서).
- **히브리 시의 네 가지 주요 기법들**
  - **평행법** : 생각을 연결하여 내용을 강조(반복, 대조, 합성, 상징, 교차).
  - **비유법** : 생생한 표현(직유, 은유, 과장, 수사적 질문, 의인화).
  - **언어 유희** : 발음이 비슷한 말을 가지고 표현.
  - **아크로스틱** : 히브리어 22개 철자를 시작으로 시를 표현.

2. 주제

욥기 : 하나님의 주권 하에서 허락된 고난의 의미(1:20-22, 2:10).

시편 : 하나님께 드리는 기도와 찬송의 의미(3, 150편).

잠언 : 하나님을 경외하는 삶, 즉 지혜의 의미(잠 1:7).

전도서 : 인생의 진정한 의미(2:24-26, 12:13-14).

아가서 : 하나님께서 의도하신 순수한 사랑의 의미(8:6-7).

욥기

1. 개요

명칭 : '고난받는 자'(히브리어), '회개하는 자'(아람어)이다.

저작 연대 : 욥기의 배경은 족장시대이나 저작은 솔로몬 왕 때로 추정한다.

기록 목적 : 공의로운 하나님께서 불의를 방관하신 이유와 의로운 자가 고난받는 이유와 고난 가운데서의 인내의 중요성과 함께 무엇보다도 '하나님의 절대주권'을 깨닫게 하고자 기록하였다.

주제

- **의인의 고난과 하나님의 주권** : 어떤 상황에서도 하나님의 근본적인 사랑과 진실을 의심하지 않고 하나님의 주권적 섭리에 순종하는 겸손한 신앙을 가져야 한다.
- **하나님의 선하심** : 결국에는 갑절로 축복하신다.
- **사탄의 제한된 힘** : 사탄은 하나님의 정하신 한계를 넘어서지 못하므로 어떤 시련 앞에서도 궁극적으로 하나님을 신뢰하라.

특징

- 구약에서 가장 긴 시, 산문(1, 2, 42장)과 시(3~41장)의 결합
- 대화와 독백으로 구성, 서양 3대 문학 중 하나

2. 구조

◈ **욥의 고난과 탄식(1~3장)**

- 하나님께서 욥의 순전한 신앙을 증명해 보이시기 위해 사탄에게 욥을 시험할 것을 허락하자, 이에 욥은 하나님의 기대를 저버리지 않고 하나님께 대한 신앙의 순전성을 지키다(1:21−22, 2:9−10).
- 세 명의 친구가 찾아와 7일 동안 말없이 욥의 고난을 슬퍼할 때, 욥이 자신이 당한 고난의 이유를 발견하지 못한 채 좌절에 빠져 마침내 입을 열고 자신의 생일을 저주하며 탄식하다.

◈ **욥의 논쟁(4~37장) : 인간의 지혜와 고난**

- **세 명 친구의 주장(4~31장) :** 인과응보의 원리에 근거해 욥의 고난을 죄의 결과라고 1차에는 조심스럽게(4~14장), 2차에는 보다 심각하고 위협적인 어조로(15~21장), 3차에는 노골적으로 비난(22~25장)하다. 엘리바스는 경험주의, 빌닷은 전통주의, 소발은 도덕주의에 입각하여 '회개하라 그러면 하나님이 용서하시고 회복시키실 것이다'라고 훈계하다.
- **욥의 변론(4~31장) :** 자신이 당한 고난은 죄의 결과가 아니라고 친구들의 변론에 반박하던 중 하나님의 전지전능하심을 인정하면서도, 하나님이 불공평하시고 이유 없이 핍박한다는 이유로 하나님께 탄원하며 자기 스스로를 의롭다고 변론하다.

- **엘리후의 주장(32~37장)** : 욥을 정죄한 세 명의 친구와 스스로 의롭다고 한 욥 모두를 비난하며, 교훈주의에 입각하여 욥의 변론에 대하여 '하나님은 선하시며 결코 불공정하시지 않으므로 이해하지 못할지라도 고통을 받아들여라, 하나님이 징계하시기 위한 것이 아니라 정화하기 위해 고난을 주신 것이다, 인간은 전능자이신 하나님의 하시는 일을 측량할 수 없으므로 오직 경외해야 한다'라고 반박하다.
- **평행선을 이루는 논쟁** : 친구들은 광대하신 하나님을 선포하고, 욥은 과연 그들이 하나님의 크고 넓고 무한하심을 제대로 알고 있는지 반문하는 등 팽팽한 논쟁만 상존하다.

◈ **욥의 구원(38~42장)** : 하나님의 지혜와 고난
- **하나님의 질문** : 폭풍 가운데서 나타나셔서 직접 두 차례에 걸쳐 고난의 문제보다는 당신의 뜻대로 운행되는 자연의 섭리를 말씀하시다 → 창조 세계의 생성 과정(38장), 동물의 생태의 신비(39장), 두 마리의 큰 짐승(하마와 악어)을 다룰 수 있는지를 질문(40:15-24, 41:1-34).
- **욥의 회개(42:1-6)** : 하나님의 절대 주권을 깨닫고, 친구들을 위해 기도하는 사람으로 변화되다.
- **욥의 축복**

고난받는 욥에게 주어진 충고들

누가	고난에 대한 설명	욥에 대한 충고	욥의 반응
엘리바스	죄 때문에 고난받는다 (4, 5, 15, 21장)	죄를 고백하라	나는 죄가 없다
빌닷	죄지은 것을 인정하지 않아 여전히 고난받는다(8, 18, 25장)	언제까지 이런 말을 하겠느냐	고난의 이유를 알기 원한다

소발	욥의 죄는 그가 경험한 것보다 더 고난받을 만하다(11, 20장)	너의 죄를 버려라	나는 의롭다
엘리후	고난을 통해 욥을 훈련하시고 만드시기 위함이다(32~37장)	잠잠하라, 지혜로 너를 가르치겠다	무응답
하나님	고난의 이유를 말하지 않으심	전능자와 다투겠느냐 (38~41장)	이제는 눈으로 주를 뵙고 회개한다고 말함

3. 내용

욥의 고난과 탄식(1~3장)

욥은 의인이다(1:1-5) : 하나님을 경외하는 순전한 신앙과 정직한 믿음의 소유자로, 화목한 가정과 큰 부를 가진 동방에서 가장 큰 자다.

욥의 시험(1:6~2장)
첫 번째 시험(1:6-21) : 하나님이 욥의 순전한 믿음을 인정하자, 사탄이 하나님에게 '욥이 하나님을 경외하는 이유는 그 손으로 하는 바를 복되게 하사 그 소유물을 땅에 널리게 하심'이라고 참소함에, 하나님이 사탄에게 그 소유물을 치도록 허락했지만 욥은 자식과 재물을 모두 빼앗기는 시련 가운데서도 하나님에 대한 신앙을 고백하다.
"내가 모태에서 알몸으로 나왔사온즉 또한 알몸이 그리로 돌아가올지라 주신 이도 여호와시요 취하신 이도 여호와시오니 여호와의 이름이 찬송을 받으실지니이다"(21).

두 번째 시험(2:1-13) : 하나님이 욥의 순전한 신앙을 말씀하시자, 사탄이 다시 '욥의 뼈와 살을 치게 되면 하나님을 거역할 것이다'라고 참소함에, 하나님이 이를 허락하신 결과 욥의 온몸에 악창과 염증이 생겨 기와 조각으로 몸을 긁게 되고 욥의 아내조차도 '하나님을 욕하고 죽으라'고 저주하였으나, 욥은 변함없이 하나님에 대한 신앙을 고백하다.

"우리가 하나님께 복을 받았은즉 화도 받지 아니하겠느냐 하고 이 모든 일에 욥이 입술로 범죄하지 아니하니라"(욥 2:10).

친구들의 방문 : 욥의 세 친구는 욥을 찾아와 대성통곡을 하지만, 그들은 욥의 극심한 고난을 그 무슨 말로도 위로할 수 없음을 깨닫고 입을 다물다.

욥의 탄식(3장) : 욥이 7일 동안 침묵하다가 고난의 이유를 발견하지 못한 채 좌절에 빠져 마침내 입을 열고 생일을 저주하며 자기의 태어난 날에 죽지 못함과 지금 죽지 못함을 탄식하다.

욥의 논쟁

1차 변론(4~14장)

엘리바스의 변론과 욥의 대답

엘리바스의 변론(4~5장) : 율법적 도덕의식과 인생 체험을 원리로 욥의 고난을 죄라고 해석하고, 자신의 신비한 체험을 소개하면서 욥으로 하여금 '죄 없이 망한 자가 누구인가 정직한 자의 끊어짐이 어디 있는가, 심은 대로 거둔다, 사람이 어찌 하나님보다 의롭겠느냐 사람이 어찌 그 창조하신 이보다 깨끗하겠느냐, 나 같으면 하나님께 구하고 하나님께 의탁하겠다, 하나님께 징계를 받는 사람은 그래도 복된 사람이다, 그러니 전능자의 훈계를 거절하지 말라'고 하면서 자기의 죄를 깨닫도록 유도하다.

욥의 대답(6~7장) : 자신의 경솔한 탄식은 인정하나 오직 자신은 결백하며 단지 고통이 심해 탄식하지 않을 수 없었고 오히려 죽는 것이 위로와 기쁨이라고 대답하다.

빌닷의 변론과 욥의 대답

빌닷의 변론(8장) : '하나님은 공의로우신 분이기에 심판을 잘못하지 않으시므로 하나님을 부지런히 구하고 하나님에게 빌라, 네가 청결하고 정직하면 정녕 하나님이 돌아보시고 형통케 하실 것이다, 네 시작은 미약하였으나 네 나중은 심히 창대하리라'고 변론하다.

욥의 대답(9~10장) : 빌닷의 변론은 일반적 진리로서 옳다고 인정하나 그렇다고 해서 사람이 하나님 앞에서 의롭다고 주장할 수 없고 또한 하나님과 논쟁할 수도 없으니 다만 하나님께 은총을 비는 것뿐이라며 고통을 그치게 해달라고 간구하다.

소발의 변론과 욥의 대답

소발의 변론(11장) : 욥의 죄는 교만이라고 욥의 결백을 책망하며 하나님께 기도하고 회개하라고 촉구하다.

욥의 대답(12~14장) : 자신의 고통을 이해하지 못하는 소발을 원망하며, 자신의 고난 원인과 의미를 알고 있는 분은 오직 하나님뿐이므로 하나님께 결백을 말하겠다 하면서 덧없는 인생의 무상함과 연약함을 읊조리며 왜 힘든 고난을 허락하셨는지 하나님께 반문하며 탄식 기도를 드리다.

2차 변론(15~21장)

엘리바스의 변론과 욥의 대답

엘리바스의 변론(15장) : 인간이 하나님 앞에서 가증하고 부패한 존재임을 주장하면서 '악인은 고통을 당한다'는 인과응보의 원리로 욥을 책망하다.

욥의 대답(16~17장) : 욥은 자신에게 왜 재앙이 임했는지를 알 수는 없지만 이 재앙을 보내신 분도 여호와이시며 벗어나게 하실 분도 여호와라고 확신하며, 기진맥진한 상태에서 자신의 결백을 입증받기를 소망하다.

빌닷의 변론과 욥의 대답

빌닷의 변론(18장) : 욥을 죄인으로 보고 악한 자로 표면화하다.

욥의 대답(19장) : 하나님이시라면 까닭 모를 고난을 허용하실 수도 있다고 생각하지만 자신을 괴롭히는 친구들의 변론에 참을 수가 없어 친구들에게 하나님을 두려워할 것을 경고하며, 자신의 고난은 하나님으로 말미암은 것일 뿐이라고 대답하는 한편 이러한 절망 속에서도 부활신앙을 고백하다. "내가 알기에는 나의 대속자(구원자)가 살아 계시니 마침내 그가 땅 위에 서실 것이라, 내 가죽이 벗김을 당한 뒤에도 내가 육체 밖에서 하나님을 보리라"(욥 19:25-26).

소발의 변론과 욥의 대답

소발의 변론(20장) : 하나님께서 자기의 대변자가 되신다는 욥의 대답에 분노를 느끼며 욥을 정죄하다.

욥의 대답(21장) : 너희들은 악인에게는 필히 징벌이 임하며 비참한 종국이 도래할 수밖에 없다고 하나 이 세상에서는 악인이 번영을 누리는 일이 허다하다고 친구들의 주장을 반박하는 한편, 악인들의 삶의 태도를 고발하며 악인의 징벌은 당연하다고 주장하다.

3차 변론(22~27장)

엘리바스의 변론과 욥의 대답

엘리바스의 변론(22장) : 욥을 정죄하며 '하나님과 화해하고 겸손하게 하나님께 돌아가면 회복될 것이다'라고 회개를 촉구하다.

욥의 대답(23~24장) : 욥은 스스로를 냉정하게 돌아볼 때 자신에게 임한 고난을 죄에 대한 심판으로 여길 수가 없어 오직 하나님이 개입하시기를 간구하다. "그러나 내가 가는 길을 그가 아시나니 그가 나를 단련하신 후에는 내가 순금같이 되어 나오리라"(욥 23:10).

빌닷의 변론과 욥의 대답

빌닷의 변론(25장) : '인간이 어떻게 하나님 앞에서 의로울 수 있는가'라고 욥의 범죄를 기정사실화 하려는 의도로 반문하며 욥을 반박하다.

욥의 대답(26~27장) : 욥은 창조주 하나님의 크신 권능과 무한한 지혜로 음부의 세계와 이 땅의 세계와 하늘의 세계를 지으신 사실을 찬양하며 자신의 결백을 강조하고 악인들에 대한 엄중한 심판을 요망하다.

욥의 찬양과 자기 변호

욥의 찬양(28~30장) : 하나님의 지혜와 명철을 찬양하다. "이는 그가 땅 끝까지 감찰하시며 온 천하를 살피시며(욥 28:24). 또 사람에게 말씀하셨도다 보라 주를 경외함이 지혜요 악을 떠남이 명철이니라"(욥 28:28).

욥의 자기 변호(31장) : '나는 곧은 길을 걸었고 정욕에 빠지지 않았으며 우상숭배 하지 않았고 자신에 대해 부끄러운 것을 하지 않았다. 하나님은 내가 하는 일을 낱낱이 알고 계시며, 나는 하나님이 내리시는 심판이 얼마나 무서운지를 잘 알고 있었으므로 차마 그런 파렴치한 짓은 할 수 없었고, 내가 한 모든 일을 하나님께 낱낱이 말씀드리고 나서 하나님 앞에 떳떳이 서겠다.'

엘리후의 변론(32~37장)

욥과 세 친구에게 화를 내며 변론에 임하다(32장) : 엘리후가 욥이 하나님 보다 자기가 의롭다고 주장한다는 이유로, 세 친구들은 확실한 근거 없이 욥을 정죄한다는 이유로 욥과 친구들에게 화를 내다.
"그러나 사람의 속에는 영이 있고 전능자의 숨결이 사람에게 깨달음을 주시나니, 어른이라고 지혜롭거나 노인이라고 정의를 깨닫는 것이 아니니라"(욥 32:8-9).

1차 변론(33장) : 욥이 "하나님께서는 자기의 호소에 대해 침묵하시고 도무지 대답하시지 않으며 자신이 결백함에도 하나님은 자신에게서 흠 잡을 것을 찾으시며 일거수 일투족을 감시하신다"고 주장하자, 이에 엘리후는 '하나님은 꿈과 환상으로 말씀하시니 하나님께 불평 원망하지 말고 기도하라, 하나님은 어떤 사람보다도 크시므로 하나님께서 너의 모든 불평에 일일이 대답을 하지 않으신다고 해서 하나님께 논쟁을 할 수 없다, 고난받는 자가 하나님께 기도하므로 하나님이 은혜를 베푸사 그로 말미암아 기뻐 외치며 하나님의 얼굴을 보게 하시고 사람에게 그의 공의를 회복시키신다'라고 반박하다.

2차 변론(34장) : 욥이 "하나님이 자신의 결백을 인정하지 않으시는 등 부당하게 다루신다"고 주장하자, 이에 엘리후는 '하나님이 돌보시지 않고서는 그 어떤 생명도 존재할 수 없다, 하나님은 모든 생명을 돌보시는 의로운 분이시다'라고 반박하다. "하나님은 악을 행하지 아니하시며 전능자는 결코 불의를 행하지 아니하시고, 사람의 행위를 따라 갚으사 각각 그의 행위대로 받게 하시나니"(욥 34 :10b-11).

3차 변론(35장) : 욥이 "내가 죄를 짓는다고 하여 하나님께 무슨 영향이라도 미치며, 내가 죄를 짓지 않는다고 하여 얻는 이익이 무엇이냐?"고 원망조로 질문하자, 이에 엘리후는 "하나님은 주권자요 지고하신 분이시므로 사람의 죄 여부에 대해 좌우되지 않으시며 악한 자들을 보지도 않으시고 그들의 호소를 들어 주지도 않으신다, 헛된 것은 하나님이 결코 듣지 아니하시며 전능자가 돌아보지 아니하시므로 헛되이 입을 열어 지식 없는 말을 하지 말고 참고 기다려라"고 반박하다.

엘리후의 주장(36~37장) : 하나님은 공의로 세상을 다스리시므로 하나님의 징책에 대적치 말고 스스로 그릇되게 하지 말라, 악보다 고통(환난)을 택하면 고통이 악한 길로 빠지지 않도록 지켜 줄 것이다(36장). 천둥과 번개, 눈과 비, 바람과 구름 등 자연계를 다스리시는 하나님의 권능과 위엄을 설명하면서 인생이란 능력이 많으신 하나님과는 어느 면에서든 겨룰 수 없으므로 하나님의 길에서 벗어나지 말라(37장).

욥의 구원(38~42장)

욥에게 임하시어 말씀하시는 하나님(38~41장) : 하나님이 폭풍우 가운데서 나타나시어 직접 욥에게 말씀하시나, 욥의 고난에 대한 답을 제시하지아니하시고 단지 하나님의 창조주이심과 전능하심만을 말씀하시다.

첫 번째 말씀(38~39장)과 욥의 대답(40:3-5) : 하나님께서 창조 세계의 생성 과정과 신비한 자연현상 등 모든 만물을 창조하시고 주관하며 섭리하시는 하나님의 주권과 지혜에 관하여 질문하시자, 이에 욥은 '하나님만이우주만물을 주관하시고 돌보시는데 누가 감히 하나님과 변론하며 그 질문에 답할 수 있겠는가'라는 사실을 깨닫고 자신의 비천함과 무력함을 인정하며 하나님의 절대 주권에 전폭적으로 순종하다.
"보소서 나는 비천하오니 무엇이라 주께 대답하리이까 손으로 내 입을 가릴 뿐이로소이다"(욥 40:4).

두 번째 말씀(40:6~41장)과 욥의 대답(42:1-6) : 하나님께서 "누가 베헤못(하마와 같은 짐승)의 눈을 감겨서 잡을 수 있으며, 누가 그 코에 갈고리를뀔 수 있느냐, 네가 낚시로 리워야단(악어처럼 생긴 바다 괴물)을 낚을 수있으며 끈으로 그 혀를 맬 수 있느냐, 그 코를 줄로 뀔 수 있으며 갈고리로그 턱을 뀔 수 있느냐"고 질문하시자, 이에 욥이 마침내 자신의 교만을 인정하고 진심으로 회개하다. "주께서는 못 하실 일이 없사오며 무슨 계획이든지 못 이루실 것이 없는 줄 아오니, 무지한 말로 이치를 가리는 자가누구니이까 나는 깨닫지도 못한 일을 말하였고 스스로 알 수도 없고 헤아리기도 어려운 일을 말하였나이다, 내가 말하겠사오니 주는 들으시고 내가 주께 묻겠사오니 주여 내게 알게 하옵소서, 내가 주께 대하여 귀로 듣기만 하였사오나 이제는 눈으로 주를 뵈옵나이다, 그러므로 내가 스스로 거두어 들이고 티끌과 재 가운데에서 회개하나이다"(욥 42:2-6).

욥의 친구들에게 임한 하나님의 말씀 : 인과응보의 법칙으로 고난이 죄에 대한 결과라고 주장한 것은 섭리와 목적을 위해 고난을 사용하시는 하나님의 능력과 주권을 제한한 것으로 잘못된 것이라고 책망하시다.

욥의 회복(42:10-17) : 욥이 고난 중에 인내로 믿음을 지켜 그의 친구들을 위해 기도할 때 여호와께서 곤경을 돌이키시고 욥에게 이전 소유보다 갑절의 복을 주시다.

고난과 하나님의 주권
• 어떤 고난은 사탄에게 원인이 있다. 하나님은 고난을 허락하셨을 뿐 실제로 고난을 준 것은 사탄이다.
• 고난이 반드시 죄에서 비롯되는 것은 아니다. 고난은 보다 좋은 선을 위해 사용될 수 있고, 의롭고 선해도 고난과 모순을 피할 수 없다.
• 고난은 하나님이 누구이신지를 알게 하고 이를 통해 하나님을 전적으로 의지하게 한다. 하나님과의 깊은 만남, 체험을 갖게 한다.
• 의인의 고난이 이해되지 않을지라도 하나님의 주권을 인정하며 고난 중에도 하나님을 신뢰하고 경외하며 찬송하는 것은 참된 지혜다(28:28).
• 하나님의 세계, 사탄의 세계, 자연의 세계가 존재한다.

시편

1. 개요

명칭 : 히브리어 '세페르 테힐림'(찬양의 책), 70인역 '살모이 Psalmoi'(현악기 반주에 따라 불러지는 노래), '현악기 연주'라는 헬라어에서 유래, '현악기에 맞춘 종교적인 노래'란 제목이 모두 57편이다.

> 율법은 하나님이 우리에게 주신 말씀이고, 시편은 우리가 하나님께 올려 드리는 노래다(찬송가, 기도서).

별칭 : 이스라엘의 찬송가, 구약의 축소판, 또 하나의 성경.
- 모두 150편, 모세 오경의 구조에 맞추어 5권으로 구성되어 있다.
- 이스라엘의 율법, 역사, 예언, 묵시, 지혜의 신앙이 모두 녹아 있다.
- 신약에 100군데 이상 인용이 되었고, 예수님도 즐겨 말씀하신 성경책으로 기독교 예배에 있어 표준적인 역할을 한다.

기록 연대

- 표제들이 보여 주는 것처럼 시편은 각 개인이 개인적·집단적으로 체험한 특수한 신앙 경험을 노래한다.
- 모세(BC 1450년경)로부터 바벨론 포로 이후(BC 500년)까지 1000년에 걸쳐 저작되었고 이중 상당수가 다윗과 솔로몬 시대에 저작되었으며, 바벨론 포로기 이후 완성된 것으로 본다. 다윗 시대 때 레위인에게 여호와를 찬양할 직책을 맡기고 성소에서 찬양하는 일이 시작되었고(대상 16:4-6), 솔로몬 시대 때 성전의 성가대가 조직되었으며(대하 5:11-14), 히스기야와 요시야 시대 때 재정비되었고(대하 29:30, 35:15, 25), 에스라 시대 때 구약 성경이 완성되면서 시편도 완성된 것으로 보고 있다.

시편은 '수세기에 걸쳐 지어진 성당'에 비유하기도 한다.

기록 목적 : 구약시대 사람들이 구체적인 삶 속에서 하나님을 의지하고 하나님의 뜻을 찾으며 찬양과 감사를 드리고 절망 속에서 하나님께 부르짖는 등 하나님께 자신의 마음을 드리는 시와 기도로, 하나님과 영적으로 보다 깊고 진실한 관계를 추구하고자 기록하였다.

주요 유형

- **찬양시 :** 창조주, 구속주이신 하나님을 찬양(8, 100, 146편).
- **탄원시 :** 고난 속에서 하나님의 도움을 구함(7, 22, 69편).
- **감사시 :** 구체적 상황 속에서 은혜를 체험하고 감사(34, 107편).
- **참회시 :** 죄를 뉘우치고 참회하는 마음(51편).

탄원시가 찬양시 보다 많다. 대략 탄원시 60개, 찬양시 30개, 감사시 15개이다.

특징

- 표제를 통해 저자, 역사적 상황과 배경, 음악적 특성 등을 알 수 있다. 고라 자손의 마스길(교훈시), 다윗의 식가욘('분명치 않음'이라는 뜻), 다윗의 믹담(황금시), 셀라('쉼'이라는 뜻) 등.
- **저자 :** 다윗(73편), 아삽(12편), 고라 자손(10편), 솔로몬(2편), 헤만(1편), 에단(1편), 모세(1편), 작자 미상(50편).

주제

- **하나님을 찬양 :** 시편에는 광범위한 영역의 주제를 담고 있지만 가장 중요한 요소는 예배의 열쇠인 '찬양'이다. 시편의 각 권 마지막은 송영으로 끝난다(송영은 예배의 시작과 끝에 하나님의 영광을 짧게 강조해서 장식하는 찬양).
- **하나님의 속성과 성품을 찬양하는 것이 인생의 최고 목적 :** 하나님의 전지전능하심, 영원불변하심, 무소부재하심, 긍휼하심, 인자하심, 선하심, 친밀하심, 공의로우심, 정직하심, 자비하심, 완전하심, 깨끗하심, 아름다우심, 진실하심 등을 찬양하다.
- **용서 :** 하나님은 죄인과 악인이라도 죄를 회개하면 용서하신다.
- **감사 :** 하나님은 우리의 모든 필요를 공급하신다.
- **신뢰 :** 하나님은 언제나 우리와 함께 계시는 신실하신 분이시다.

시편에 나타난 하나님의 이름 : 하나님(엘로힘 : 전능하신 분), 주(아도나이 : 통치자, 주권자), 여호와(야훼 : 언약을 세우시고 완성하시는 분), 전능자(엘 샤다이 : 공급자, 축복자).

2. 구조 : 모세 오경에 따른 구조

◈ 제1권(1~41편) : 창세기의 주제 – 사람, 죄와 구원
- 인간의 축복(1:1-3), 타락(14:1-3), 구원(18:1-2)에 대한 찬양.
- 인간은 하나님의 복을 받은 존재로 복을 누리기 위해서는 악을 경계해야 하는데 교만으로 하나님과 대적하는 자리에 있게 되었다. 철저히 타락해서 하나님을 부인하는 구제불능에 빠지게 되지만, 하나님의 사랑과 은혜로 말미암아 구원받고 참된 행복에 이르게 된다.

◈ 제2권(42~72편) : 출애굽기의 주제 – 이스라엘 민족의 파멸과 구원
- 하나님의 택함을 받았지만 하나님을 배반하고 품을 떠나 극심한 고통을 경험한 후 하나님의 구원을 요청하며 부르짖은 결과, 만왕의 왕이신 주님이 구속된 나라를 다스리신다.

◈ 제3권(73~89편) : 레위기의 주제 – 하나님의 거룩하심을 경외함
- 죄 많은 백성이 성소로 나아가 제사를 드려야 함을 강조하며 성소의 재건과 시온을 소망하고 찬양하라.

◈ 제4권(90~106편) : 민수기의 주제 – 땅, 광야(하나님의 통치)

• 90편은 모세가 지은 것으로 땅에서 나서 땅으로 돌아가는 인생을 노래.

• 주님이 이 땅에 사는 우리들의 피난처가 되시기 때문에 땅은 슬픔의 장소가 아니라 거룩한 백성이 기쁨을 잉태하며 살고 있는 정든 고향이다.

◈ 제5권(107~150편) : 신명기의 주제 – 율법

• 하나님 말씀에 초점을 맞추고 있고, 시편 119편은 말씀에 관한 모든 것을 담고 있으며 성경에서 가장 긴 장이다(전체 176절). : 율법, 증거, 판단, 율례, 말씀, 법도, 계명, 약속, 길.

• 120~134편의 표제는 '성전에 올라가는 노래'다. 이는 성전에서 드리는 예배를 통해서 하나님을 찬송할 때는 반드시 하나님의 말씀에 근거해서 찬송함을 의미한다.

• 150편은 시편 전체의 송영으로 처음부터 끝까지 찬송으로만 이루어졌으며 찬양의 모든 것을 담고 있다. : 찬양의 대상(하나님), 찬양의 장소(성소와 궁창), 찬양의 내용(하나님의 전능하심과 광대하심), 찬양의 방법(모든 악기와 춤), 찬양하는 자(호흡이 있는 모든 자).

◈ 각 권의 끝은 '할렐루야 아멘' 송영으로 끝남

• 송영은 하나님의 영광을 강조하는 찬양이며 하나님을 찬양하는 것이 인생의 최고 목적이다.

• 146~150편은 모두 '할렐루야'로 끝난다.

3. 내용

주제별 분류

- **말씀(율법)** : 19, 119편
- **왕(메시아)** : 2, 22, 45, 69, 89, 110, 132편
- **탄원**
  - 개인 : 3~7, 10, 13~14, 17, 25~27, 31, 35, 38~43, 51~57, 59, 61, 64, 69~71, 77, 86, 88, 89, 102, 109, 120, 126, 130, 140~143편
  - 공동체 : 12, 44, 58, 60, 74, 79, 80, 83, 85, 90, 94, 123, 129, 137편
- **찬양**
  - 개인 축복을 찬양 : 18, 30, 34, 40, 92, 103, 107, 113, 116, 118, 146편
  - 이스라엘 축복을 찬양 : 68, 77, 100, 108, 124, 126, 129편
  - 엄위하심을 찬양 : 8, 16, 24, 29, 46, 50, 90, 93, 114, 145, 147~150편
- **감사** : 9, 18, 30, 32, 34, 65, 67, 75, 92, 107, 116, 118, 124, 138, 139편
- **믿음** : 11, 23, 62, 63, 91, 121, 125, 131편
- **지혜** : 1, 15, 36, 37, 49, 73, 78, 112, 127, 128, 133편
- **예루살렘과 성전** : 48, 84, 87, 122편
- **이스라엘 민족의 역사** : 105, 106, 136편

말씀 시편 : 19, 119편

19편(율법의 성격과 기능)

율법의 완전함은 영혼을 소성케 하고, 증거의 확실함은 우둔한 자를 지혜

롭게 하고, 교훈의 정직함은 마음을 기쁘게 하고, 계명의 순결함은 눈을 밝게 하고, 도의 정결함은 영원까지 이르고, 규례의 확실함은 의롭게 한다(7-9), 나의 반석이시오 나의 구속자이신 여호와여 내 입의 말과 마음의 묵상이 주님 앞에 열납되기를 원하나이다(시 19:14).

119편(하나님의 말씀) : 청년이 무엇으로 그 행실을 깨끗하게 하리이까 주의 말씀만 지킬 따름이니이다(9), 내가 주께 범죄하지 아니하려 하여 주의 말씀을 내 마음에 두었나이다(11), 고난 당하기 전에는 내가 그릇 행하였더니 이제는 주의 말씀을 지키나이다(67), 고난 당한 것이 내게 유익이라 이로 말미암아 내가 주의 율례들을 배우게 되었나이다(71), 주의 법이 나의 즐거움이 되지 아니하였더면 내가 내 고난 중에 멸망하였으리이다(92), 내가 주의 법을 어찌 그리 사랑하는지요 내가 그것을 종일 작은 소리로 읊조리나이다(97), 내가 주의 증거들을 늘 읊조리므로 나의 명철함이 나의 모든 스승보다 나으며(99), 주의 말씀은 내 발에 등이요 내 길에 빛이니이다(105), 주의 법을 사랑하는 자에게는 큰 평안이 있으니 그들에게 장애물이 없으리이다(165).

탄원 시편

22편 : 내 하나님이여 내 하나님이여 어찌 나를 버리셨나이까 어찌 나를 멀리하여 돕지 아니하시오며 내 신음 소리를 듣지 아니하시나이까(1).
32편 : 내 허물을 여호와께 자복하리라 하고 주께 내 죄를 아뢰고 내 죄악을 숨기지 아니하였더니 곧 주께서 내 죄악을 사하셨나이다(5).
34편 : 여호와는 마음이 상한 자를 가까이 하시고 충심으로 통회하는 자를 구원하시는도다, 의인은 고난이 많으나 여호와께서 그의 모든 고난에서 건지시는도다(18-19).

51편 : 주의 인자를 따라 은혜를 베푸시며 주의 긍휼을 따라 죄악을 지워 주소서, 죄악을 말갛게 씻으시며 죄를 깨끗이 제하소서, 우슬초로 정결하게 하소서(1, 2, 7), 하나님이여 내 속에 정한 마음을 창조하시고 내 안에 정직한 영을 새롭게 하소서, 나를 주 앞에서 쫓아내지 마시며 주의 성령을 내게서 거두지 마소서, 주의 구원의 즐거움을 내게 회복시켜 주시고 자원하는 심령을 주사 나를 붙드소서(10-12), 하나님께서 구하시는 제사는 상한 심령이라 하나님이여 상하고 통회하는 마음을 주께서 멸시하지 아니하시리이다(17).

143편 : 아침에 나로 하여금 주의 인자한 말씀을 듣게 하소서 내가 주를 의뢰함이니이다(8), 주는 나를 가르쳐 주의 뜻을 행하게 하소서 주의 영은 선하시니 나를 공평한 땅에 인도하소서(10-11).

기타 : 하나님이여 사슴이 시냇물을 찾기에 갈급함 같이 내 영혼이 주를 찾기에 갈급하나이다, 내 영혼이 하나님 곧 생존하시는 하나님을 갈망하나니 내가 어느 때에 나아가서 하나님 앞에 뵈올꼬(42:1-2), 눈물을 흘리며 씨를 뿌리는 자는 기쁨으로 거두리로다, 울며 씨를 뿌리러 나가는 자는 반드시 기쁨으로 그 곡식 단을 가지고 돌아오리로다(126:5-6), 악인은 그 마음의 소욕을 자랑하며 탐리하는 자는 여호와를 배반하여 멸시하나이다(10:3), 정직한 자는 여호와의 얼굴을 뵈오리로다(11:7), 어리석은 자는 그 마음에 이르기를 하나님이 없다 하도다 저희는 부패하고 소행이 가증하여 선을 행하는 자가 없도다(14:1), 여호와여 나를 살피시고 시험하사 내 뜻과 내 마음을 단련하소서(26:2), 여호와는 나의 빛이요 나의 구원이시니 내가 누구를 두려워하리요, 여호와는 내 생명의 능력이시니 내가

누구를 무서워하리요(27:1), 내가 여호와께 청하였던 한 가지 일 곧 그것을 구하리니 곧 나로 내 생전에 여호와의 집에 거하여 여호와의 아름다움을 앙망하며 그 전에서 사모하게 하실 것이라(27:4), 여호와를 찾는 자는 모든 좋은 것에 부족함이 없으리로다(34:10), 내 영혼아 네가 어찌하여 낙망하며 불안하여 하는고 너는 하나님께 소망을 두라(42:11), 악한 자는 하나님으로 자기 힘을 삼지 아니하고 오직 그 재물의 풍부함을 의지하며 제 악으로 스스로 든든케 하던 자라 하리로다(52:7), 어리석은 자는 그 마음에 이르기를 하나님이 없다하도다(53:1).

찬양 시편

103편 : 내 영혼아 여호와를 송축하며 그의 모든 은택을 잊지 말지어다, 그가 네 모든 죄악을 사하시며 네 모든 병을 고치시며, 네 생명을 파멸에서 속량하시고 인자와 긍휼로 관을 씌우시며, 좋은 것으로 네 소원을 만족하게 하사 네 청춘을 독수리 같이 새롭게 하시는도다(2-5), 여호와는 긍휼이 많으시고 은혜로우시며 노하기를 더디 하시고 인자하심이 풍부하시도다(8).

8편 : 여호와 우리 주여 주의 이름이 온 땅에 어찌 그리 아름다운지요 주의 영광이 하늘을 덮었나이다(1), 사람이 무엇이기에 주께서 그를 생각하시며 인자가 무엇이기에 주께서 그를 돌보시나이까(4).

기타 : 환난 날에 나를 부르라 내가 너를 건지리니 네가 나를 영화롭게 하리로다(50:15), 감사로 제사를 드리는 자가 하나님을 영화롭게 하나니 (23), 여호와여 내 입에 파수꾼을 세우시고 내 입술의 문을 지키소서, 내 마음이 악한 일에 기울어 죄악을 행하는 자들과 함께 악을 행하지 말게

하시며 그들의 진수성찬을 먹지 말게 하소서(141:3-4), 여호와의 거룩한 곳에 설 자가 누군고, 곧 손이 깨끗하며 마음이 청결하며 뜻을 허탄한데 두지 아니하며 거짓 맹세치 아니하는 자로다(24:3-4), 하나님은 우리의 피난처시오 힘이시니 환난 중에 만날 큰 도움이시라(46:1), 하나님에게 소망을 두는 자는 복이 있도다(146:5).

감사 시편

18편 : 나의 힘이신 여호와여 내가 주를 사랑하나이다, 여호와는 나의 반석, 요새, 건지시는 이, 하나님, 피할 바위, 방패, 구원의 뿔, 산성이시로다(1-2).
136편 : 여호와께 감사하라 그 인자하심이 영원함이로다.
139편 : 나의 생각과 모든 길과 모든 행위를 아시오니, 하나님이여 나를 살피사 내 마음을 아시며 나를 시험하사 내 뜻을 아옵소서, 내게 무슨 악한 행위가 있나 보시고 나를 영원한 길로 인도하소서(2-3, 23-24).

왕(메시아) 시편

16편(부활과 영생의 소망) : 베드로의 오순절 설교 때(행 2:25-28), 바울의 비시디아 안디옥 설교 때(행 13:35) 각 인용된 말씀이다.
내가 여호와를 항상 내 앞에 모심이여 그가 나의 오른쪽에 계시므로 내가 흔들리지 아니하리로다, 이러므로 나의 마음이 기쁘고 나의 영도 즐거워하며 내 육체도 안전히 살리니, 이는 주께서 내 영혼을 스올에 버리지 아니하시며 주의 거룩한 자를 멸망시키지 않으실 것임이니이다, 주께서 생명의 길을 내게 보이시리니 주의 앞에는 충만한 기쁨이 있고 주의 오른쪽에는 영원한 즐거움이 있나이다(8-11).

기타 : 주의 권능의 날에 주의 백성이 거룩한 옷을 입고 즐거이 헌신하니 새벽 이슬 같은 주의 청년들이 주께 나오는도다(110:3).

믿음 시편

23편 : 여호와는 나의 목자.

62편 : 나의 영혼아 잠잠히 하나님만 바라라 무릇 나의 소망이 그로부터 나오는도다, 오직 그만이 나의 반석이시오 나의 구원이시오 나의 요새이시니 내가 흔들리지 아니하리로다, 나의 구원과 영광이 하나님께 있음이여 내 힘의 반석과 피난처도 하나님께 있도다(62:5-7).

121편 : 내가 산을 향하여 눈을 들리라 나의 도움이 어디서 올꼬, 나의 도움이 천지를 지으신 여호와에게서로다(1-2, 124:8), 여호와는 너를 지키시는 이시라 너를 지켜 모든 환난을 면하게 하시며 또 네 영혼을 지키시리로다.

지혜 시편

1편 : 의인의 행복과 악인의 패망(인생의 두 갈래 길).

37편 : 악을 행하는 자들 때문에 불평하지 말며 불의를 행하는 자들을 시기하지 말지어다, 여호와를 의뢰하고 선을 행하라, 너의 길을 여호와께 맡기라, 여호와 앞에 잠잠하고 참고 기다리라 자기 길이 형통하며 악한 꾀를 이루는 자 때문에 불평하지 말지어다, 악인은 연기같이 사라질 것이다, 그러나 온유한 자는 땅을 차지하며 풍성한 화평으로 즐거워하리로다

(11), 의인의 적은 소유가 악인의 풍부함보다 낫도다(16), 의인의 길을 인도하시고 땅을 차지하게 하실 뿐 아니라 자손들에게 이르기까지 복을 주신다, 의인의 결국은 평안이나 악인의 결국 멸망이다, 의인의 구원과 악인의 심판은 여호와께 달려 있다.

기타 : 여호와께서 집을 세우지 아니하시면 세우는 자의 수고가 헛되며 여호와께서 성을 지키지 아니하시면 파수꾼의 깨어 있음이 헛되도다(127:1), 자식은 여호와의 주신 기업이요 태의 열매는 그의 상급이로다(127:3), 주께 힘을 얻고 그 마음에 시온의 대로가 있는 자는 복이 있나이다(84:5), 주의 궁정에서 한 날이 다른 곳에서 천 날보다 나은즉 악인의 장막에 거함보다 내 하나님 문지기로 있는 것이 좋사오니(84:10), 공의와 공평은 하나님 보좌의 기초(89:14, 97:2), 여호와를 경외함이 곧 지혜의 근본이라 그 계명을 지키는 자는 다 좋은 지각이 있나니 여호와를 찬송함이 영원히 있으리로다(111:10), 저가 재물을 흩어 빈궁한 자에게 주었으니 그 의가 영원히 있고 그 뿔이 영화로이 들리리로다(112:9).

잠언

1. 개요

명칭 : 히브리어로는 '비교', 한자로는 '경계의 말씀'(箴言), 즉 잠언이란 비교를 통해서 무엇이 진리인지를 가르쳐 주는 경계의 말씀인 격언이다.

기록 목적 : 인과응보의 신앙에 기초하여 하나님 백성이 모든 삶에서 지켜야 할 규범과 법도를 가르치고자 기록하였다.

저자 : 솔로몬(1~22:16, 25~29장), 아굴(30장), 르무엘(31장), 작자 미상의 지혜자들(22:17~24장)

주제 : 하나님의 경외와 영광을 위한 삶

• 여호와를 경외하는 것이 지식, 지혜의 근본이다(1:7, 9:10).

• 여호와를 경외하는 것이 생명의 샘이다(14:27).

• 여호와를 경외함의 보상은 재물과 영광과 생명이다(22:4).

2. 구조

◈ 서론(1:1-7)
◈ 솔로몬의 잠언
　• 지혜에 관한 잠언(1:8~9:18)
　• 경건의 삶에 관한 잠언(10:1~22:16)
　• 히스기야 왕 때 묶은 잠언(25~29장)
◈ 지혜자들의 잠언
　• 첫째 묶음(22:17~24:22)
　• 둘째 묶음(24:23~34장)
◈ 아굴의 잠언(30장)
◈ 르무엘의 잠언(31장)

3. 내용

서론

기록 목적(2~5) : 지혜와 훈계를 알게 하고 명철의 말씀을 깨닫게 하며, 지혜롭게 공의롭게 정의롭게 정직하게 행할 일에 대한 훈계를 받게 하고, 어리석은 자를 슬기롭게 하며, 젊은 자에게 지식과 근신함을 주기 위해 기록하였기 때문에 지혜 있는 자는 학식이 더 할 것이요 명철한 자는 지략을 얻을 것이다.

주제 : 여호와를 경외하라. 이는 여호와 하나님의 전지전능과 절대 주권을 존중하고 거룩한 두려움으로 하나님 말씀에 순종하는 것이다(잠 9:10, 욥 28:28, 시 111:10, 전 12:13). 여호와를 경외하는 것이 지식의 근본이

거늘 미련한 자는 지혜와 훈계를 멸시하느니라(잠 1:7).

지혜에 관한 솔로몬의 잠언

아비의 훈계와 어미의 법을 떠나지 말라(1:8-19) : 악한 자가 너를 꾈지라도 따르지 말라, 이익을 탐하는 모든 자의 길은 자기의 생명을 잃게 하느니라.

지혜에 무지한 자들아 회개하라(1:20-33) : 어리석은 자와 거만한 자와 미련한 자는 하나님을 아는 지식을 미워하고 여호와 경외하기를 즐거워하지 아니하며 하나님의 교훈을 받지 아니하고 하나님의 책망을 업신여긴다, 어리석은 자와 거만한 자와 미련한 자에게는 근심과 슬픔이 임하리니 그 때에 그들이 불러도 하나님이 대답하지 아니하겠고 하나님을 찾아도 만나지 못하리라.

지혜를 얻도록 힘써라 그리하면 복을 받을 것이다(2장) : 지혜를 얻으려고 듣고 마음에 두고 구하고 찾으라, 지혜는 하나님을 바르게 알게 하고 공의와 공평와 정직 곧 선한 길을 깨닫게 하며 악한 자의 길에서 건져 내고 음란함에서 지켜주며 바른 삶을 살도록 돕는다.

하나님을 경외하고 공경하라(3:1-12) : 하나님의 법을 지키면 장수와 평강을 더하게 하리라, 인자와 진리를 네 마음판에 새기면 하나님과 사람 앞에서 은총과 귀중히 여김을 받으리라, 너는 마음을 다하여 여호와를 신뢰하고 네 명철을 의지하지 말라 너는 범사에 그를 인정하라 그리하면 네 길을 지도하시리라(3:5-6), 스스로 지혜롭게 여기지 말지어다, 네 재물과 네 소산물의 처음 익은 열매로 여호와를 공경하라 그리하면 네 창고가 가득히 차고 네 포도즙 틀에 새 포도즙이 넘치리라, 대저 여호와께서 그 사랑하시는 자를 징계하시기를 마치 아비가 그 기뻐하는 아들을 징계함 같이 하시느니라.

지혜의 축복(3:13-26) : 지혜는 정금과 진주보다 낫고 장수와 부귀와 즐거움과 평강과 생명과 복을 주도다.

선을 행하고 화평을 구하라(3:27-35) : 여호와는 정직한 자에게는 교통하심이 있고, 겸손한 자에게는 은혜를 베푸시고, 지혜로운 자에게는 영광을 기업으로 주신다.

지혜를 얻으며 명철을 얻으라(4:1-9) : 하나님을 높이라 그리하면 그가 너를 높이 들리라, 하나님을 품으라 그리하면 그가 너를 영화롭게 하며 아름다운 관을 네 머리에 두겠고 영화로운 면류관을 네게 주리라.

악인의 길을 피하라(4:10-19) : 의인의 길은 돋는 햇볕 같아서 점점 빛나서 원만한 광명에 이르거니와, 악인의 길은 어둠 같아서 그가 거쳐 넘어져도 그것이 무엇인지 깨닫지 못하느니라.

마음과 생명을 지키라(4:20-27) : "모든 지킬 만한 것 중에 더욱 네 마음을 지키라 생명의 근원이 이에서 남이니라"(4:23).

음녀의 유혹을 경계하고 음행에 빠지지 말라(5장, 6:20~7:27) : 음녀를 멀리하고 젊어서 취한 아내를 즐거워하라, 아내는 사랑스러운 암사슴 같고 아름다운 암노루 같으니 너는 그 품을 항상 족하게 여기며 그 사랑을 항상 연모하라, 하나님의 명령은 등불이요 법은 빛이요 훈계의 책망은 곧 생명의 길이라, 부녀와 간음하는 자는 무지한 자라 이것을 행하는 자는 자기의 영혼을 망하게 하며 상함과 능욕을 받고 부끄러움을 씻을 수 없느니라, 음녀를 따르는 자는 소가 푸주로 가는 것 같고 미련한 자가 쇠사슬에 메이러 가는 것 같아 필경은 화살이 그 간을 뚫기까지에 이를 것이라.

보증과 게으름과 거짓에 대한 경고(6장) : 책임지지 못할 것 같으면 보증을 서지 말라, 게으르면 빈궁과 곤핍이 무섭게 빨리 온다, 하나님이 미워하시는 악행(교만한 눈, 거짓된 혀, 무죄한 자의 피를 흘리는 손, 악한 계교를 꾀하는 마음, 빨리 악으로 달려가는 발, 거짓을 말하는 망령된 증인, 형제를 이간하는 자)을 피하라.

진리와 생명을 선사하는 지혜(8장) : 여호와를 경외하는 것은 악을 미워하는 것이라, 교만과 거만과 악한 행실과 패역한 입을 미워하느니라.

지혜와 어리석음(9장) : 거만한 자를 징계하는 자는 도리어 능욕을 받고 악인을 책망하는 자는 도리어 흠을 잡히느니라, 거만한 자를 책망하지 말라 그가 너를 미워할까 두려우니라, 지혜 있는 자를 책망하라 그가 너를 사랑하리라, 여호와를 경외하는 것이 지혜의 근본이요 거룩하신 자를 아는 것이 명철이니라(9:10).

경건의 삶에 관한 솔로몬의 잠언(10:1~22:16)

의인과 악인(10~12장) : 의인의 입은 생명의 샘이라도 악인의 입은 독을 머금었느니라, 미움은 다툼을 일으켜도 사랑은 모든 허물을 가리운다, 의인의 수고는 생명에 이르고 악인의 소득은 죄에 이른다, 말이 많으면 허물을 면키 어려우나 입술을 제어하는 자는 지혜가 있느니라, 악인에게는 그의 두려워하는 것이 임하거니와 의인은 그 원하는 것이 이루어지느니라, 미련한 자는 자기 행위를 바른 줄로 여기나 지혜로운 자는 권고를 듣느니라, 미련한 자는 분노를 당장에 나타내나 슬기로운 자는 수욕을 참느니라, 재물은 진노하시는 날에 무익하나 의리는 죽음을 면케 하느니라, 두루 다니며 한담하는 자는 남의 비밀을 누설하나 마음이 신실한 자는 그런 것을 숨기느니라.

구제와 인색(11:24-28) : 지나치게 아끼면 가난하게 되지만 구제를 좋아하는 자는 풍족해진다, 자기의 재물을 의지하는 자는 패망하나 의인은 푸른 잎사귀 같아서 번성하고 그 열매는 생명나무라.

> **그리스도인의 구제**
>
> - 구제의 동기 : 사랑에 근거(시 68:5, 요일 4:21)
> - 구제의 대상 : 고아, 과부, 나그네 등 사회적 약자 모두
> - 구제와 전도 : 복음 전도와 밀접
> - 구제의 결과 : 풍족과 부요, 하나님의 의가 영원함(잠 11:24-25, 고후 9:9).

자녀에 대한 교육(13장) : 지혜로운 자는 아비의 훈계를 들으나 거만한 자는 꾸지람을 즐겨 듣지 아니하느니라, 입을 지키는 자는 그 생명을 보전하나 입술을 크게 벌리는 자에게는 멸망이 오느니라, 초달을 차마 못하는 자는 그 자식을 미워함이라 자식을 사랑하는 자는 근실히 징계하느니라.

지혜로운 자와 미련한 자(14장) : 어리석은 자는 온갖 말을 믿으나 슬기로운 자는 그 행동을 삼가느니라, 노하기를 속히 하는 자는 어리석은 일을 행하고 악한 계교를 꾀하는 자는 미움을 받느니라, 노하기를 더디 하는

자는 크게 명철하여도 마음이 조급한 자는 어리석음을 나타내느니라, 가난한 사람을 학대하는 자는 그를 지으신 이를 멸시하는 자요 궁핍한 사람을 불쌍히 여기는 자는 주를 존경하는 자니라, 여호와를 경외하는 것은 생명의 샘이라 사망의 그늘에서 벗어나게 한다.

마음의 즐거움과 근심(15장) : 유순한 대답은 분노를 쉬게 하여도 과격한 말은 노를 격동하느니라, 온순한 혀는 곧 생명나무라도 패역한 혀는 마음을 상하게 한다, 악인의 제사는 여호와께서 미워하셔도 정직한 자의 기도는 기뻐하신다, 분을 쉽게 내는 자는 다툼을 일으켜도 노하기를 더디 하는 자는 시비를 그치게 하느니라, 의인의 마음은 대답할 말을 깊이 생각하여도 악인의 입은 악을 쏟느니라, 훈계받기를 싫어하는 자는 자기의 영혼을 경히 여김이라 견책을 달게 받는 자는 지식을 얻느니라, 여호와를 경외하는 것은 지혜의 훈계라 겸손은 존귀의 길잡이니라.

하나님의 섭리(16장) : 마음의 경영은 사람에게 있어도 말의 응답은 여호와께로서 나느니라, 사람의 행위가 자기 보기에는 모두 깨끗하여도 여호와는 심령을 감찰하시느니라, 너의 행사를 여호와께 맡기라 그리하면 너의 경영하는 것이 이루리라(3), 여호와께서 온갖 것을 그 씌움에 적당하게 지으셨나니 악인도 악한 날에 적당하게 하셨느니라(4), 사람이 마음으로 자기의 길을 계획할지라도 그 걸음을 인도하는 자는 여호와시니라(9), 교만은 패망의 선봉이요 거만한 마음은 넘어짐의 앞잡이니라(18), 노하기를 더디 하는 자는 용사보다 낫고 자기의 마음을 다스리는 자는 성을 빼앗는 자보다 나으니라(32).

화목과 사랑(17~18장) : 가난한 집에 살지만 화목한 것이 부유한 집에 살면서 다투는 것보다 낫다, 허물을 덮어 주는 자는 사랑을 구하는 자요 그것을 거듭 말하는 자는 친한 벗을 이간하는 자니라, 교만은 멸망의 선봉이요 겸손은 존귀의 길잡이다(18:12), 제비뽑는 것은 다툼을 그치게 한다, 많은 친구보다는 형제보다 친밀한 친구를 사귀라.

지혜로운 말과 어리석은 말(19장) : 노하기를 더디 하고 허물을 용서하는 것이 슬기요 영광이니라, 계명을 지키는 자는 자기의 영혼을 지키는 것이니라, 가난한 자를 불쌍히 여기는 것은 여호와께 꾸이는 것이니 그 선행을 갚아 주시리라, 여호와를 경외하는 것은 사람으로 생명에 이르게 한다.

하나님이 기뻐하시는 삶(20장) : 술은 사람을 거만하게 만들고 떠들게 만든다, 한결같지 않은 저울추와 말은 여호와께서 미워하신다.

하나님의 주권(21~22:16) : 사람의 행위가 자기 보기에는 모두 정직하여도 여호와는 심령을 감찰하시느니라, 여호와께서는 제사드리는 것보다 의와 공평을 행하는 것을 더 기뻐하신다(21:3), 은밀한 선물은 노를 쉬게 하고 품 안의 뇌물은 맹렬한 분을 그치게 하느니라(뇌물을 독려하는 것이 아니라 뇌물 하나에 모든 상황을 뒤집어 버리는 인간의 부패한 행태를 고발하는 뜻), 연락을 좋아하는 자는 가난하게 되고 술과 기름을 좋아하는 자는 부하게 되지 못하느니라, 의와 인자를 따라 구하는 자는 생명과 의와 영광을 얻느니라, 입과 혀를 지키는 자는 그 영혼을 환난에서 보전하느니라, 많은 재물보다 명예를 택하라, 겸손과 여호와를 경외함의 보상은 재물과 영광과 생명이니라(22:4).

지혜자들의 잠언

첫째 묶음(22:17~24:22) : 자기 사업에 근실한 자는 왕 앞에 선다, 탐욕을 버려라, 악인의 형통을 부러워하지 말고 항상 여호와를 경외하라, 술을 즐겨하는 자와 고기를 탐하는 자로 더불어 사귀지 말라.

둘째 묶음(24:23-34) : 공정한 재판을 하고 위증하지 말라, 게으르지 말라.

히스기야 왕 때 묶은 솔로몬의 잠언(25:1~29:27)

대인 관계의 잠언(25장) : 경우에 합당한 말은 아로새긴 은 쟁반에 금 사과이니라, 충성된 사자는 그를 보낸 이에게 마치 추수하는 날에 얼음 냉수 같아서 능히 그 주인의 마음을 시원하게 하느니라, 배고파하는 원수에게 식물을 주는 것은 그 머리에 핀 숯을 놓는 것이요 여호와께서 상을 주시리라, 다투는 여인과 함께 큰 집에 사는 것보다는 움막에서 혼자 사는 것이 낫다.

미련한 자, 게으른 자, 분란 자(26장) : 미련한 자는 개가 그 토한 것을 도로 먹는 것 같이 그 미련한 것을 거듭 행하느니라, 게으른 자는 선히 대답하는 사람 일곱보다 자기를 지혜롭게 여기느니라, 나무가 다하면 불이 꺼지고 말장이가 없어지면 다툼이 사라진다, 남의 말하기를 좋아하는 자의 말은 별식과 같아서 뱃속 깊은 데로 내려가느니라, 온유한 입술에 악한 마음은 낮은 은을 입힌 토기니라.

생활에 관한 처신(27장) : 내일 일을 자랑하지 말라 하루 동안에 무슨 일이 날는지 알 수 없다, 타인으로 너를 칭찬하게 하고 네 입으로는 말며 외인으로 너를 칭찬하게 하고 네 입술로는 말지니라, 면책(책망)은 숨은 사랑보다 나으리라, 철이 철을 날카롭게 하는 것 같이 사람이 그 친구의 얼굴을 빛나게 하느니라.

선한 사람의 삶(28장) : 사람이 율법에서 귀를 돌이키고 듣지 않으면 그 기도도 가증하다, 자기의 죄를 숨기는 자는 형통치 못하나 죄를 자복하고 버리는 자는 불쌍히 여김을 받으리라(13), 탐욕을 미워하는 자는 장수한다, 탐심을 가진 자는 다툼을 일으키나 여호와를 의지하는 자는 풍족하게 된다, 가난한 자를 구제하는 자는 궁핍하지 않지만 못 본 체하는 자에게는 저주가 임한다.

의로운 다스림(29장) : 공의를 구하면 나라가 견고하게 되지만 뇌물을 탐하면 나라가 망한다, 어리석은 자는 그 노를 다 드러내어도 지혜로운 자는 그 노를 억제하느니라, 네 자식을 징계하라 그리하면 그가 너를 평안하게 하고 기쁨을 주리라, 사람을 두려워하면 올무에 걸리게 되지만 여호와를 의지하면 안전하다.

아굴의 잠언(30장)

아굴의 기도 : 내가 두 가지 일을 주께 구하였사오니 나의 죽기 전에 주시옵소서, 곧 허탄과 거짓말을 내게서 멀리 하옵시며 나로 가난하게도 마옵시고 부하게도 마옵시고 오직 필요한 양식으로 내게 먹이시옵소서, 혹 내가 배불러서 하나님을 모른다 여호와가 누구냐 할까 하오며 혹 내가 가난하여 도적질하고 내 하나님의 이름을 욕되게 할까 두려워함이니이다(30:7-9).

아굴의 경고 : 훼방, 불효, 교만, 압제, 탐욕, 남녀의 불륜 관계를 경고하다. 분수를 지켜 행하라, 아무리 약한 것이라도 하나님으로부터 지혜와

능력과 은사를 부여받았으므로 경시하지 말라(예 : 개미, 사반, 메뚜기, 도마뱀), 자연 세계와 인간 사회 안에는 질서와 권위가 있다, 스스로 높은 체하지 말고 악한 일을 도모하지 말고 격동하지 말라.

르무엘의 잠언(31장)

훈계(1-9) : 여자와 술을 멀리하고 공의로 재판하라.

아내에 관한 교훈(10-31) : 현숙한 여인은 진주보다 더 귀하다, 여호와를 경외하는 여자는 칭찬을 받는다(31:30).

잠언이 말하는 지혜 : 무엇이 지혜인가?

- 여호와를 경외하며 의뢰하는 것(1:7, 3:5-6, 9:10, 16:3, 19:23).
- 인간의 부족함과 악함을 아는 것(30:2-3).
- 정직한 마음을 갖는 것(11:6, 20:23).
- 가난한 이웃을 돌아보는 것(3:27, 11:25, 14:31).
- 훈계와 징계받기를 즐겨하는 것(3:12, 12:1, 13:1).
- 입술의 말을 조심하는 것(10:11, 10:19, 20:15, 21:23).
- 부지런한 삶의 자세를 갖는 것(6:6, 6:10-11, 10:5).
- 친구를 잘 사귀는 것(13:20, 22:24-25, 27:17).
- 악인의 형통을 부러워하지 않는 것(24:1, 19-20).
- 어리석은 유혹을 물리치는 것(4:27, 5:8).
- 노하기를 더디 하는 것(16:32, 25:15, 29:11).

잠언에 나타난 미련한 자의 모습

- 지혜와 훈계를 멸시함(1:7, 22, 15:5, 18:2, 23:9).

- 무지함(14:7, 17:16, 24).

- 미련을 버리지 못함(12:15, 23, 14:24, 15:2,14, 17:22, 26:11, 27:22).

- 교만함(14:3, 28:26).

- 악과 함께함(13:19, 14:8, 19:3, 24:9).

- 부모의 근심(10:1, 17:21, 25, 19:13).

- 분노와 다툼을 일으킴(12:16, 18:6, 20:3, 27:3).

- 해를 끼치고 멸망에 이름(13:20, 20:6, 21:20, 1:32, 10:8, 14, 21).

전도서

1. 개요

명칭 : 히브리 성경은 '전도자', 70인역은 '회중에게 말하는 자'라는 뜻
이다.

저자 : 솔로몬으로 추정

기록 목적 :하나님 없는 인생은 헛되고 무익하다. 오직 하나님만이 참
된 가치와 영원한 생명을 주시는 분이므로 하나님을 경외하도록 하고
자 기록하였다.

주제

- **두 개의 공통 주제가 반복** : 해 아래 모든 것이 헛되고 헛되니 하나님을
  경외하라(5:7, 12:1), 하나님의 복을 누리고 즐기라(2:24, 3:12-13).
- **허무주의, 쾌락주의와의 관계** : 전도서의 허무주의는 하나님 없는 인생
  의 허무를 말하는 것이지 결코 인생 자체의 허무성을 주장한 것은 아니
  다. 전도서의 쾌락주의는 하나님을 모른 체 마음껏 쾌락을 즐기라는 것
  이 아니고 인생은 하나님의 선물이기 때문에 즐기라는 것이다. 이처럼

해 아래에서의 인생, 즉 물질적이고 세속적인 것을 추구하는 삶은 허무하고, 주님 아래에서의 인생은 기쁨이 넘치는 삶으로 하나님의 선물이 된다.

• 세상 만사는 하나님의 주권적 섭리에 의해 다스려진다(3:11, 7:14, 9:1).

2. 구조

◈ **서론(1:1-11)** : 인생의 허무
◈ **본론(1:12~12:8)** : 인간 만사의 허무와 이에 대한 충고의 말씀
  • 인간 만사의 헛됨(1:12~6:12) : 지혜, 쾌락과 부와 권력, 인간의 수고와 노력, 인간적 예배의 헛됨.
  • 인생을 위한 지혜의 말씀(7:1~12:8).
◈ **결론(12:9-14)** : 허무를 극복한 기쁘고 행복한 삶은 여호와를 경외하는 삶이다.

3. 내용

서론(1:1-11) : 인생의 허무

헛되고 헛되며 헛되고 헛되니 모든 것이 헛되도다(2)

한 세대는 가고 한 세대는 오되 세상은 언제나 그대로다, 이미 있던 것이 후에 다시 있겠고 이미 한 일을 후에 다시 할지라 해 아래에는 새 것이 없다.

본론(1:12~12:8)

인간 만사의 헛됨(1:12~6:12)

지혜의 헛됨(1:12-18, 2:12-17) : 지혜가 많으면 번뇌도 많으니 지식을 더하는 자는 근심을 더하느니라, 지혜자도 우매자와 함께 영원하도록 기억함을 얻지 못하나니 후일에는 모두 다 잊어버린 지 오랠 것임이라 오호라 지혜자의 죽음이 우매자의 죽음과 일반이로다 이러므로 산다는 것이 다 덧없는 것이다 해 아래서 하는 일은 바람을 잡으려는 것처럼 헛될 뿐이다.

쾌락과 부와 권력의 헛됨(2:1-11, 5:8-20) : 나는 원하는 것을 다 얻었다 누리고 싶은 낙은 무엇이든 삼가지 않았다 나는 하는 일마다 다 자랑스러웠다, 그러나 내 손으로 성취한 모든 일과 이루려고 애쓴 나의 수고를 돌이켜보니 참으로 세상 모든 것이 헛되고 바람을 잡으려는 것과 같고 아무런 보람도 없는 것이었다(솔로몬의 인생 고백), 돈 좋아하는 사람은 돈이 아무리 많아도 만족하지 못하고 부를 좋아하는 사람은 아무리 많이 벌어도 만족하지 못하니 돈을 많이 버는 것도 헛되다, 재물을 자기에게 해가 되도록 소유하는 것은 큰 폐단이 된다(아끼는 재산이 그 임자에게 오히려 해를 끼치는 경우도 있다).

인간의 노력과 수고도 헛됨(2:18~4:16, 6:1-12) : 어떤 사람은 그 지혜와 지식과 재주를 다하여 수고하였어도 그가 얻은 것을 수고하지 아니한 자에게 그의 몫으로 넘겨주리니 이것도 헛된 것이며 큰 악이로다, 범사에 기한이 있고 천하 만사가 다 때가 있나니 일하는 자가 그의 수고로 말미암아 무슨 이익이 있으랴, "하나님이 모든 것을 지으시되 때를 따라 아름답게 하셨고 또 사람들에게는 영원을 사모하는 마음을 주셨느니라 그러나 하나님이 하시는 일의 시종을 사람으로 측량할 수 없게 하셨도다"(전 3:11), 사람에게 닥치는 운명이나 짐승에게 닥치는 운명이 같다 짐승이 죽는 것 같이 사람도 죽으니 사람이 짐승보다 뛰어남이 없음은 모든 것이 헛되도다, 모두 흙에서 나와서 흙으로 돌아간다, 온갖 노력과 성취는 바로 사람끼리 갖는 경쟁심에서 비롯되는 것임을 깨달았으니 이 수고도 헛되다, 두 손에 가득하고 수고하며 바람을 잡는 것보다 한 손에만 가득하고 평온함이 더 나으니라, 둘이 혼자보다 좋고 젊음이 늙음보다 더 좋다, 하나님이 어떤 사람에게는 부와 재산과 명예를 원하는 대로 다 주시면서도 그것들을 그 사람이 즐기지 못하게 하시고 엉뚱한 사람이 즐기게 하시니 참으로 어처구니없는 일이다, 눈으로 보는 것이 마음으로 공상하는 것보다 낫다(가지고 있는 것으로 만족하는 것이 욕심에 사로잡혀서 헤매는 것보다 낫다).

인간적 예배의 헛됨(5:1-7) : 하나님의 집에 들어갈 때에 발을 삼갈지어다 가까이 하여 말씀을 듣는 것이 우매한 자들이 재물 드리는 것보다 나으니 그들은 악을 행하면서도 깨닫지 못함이니라, 하나님 앞에서 함부로 입을 열지 말며 급한 마음으로 말을 내지 말라, 꿈이 많으면 헛된 일들이 많아지고 말이 많아도 그러하니 오직 너는 하나님을 경외할지니라.

인생을 위한 지혜의 말씀(7:1~12:8)
보다 나은 인생의 지혜로운 삶(7:1~8:8, 9:17~10:20) : 지혜로운 사람의 책망을 듣는 것이 우매한 자들의 노래(칭찬)를 듣는 것보다 낫다, 탐욕이 지혜자를 우매하게 하고 뇌물이 사람의 명철을 망하게 한다, "형통한 날에는 기뻐하고 곤고한 날에는 돌아보아라 이 두 가지를 하나님이 병행하게 하사 사람이 그의 장래 일을 능히 헤아려 알지 못하게 하셨느니라"(전 7:14), 의롭게 살다가 망하는 의인이 있는가 하면 악행에도 불구하고 장수하는 악인이 있으니 지나치게 의인이 되지도 말며 지나치게 지혜자도 되지 말라 어찌하여 스스로 패망하게 하겠으냐, 하나님은 사람을 정직하게 지으셨으나 사람이 많은 꾀를 낸 것이니라, 무슨 일에든지 때와 판단이 있으므로 사람에게 임하는 화가 심함이니라, 사람이 장래 일을 알지 못한다, 조용히 들리는 지혜자들의 말들이 우매한 자들을 다스리는 자의 호령보다 나으니라, 주권자가 네게 분을 일으키거든 너는 네 자리를 떠나지 말라 공손함이 큰 허물을 용서받게 하느니라, 포도주는 인생을 즐겁게 하고 돈은 만사를 해결한다, 마음 속으로라도 욕하지 말며 잠자리에서라도 저주하지 말라, 새가 네 말을 옮기고 날짐승이 네 소리를 전할 것이다.

하나님의 주권적 섭리(8:9~9:16) : 악한 일에 관한 징벌이 속히 실행되지 아니하므로 인생들이 악을 행하는 데에 마음이 담대하도다, 세상에서는 악한 사람이 받아야 할 벌을 의인이 받는가 하면 의인이 받아야 할 보상을 악인이 받는 일이 있다(의인의 고난, 악인의 형통), 지혜자라도 해 아래에서 행해지는 일을 능히 알아낼 수 없도다, 의인들이나 지혜자들이나 그들의 행위나 모두 다 하나님의 손 안에 있으니 그들의 미래의 일들을 알지 못하도다, 사람들은 마음에 사악과 광증을 품고 살다가 결국에는 죽고 만다 그러나 살아 있는 사람에게는 누구나 소망이 있다 죽은 이들에게는 이미 사랑도 미움도 야망도 없다, 네 손이 일을 얻는 대로 힘을 다하여 할지어다 네가 죽으면 일도 없고 아무 것도 없으니라, 누구에게나 불행한 때와 재난은 닥친다 그러나 인간은 그런 때가 언제 자기에게 닥칠지 알지 못한다, 사람들도 갑자기 덮치는 악한 때를 피하지 못한다, 만사를 성취하시는 하나님의 일을 네가 알지 못하느니라.

청년에 대한 충고(11:7~12:8) : 청년이여 마음에 기뻐하여 마음에 원하는 길들과 눈에 보는 대로 행하라 그러나 하나님이 이 모든 일로 말미암아 너를 심판하실 줄 알라, 그런즉 근심이 네 마음에서 떠나게 하며 악이 네 몸에서 물러가게 하라, 청년의 때에 너의 창조주를 기억하라(12:1).

결론(12:9-14)

여호와를 경외하라 : 여호와를 경외하고 그 명령들을 지킬지어다 이것이 모든 사람의 본분이니라(12:13), 하나님은 모든 행위와 모든 은밀한 일을 선악 간에 심판하시리라(12:14).

전도자의 인생 고백

- 해 아래 새로운 것은 없다(1:10).
- 사람의 수고도 즐거움도 헛되다(1:14, 2:1, 4:4-16).
- 모든 일에 때가 있다(3:1-10).
- 인간 지혜에는 한계가 있다(3:14-15).
- 모든 인생은 흙으로 간다(3:20).
- 재물로 만족할 수 없다(5:10).

전도자의 행복한 인생을 위한 권면

- 평범한 삶에서 낙을 누리며 사는 사람은 행복하다. 사람이 먹고 마시며 수 고하는 것보다 그의 마음을 더 기쁘게 하는 것은 없나니 이는 하나님의 손 에서 나오는 선물이다(2:24-26, 3:12, 13, 22, 5:18, 8:15, 9:7, 9).
- 선을 행하는 사람은 행복하다(3:12).
- 서로 돕는 사람은 행복하다(4:12).
- 입술을 지키는 사람은 행복하다(5:2).
- 하나님을 경외하는 예배를 드리는 사람은 행복하다(5:1-7).
- 죽음을 기억하는 사람은 행복하다(7:2).
- 탐욕이 없고, 노를 발하지 않는 사람은 행복하다(7:7, 9).
- 지나치게 치우치지 않은 사람은 행복하다(7:16-18).

전도자의 당부

- 우리에게 주어진 삶은 반드시 하나님의 주권 아래 있다.
- 늙음과 죽음은 피할 수 없기에 젊었을 때 창조주를 기억하라.
- 만사에는 때가 있으니 일희일비 하지말고 때를 생각하여 신중하게 살라.
- 인간의 계획과 바람대로 되지 않는 것이 현실이다.
- 참된 지혜란 하나님의 크신 경륜 안에서 우리 인생이 얼마나 보잘 것 없는 지를 깨닫는 것이다.
- 세상의 것은 다 헛되므로, 오직 하나님을 경외하고 명령을 지키며 살라.

아가

1. 개요

명칭 : 히브리어 성경의 뜻은 '노래 중의 노래(Song of Songs)', '가장 훌륭하고 아름다운 노래'다.

기록 목적 : 솔로몬과 술람미 여인과의 사랑의 찬가를 통해 이스라엘을 향한 하나님의 사랑이 얼마나 순결하고 고귀한 것인가를 보여 주고자 기록하였다.

주제

- **부부 간의 아름다운 사랑, 순수하고 고귀한 사랑의 아름다움**
- **우리를 향한 하나님의 다함 없는 사랑**

특징

- 성경에서 가장 오해받기 쉬운 인간의 사랑이 주제인 유일한 책이다.
- 하나님에 관한 말이 한 군데밖에 없고(8:6), 죄에 관한 말이 없으며, 신앙적 문제에 관한 특별한 말이 없고, 성경의 다른 책에 인용되거나 암시된 곳이 없다.

하나님과 이스라엘 백성의 관계를 부부 관계로 묘사 : 호세아 1~3장, 예레미
야 2:2, 3, 20-25, 3:1-10, 에스겔 16, 23장, 이사야 54:5-8, 61:10.

예수 그리스도와 교회의 관계

예수 그리스도와 성도의 관계

2. 구조와 내용

◈ **사랑의 시작(1~3:5)** : 연인들의 사랑 노래
- 첫사랑의 기쁨(1:1~2:7)
- 사랑의 교제(2:8~3:5)

◈ **사랑의 절정(3:6~5:1)** : 사랑의 결합(신랑 신부의 찬양과 결혼)

◈ **사랑의 연단(5:2~6:12)**
- 이별의 슬픔(5:2~6:3)
- 재회의 기쁨(6:4~8:4)

◈ **사랑의 성숙(8:5~8:14)** : 영원한 사랑의 노래

사랑이란

• 사랑은 신분과 한계를 초월한다(1:5-6).

• 사랑은 서로를 배려해 주는 것이다(2:7, 3:5, 8:4) : 집중과 관심

• 사랑은 동행하는 것이다(2:10-13).

• 사랑은 서로의 허물을 덮는 것이다(4:7).

• 사랑은 상대방의 모든 것을 최고로 여기며 기쁨으로 받아들이는 것이다
  (1:9-10, 2:2-3, 4:10-12, 5:10-16).

• 사랑은 죽음까지도 이기는 것이다(8:6-7).

• 사랑은 하나님께 속한 것이니 하나님으로부터 공급받아야 한다.

예언서

1. 개요

예언서의 메시지 : 죄와 용서, 심판과 구원, 소망의 메시지.
- 멸망의 길에서 회개하고 하나님께 돌아오면 심판 대신 구원을 받는다.
- 예언의 목적은 유대 백성을 죄에서 돌이켜 평안과 소망을 주기 위함이다.

예언자 : 하나님의 말씀과 영이 임한 자.
- 예언자는 선지자로서 하나님으로부터 주어진 말씀(계시 말씀)을 전하는 자로 중보 기도에 힘쓴다(렘 18:18 참조).
- 제사장은 율법의 말씀을 일반적으로 가르친다.
- 지혜자는 체험된 하나님의 말씀을 가르친다.

예언의 특징
- 일관성 : 하나님을 버리고 우상을 섬기면 나라가 망하고 타국에 포로로 잡혀갈 것이다.
- 인간의 선택을 강조 : 회개하고 돌아오면 구원이 있을 것이고 돌아오지 않으면 저주와 심판이 있을 것이다.
- 예언자는 단지 하나님 말씀을 전하고, 이를 실천하는지의 여부는 오직 듣는 사람에게 달려 있다.
- 메시아 도래 : 다윗의 후손에서 평강과 의로 다스릴 메시아 그리스도

가 오실 것을 예언하다.

왜 사람들은 하나님을 버리고 우상을 숭배할까?

자신이 원하는 것을 이루기 위해서 우상을 숭배하는데, 우상은 나만 잘되게 도와주는 신을 눈에 보이도록 만든 것에 불과하다. 즉 자신의 욕망을 채우려고 하나님을 버리고 자신이 만든 신을 좇아가는 것이 우상숭배요, 기복 신앙이다.

2. 예언서의 분류

대선지서(5)와 소선지서(12)

- 대선지서 : 이사야, 예레미야, 예레미야애가, 에스겔, 다니엘.
- 소선지서 : 호세아, 아모스, 요엘, 오바댜, 요나, 미가, 나훔, 하박국, 스바냐, 학개, 스가랴, 말라기.

시기별

- 포로 전 : 이사야, 예레미야, 호세아, 아모스, 하박국 등.
- 포로 시 : 에스겔, 다니엘.
- 포로 후 : 학개, 스가랴, 말라기.

선포 대상별

- 남유다 : 요엘, 이사야, 미가, 스바냐, 예레미야(애가), 하박국.
- 북이스라엘 : 호세아, 아모스.
- 앗수르(니느웨) : 요나, 나훔.
- 에돔 : 오바댜.

• 바벨론에 있는 유대인과 이방인 : 에스겔, 다니엘.

• 귀향한 유대인들 : 학개, 스가랴, 말라기.

3. 예언서와 선지자의 관계

선지자 : 히브리어로 '나비'(부름받은 자 또는 말하는 자)라는 의미다.

• 하나님의 특별한 부르심을 받아 그분의 말씀을 전하는 사람으로, 왕과
제사장처럼 세습은 아니고 오직 하나님에 의해 선택되어 하나님이 위
임하신 사역을 담당한다(렘 1:5, 암 7:14-15).

• 처음부터 특별한 사람들이 아니고 평범한 삶을 살다가 하나님의 영이
임해서 예언자가 되었다.

• 선지자의 직책은 모세부터 시작되었고(렘 7:25, 신명기 18:9-22 참조),
선지자의 삶은 권력자들부터 위협과 동족 및 거짓 선지자들로부터 조
롱과 핍박을 받는 고달픈 삶이요, 자기 자신의 주장을 포기하는 삶이다.

선지자의 임무 : 설교자, 예언자, 파수꾼.

• 선지자는 이미 계시된 율법의 설교자로 하나님에게 계시를 통해 메시
지를 받아 그 메시지를 백성에게 알리는 것이 사명이다(하나님 말씀
을 맡은 預言者).

• 주로 말씀을 공포하고(말씀을 전하는 預言=대언 forthtelling), 장래
의 일을 예견하기도 하며(미래를 전하는 豫言 foretelling), 또한 파수
꾼의 역할을 담당하여 백성들의 악을 지적하고 회개하게 해서 하나
님과 인간을 화목하게 한다.

이사야

1. 개요

명칭 : 히브리어 성경의 뜻 '여호와는 구원이시다.'

배경 : 앗수르의 침공시대인 웃시야, 요담, 아하스, 히스기야, 므낫세 시대 (60년간)에 활동했는데, 웃시야는 제사장을 멸시하고 하나님의 영광을 모독하여 문둥병에 걸렸으며, 요담과 아하스는 성전을 멀리하고 바알을 섬겼고, 히스기야는 앗수르 침공 때 하나님께 의뢰하며 종교개혁을 했으며, 므낫세는 가장 악행을 저지른 왕으로 이사야를 순교하게 했다.

기록 목적

- **영적으로 타락한 유다 백성이 하나님께로 돌아오도록 회개를 촉구하고자 이상과 계시로 받은 말씀을 기록하였다.** : 하나님 징계의 궁극적 목적은 택한 백성을 정결함하게 하는 것이므로 변함없이 하나님만을 신뢰하고 앙모해야 한다.

- **고난받는 여호와의 종, 즉 메시아를 통한 이스라엘의 종국적인 회복과 하나님 나라를 알리고자 기록하였다.** : '여호와의 종'은 예수 그리스도를 뜻

하며(막 10:45 참조), 바울은 로마서 9~11장에서 이스라엘의 구원 문제를 이사야 65~66장에 근거해 다루고 있다(남은 자, 선택된 자만 구원).

주제

- **하나님의 심판(2:5-22, 24~35장)** : '그 날', '여호와의 날'은 장차 세상에 대한 전면적인 심판이 시행될 것임을 시사한다(2:12, 13:6, 9, 22:5).
- **하나님의 구원(30:7, 40장)** : 구원자, 전능자이신 거룩하신 하나님.
- **메시아 사상(7:14-15, 9:1-7, 11장, 35:5-6, 61:1-2 등)** : '여호와의 종의 노래'(42:1-9, 49:1-7, 50:4-11, 52:12~53:12).
- **남은 자 사상(10:20-23)**

특징

- **성경의 축소판** : 심판과 구원의 책으로 1~39장(39장)은 구약의 메시지를, 40~66장(27장)은 신약의 메시지를 담고 있다.
- **위로와 소망의 책** : 메시아의 메시지로 가득하여 제5복음서 또는 이사야 복음으로 불리기도 한다.
- **묵시록적 성격** : 묵시문학적 부분을 담고 있으며 특히 24~27장은 최후의 심판을 묘사하고 있다.

2. 구조

◈ **심판에 관한 예언(1~35장)**
- 유다에 대한 심판과 이사야의 소명(1~6장)
- 앗수르의 멸망과 메시아 예언(7~12장)
- 열방에 대한 심판 예언(13~23장)
- 세계 심판과 택한 백성에 대한 구원(24~27장)

- 에브라임과 유다에 대한 경고(28~33장)
- 열국에 대한 심판과 시온의 미래(34~35장)
◈ **역사적인 사건(36~39장)** : 히스기야 시대의 3대 사건(왕하 18~20장)
- 앗수르 왕 산헤립의 유다 침공과 패배
- 히스기야의 질병 회복
- 히스기야의 실수와 바벨론 포로에 대한 예언
◈ **구원(위로)에 관한 예언(40~66장)**
- 구원의 약속(40~48장) : 바벨론 포로의 귀환 예언
- 구원의 과정(49~57장) : 메시아 오심과 이방인에 대한 구원 예언
- 구원의 성취(58~66장) : 메시아 왕국의 도래 예언

참고 사항
- 이사야 36~39장은 열왕기하 18~20장과 대부분 일치.
- 후반부 40~55장 : 전반부 1~39장에 있는 '회복 메시지'와 유사(포로 생활에서 귀환, 예루살렘 재건 선포).
- 후반부 56~59장 : 위 전반부의 '심판 메시지'와 유사.
- 후반부 60~66장 : 포로 귀환 이후의 영광을 기술.

3. 내용

전체 요약(1장)

하나님을 저버린 이스라엘과 그에 따른 심판 : 종교적 위선과 사회적 불의

가 팽배하여 하나님이 심판하리라.

"너희가 손을 펼 때에 내가 내 눈을 너희에게서 가리고 너희가 많이 기도할지라도 내가 듣지 아니하리니 이는 너희의 손에 피가 가득함이라(사 1:15). 너희는 잎사귀 마른 상수리나무 같을 것이요 물 없는 동산 같으리니"(사 1:30).

남은 자들에 대한 회복과 구원 약속(9~27) : 유다에게 선행과 공의를 행할 것을 명하면서 회개를 촉구하고, 구속과 회복의 은총을 약속하다.

"시온은 정의로 구속함을 받고 그 돌아온 자들은 공의로 구속함을 받으리라"(사 1:27).

심판에 관한 예언(2~35장)

유다에 대한 심판(2~5장)

메시아의 도래와 하나님의 심판(2장), 타락한 유다 백성의 형식적인 제사와 부패와 타락과 우상숭배와 탐욕과 사치에 대한 하나님의 심판을 경고하다(3장) 유다가 장차 회복될 것임을 예언하다(4장). 이스라엘의 죄악에 따른 하나님의 징계를 경고(농부이신 하나님이 좋은 포도나무를 심었으나, 포도원인 이스라엘이 범죄해서 들포도 같은 죄악의 열매를 맺어 심판받는다)(5장).

이사야의 소명(6장)

이사야가 웃시야가 죽던 해 성전에서 엎드려 기도하다가 이상 중에 하나님의 영광을 목격하고 하나님으로부터 선지자의 소명과 함께 '유다 백성은 심판을 받을 것이나, 거룩한 삶을 사는 자들은 그 땅의 그루터기로 남을 것이다'라는 심판과 구원의 메시지를 받는다.

"여호와께서 이르시되 가서 이 백성에게 이르기를 너희가 듣기는 들어도 깨닫지 못할 것이요 보기는 보아도 알지 못하리라 하여 이 백성의 마음을 둔하게 하며 그들의 귀가 막히고 그들의 눈이 감기게 하라 염려하건대 그들이 눈으로 보고 귀로 듣고 마음으로 깨닫고 다시 돌아와 고침을 받을까 하노라(사 9~10), 상수리나무가 베임을 당하여도 그 그루터기는 남아 있는 것 같이 거룩한 씨가 이 땅의 그루터기니라 하시더라"(사 6:13b).

앗수르의 멸망과 메시아 예언(7~12장)

임마누엘의 징조(7장) : 유다 왕 아하스가 아람과 이스라엘의 동맹 소식을 듣고 두려워할 무렵 아하스에게 하나님을 의지하면 그들의 도모를 파할 것이라고 위로하였으나 아하스가 하나님께 불순종하자, 아하스를 책망하며 임마누엘의 징조를 계시하다(7:10-16). "주께서 친히 징조를 너희에게 주실 것이라 보라 처녀가 잉태하여 아들을 낳을 것이요 그 이름을 임마누엘이라 하리라"(사 7:14b).

아람과 북이스라엘 멸망을 예언(8장)

메시아에 대한 예언(9장) : "이는 한 아이가 우리에게 났고 한 아들을 우리에게 주신 바 되었는데 그의 어깨에는 정사를 메었고 그의 이름은 기묘자라, 모사라, 전능하신 하나님이라, 영존하시는 아버지라, 평강의 왕이라 할 것임이라"(사 9:6)

이스라엘과 앗수르에 대한 심판 예언(10장)

메시아의 도래와 메시아 나라에 대한 예언(11장) : "이새의 줄기에서 한 싹이 나며 그 뿌리에서 한 가지가 나서 결실할 것이요, 그의 위에 여호와의 영 곧 지혜와 총명의 영이요 모략과 재능의 영이요 지식과 여호와를 경외하는 영이 강림하시리니, 그가 여호와를 경외함으로 즐거움을 삼을 것이며, 공의로 가난한 자를 심판하며 정직으로 세상의 겸손한 자를 판단할 것이며 그의 입의 막대기로 세상을 치며 그의 입술의 기운으로 악인을 죽일 것이며, 그의 눈에 보이는 대로 심판하지 아니하며 그의 귀에 들리는 대로 판단하지 아니하며 공의로 그의 허리띠를 삼으며 성실로 그의 몸의 띠를 삼으리라(사 11:1-5). 내 거룩한 산 모든 곳에서 해 됨도 없고 상함도 없을 것이니 이는 물이 바다를 덮음 같이 여호와를 아는 지식이 세상에 충만할 것임이니라"(사 11:9).

열방에 대한 심판 예언(13~23장) : '그날'이 오면 심판할 것이다.

열방에 대한 심판 예언(13~19장) : 바벨론 제국에 대한 심판 예언(13~14장), 블레셋 멸망에 대한 예언(14:28-32), 모압에 대한 심판 예언(15~16장), 다메섹과 북이스라엘의 멸망에 대한 예언(17장), 구스에 대한 예언(18장), 애굽에 대한 예언(19장).

이사야의 행동을 통해 애굽과 구스의 포로 생활을 예고(20장) : 히스기야가 애굽과 손을 잡으려고 하자 하나님께서 이를 막으시면서 그 뜻을 백성에게 보여 주기 위해 이사야에게 벗은 몸으로 3년간 예루살렘을 돌아다니라고 명하시다.

바벨론이 메대와 바사 연합군에 의해 멸망당할 것이라고 예언(21:1-10) : 두마와 아라비아에 임할 심판 예언(21:11-17), 예루살렘의 슬픈 운명과 유다 지도자에 대한 하나님의 심판을 경고(22장), 두로에 대한 심판 선언(23장).

세계 심판과 택한 백성에 대한 구원(24~27장) : 여호와의 날에 대한 예언

세상의 모든 죄악 세력에 대한 하나님의 심판을 예고(24장) : 이스라엘에 대한 징벌 선포(24:1-13), 심판에서 살아남은 경건한 백성이 누리는 기쁨과 찬양(24:14-16), 사탄의 세력에 대한 하나님의 종말적 심판을 선고하다 (24:17-23).

찬양 : 시온(메시아 왕국)에서 부를 성도의 찬양(25장), 구원받은 자의 하나님 나라에서의 찬양(26장), 하나님 나라의 번영과 세상 나라의 몰락(27장). → 포도원에 관한 새 노래

에브라임과 유다에 대한 경고(28~33장)

에브라임에 임할 심판을 예언하고, 유다와 예루살렘의 타락한 지도자들에게 경고하다 : 보라 내가 한 돌을 시온에 두어 기초를 삼았노니 곧 시험한 돌이요 귀하고 견고한 기촛돌이라 그것을 믿는 이는 다급하게 되지 아니하리로다, 나는 정의를 측량줄로 삼고 공의를 저울추로 삼으니 우박이 거짓의 피난처를 소탕하며 물이 그 숨는 곳에 넘칠 것이라, 자기 백성을 위한 하나님의 경륜과 섭리를 농부의 비유로 증거하다.

타락한 예루살렘의 징계와 회복에 대해 예언하다 : 이 백성이 입으로는 나를 가까이 하며 입술로는 나를 공경하나 그들의 마음은 내게서 멀리 떠났나니 그들이 나를 경외함은 사람의 계명으로 가르침을 받았을 뿐이라.

심판과 회복 : 유다 멸망의 외적 원인을 설명(30장), 앗수르 심판과 시온 구원(31장), 의와 공평의 왕이 출현할 것을 선포(32장), 앗수르의 비참한 운명에 관한 예언(33장). "공의의 열매는 화평이요, 공의의 결과는 영원한 평안과 안전이라"(32:17).

열국에 대한 심판과 시온의 미래(34~35장)

에돔으로 대표되는 사탄의 세력에게 내릴 철저한 심판 예언(34장)

장차 도래할 메시아 왕국의 영광과 번영 선포(35장) : 광야와 메마른 땅이 기뻐하며 사막이 백합화 같이 피어 즐거워하며 무성하게 피어 기쁜 노래로 즐거워하며 아름다움(여호와의 영광)을 얻을 것이라(35:1-2), 광야에서 물이 솟겠고 사막에서 시내가 흐를 것임이라, 거기에 대로가 있어 그 길을 거룩한 길이라 일컫는 바 되리니 오직 구속함을 입은 자들을 위하여 있게 될 것이라(35:6, 8).

역사적 사건(36~39장) : 히스기야 왕의 3대 사건(왕하 18~20장)

앗수르 왕 산헤립의 유다 침공과 패배(36~37장) : 랍사게가 유다에게 항복을 요구(36장), 이사야의 중보 기도와 히스기야의 간구로 하나님이 응답(37장).

히스기야의 중병과 회복(38장) : 15년 생명 연장

히스기야의 실수와 그에 대한 하나님의 징벌 선포(39장)

위로(구원)에 관한 예언(40~66장)

구속의 약속(40~48장) : 평강의 약속

하나님께서 이스라엘 민족을 바벨론 포로에서 해방시킬 것을 예언(40장) : 너희는 내 백성을 위로하라, 너희는 광야에서 여호와의 길을 예비하라 사막에서 우리 하나님의 대로를 평탄하게 하라, 여호와의 영광이 나타나고 모든 육체가 그것을 함께 보리라, 하나님에게는 열방이 통의 한 방울 물 같고 저울의 작은 티끌 같으며 섬들은 떠오르는 먼지 같다.

"오직 여호와를 앙망하는 자는 새 힘을 얻으리니 독수리가 날개치며 올라 감 같을 것이요 달음박질하여도 곤비하지 아니하겠고 걸어가도 피곤하지 아니하리로다"(사 40:31).

하나님이 이스라엘에게 구원의 은혜를 베푸실 것을 예언(41:1-20) : "두려 워하지 말라 내가 너와 함께 함이라 놀라지 말라 나는 네 하나님이 됨이 라, 내가 너를 굳세게 하리라, 참으로 너를 도와주리라, 참으로 나의 의로 운 오른손으로 너를 붙들리라"(사 41:10).

만인을 향한 메시아의 구원 약속(42:1-9, 여호와의 종의 노래 1) : 내가 택한 사람을 보라 내가 나의 영을 그에게 주었은즉 그가 이방에 정 의를 베풀리라, 그는 외치지 아니하며 목소리를 높이지 아니하며, 상한 갈대를 꺾지 아니하며 꺼져가는 등불을 끄지 아니하고 진실로 정의를 시 행하리라(42:1-3), 나 여호와가 너를 세워 백성의 언약과 이방의 빛이 되 게 하리라(42:6).

구원을 베푸실 하나님께 찬양 드릴 것을 권고하고, 하나님의 구원 약속과 새 일을 행하시는 하나님을 예언(42:10~43:21) : 여호와께 새 노래로 노래하며 땅 끝에서부터 찬송하라, 너를 창조하신 여호와께서 말씀하시느니라 너는 두려워하지 말라 내가 너를 구속하였 고 내가 너를 지명하여 불렀나니 너는 내 것이라, 강을 건널 때에 물이 침 몰하지 못할 것이며 불 가운데로 지날 때에 불꽃이 사르지도 못하리라 (43:1-2). 너희는 이전 일을 기억하지 말며 옛날 일을 생각하지 말라, 보 라 내가 새 일을 행하리니 반드시 내가 광야에 길을 사막에 강을 내리라 (43:18-19). 이 백성은 내가 나를 위하여 지었나니 나를 찬송하게 하려 함이니라(43:21).

이스라엘 백성을 향한 위로와 축복을 약속(44:1-5, 21-28) :
나는 목마른 자에게 물을 주며 마른 땅에 시내가 흐르게 하며 나의 영을
네 자손에게, 나의 복을 네 후손에게 부어 주리라(44:3). 내가 네 허물을
빽빽한 구름 같이, 네 죄를 안개 같이 없이하였으니 너는 내게로 돌아오
라 내가 너를 구속하였음이니라(44:22).

포로 귀환의 예언 :
고레스를 통한 이스라엘의 구원 계획(45장), 바벨론의 우상 파괴와 하나
님의 구원 역사에 대한 예언(46장), 바벨론이 심판받을 수밖에 없는 이유
(47장), 유다 백성이 하나님의 은혜로 본국으로 귀환하게 될 것을 약속(48
장).

구속의 과정(49~57장) : 평강의 왕

메시아의 사명(49장, 여호와의 종의 노래 2) : 너를 이방의 빛으로 삼아 나
의 구원을 베풀어서 땅 끝까지 이르게 하리라.

여호와의 종의 순종과 거룩한 희생(50장, 여호와의 종의 노래 3) : "주 여호
와께서 학자들의 혀를 내게 주사 나로 곤고한 자를 말로 어떻게 도와 줄
줄을 알게 하시고 아침마다 깨우치시되 나의 귀를 깨우치사 학자들 같이
알아듣게 하시도다"(50:4).

구원의 하나님이 이스라엘의 회복을 약속(51~52장)

고난받는 종(53장, 여호와의 종의 노래 4) : "그가 찔림은 우리의 허물 때문
이요 그가 상함은 우리의 죄악 때문이라 그가 징계를 받음으로 우리가 평
화를 누리고 그가 채찍에 맞으므로 우리는 나음을 받았도다, 우리는 다

양 같아서 그릇 행하여 각기 제 길로 갔거늘 여호와께서는 우리 모두의 죄악을 그에게 담당시키셨도다"(사 53:5-6).

이스라엘의 회복과 번영과 새 예루살렘에 대한 예언(54장)

세상 만민을 향한 하나님 구원의 초대(55장) : "너희는 여호와를 만날 만한 때에 찾으라 가까이 계실 때에 그를 부르라 너희의 길과 생각을 버리고 여호와께로 돌아오라 그리하면 그가 긍휼히 여기시리라 우리 하나님께 돌아오라 그가 너를 너그럽게 용서하시리라 이는 내 생각이 너희의 생각과 다르며 내 길은 너희의 길과 다름이니라 여호와의 말씀이니라 이는 하늘이 땅보다 높음 같이 내 길은 너희의 길보다 높으며 내 생각은 너희의 생각보다 높음이니라"(사 55:6-9).

구원받을 자의 자격(56~57장) : 이방인에 대한 구원 계획(56:1-8), 이스라엘 지도자들과 일반 백성의 우상숭배 등 타락상을 책망하다.

구속의 성취(58~66장) : 평강의 계획

이스라엘의 위선적 예배 행위를 책망(58장) : 하나님이 기뻐하시는 금식은 사랑과 긍휼과 구제를 실천하는 행함이다. 안식일을 지키면 복을 받는다.

이스라엘 사회의 죄악상을 지적(59장) : 정의가 뒤로 물리침이 되고 공의가 멀리 섰으며 성실이 거리에 엎드러지고 정직이 나타나지 못하는도다.

이스라엘의 승리와 영광을 예언(60장) : 일어나 빛을 발하라 이는 네 빛이 이르렀고 여호와의 영광이 네 위에 임하였음이니라(60:1). 오직 여호와가 네게 영원한 빛이 되며 네 하나님이 네 영광이 되리라(60:19).

메시아의 구속 사역과 하나님 백성이 누릴 구원의 기쁨(61장) : "주 여호와의 영이 내게 내리셨으니 이는 여호와께서 내게 기름을 부으사 가난한 자에게 아름다운 소식을 전하게 하려 하심이라 나를 보내사 마음이 상한 자를 고치며 포로된 자에게 자유를 갇힌 자에게 놓임을 선포하며, 여호와의 은혜의 해와 우리 하나님의 보복의 날을 선포하여 모든 슬픈 자를 위로하되 무릇 시온에서 슬퍼하는 자에게 화관을 주어 그 재를 대신하며 기쁨의 기름으로 그 슬픔을 대신하며 찬송의 옷으로 그 근심을 대신하시고 그들이 의의 나무 곧 여호와께서 심으신 그 영광을 나타낼 자라 일컬음을 받게 하려 하심이라"(61:1-3).

구원과 심판을 예언(62~65장) : 예루살렘의 영광과 의(62장), 하나님의 원수들에 대한 공의의 심판 예언(63:1-6), 과거 이스라엘에게 베푸신 하나님의 자비와 구원의 은총(63:7-14), 이사야의 중보 기도(63:15~64:12), 회개하지 않은 자들에 대한 보응을 예언(65:1-16).

새 하늘과 새 땅에 대한 예언(65:17-25) : 보라 내가 새 하늘과 새 땅을 창조하나니 이전 것은 기억되거나 마음에 생각나지 아니할 것이라(65:17). 이리와 어린 양이 함께 먹을 것이며 사자가 소처럼 짚을 먹을 것이며 뱀은 흙을 양식으로 삼을 것이니 나의 성산에서는 해함도 없겠고 상함도 없으리라(65:25).

마지막 예언 : 이스라엘의 외식적 예배를 책망하고 회복과 번영을 약속하며, 마지막 날에 악인을 심판하고 의인을 구원할 것을 예언하다(66:15-21).

메시아의 사명(사 61장)과 예수님의 사명 선언(눅 4장)

가난한 자에게 복음을, 마음이 상한 자에게 고침을, 포로 된 자에게 자유를, 갇힌 자에게 놓임을, 모든 슬픈 자에게 위로를 주시며, 희락의 기쁨으로 슬픔을 대신하며, 찬송의 옷으로 근심을 대신하리라.

예레미야

1. 개요

명칭 : '여호와가 던지신다', '여호와께서 세우신다'라는 의미다.

배경 : 예레미야는 베냐민 땅 아나돗 제사장 가문 출신(아나돗은 솔로몬 때 아비아달 제사장이 추방된 곳이다. 예루살렘에 반감 있는 몰락한 집안 이다)으로 요시야, 여호아하스, 여호야김, 여호야긴, 시드기야 왕에 걸쳐 40년간 활동한 선지자다. 당시는 바벨론 침공시대와 유다 멸망시대(BC 627−586)로 유다는 바벨론과 애굽 사이에서 둘 중 하나를 선택해야 하는 정치적 상황에 놓여 있었다.

기록 목적 : 이스라엘의 죄악 때문에 하나님 심판으로 멸망될 것을 경고함과 아울러 죄를 회개하고 하나님께 순종하면 재앙에서 구원하고 나아가 메시아를 보내겠다는 약속을 함으로써 소망을 주고자 기록하였다.

주제

- **하나님의 통치(주권)** : 하나님은 인간 역사의 모든 사건에 개입하여 그 정하신 뜻에 따라 이를 주관하는 통치자이시다(토기장이 비유 등).

- **죄와 심판** : 하나님은 우상숭배하는 불순종의 사람을 질병, 기근, 대량 학살, 포로 생활 등의 방법으로 공의의 심판을 하신다.
- **소망** : 택한 백성은 버려두지 아니하시고 사랑으로 구원하신다. 남은 자들의 회복(25:11, 29:10), 메시아 도래에 관한 약속(23:3-8), 영원한 새 언약(31:31-33) 등.

비유
- **하나님** : 생수의 근원, 토기장이.
- **이방신** : 헛된 것, 터진 웅덩이, 무력한 것.
- **이스라엘** : 영원한 사랑을 받음(31:3), 첫 열매(2:3), 귀한 포도나무 (2:21), 사랑받는 자(11:15), 여호와 기업(12:7-9), 포도원(12:10), 양무리(13:17).

2. 구조

◈ 예레미야의 소명(1장)
◈ 예루살렘과 유다에 대한 심판의 말씀(2~25장)
◈ 거짓된 희망과 거짓 예언자들 : 예레미야의 갈등(26~29장)
◈ 이스라엘과 유다에 대한 구원의 말씀(30~33장)
◈ 왕과 백성에 대한 마지막 경고(34~38장)
◈ 예루살렘의 함락과 생존자들의 운명(39~45장)
◈ 이방 민족(열방)에 대한 심판의 말씀(46~51장)
◈ 예루살렘 함락과 바벨론 포로(52장) : 부록

3. 내용

예레미야의 소명(1장)

소명의 과정(1:1-10) : "내가 너를 모태에 짓기 전에 너를 알았고 네가 배에서 나오기 전에 너를 성별하였고 너를 여러 나라의 선지자로 세웠노라"(렘 1:5). 너는 아이라 하지 말고 내가 너를 누구에게 보내든지 너는 가며 내가 네게 무엇을 명령하든지 너는 말할지니라, 너는 두려워하지 말라 내가 너와 함께 하여 너를 구원하리라, 내가 내 말을 네 입에 두었노라, 보라 내가 오늘 너를 여러 나라와 여러 왕국 위에 세워 네가 그것들을 뽑고 파괴하며 파멸하고 넘어뜨리며 건설하고 심게 하였느니라.

소명의 표적과 확신(1:11-19) : 살구나무와 끓는 가마의 환상을 통해 확증하였는데, 살구나무 환상은 말씀대로 이루어짐을, 끓는 가마 환상은 북쪽에서 이방 나라가 침략하여 큰 환난 당함을 상징한다.

예루살렘과 유다에 대한 심판의 말씀(2~25장)

유다의 범죄(2:1~3:5) : "내 백성이 두 가지 악을 행하였나니 곧 그들이 생수의 근원되는 나를 버린 것과 스스로 웅덩이를 판 것인데, 그것은 그 물을 가두지 못할 터진 웅덩이들이니라(렘 2:13). 그런즉 네 하나님 여호와를 버림과 네 속에 나를 경외함이 없는 것이 악이요 고통인 줄 알라"(렘 2:19).

유다의 죄악(3:6~6:30) : 공의와 진리를 구하는 자가 없음(5:1), 거짓 맹세(5:2), 하나님께 돌아오기를 싫어함(5:3), 행음(5:7), 교만(5:12), 탐욕

(6:13), 하나님의 법을 버림(6:19).

하나님의 구원(귀환) 약속과 회개 촉구(3:11~4:4) : 내가 너희들 일부를 시온으로 데려 오겠고, 내 마음에 합한 목자들을 너희에게 주리니 그들이 지식과 명철로 너희를 양육하리라, 다시는 그들이 악한 마음의 완악한 대로 행하지 아니할 것이다(3:14-17). 너희는 내게로 돌아오라 네가 만일 나의 목전에서 가증한 것을 버리고 네가 흔들리지 아니하며, 진실과 정의와 공의로 여호와의 삶을 두고 맹세하면 나라들이 나로 말미암아 스스로 복을 빌며 자랑하리라, 너희 묵은 땅을 갈고 가시덤불에 파종하지 말라 (4:1-3).

북방의 적국이 땅을 황폐하게 하리라(4:5~6:30) : 너희가 만일 정의를 행하며 진리를 구하는 자를 한 사람이라도 찾으면 내가 이 성을 용서하리라, 그들이 여호와께서 살아 계심을 두고 맹세할지라도 실상은 거짓 맹세니라, 내가 너의 입에 있는 나의 말을 불이 되게 하고 이 백성은 나무가 되게 하여 불사르리라, 선지자들은 거짓을 예언하며 제사장들은 자기 권력으로 다스리며 백성은 그것을 좋게 여기니 마지막에는 너희가 어찌하려느냐.

성전에서 유다의 위선적 · 형식적 예배를 경고(7장) : 너희는 성전에 나아가 화려한 제사를 드리는 것으로 재앙을 피할 수 있다는 어리석음에 빠져 있다, 성전이 하나님을 만나는 장소가 아니라 백성의 것을 탈취하고 노략질하는 도적의 굴혈이 되었다, 번제의 행위보다 순종이 진정한 예배다.

예레미야의 탄식(8:18~9:26) : 지혜로운 자는 지혜를, 용사는 용맹을, 부자는 부함을 자랑하지 말고 명철하여 하나님을 아는 것과 여호와는 사랑과 정의와 공의를 땅에 행하는 자인 줄 깨닫는 것을 자랑하라 나는 이 일을 기뻐하노라(9:23-24). 이스라엘은 마음에 할례받지 못한 백성이다

(9:26).

우상숭배와 참 예배(10:1-5) : 우상이란 사람이 나무로 만든 형상으로 말을 못하고 움직이지 못하며, 복과 화를 주지 못하고, 두려움의 대상이 못되며, 거짓되고 생기가 없으며, 헛된 것이고 망령된 것으로 하나님이 징벌하실 때 멸망될 것이다.

예레미야의 하나님 찬양(10:6-22) : 오직 여호와는 참 하나님이시오 살아 계신 하나님이시오 영원한 왕이시라 그 진노하심에 땅이 진동하며 그 분노하심을 이방이 능히 당하지 못하느니라.

유다의 언약 위반(11장) : 내 언약은 너희가 내 목소리를 순종하고 나의 모든 명령을 따라 행하면 너희는 내 백성이 되겠고 나는 너희의 하나님이 되리라, 너희가 내 언약을 깨뜨렸으므로 내가 재앙을 너희에게 내리리니 그들이 피할 수 없을 것이라 내게 부르짖을지라도 내가 듣지 아니하리라.

악인의 형통함에 대한 예레미야의 질문과 하나님의 답변(12장) : 심판

썩은 베 띠와 포도주 병의 교훈(13장) : 유다의 교만과 자긍과 우상숭배를 징계하고, 유다의 향락과 안일함과 방탕을 경고하다.

가뭄 재앙으로 심판하시는 하나님(14~15장) : 여호와께서 이제 그들의 죄를 기억하시고 그 죄를 벌하시리라, 그들이 금식할지라도 그 부르짖음을 듣지 아니하겠고 번제와 소제를 드릴지라도 받지 않을 뿐만 아니라 칼과 기근과 점염병으로 그들을 멸하리라, 내 마음은 이 백성을 향할 수 없나니 그들을 내 앞에서 쫓아 내보내리라.

예레미야의 탄식과 하나님의 대답(15:10-21) : 주의 손에 홀로 붙들려 앉았사오니 나의 고통이 계속됨은 어찜 됨이니이까, 여호와께서 이르시되 내가 너로 이 백성 앞에 견고한 놋 성벽이 되게 하리니 그들이 너를 칠지라도 이기지 못할 것은 내가 너와 함께 하여 너를 구하여 건짐이라.

예레미야의 독신 생활을 통해 심판을 예고하시는 하나님(16~17장) : 내 눈이 그들의 행위를 살펴보므로 그들이 내 얼굴 앞에서 숨기지 못하며 그들의 죄악이 내 목전에서 숨겨지지 못함이라. 그러나 무릇 여호와를 의지하며 여호와를 의뢰하는 그 사람은 복을 받을 것이라. 그는 물 가에 심어진 나무가 그 뿌리를 강변에 뻗치고 더위가 올지라도 두려워하지 아니하며 그 잎이 청청하며 가무는 해에도 걱정이 없고 결실이 그치지 아니함 같으리라. 만물보다 거짓되고 심히 부패한 것은 마음이라(17:9).

토기장이 비유와 깨진 오지병의 교훈(18~19장) : 죄를 멸하시는 것과 회개하면 구원하시는 것 모두 하나님의 절대 주권이다. 진흙이 토기장이의 손에 있음 같이 너희가 내 손에 있느니라(18:6). "사람이 토기장이의 그릇을 한 번 깨뜨리면 다시 완전하게 할 수 없나니 이와 같이 내가 이 백성과 이 성읍을 무너뜨리리니 도벳에 매장할 자리가 없을 만큼 매장하리라"(렘 19:11).

학대받는 예레미야(19:14~20:18) : 예레미야가 제사장 바스훌로부터 박해를 받고 자기의 고난을 하나님께 탄원하는 가운데 사명을 감당하다. "내가 다시는 여호와를 선포하지 아니하며 그 이름으로 말하지 아니하리라 하면 나의 중심이 불붙는 것 같아서 골수에 사무치니 답답하여 견딜 수 없나이다"(렘 20:9).

유다 왕들에 대한 경고와 심판의 말씀(21~22장) : 시드기야에게는 바벨론에 항복하라고 명령하고, 여호아하스(살룸)와 여호야김과 여호야긴(고니야)에게는 부정과 불의와 탐욕과 핍박과 착취에 대한 심판을 경고하다.

미래의 왕 메시아(23:1-8) : 보라 때가 이르리니 내가 다윗에게 한 의로운 가지를 일으킬 것이라 그가 왕이 되어 지혜롭게 다스리며 세상에서 정의와 공의를 행할 것이며, 그의 날에 유다는 구원을 받겠고 이스라엘은 평안히 살 것이며 그의 이름은 여호와 우리의 공의라 일컬음을 받으리라.

무화과 두 광주리에 대한 환상(24장) : 바벨론 포로로 끌려간 자들은 좋은 무화과 광주리로서 내게 돌아오게 하리니 그들은 내 백성이 되겠고 나는 그들의 하나님이 되겠지만, 유다와 예루살렘에 있는 사람들은 나쁜 무화과 광주리로서 칼과 기근과 전염병으로 멸절하리라.

유다에 대한 심판과 세계 만민에게 내리는 진노의 잔(25장) : 유다의 모든 땅이 폐허가 되어 놀랄 일이 될 것이며 이 민족들은 70년 동안 바벨론의 왕을 섬기리라. 그날에 여호와에게 죽임을 당한 자가 땅 이 끝에서 땅 저 끝에 미칠 것이리니 그들은 지면에서 분토가 되리로다.

거짓된 희망과 거짓 예언자들 : 예레미야의 갈등(26~29장)

예레미야의 성전 설교 : 예레미야가 성전에서 제사장들과 선지자들과 모든 백성에게 여호와께 불순종으로 말미암아 '여호와께서 이 성전을 실로 같이 되게 하고 이 성을 세계 모든 민족의 저줏거리가 되게 하리라, 그러나 그 악한 길에서 돌아오면 재앙을 내리려 하던 뜻을 돌이키리라'고 설교하자, 이에 제사장들과 선지자들이 예레미야를 붙들고 죽이려고 하였으나 고관들과 백성이 예레미야의 변론을 듣고나서 죄가 없다고 죽이는 것을 반대하다.

거짓 선지자들과의 갈등(27장) : 예레미야가 백성에게 '너희는 유다가 바벨론에게 멸망하지 않을 것이라는 거짓 선지자들의 말을 듣지 말고, 바벨론 왕을 섬겨라 그리하면 살리라'고 호소하다.

하나냐와의 갈등(28장) : 거짓 예언자 하나냐가 예레미야의 말에 반대하며 자신이 바벨론 왕의 멍에를 꺾어 버리겠다고 하면서 예레미야의 목에서 나무 멍에를 빼앗아 꺾어 버리자, 이에 예레미야가 하나냐에게 '여호와께서 너를 보내지 않았거늘 백성에게 거짓을 믿게 하는도다, 네가 나무 멍에를 꺾었으나 그 대신 쇠 멍에를 만들었느니라, 너는 여호와께 패역한 말을 하였으므로 금년에 죽으리라'고 선포하자, 그 해에 하나냐가 죽었더라.

스마야와의 갈등(29장) : 예레미야가 바벨론 포로로 끌려간 장로들과 제사장들과 선지자들과 백성들에게 '너희는 그 곳에 집을 짓고 정착하여라, 그 성읍의 평안을 구하라, 바벨론에서 70년이 차면 너희를 이곳으로 다시 데리고 오기로 한 하나님의 은혜로운 약속이 그대로 이루어지리라, 여호와의 말씀이니라 너희를 향한 나의 생각은 평안이요 재앙이 아니니라 너희에게 미래와 희망을 주는 것이니라, 너희는 내게 부르짖으며 내게 와서 기도하면 내가 너희들의 기도를 들을 것이요, 너희가 온 마음으로 나를 구하면 나를 찾을 것이요 나를 만나리라(29:11-13). 그러나 포로로 끌려가지 않은 이곳 예루살렘 성에 사는 사람들은 칼과 기근과 전염병으로 심판하고 세계 여러 나라로 흩어지게 하여 저주와 조소와 수모의 대상이 되게 될 것이다'라고 편지하자, 이에 거짓 예언자 스마야가 예루살렘에 있는 스바냐 제사장에게 '성전 감독자로서 미친 선지자 노릇을 하는 예레미야를 심판하라'고 하였으나 오히려 여호와께서 거짓 예언을 하는 스마야를 심판하시다.

이스라엘과 유다에 대한 구원의 말씀 : 예루살렘의 회복(30~33장)

이스라엘과 유다의 회복에 대한 약속(30~31:30) : 여호와의 말씀이니라 보라 내가 내 백성 이스라엘과 유다의 포로를 돌아가게 할 날이 오리니 내가 그들을 그 조상들에게 준 땅으로 돌아오게 하여 그 땅을 차지하게 하리라, 내가 너를 흩었던 이방을 멸망시키리라 그러나 내가 법에 따라 너를 징계할 것이요 결코 무죄한 자로만 여기지는 아니하리라, 너희는 내 백성이 되겠고 나는 너희들의 하나님이 되리라, 흩어진 자들이 귀향하여 다시 복받으리라.

새 언약(31:31-40) : 여호와의 말씀이니라 보라 날이 이르리니 내가 이스라엘 집과 유다 집에 새 언약을 맺으리니 이 새 언약은 이스라엘 민족이 시내 산 옛 언약을 지키지 않아 심판을 받았기 때문에 그 옛 언약과는 다르니라, 새 언약은 곧 내가 나의 법을 그들의 속에 두며 그들의 마음에 기록하겠다, 그리하여 나는 그들의 하나님이 되고 그들은 내 백성이 될 것이라, 내가 그들의 악행을 사하고 다시는 그 죄를 기억하지 아니하리라.

새 언약(언약의 갱신)의 성취

- 예수 그리스도의 죽으심과 부활하심을 근거로 마침내 성취(고전 11:25, 히 8장, 9:15, 10:14-18 참조).
- 율법을 마음속에 기록하는 것은 마지막 때에 성령을 부어주심으로 이루어졌다(고후 3:1-18, 롬 8:2, 빌 1:6).

옛 언약과 새 언약의 관계

- 공통점 : 하나님에 의해 주어진 선물, 하나님이 언약을 주도.
- 차이점 : 옛 언약은 외적, 임시적, 강제성. 새 언약은 내적, 영원함, 심령의 변화로 자원하는 마음.

근위대 뜰 안에 구속 중 귀환(회복)의 상징으로 아나돗의 밭을 사다(32장).
예루살렘과 유다의 회복에 대한 약속(33장) : "너는 내게 부르짖으라 내가 네게 응답하겠고 네가 알지 못하는 크고 은밀한 일을 네게 보이리라"(렘 33:3). 이 성읍이 세계 열방 앞에서 나의 기쁨과 찬송과 영광이 될 것이요 이 성읍에 모든 복과 평안을 베풀 것이다, 그 날에 내가 다윗에게서 한 공의로운 가지가 나게 하리니 그가 이 땅에 정의와 공의를 실행할 것이라, 이스라엘 집의 왕위에 앉을 사람이 다윗에게 영원히 끊어지지 아니할 것이며 레위 사람 제사장들도 끊어지지 아니하리라.

왕과 백성에 대한 마지막 경고(34~38장)

시드기야 왕에 대한 예언(34장)

레갑 족속의 모범(35장) : 여호와께서 이르시되 레갑 자손은 자기 조상의 명령에 순종하여 포도주를 마시지 아니하고 집도 짓지 아니하며 포도원이나 밭도 가지지 아니하고 장막에 살고 있는데, 너희들은 나 여호와 하나님의 명령에 불순종하였으므로 예고한 모든 재앙을 그대로 내리겠노라.

바룩이 성전에서 두루마리를 읽다(36장) : 서기관 바룩이 예레미야로부터 들은 여호와의 말씀을 두루마리에 기록한 후 금식일에 성전에서 모든 백성에게 두루마리에 기록한 말씀을 낭독하자, 여호야김 왕이 두루마리를 태워 버렸으나, 다시 예레미야가 바룩에게 여호와의 말씀을 두루마리에 기록하게 하다.

핍박받는 예레미야(37~38장) : 예레미야가 시드기야 왕 때 하나냐의 손자의 무고로 체포되어 서기관 요나단의 관저에 감금되었다가 근위대 뜰 안으로 옮겨져 계속 감금된 후, 예루살렘 성이 바벨론에게 점령당한다는 예레미야의 말로 인하여 다시 왕자 말기야의 집 물웅덩이에 감금되었고, 또 다시 시드기야 왕에 의하여 근위대 뜰 안으로 옮겨진 다음 시드기야 왕에게 '바벨론에 항복하면 살고 항복하지 않으면 예루살렘 성도 함락되고 죽을 것이다'라고 조언하였다. 시드기야가 불순종해서 예레미야는 예루살렘 성이 함락될 때까지 근위대 뜰에서 감금되다.

예루살렘의 함락과 생존자들의 운명(39~45장)

예루살렘의 함락과 예레미야의 석방(39장) : 느브갓네살 왕이 지도층들을 포로로 데려가고 빈민들만 유다에 남겨 두었을 때, 예레미야를 석방하게 하여 아히감의 아들인 그달리야의 집으로 돌아가게 하다.

유다 총독 그달리야(40~45장) : 그달리야가 유다 총독이 되었으나 이스마엘에게 암살을 당하자, 유다에 남아 있는 군 지휘관들이 그달리야를 암살한 이스마엘을 쫓아내고 바벨론에 투항하지 않고 애굽으로 도망가다.

예레미야가 애굽으로 끌려가다(42~45장) : 예레미야가 군 지휘관들과 백성들의 간청에 따라 그들이 가야 할 길을 여호와께 기도한 결과, 여호와로부터 '너희가 이 땅에 그대로 머물러 살면 너희를 바벨론에서 구원하여 주겠고 만일 애굽으로 가면 거기에서 기근으로 죽을 것이다'라는 응답을 받았으나, 그들은 예레미야의 말을 믿지 않고 여호와께 불순종한 채 예레미야와 바룩을 데리고 애굽으로 가다. 애굽의 이스라엘 사람에게 전쟁과 기근으로 죽을 것이라고 말씀하고(44장), 바룩에게 구원을 약속하시다(45장).

이방 민족(열방)에 대한 심판의 말씀(46~51장) : 애굽(46장), 블레셋(47장), 모압(48장), 암몬(49:1-6), 에돔(49:8-22), 다메섹(49:23-27), 게달과 하솔, 엘람(49:28-39), 바벨론(50~51장).

예루살렘 함락과 바벨론 포로(52장) : 예루살렘의 함락(52:4-11), 예루살렘의 파괴(52:12-33), 바벨론 포로로 끌려감(52:24-30), 여호야긴의 석방(52:31-34).

환상과 비유

- 살구나무 환상(1:11-12) : 여호와께서 말씀을 지키신다(이스라엘을 심판하시는 중에도 남은 자들을 보호하신다).
- 북에서 기울어진 끓는 가마 환상(1:13-16) : 바벨론을 통해 죄악의 유다를 심판하신다.
- 썩은 베 띠의 비유(13:1-11) : 유다의 멸망(유다 백성의 버림받음).
- 포도주 병의 비유(13:12-27) : 이스라엘을 취하게 하여 심판.
- 토기장이의 비유(18:1-17) : 주권자(주관자)이신 하나님.
- 깨어진 오지병의 비유(19:1-13) : 하나님의 심판.
- 무화과 두 광주리 환상(24:1-10) : 포로 된 자와 예루살렘에 남은 자.
- 줄과 멍에의 비유(27:1-11) : 바벨론의 멍에를 메어라.
- 밭을 산 예레미야(32:1-15) : 포로 귀환(고향으로 돌아가다).
- 진흙에 감춘 돌(43:8-13) : 유다인들이 도망간 애굽은 바벨론에 의해 고통과 멸망을 받을 것이다.
- 강 속에 버려진 책(51:59-64) : 바벨론은 반드시 멸망한다.

예레미야애가

1. 개요

명칭 : 히브리어 성경의 뜻은 '어찌하여', 70인역의 뜻은 '슬픈 노래'이다.

기록 연대 및 배경 : 예레미야가 예루살렘의 함락을 회고하면서 눈물로 지은 탄식시로, 지금도 유대인들은 통곡의 벽에서 매주 금요일마다 금식하며 예레미야애가를 읽는 풍습이 남아 있다.

기록 목적 : 민족의 멸망을 슬퍼하는 동시에 그것이 죄에 대한 하나님의 징벌임을 설명함으로써, 유다 백성이 신앙의 위기에서 벗어나서 하나님의 신실하심과 자비하심을 믿고 하나님의 심판을 용기 있게 받아들이게 하고자 기록하였다.

주제

- **죄와 징계** : 애가는 비극적인 상황이 생겨나게 된 원인이 하나님과 맺은 언약을 저버린 유다의 죄악, 특히 지도자들(왕, 방백, 선지자, 장로)의 죄악이라고 규명한다.
- **하나님의 자비** : 하나님의 자비와 신실하심에 의지하여 유다 백성의 회

복을 간절히 호소(3:22-36), 유다의 멸망은 갱신을 통해 더 큰 뜻을 성취하시려는 하나님의 자비에 근거한 구속사적 섭리의 결과다.

- **소망** : 애가는 절망적인 탄식(1:1-2)으로 시작하지만 소망과 기쁨의 노래로 끝난다(5:21), 즉 죄악된 삶을 회개하고 하나님께로 돌아오면 하나님께서 새로운 구원을 이루어 주심으로 이전의 영광이 회복되고 찬란한 미래가 보장됨을 확신하고 있다.
- **신명기 28장과 30장의 메시지와 부합** : 불순종의 심판, 회개의 회복.

특징

- 히브리어의 알파벳 22자의 순서에 따른 예술적인 시가 형식인 아크로스틱, 이합체다.
- 교차대구법 : 1장과 5장은 사람에게 중점(예루살렘의 훼파, 남은 자들의 반응), 2장과 4장은 하나님께 중점(하나님의 심판과 진노), 3장은 저자에 중점(저자의 고뇌와 소망)을 표현하고 있는데, 3장이 주제 말씀이다.

2. 구조와 내용

◈ **예루살렘의 훼파(1장, 22절)**
◈ **하나님의 심판(2장, 22절)**
◈ **선지자의 고뇌와 소망(3장, 66절)** : 이것(하나님의 심판)을 내 마음에 담아 두었더니 그것이 오히려 나의 소망이 되었사옴은, 여호와의 인자와 긍휼이 무궁하시므로 우리가 진멸되지 아니함이니이다, 이것들이 아침마다 새로우니 주의 성실하심이 크시도소이다(3:21-23), 사람이 여호와의 구원을 바라고 잠잠히 기다림이 좋도다(3:26), 우리가 스스로 우리의 행위들을 조사하고 여호와께로 돌아가자, 우리의 마음과 손을

아울러 하늘에 계신 하나님께 들자(3:40-41).

◈ **하나님의 진노(4장, 22절)**

◈ **남은 자들의 반응(5장, 22절)** : 유다의 회복을 위한 간구 "여호와여 우리를 주께로 돌이키소서 그리하시면 우리가 주께로 돌아가겠사오니 우리의 날을 다시 새롭게 하사 옛적 같게 하옵소서"(5:21).

에스겔

1. 개요

명칭 : '하나님께서 강하게 하신다', '하나님께서 단련시키신다'의 의미다.

배경 : 에스겔은 제사장 가문의 출신으로 BC 597년 바벨론 2차 침공 때 여호야긴 왕과 함께 포로로 끌려간 후 5년째인 BC 593년 소명을 받아 BC 571년까지 22년간 바벨론 포로들에게 예언한 선지자다(1:2, 29:17 참조). 에스겔서는 바벨론에서의 유대인 포로 생활에 관한 많은 내용을 담고 있을 뿐만 아니라 바벨론의 마지막 침공 직전의 유다 백성의 믿음 태도와 종교적 관습을 묘사하고 있다(3:8, 8:5-18, 22:8-12).

> **에스겔의 소명 :** 처음에 심판의 메시지를 전하기 위해 소명을 받았다가(2~3 장), 13년 후에 구원의 메시지를 전하기 위해 다시 소명을 받았다(33장).

기록 목적 : 바벨론 포로들에게 하나님께서 유다 백성을 심판하실 수밖에 없는 이유와 함께 결국에는 이스라엘을 회복해 주실 것을 알게 하고자 기

록하였다.

주제

- **여호와의 영광(하나님 자신의 존재와 본성)** : 전체 줄거리의 핵심이 여호와의 영광이 예루살렘을 떠났다가 다시 새 예루살렘으로 돌아오는 것으로 되어 있다. 여호와의 영광이 떠남은 이스라엘 백성의 죄 때문이고, 다시 돌아옴은 이스라엘의 회복을 상징한다. 하나님과 사랑의 교제를 나누며 하나님께 영광을 돌리는 것은 인생의 궁극적인 존재 목적이다.
- **죄에 대한 개인의 책임(31:29-30 참조)** : 인간의 책임과 예정에 대해 관심을 기울이고 있으며, 공동체의 책임과 별도로 특히 개인의 책임을 강조한다. 회개한 개인에게는 하나님의 은혜가 임하나 끝까지 완악한 자에게는 저주가 불가피하다.
- **성령의 내주하심과 하나님의 백성** : 성령 하나님이 개인 안에서 역사하셔서 마음을 개혁시킴으로 말미암아 사람으로 하나님의 율법에 순종할 수 있게 한다(11:19-20, 36:26-27).
- **메시아와 하나님 나라의 도래** : 이스라엘에 소망을 주시고자 '오시는 이'는 다윗의 자손으로 오시며 다윗 언약을 성취하시는 왕이다(17:22-23, 21:27, 29:21, 37:24-28). 이스라엘의 회복을 통해 하나님 나라가 도래할 것을 대망하며, 특히 새 성전의 회복과 생명수에 관한 환상을 통해 하나님과의 관계가 회복되고 궁극적으로 새 예루살렘으로 완성될 하나님 나라 완성을 묘사한다.

특징

- **하나님의 영광과 성품을 강조** : 영광(1:28, 3:12, 23, 8:4, 9:3, 10:4, 18, 19, 11:22-23, 39:13, 21, 43:2-5, 44:4), 성품(20:9, 14, 22, 39, 44, 36:20-23).

- **성전과 예배를 중심으로 한 신앙 공동체의 회복을 예언** : 하나님의 영광이 심판으로 인해 성전에서 떠나시고(9:3, 10:4, 18, 19, 11:22-25), 회복을 위해 성전에 다시 나타나신다(43:1-5).

- **환상을 통하여 하나님의 주관하심과 역사하심(회복)을 강조** : 마른 뼈 환상과 성전의 생명수에 관한 환상. 에스겔서의 성전은 신약에서는 예수님(요 2:19-22)과 그리스도인(고전 3:16, 6:19)을 뜻하고, 성전에서 흘러 나온 물은 생수(요 4:10-14)와 성령(요 7:38-39)을 뜻한다.

- **여러 상징 행위를 통하여 하나님의 메시지를 강하게 전달** :
  - 토판 위에 그려진 예루살렘 성을 전철로 에워쌈(4:1-3) : 성을 포위.
  - 왼쪽으로 390일 동안 누워 있음(4:4-5) : 북이스라엘의 형벌 기간 390년.
  - 오른쪽으로 40일 동안 누워 있음(4:6-8) : 남유다의 범죄와 형벌 기간 40년.
  - 쇠똥으로 떡을 구워 먹음(4:9-17) : 포위 기간 동안 음식과 물이 부족.
  - 머리털, 수염을 깎아 일부는 바람에 날리고, 일부는 불사르고, 일부는 옷자락에 넣어둠(5:1-4) : 심판으로 인한 멸망 가운데, 남은 자는 보호.
  - 행구를 지고 성벽을 뚫고 이사함(12:1-7) : 성이 무너지고 백성들은 포로가 됨.
  - 놀라고 떨며 식물을 먹고 물을 마심(12:17-20) : 포위 중 공포 속에서 식사.
  - 허리가 끊어지듯이 슬피 욺(21:6-7) : 유다 재앙이 너무 커서 통곡.
  - 길의 분기점에 지시표를 세워 두 길을 그림(21:18-23) : 성을 공격.
  - 아내의 죽음을 슬퍼하지 않고 묵묵히 있음(24:15-24) : 포로 등 모습.
  - 두 막대를 하나로 만듦(37:15-28) : 유다와 이스라엘이 다시 한 나라가 됨.

2. 구조

◈ **유다에 대한 심판 예언(1~24장)** : 예루살렘 포위 전(BC 593~588년)
- 부르심과 소명(1~3장)
- 예루살렘의 타락과 멸망(4~24장)

◈ **열방에 대한 심판 예언(25~32장)** : 예루살렘 포위 중(BC 588~586년)
- 암몬, 모압, 에돔, 블레셋, 두로, 시돈, 애굽.

◈ **이스라엘의 회복에 대한 예언(33~48장)** : 포위 후(BC 586~570년)
- 회복에 대한 예시(33~37장) : 거짓 목자와 참 목자, 새 언약.
- 구원의 약속(38~39장) : 곡의 침략, 침략자의 파멸과 이스라엘의 회복.
- 참된 예배(40~48장) : 새 성전, 새 규례, 구원의 은혜.

모든 예언이 거의 연대순으로 기록 : 사로잡힌 지 5년(1:2)에서 시작하여 사로잡힌 지 25년(40:1)으로 끝남. 단 마지막 환상인 29:17은 예외다.

3. 내용

유다에 대한 심판 예언

부르심과 소명(1~3장)

하나님이 에스겔에게 나타나심(1:4-28) : 하나님이 거룩한 영광 가운데 네 생물의 이상(사람, 사자, 소, 독수리)과 네 바퀴의 이상과 궁창의 이상을 통해 하나님의 영광과 위엄을 가지고, 광채의 모습을 지닌 사람의 형상과 무지개 형상으로 에스겔에게 임하시다.

에스겔이 하나님의 존귀와 영광에 압도당한 상태에서 소명을 받음(2장) : 하나님이 말씀하신 것을 전파하라.

그발 강가에서 사명 수행을 위한 성령의 감동하심과 말씀을 받음(3장) : "인자야 내가 너를 이스라엘 민족의 파수꾼으로 세웠으니 너는 내 입의 말을 듣고 나를 대신하여 그들을 깨우치라, 만일 네가 그들을 깨우치지 아니하면 그들의 피값을 네 손에서 찾을 것이고, 만일 깨우치면 그들이 죄악을 돌이키지 아니하더라도 네 생명을 보존하리라"(3:17-19).

예루살렘의 타락과 멸망(4~24장)

네 가지 상징으로 심판을 예언(4:1~5:17) : ① 박석 위에 예루살렘 성을 그리고 그 성읍 주위에 운제와 토둔으로 진을 치고 공성퇴를 둘러 세우라. ② 좌편으로 390일 간 누운 다음 우편으로 40일 간 누워라. ③ 보리떡을 인분(쇠똥) 불을 피워 구워라. ④ 머리털과 수염을 깎아 1/3은 불사르고 1/3은 칼로 치고 1/3은 바람에 흩으라 이중 일부는 옷자락에 싸라(불사름은 전염병과 기근을, 칼은 살육을, 바람에 흩음은 포로를, 옷자락에 쌈은 남은 자를 보호하는 것을 상징한다).

예루살렘의 타락(6~8장) : 산당 중심의 우상숭배와 교만, 부패, 사치, 탐욕의 생활로 타락하다. 산당 중심의 우상숭배란 아세라 신상의 숭배, 장로들의 짐승 숭배, 여인들의 담무스 숭배, 태양 숭배 등이다.

잔혹한 살육의 묵시문학적 최후의 심판을 예고(9장)

예루살렘 멸망의 명백한 징조를 보여 줌(10장) : 숯불을 예루살렘 성읍에 뿌리는 환상(2), 여호와의 영광이 성전을 떠나는 환상(10:18).

악한 지도자들에 대한 심판 예언(11:1-13)

포로로 잡혀간 자들에 대한 위로와 회복의 예언(11:14-21) : 내가 비록 그들을 열방에 흩었으나 열방에서 내가 잠깐 그들에게 성소가 되리라, 내가 그들을 흩은 열방에서 모아내고 이스라엘 땅을 주리라, 내가 그들에게 일치한 마음을 주고 그 속에 새 신을 주며 그 몸에서 굳은 마음을 제하고 부드러운 마음을 주어서 내 율례를 좇으며 내 규례를 지켜 행하게 하리니 그들은 내 백성이 되고 나는 그들의 하나님이 되리라.

심판의 확실성을 보여 줌(12장) : 행구를 옮기며 두려운 가운데 음식을 먹는 상징적 행동을 보여 주다.

거짓 선지자들에 대한 저주를 선포(13장) : 거짓 선지자들이 조속한 귀환과 번영을 약속하는 등 백성에게 거짓된 희망을 갖도록 종용하며 참된 회개를 못하도록 방해하다.

심판의 필연성과 남은 자의 구원을 약속(14장) : 우상숭배하는 장로들을 책망하고 백성에게 회개를 권면하다.

심판의 비유(15~17장) : 열매 없는 포도나무의 비유(15장), 음부의 비유(16장), 두 독수리의 비유(바벨론과 애굽), 백향목과 포도나무의 비유(다윗 왕조를 상징하는 유다와 꼭두각시로 추락한 시드기야 정부).

메시아 강림을 예언(17:22-24) : 나 주 여호와가 말하노라 내가 또 백향목 꼭대기에서 높은 가지를 취하여 심으리라 내가 그 높은 새 가지 끝에서 연한 가지를 꺾어 높고 빼어난 산에 심되, 이스라엘 높은 산에 심으리니 그 가지가 무성하고 열매를 맺어서 아름다운 백향목을 이룰 것이요 각양 새가 그 아래 깃들이며 그 가지 그늘에 거할지라.

심판의 공정성(18장) : 악인이 만일 행한 모든 죄에서 돌이켜 떠나 내 모든 율례를 지키고 법과 의를 행하면 정녕 살고 죽지 아니할 것이고 그 범죄한 것이 하나도 기억함이 되지 아니하리니 그 행한 의로 인하여 살리라, 너희는 범한 모든 죄악을 버리고 마음과 영을 새롭게 할지어다.

유다 왕들에 대한 애가(19장) : 두 마리 사자의 비유(애굽에 끌려간 여호아하스 왕과 바벨론에 끌려간 여호야긴 왕의 이야기).

이스라엘 불순종의 역사와 함께, 하나님의 심판과 회복을 예언(20장) : 내가 능한 손과 편 팔로 분노를 쏟아 너희를 단정코 다스릴지라, 능한 손과 편 팔로 분노를 쏟아 너희를 열국 중에서 나오게 하며 너희의 흩어진 열방 중에서 모아 내고, 너희를 인도하여 열국 광야에 이르러 거기서 너희를 국문하여 너희로 나를 여호와인 줄 알게 하리라.

유다 백성들의 구체적 죄악(22장) : 탐욕, 불의, 부패, 폭압, 우상숭배, 부모를 업신여김, 제사장들의 죄악, 음행, 토색, 거짓 예언자들의 헛된 예언.

사마리아와 예루살렘의 죄(23장) : 북이스라엘의 사마리아는 수리아에 대항하여 앗수르와 동맹관계를 맺고, 남유다의 예루살렘은 앗수르의 침략에 대비하여 바벨론과 일시적인 동맹관계를 맺은 후 다시 바벨론의 침공에 대비하여 애굽과 동맹관계를 맺었다. 이와 같이 이스라엘 민족이 하나님보다는 외세에 의존함을 영적 간음으로 비유하여 책망하다.

예루살렘의 심판을 비유와 표징을 통해 묘사(24장) : 끓는 가마의 비유(이스라엘 백성이 녹슨 가마처럼 버림을 받게 되고, 이스라엘의 죄악이 불에서도 없어지지 아니함을 뜻함), 에스겔 아내의 죽음 표징(아내가 죽더라도 울지 못함은 유다가 멸망할 때 유다 백성이 슬퍼할 기력이 없을 정도로 연약해질 것을 뜻함).

열방에 대한 심판(25~32장)

암몬, 모압, 에돔, 블레셋(25:1-17), 두로(26~27장), 시돈(28장),
애굽(29~32장)

이스라엘의 회복에 대한 예언(33~48장)

예루살렘의 회복에 대한 예시(33~37장)

선지자의 역할과 책임(33장) : 인자야 내가 너로 이스라엘 족속의 파수꾼
을 삼음이 이와 같으니라 그런즉 너는 내 입의 말을 듣고 나를 대신하여
그들에게 경고할지어다, 악인이 그 길에서 돌이켜 떠나서 사는 것을 기뻐
하노라 돌이키고 돌이키라 너희 악한 길에서 떠나라, 너희는 여호와의 앞
에서 여호와의 말을 들으나 그대로 행치 아니하니 이는 그 입으로는 사랑
을 나타내어도 마음은 이익을 좇음이라, 악인이 만일 행한 모든 죄에서
돌이켜 떠나 내 모든 율례를 지키고 법과 의를 행하면 정녕 살고 죽지 아
니할 것이고 그 범죄한 것이 하나도 기억함이 되지 아니하리니 그 행한
의로 인하여 살리라, 너희는 범한 모든 죄악을 버리고 마음과 영을 새롭
게 할지어다.

이스라엘의 목자들(34장) : 악한 목자는 심판하고 참된 목자와는 화평한 언
약을 맺는다. 악한 목자는 자기 유익을 좇고 세상의 기준에 흔들리며 자기
의 권력 유지에 힘쓰는 자이고, 참된 목자 잃어버린 양을 찾아 애쓰고 병든
자와 상한 자를 보살피며 악한 자를 사랑의 마음으로 징계하는 자다.

에돔에 대한 심판(35장) : 이스라엘 회복의 전조를 나타내고자 기록하였다.

새 언약(36장) : "내가 너희를 여러 나라 가운데에서 인도하여 내고 여러 나라 가운데에서 모아 데리고 고국 땅에 들어가서, 맑은 물을 너희에게 뿌려서 너희로 정결하게 하되 곧 너희 모든 더러운 것에서와 모든 우상숭배에서 너희를 정결케 할 것이며, 또 새 영을 너희 속에 두고 새 마음을 너희에게 주되 너희 육신에서 굳은 마음을 제하고 부드러운 마음을 줄 것이며, 또 내 영을 너희 속에 두어 너희로 내 율례를 행하게 하리니 너희가 내 규례를 지켜 행할지라, 내가 너희 조상들에게 준 땅에서 너희가 거주하면서 내 백성이 되고 나는 너희 하나님이 되리라"(겔 36:24-28).

마른 뼈들의 환상(37:1-14) : "주 여호와께서 이 뼈들에게 이 같이 말씀하시기를 내가 생기를 너희에게 들어가게 하리니 너희가 살아나리라, 너희 위에 힘줄을 두고 살을 입히고 가죽으로 덮고 너희 속에 생기를 넣으리니 너희가 살리라"(겔 37:5-6).

하나가 된 두 막대기의 비유(37:15-28) : 남북 왕국이 포로 귀환 후에 온전히 연합할 것을 의미, 즉 다윗 왕권의 회복을 예언하다. "한 막대기에 유다와 그 짝 이스라엘 자손이라고 쓰고, 다른 막대기에 에브라임(요셉)과 그 짝 이스라엘 온 족속이라 쓴 다음 그 막대기들을 서로 연합하여 하나가 되게 하라 네 손에서 둘이 하나가 되리라"(37:16-17).

하나님 백성인 성도는 궁극적으로 성령의 하나 되게 하심을 따라 연합된다(엡 4:3-12).

곡의 침략과 곡의 멸망, 그리고 하나님의 축복을 예언(38~39장) : 세상 세력의 상징인 곡에 대한 심판(38장), 곡의 완전한 멸망(39:1-24), 이스라엘에 대한 하나님의 축복(39:25-29).

새 성전에 관한 환상(40~44장) : 성전 회복을 통한 이스라엘 회복(40장), 성소와 지성소 및 성전 내부 장식(41장), 성전의 제사장 방들과 성전 전체 크기(42장)를 묘사하고, 하나님의 영광이 성전에 임하는 모습과 번제단의 규모 및 봉헌(43장), 성전 출입에 관한 규례 및 레위인과 제사장들의 임무(44장)를 설명하고 있다.

에스겔 성전은 신약 교회를 예표한다.

새 규례(45~46장) : 지도자들은 공평과 공의를 행하라(45:9), 성전 제사와 이스라엘의 각종 절기에 관한 규례, 왕이 지켜야 할 규례(46장).

생명수에 관한 환상(47:1-12) : 성전 밑에서 흘러나오는 물이 처음 발목에서 차츰 무릎을 거쳐 허리까지 올랐으며 급기야 헤엄치지 않으면 건너지 못할 강물이 되어 아라바를 거쳐 사해 바다에 이르고, 강 좌우편에 나무가 심히 많고 바다의 물이 소성함을 얻어 고기와 모든 생물이 많아지는 소위 '생명수 환상'은 신약시대에 성령의 충만함으로 하나님 나라가 확장되어 영생의 축복이 이루어짐을 뜻한다.

새 땅의 분배(47:13~48:35) : 이스라엘 열두 지파의 경계와 이방인의 땅의 상속, 그리고 이스라엘 지파들에게 구체적인 땅 분배가 이루어지는 과정을 설명하다(하나님 구원 역사의 최종적인 완성을 묘사).

"그 사방의 합계는 만 팔천 척이라 그 날 후로는 그 성읍의 이름을 여호와삼마(여호와께서 거기 계시다)라 하리라"(겔 48:35).

환상과 비유들

- 쓸모없는 포도나무(15:1-8) : 이스라엘 백성이 죄로 인해 심판받음.
- 버려진 아이(16장) : 이스라엘 백성이 우상숭배로 인해 심판받음.
- 두 마리 독수리와 포도나무(17장) : 시드기야가 바벨론에 대항하고, 애굽을 의지하다가 멸망함.
- 풀무(22:17-22) : 예루살렘 포위라는 시련을 통해 백성을 단련하심.
- 두 음녀(23장) : 이스라엘과 유다의 영적 간음(렘 3:6-11).
- 끓는 가마(24:1-14) : 예루살렘에 대한 철저한 심판(렘 1:13-15).
- 부서진 배(27장) : 두로에 대한 확실한 심판.
- 무책임한 목자(34장) : 무책임한 지도자들을 심판하심.
- 마른 뼈(37장) : 이스라엘의 회복.

다니엘

1. 개요

명칭 : '하나님은 나의 심판자'라는 의미이다.

배경 : 다니엘은 유다의 왕족으로 BC 605년 바벨론 1차 침략 때 끌려간 후 BC 603년 느브갓네살 왕의 꿈을 해석하고, BC 536년 바사의 고레스 왕 3년에 계시를 받는 등(10:1) 이방에서 60여 년간 바벨론 왕의 조언자이자 셋째 치리자(5:29)와 메대국의 총리(6:1-2)로 활동한 선지자다. 다니엘의 배경은 BC 605-BC 530년대 중반이다.

기록 목적 : 포로 생활로 절망에 빠져 있는 유다 백성에게 전능하고 신실하신 하나님과 하나님 나라에 대한 소망을 갖도록 묵시나 환상 메시지를 통해서 하나님의 종말론적인 계획을 기록하였다.

주제

- **하나님의 통치와 절대적 주권** : 세상 나라들의 흥망성쇠는 전능하신 하나님의 장중에 달려 있으며 세상 역사의 향방은 하나님이 결정하시고, 이방 왕 느브갓네살(4:1-3, 34-37)과 다리오(6:26-27)도 하나님만이 진

정한 왕임을 고백하며, 다니엘에게 환상들을 통해 미래의 일을 계시하신다.

- **믿음과 순종** : 진실된 믿음은 죽음의 위협에서도 역사의 주인이요 인류의 구속자이신 하나님께 순종하는 생활로 나타난다.
- **인내** : 어떠한 시련과 고난 속에서도 중단 없는 기도로, 하나님의 뜻과 영광만을 드러내는 일에 진력해야 한다.
- **승리와 상급** : 하나님만을 신뢰하고 하나님께 순종하는 자는 궁극적으로 승리하고 상급을 받는 등 구원의 권세가 오직 하나님께 달려 있다(풀무불과 사자굴 사건).

특징

- 하나님의 계획을 묵시적으로 묘사한 구약의 묵시록으로 신약의 요한계시록과 유사점이 많으며, 꿈과 환상을 통한 계시 중심으로 기록하였다.
- 1~6장은 다니엘을 3인칭으로, 7~12장은 다니엘을 1인칭으로 하여 히브리어와 아람어로 기록하고(단 7:1, 10:1은 예외), 히브리 성경에는 역사서로 분류되어 에스더, 다니엘, 에스라, 느헤미야 순서로 편집된다.
- **천사, 메시아, 종말 등에 관한 사상이 나타난다** : 가브리엘(8:15, 9:21), 미가엘(10:13, 21, 12:1), '인자 같은 이'의 재림(7:13-14), 70이레의 예언을 통해 하나님 말씀을 성취하시는 거룩한 자인 메시아의 출현을 알리며, 선한 자와 악한 자가 함께 부활하여 영광과 수치를 얻음을 기록하고 있다(12:2-4).
- **70이레의 예언(9:24-27)**
- 제1설 : 7이레는 고레스 칙령(BC 538)부터 스룹바벨 성전 건축 시(BC 445년)까지, 62이레는 예루살렘 성전 재건축 시부터 예수님 초림까지, 1이레는 7년 대환난 기간이라고 주장한다.

– 제2설 : 7이레는 고레스 칙령부터 예수님 초림까지, 62이레는 복음 전파와 교회의 확장까지, 1이레는 적그리스도의 출현과 종말이라고 주장한다.

환상을 통한 이방 나라들의 미래

다니엘 2장	다니엘 7장	다니엘 8장	전통적 해석
금 머리	독수리 날개 사자		바벨론
은 가슴과 팔	세 갈빗대를 문 곰	숫양	바사
동 배와 넓적다리	네 날개 머리 표범	숫염소	그리스
철 종아리	철 이빨, 열 뿔, 작은 뿔을 가진 짐승		로마
철과 진흙 발			적그리스도
뜨인 돌	인자		하나님의 나라

2. 구조

◈ **다니엘의 개인적인 경험(1장)** : 히브리어
◈ **타인의 꿈을 해석하는 다니엘(2~6장)** : 아람어
  • 느브갓네살 왕의 첫 번째 꿈(2장)
  • 풀무불 속의 세 친구(3장)
  • 느브갓네살 왕의 두 번째 꿈(4장)
  • 벨사살 왕의 잔치(5장)
  • 사자굴의 다니엘(6장)
◈ **다니엘의 환상(7~12장)** : 히브리어
  • 네 짐승 환상(7장)

- 숫양과 숫염소 환상(8장)
- 다니엘의 기도와 70이레의 환상(9장)
- 티그리스 강가에서의 환상(10~12장) : 세 이레의 영계의 환상(10장),
  남방 왕과 북방 왕(애굽과 시리아)에 대한 환상(11장), 마지막 때에
  관한 환상(12장).

3. 내용

다니엘의 개인적 경험(1장)

다니엘의 배경 : BC 605년 바벨론에 포로로 끌려간 왕족 출신으로 용모가
아름답고 지식에 통달하고 학문에 익숙하며 바사 고레스 왕 1년까지 왕궁
에 머무르다.
다니엘의 믿음 : 자기 몸을 더럽히지 않고자 왕이 내린 음식과 포도주를
먹지 않았다.

타인의 꿈을 해석하는 다니엘(2~6장) : 국제어인 아람어로 기록

느브갓네살의 첫 번째 꿈(2장)
느브갓네살의 꿈(2:1-35) : 손대지 아니한 돌이 큰 신상(머리 순금, 가슴과
두 팔 은, 배와 넓적다리 놋, 종아리 쇠, 발 쇠와 진흙)의 발을 쳐서 부서뜨
리매 신상은 바람에 불려 간 곳이 없었고, 우상을 친 돌은 태산을 이루어
온 세계에 가득하다.
다니엘의 해몽(2:36-49) : 금 머리는 바벨론, 은 가슴과 팔은 바사, 동 다

리는 헬라, 철 종아리는 로마, 진흙과 쇠로 혼합하여 만들어진 발은 프톨레미와 셀루쿠스 왕조를 상징한다. 이 여러 왕들의 시대에 하늘의 하나님이 한 나라를 세우시리니 이것은 영원히 망하지도 아니할 것이요 그 국권이 다른 백성에게로 돌아가지도 아니할 것이요 도리어 이 모든 나라를 멸망시키고 영원히 설 것이라.

왕이 다니엘을 높임(2:46-49) : 왕이 다니엘을 왕궁에서 온 지방을 다스리며, 모든 지혜자의 어른으로 삼다.

풀무불 속의 세 친구(3장)

왕이 내린 금 신상 숭배의 명령을 어긴 다니엘의 세 친구의 믿음(3:1-18) : "왕이여 우리가 섬기는 하나님이 계시다면 우리를 맹렬히 타는 풀무불 가운데에서 능히 건져내시겠고 왕의 손에서도 건져내시리이다, 그렇게 하지 아니하실지라도 왕이여 우리가 왕의 신들을 섬기지도 아니하고 왕이 세우신 금 신상에게 절하지도 아니할 줄을 아옵소서"(단 3:17-18).

풀무불로 던져진 세 친구(3:19-27) : 풀무불 안에 세 친구 외에 한 명이 더 있었는데 그 넷째의 모양은 신들의 아들과 같았으며, 세 친구는 풀무불 속에서도 머리털도 그을리지 아니하였고 겉옷 빛도 변하지 아니하였으며 불 탄 냄새도 없었더라.

느브갓네살의 고백 : 하나님을 찬송할지로다 그의 천사를 보내사 그 종들을 구원하셨도다, 하나님께 경솔히 말하거든 그 몸을 쪼개고 그 집을 거름터로 삼을지니 이는 이같이 구원할 다른 신이 없음이니라(3:28-29).

느브갓네살의 두 번째 꿈(4장)

느브갓네살의 꿈(4:1-18) : 땅의 중앙에 있는 큰 나무가 하늘에 닿을 정도로 자라서 견고하여지고 그 잎사귀는 아름다우며 그 열매는 아주 많아 짐승과 새들이 놀고 있는데 한 거룩한 자가 하늘에서 내려와 '그 나무를 베고 그 가지를 자르고 그 잎사귀를 떨고 그 열매를 헤치고 짐승과 새들을 쫓아내라, 그러나 그 뿌리의 그루터기를 땅에 남겨두고 쇠와 놋줄로 동이고 그것을 들 풀 가운데 두어 일곱 때를 지내게 하라'고 외치다.

다니엘의 해몽(4:19-33) : 큰 나무는 느브갓네살 왕으로 권세가 땅 끝까지 미치던 중 왕이 사람에게서 쫓겨나서 들짐승과 함께 7년간 살다가 하나님이 천하를 다스리시는 줄을 왕이 깨달은 후에야 왕의 나라가 견고하리이다, 그런즉 왕이여 공의를 행함으로 죄를 사하고 가난한 자를 긍휼히 여김으로 죄악을 사하소서 그리하면 왕의 편안함이 혹시 장구하리이다.

느브갓네살의 하나님 찬양(4:34-37) : 지극히 높으시고 영생하시는 하나님의 권세와 나라는 영원하리라, 하나님은 자기 뜻대로 진실하고 의롭게 행하시며 교만하게 행하는 자를 능히 낮추시느니라.

벨사살 왕의 잔치(5장)

잔치 중 사람의 손이 나타나 벽에 글자를 쓰다 : 벨사살 왕이 귀족들과 왕후들과 후궁들과 함께 예루살렘 성전에서 탈취한 금 그릇으로 술을 마시고 금과 은과 동과 철과 나무와 돌로 만든 신들을 찬양할 때, 사람의 손가락들이 나타나서 벽에 '메네 메네 데겔 우바르신'이라는 글자를 쓰다.

다니엘의 해석 : 벨사살 왕이 '선왕인 느브갓네살 왕이 교만과 완악함으로 왕위에서 쫓겨났다가 지극히 높으신 하나님이 자기의 뜻대로 세상을 다스리심을 깨달았다'는 사실을 알면서도 아직도 마음을 낮추지 아니하고 도리

어 자신을 하늘의 주재보다 높이며 우상을 숭배하고 왕의 호흡을 주장하며 왕의 모든 길을 작정하시는 하나님께는 영광을 돌리지 아니하였기 때문에 위 글자가 씌여진 것이다. '메네'는 하나님이 이미 왕의 나라의 시대를 세어서 끝나게 하셨다, '데겔'은 왕을 저울에 달아 보니 부족함이 보였다, '우바르신'은 왕의 나라가 나뉘었다를 뜻한다.

바벨론 멸망 : 그날 밤 벨사살이 살해를 당하고, 메대 사람 다리오가 나라를 세우다.

사자 굴 속의 다니엘(6장)

다니엘의 믿음 : 다니엘이 '왕 외의 어떤 신에게나 무엇을 구하면 사자 굴에 던져 넣겠다'는 조서의 내용을 알고도 윗방에 올라가 예루살렘으로 향한 창문을 열고 전에 하던 대로 하루 세 번씩 무릎을 꿇고 기도하며 그의 하나님께 감사하였더라, 나의 하나님이 이미 그의 천사를 보내어 사자들의 입을 봉하셨으므로 사자들이 나를 상해하지 못하였사오니 이는 나의 무죄함이 그 앞에 명백함이니이다.

다리오의 고백 : 사람들은 다 다니엘의 하나님 앞에서 떨며 두려워할지니, 그 분은 살아 계시는 하나님이시오 영원히 변하지 않으실 이시며 그의 나라는 멸망하지 아니할 것이요 그의 권세는 무궁할 것이며, 그는 구원도 하시며 건져내기도 하시며 하늘에서든지 땅에서든지 이적과 기사를 행하시는 이로서 다니엘을 구원하여 사자의 입에서 벗어나게 하셨음이라.

다니엘의 환상 : 천사가 해석(7~12장), 히브리어로 기록

다니엘의 환상(7장) : 벨사살 왕 원년

네 마리 짐승과 인자에 대한 환상(7:1-14) : 독수리 날개를 가진 사자, 세 갈빗대를 물고 있는 곰, 네 개의 날개와 머리를 가진 표범, 쇠 이빨과 열 개의 뿔과 다른 작은 뿔을 가진 짐승 등 네 마리 짐승이 보였으며(1-8), 옛적부터 항상 계신 흰 옷과 흰 머리털의 하나님이 불꽃의 왕좌에 좌정하셨는데 그의 앞에서 불이 강처럼 흘러나와 위 짐승을 태우고 남은 짐승들의 권세를 빼앗더라, 인자 같은 이(예수님)가 하늘 구름을 타고 하나님 앞에 오매 하나님이 위 인자에게 권세와 영광과 나라를 주고 모든 사람들이 인자를 섬기더라.

환상 해석(7:15-28) : 위 네 짐승은 세상에 일어날 네 왕이라, 넷째 짐승은 심히 무서워 그 뿔이 성도들과 더불어 싸워 이겼으나 하나님이 심판을 하매 성도들이 나라를 얻었더라, 넷째 짐승은 온 천하를 제패할 나라로 이 나라에 열 왕이 일어나고 다른 한 왕이 먼저 있던 세 왕을 복종시키고 하나님을 말로 대적하고 한 때와 두 때와 반 때 동안 성도를 괴롭게 할 것이나 심판이 시작되면 그는 권세를 빼앗기고 완전히 멸망할 것이라(적그리스도의 심판을 상징).

숫양과 숫염소의 환상(8장)

다니엘이 벨사살 왕 3년에 숫양과 숫염소의 환상을 보다 : 두 뿔 가진 강한 숫양이 있는데, 현저한 뿔을 가진 숫염소가 위 숫양을 넘어뜨리고 심히 강대하여 갈 때에 그 큰 뿔이 꺾이고 대신에 현저한 뿔 넷이 났더라, 그 중 한 뿔에서 작은 뿔 하나가 나서 커지더니 스스로 높아져서 제사를 없애

버리고 성소를 헐며 진리를 땅에 던지고 자의로 행하더라.

가브리엘 천사의 환상 설명 : 2300 주야(3년)가 지나면 성소가 정결하게 되리라 이 환상은 정한 때 끝에 관한 것이라.

> 두 뿔 가진 숫양은 메대와 바사, 숫염소는 헬라, 현저한 큰 뿔은 알렉산더 왕,
> 네 개의 뿔은 알렉산더 왕 사후에 분열된 네 나라, 그중 한 뿔에서 작은 뿔 하
> 나가 나서 커진 것은 셀루쿠스 왕조의 안티오쿠스 4세를 뜻한다.

다니엘의 기도와 70년의 비밀(9장)

다니엘이 이스라엘의 죄를 자복하고 간구(1-19) : 예레미야의 70년 포로 예언(렘 25:11)을 깨닫고 회복의 정확한 때를 알기 위해 금식하며 '계명을 지키는 자를 위하여 언약을 지키시고 인자를 베푸시는 하나님이시여 우리가 하나님의 목소리를 듣지 아니하며 선지자를 통해 주신 율법을 행하지 않는 등 주께 범죄하여 수치를 당하고 있는데 주의 긍휼과 용서하심으로 우리를 구하소서'라고 죄의 자복과 함께 용서를 간구하다.

가브리엘 천사의 예언 설명(9:20-27) : 네 백성과 네 거룩한 성을 위하여 70이레를 기한으로 정하였나니 허물이 그치며 죄가 끝나며 죄악이 용서되며 영원한 의가 드러나며 환상과 예언이 응하며 지극히 거룩한 이가 기름 부음을 받으리라, 기름 부음을 받은 자가 일어나기까지 7이레와 62이레가 지날 것이요, 62이레 후에 기름 부음을 받은 자가 끊어져 없어질 것이며 장차 한 왕의 백성이 와서 그 성읍과 성소를 무너뜨리며 전쟁으로 황폐하게 하고 이레의 절반에 제사와 예물을 금지할 것이나 그 후 이미 정한 종말까지 하나님의 진노가 그에게 쏟아지리라.

티그리스 강변에서의 환상(10-12장) : 고레스 왕 3년, 전쟁에 관한 환상

영계의 전쟁에 관한 환상(10장)

다니엘이 세 이레 동안을 금식한 후에 세마포 옷을 입고 번갯불 같은 얼굴과 횃불 같은 눈과 순금 띠를 한 천사(가브리엘)로부터 '두려워하지 말라 네가 깨달으려 하여 네 하나님 앞에 스스로 겸비하게 하기로 결심하던 첫날부터 네 말이 응답 받았으므로 내가 네 말로 말미암아 왔느니라 그런데 바사 왕국의 군주(바사국의 악한 영)가 21일 동안 나를 막아 오지 못하던 중 미가엘이 와서 도와주므로 이제 내가 마지막 날에 네 백성이 당한 일을 네게 깨닫게 하러 왔노라, 이제 내가 돌아가서 바사 군주와 싸우려니와 내가 나간 후에는 헬라의 군주가 이를 것이라 오직 내가 먼저 진리의 글에 기록된 것으로 네게 보이리라 나를 도와서 그들을 대항할 자는 너희의 군주 미가엘 뿐이니라' 라고 마지막 계시를 받다.

> 다니엘의 세 이레 기도의 응답은 세상 종말에 대한 내용이다(11~12장).

북방 왕과 남방 왕의 전쟁 환상(11장)

바사에 능력 있는 왕이 나타나서 헬라 왕국을 칠 것이다(아하수에르 왕을 뜻함), 장차 한 능력 있는 왕이 일어나서 큰 권세로 다스리며 자기 마음대로 행하리라 그러나 그의 나라가 갈라져 천하 사방에 나누일 것이다(알렉산더 왕을 뜻함), 남방 왕과 북방 왕 간에 화친 및 전쟁이 있으며 (애굽의 프톨레미 왕조, 시리아의 셀루쿠스 왕조를 뜻함), 악한 왕(안티오쿠스 4세를 뜻함)은 하나님과의 언약을 배반하고 악행하는 백성을 속임수로 타락시킬 것이나, 오직 자기의 하나님을 아는 백성은 강하여 용맹을 떨치는 한편 백성들 중 지혜로운 자 몇 사람이 몰락하여 무리 중에서 연단을 받아 정결하게 되며 희게 되어 마지막 때까지 이르게 하리니 이는 아직 정한 기한이 남았음이라, 그 악한 왕은 자기 마음대로 행하며 스스로 높여 모든 신보다 크다 하며 비상한 말로 신들의 신(하나님)을 대적할 것이다(적그리스도를 뜻함).

마지막 때(12장)

그 때에 네 민족을 호위하는 큰 군주 미가엘이 일어날 것이요 또 환난이 있으리니, 그 때에 백성 중 책에 기록된 모든 자가 구원을 받을 것이라(대환난), 많은 사람이 잠에서 깨어나 영생을 받는 자도 있겠고 수치를 당하여 영원한 부끄러움을 당할 자도 있을 것이나 지혜 있는 자는 별과 같이 영원토록 빛나리라(부활), 세마포 옷을 입은 자가 영원히 살아 계시는 이(하나님)를 가리켜 맹세하여 이르되 반드시 한 때 두 때 반 때를 지나서 성도의 권세가 다 깨지기까지이니 그렇게 되면 이 모든 일이 다 끝나고 많은 사람이 연단을 받아 스스로 정결하게 하며 희게 할 것이나 악한 사람은 악을 행하리니 악한 자는 아무것도 깨닫지 못하되 오직 지혜 있는 자는 깨달으며 기다리는 사람은 복이 있으리라(최후의 심판).

호세아

1. 개요

명칭 : '여호와는 구원이시다'라는 뜻이다.

배경 : 호세아는 북이스라엘 여로보암 2세 때부터 앗수르에 멸망할 때까지 활동한 사랑의 선지자이며, 당시 북이스라엘은 부패와 탐욕과 영적 무감각과 우상숭배가 팽배하였다.

기록 목적 : 신명기에 근거해서 이스라엘이 하나님과의 언약을 어기고 그 계명을 지키지 않은 죄를 드러내어 이에 따른 약속된 심판을 선포하고, 이스라엘의 궁극적 회복에 관한 신명기의 약속도 강조하여 이스라엘을 하나님께로 돌아오게 하고자 기록하였다.

주제 : 하나님의 불붙는 사랑

- **하나님을 아는 지식을 갖자**(4:6) : 내 백성이 지식이 없으므로 망하는도다, 네가 네 하나님의 율법을 잊었으니 나도 네 자녀들을 잊어버리리라.
- **하나님께 돌아가자**(6:1).
- **하나님을 힘써 알자**(6:3) : '하나님을 아는 지식'은 머리로 아는 것이 아

니라 체험을 통해 얻은 지식이다(지식에 넘치는 그리스도의 사랑).

2. 구조

◈ 호세아의 가정에 비유된 이스라엘의 불신앙(1~3장)
◈ 이스라엘의 죄와 그 징계(4~13장)
◈ 하나님 사랑의 승리(14장)

3. 내용

호세아의 가정에 비유된 이스라엘의 불신앙

호세아의 결혼과 그 가정 : 호세아가 하나님의 명령에 순종하여 방탕하고 성적으로 부정한 음란한 여인 고멜과 결혼하여 이스르엘('하나님이 흩으신다'의 뜻)과 로루하마('긍휼히 여김을 받지 못하는 자'의 뜻)와 로암미('내 백성이 아니다'의 뜻) 등 세 자녀를 낳았다.

이스라엘이 회복될 것이라는 하나님 구원의 약속(1:10~2:1) : 하나님의 은총과 긍휼로 이스르엘이 이스라엘로, 로암미가 암미로, 로루하마가 루하마로 되리라, 그러나 하나님의 은총을 회복하기 위해서는 애통하는 회개와 하나님의 징계가 필요하다.

성실하지 않은 고멜, 성실하지 않은 이스라엘(2:2-13) : 고멜은 범죄한 이스라엘을, 호세아는 하나님을, 자녀들은 이스라엘 백성 중 경건한 자들을 뜻한다. 우상숭배의 죄에 대한 징계로 절망과 수치를 주겠다고 경고하다.

백성을 향한 주님의 사랑(2:14-23) : 하나님께서 부패한 이스라엘을 광야로 데리고 가서 위로와 희망을 주시고 포도원을 주시며 사랑으로 권고하시다.

호세아와 성실하지 않은 여인 고멜(3:1-5) : 호세아는 결혼 후에 간음한 고멜을 다시 데리고 와서 고멜에게 기간을 두고 자숙을 요구하며 완전한 회복의 때를 기다리겠다고 하는데, 이는 범죄한 이스라엘이 철저히 회개하며 인격이 변화되기까지 인내하시는 하나님의 공의로운 사랑의 표현이다.

이스라엘의 죄와 그 징계(4~13장)

제사장들과 이스라엘의 우상숭배에 대한 심판(4장) : 이 땅에는 진실과 인애와 하나님을 아는 지식이 없고 오직 저주와 속임과 살인과 도둑질과 간음뿐이요, 내 백성이 지식이 없으므로 망하는도다 네가 지식을 버렸으니 나도 너를 버려 내 제사장이 되지 못하게 할 것이요 네가 하나님의 율법을 잊었으니 나도 네 자녀들을 잊어버리리라.

> **하나님을 아는 지식**: 하나님에 대한 단순한 지식이 아니라 하나님을 마음에 두고 사랑하며 계명을 지키는 행위를 동반하는 것(체험적 지식)을 의미한다.

이스라엘 지도자들에 대한 심판(5장) : 그들의 행위가 그들로 자기 하나님에게 돌아가지 못하게 하나니 이는 음란한 마음이 그 속에 있어 여호와를 알지 못하는 까닭이라, 이스라엘의 교만의 죄악으로 말미암아 이스라엘과 에브라임이 넘어지고 유다도 그들과 함께 넘어지리라, 에브라임은 사람의 명령 뒤따르기를 좋아하므로 학대를 받고 재판의 압제를 받는도다.

이스라엘 백성의 불성실한 회개(6:1-6) : 여호와께로 돌아가자, 여호와 앞에서 살자, 여호와를 알자, 그의 나타나심은 새벽 빛 같이 어김없나니 비와 같이 땅을 적시는 늦은 비와 같이 우리에게 임하시리라, "나는 인애를 원하고 제사를 원하지 아니하며 번제보다 하나님을 아는 것을 원하노라"(6).

이스라엘 왕들과 동맹 정책(6:7~7:16) : 이스라엘 왕들의 쿠데타와 외세 침략에 대한 잘못된 외교정책을 묘사하다.

이스라엘의 잘못된 예배(8장) : 에브라임은 죄를 위하여 제단을 많이 만들더니 그 제단이 그에게 범죄하게 하는 것이 되었도다, 내가 그를 위하여 내 율법을 만 가지로 기록하였으나 그들은 이상한 것으로 여기도다.

이스라엘에 형벌을 선언하는 호세아(9장) : 형벌의 날이 이르렀고 보응의 날이 온 것을 이스라엘이 알지라, 그들은 심히 부패한지라 여호와께서 그 악을 기억하시고 그 죄를 벌하시리라, 에브라임은 매를 맞아 그 뿌리가 말라 열매를 맺지 못하나니 비록 아이를 낳을지라도 내가 그 사랑하는 태의 열매를 죽이리라, 그들이 듣지 아니하므로 내 하나님이 그들을 버리시리니 그들이 여러 나라 가운데에 떠도는 자가 되리라.

왕정과 우상숭배에 대한 심판(10:1-15) : 그들이 두 마음을 품었으니 이제 벌을 받을 것이라, 너희가 자기를 위하여 공의를 심고 인애를 거두라 너희 묵은 땅을 기경하라 지금이 곧 여호와를 찾을 때니 마침내 여호와께서 오사 공의를 비처럼 너희에게 내리시리라.

하나님의 거룩한 사랑(11:1-11) : 에브라임이여 내가 어찌 너를 놓겠느냐 이스라엘이여 내가 어찌 너를 버리겠느냐 내 마음이 내 속에서 돌이키어 나의 긍휼이 온전히 불붙듯 하도다, 네 가운데에 있는 거룩한 내가 진노를 나타내지 아니하며 멸하지 아니하리라.

이스라엘 백성의 원본이 되는 시조 야곱(11:12~12:14) : 하나님은 벧엘에서 야곱을 만나셨고 거기에서 우리에게 말씀하셨나니 여호와는 만군의 하나님이시라 그런즉 너의 하나님께로 돌아와서 인애와 정의를 지키며 항상 너의 하나님을 바랄지니라.

이스라엘에 대한 최후 심판(13장) : 에브라임이 이스라엘 중에서 자기를 높이더니 바알로 말미암아 범죄하여 우상을 만들어 섬기므로, 그들은 아침 구름 같으며 쉬 사라지는 이슬 같으며 타작 마당에서 광풍에 날리는 쭉정이 같으며 굴뚝에서 나가는 연기 같으리라.

회개의 권고와 장래 구원의 약속(14장)

회개의 촉구(14:1-3) : 이스라엘아 너는 말씀을 가지고 여호와께로 돌아와서 아뢰기를 모든 불의를 제거하시고 선한 바를 받으소서 우리가 수송아지를 대신하여 입술의 열매를 주께 드리리이다. 이는 주로 말미암아 긍휼을 얻음이니이다 할지니라.

하나님의 복(14:4-9) : 활짝 핀 백합화, 향기로운 백향목, 아름다운 감람나무, 풍성한 곡식, 향기로운 포도나무, 푸른 잣나무와 같은 복을 받을 것이다. 여호와의 도는 정직하니 의인은 그 길로 다니거니와 그러나 죄인은 그 길에 걸려 넘어지리라.

요엘

1. 개요

명칭 : '여호와는 하나님이시다'라는 뜻이다.

배경 : 요엘은 유다의 요아스 왕 시대(BC 830년)의 선지자다.

기록 목적 : 유다 백성에게 회개하지 않으면 메뚜기 재앙과 같은 하나님의 심판을 피할 수 없으나, 회개하면 하나님의 축복을 받아 풍요해진다는 언약을 전하고, 종말에 대한 심판을 보여 주고자 기록하였다.

주제

- **심판(하나님의 징계)** : 메뚜기 군대의 파괴처럼 죄로 인한 하나님의 심판은 무섭고 피할 수 없이 덮칠 것이다. 오직 살 수 있는 방법은 하나님과 함께하는 것이다.
- **회개와 용서** : 하나님은 죄를 멀리하고 그분에게 오는 모든 사람을 용서하고 회복시킬 준비를 하고 계신다. 하나님은 그의 백성에게 사랑을 보여 주시고 하나님과의 관계를 회복시키기를 원하신다(2:18-27, 32).

- **성령강림에 대한 약속** : 하나님이 모든 사람에게 성령을 쏟아 부실 것이라고 예언하는데(2:28-29), 이는 오순절에 제자들에게 성령이 임하심으로 성취된다(행 2장).

특징 : '여호와의 날'을 강조, 여호와의 날은 하나님이 대행자를 통하여 역사 안에서 행동하시는 심판과 회복의 그날을 뜻한다.

2. 구조

◈ **여호와의 날에 있을 이스라엘의 심판(1~2:17)**
- 메뚜기 재앙과 회개의 권면(1:1-14)
- 여호와 날의 도래(1:15~2:11)
- 회개로의 부르심(2:12-17)

◈ **이스라엘의 구원(2:18~3:21)**
- 하나님의 응답(2:18-27) : 은혜로운 약속의 말씀
- 하나님의 영을 만민에게 부어 주심(2:28-32)
- 하나님의 이방 심판과 이스라엘의 구원(3장)

3. 내용

이스라엘의 심판

메뚜기 재앙과 회개의 권면(1:1-14) : 팥종이가 남긴 것을 메뚜기가 먹고 메뚜기가 남긴 것을 느치가 먹고 느치가 남긴 것을 황충이 먹었도다, 하나님의 땅이 하나님의 포도나무와 무화과나무의 열매를 더 이상 내지 않

을 것이다, 밭이 황무하고 토지가 마르니 곡식이 떨어지며 새 포도주가 말랐고 기름이 다하였도다, 제사장들아 금식일을 정하고 성회를 소집하여 장로들과 이 땅의 모든 주민들을 너희 하나님 여호와의 성전으로 모으고 여호와께 부르짖을지어다.

여호와 날의 도래(1:15~2:11) : 여호와의 날이 임박하였으니 곧 어둡고 캄캄한 날이요 짙은 구름이 덮인 날이라 새벽 빛이 산 꼭대기에 덮인 것과 같으니 이는 많고 강한 백성이 이르렀음이라.

회개로의 부르심(2:12-17) : 너희는 이제라도 금식하고 울며 애통하고 마음을 다하여 내게로 돌아오라 하셨나니, 너희는 옷을 찢지 말고 마음을 찢고 너희 하나님 여호와께로 돌아올지어다, 그는 은혜로우시며 자비로우시며 노하기를 더디하시며 인애가 크시사 뜻을 돌이켜 재앙을 내리지 아니하시나니, 주께서 혹시 마음과 뜻을 돌이키시고 그 뒤에 복을 내리실지도 모르느니라.

이스라엘의 구원

하나님의 응답(2:18-27) : 그 때에 여호와께서 자기의 땅을 극진히 사랑하시어 그의 백성을 불쌍히 여기실 것이라, 마당에는 밀이 가득하고 독에는 새 포도주와 기름이 넘치리로다, 내가 전에 너희에게 보낸 큰 군대 곧 메뚜기와 느치와 황충과 팥종이가 먹은 햇수대로 너희에게 갚아주리니 너희는 풍족히 먹고 하나님의 이름을 찬송할 것이라, 그런즉 내가 이스라엘 가운데에 있어 너희 하나님 여호와가 되고 다른 이가 없는 줄을 너희가 알 것이라 내 백성이 영원히 수치를 당하지 아니하리로다.

하나님의 영을 만민에게 부어 주리라(2:28-32) : 그 후에 내가 내 영을 만민에게 부어 주리니 너희 자녀들이 장래 일을 말할 것이며 너희 늙은이는 꿈을 꾸며 너희 젊은이는 이상을 볼 것이며, 그 때에 내가 또 내 영을 남종과 여종에게 부어 줄 것이며, 내가 이적을 하늘과 땅에 베풀리니 곧 피와 불과 연기 기둥이라, 여호와의 크고 두려운 날이 이르기 전에 해가 어두워지고 달이 핏빛 같이 변하려니와, 누구든지 여호와의 이름을 부르는 자는 구원을 얻으리니 이는 나 여호와의 말대로 시온 산과 예루살렘에서 피할 자가 있을 것임이요 남은 자 중에 나 여호와의 부름을 받을 자가 있을 것임이니라.

하나님의 이방 심판과 이스라엘의 구원(3장) : 그 날 곧 내가 유다와 예루살렘 가운데에서 사로잡힌 자를 돌아오게 할 그 때에 사면의 민족들을 다 심판하리로다, 그러나 여호와께서 그의 백성의 피난처 이스라엘 자손의 산성이 되시리로다 유다는 영원히 있겠고 예루살렘은 대대로 있으리라.

아모스

1. 개요

명칭 : '짐을 짊어진 자'라는 뜻이다.

배경 : 아모스는 남유다 드고아 출신 뽕나무 목자로서 하나님에게 이스라엘에 대한 묵시를 받아 북이스라엘 여로보암 2세(남유다 웃시야 왕)때 북이스라엘의 벧엘과 사마리아와 길갈에서 활동한 선지자다. 당시 북이스라엘은 종교적 · 도덕적 부패가 심각하고 부익부 빈익빈의 양극화 현상이 현저하여 부자들의 사치와 방탕, 특권층과 지도층의 부패, 우상숭배와 거짓 예배가 만연하였다.

기록 목적 : 사회적 · 종교적으로 타락한 이스라엘 백성에게 하나님의 말씀과 하나님의 심판에 대한 환상을 통해 우상숭배와 불의를 묵과하지 않으시고 심판하시는 하나님의 공의와 거룩함을 깨닫게 하고, 심판으로 인한 파멸에서 하나님의 회복에 대한 약속을 전하고자 기록하였다.

주제

- **공의** : 선을 행하고 복지를 통한 도덕적 사회를 세워나가는 것(거룩함).

- **예배** : 형식적 · 습관적 예배 행위 비판, 삶과 신앙의 일치 강조.
- **심판과 회복** : 사회적 불의와 거짓 예배에 대한 심판을 선포하고(여호와의 날), 한편 하나님의 구속 언약의 성취라는 측면에서 회복을 예언.

2. 구조

◈ 열방과 이스라엘에 대한 심판 예언(1~2장)
◈ 이스라엘 심판에 대한 세 가지 설교(3~6장)
◈ 이스라엘 심판에 대한 다섯 가지 환상(7~9:10)
◈ 이스라엘 회복에 대한 약속(9:11-15)

3. 내용

열방과 이스라엘에 대한 심판 예언(1~2장)

다메섹(아람) : 이스라엘의 길르앗을 압박한 형벌로 멸망(1:3-5).
가사(블레셋) : 이스라엘 백성을 에돔에 노예로 팔았기 때문에 멸망(6-8).
두로 : 이스라엘 백성을 에돔에 붙인 것 때문에 멸망(1:9-10).
에돔 : 형제 이스라엘을 증오하고 적개심을 가졌기 때문에 멸망(1:11-12).
암몬 : 길르앗의 아이 밴 여인의 배를 가른 것 때문에 멸망(1:13-15).
모압 : 죽은 에돔 왕의 뼈를 불살라 회를 만드는 것 때문에 멸망(2:1-3).
유다 : 하나님의 율법을 멸시하며 그 율례를 지키지 아니하고 그의 조상들이 따라가던 거짓 것에 미혹된 죄 때문에 멸망(2:4-5).
이스라엘 : 하나님을 떠난 부패(의인과 궁핍한 자를 팔며, 가난한 자의 것

을 탐내고, 가난한 자를 학대, 성적 문란, 우상숭배 등) 때문에 멸망(2:6-16).

이스라엘 심판에 대한 세 가지 설교 : 이 말씀을 들으라(3:1, 4:1, 5:1).

이스라엘의 죄악으로 인한 심판에 대한 선포(3장) : 내가 땅의 모든 족속 중에 너희만 알았나니 그러므로 내가 너희 모든 죄악을 너희에게 보응하리라, 주 여호와께서는 자기의 비밀을 그 종 선지자들에게 보이지 아니하시고는 결코 행하심이 없으시리라.

죄악 된 백성을 돌이키기 위해 채찍질하심을 선포(4장) : '너희는 내게로 돌아오지 아니하였느니라'를 다섯 번 반복하며 이스라엘의 죄악(가난한 자를 학대, 궁핍한 자를 압제, 우상숭배)에 대하여 흉년과 가뭄과 잎마름병 및 깜부기와 전염병과 전쟁의 재앙을 통하여 심판을 경고하였으나 끝까지 회개를 거부한 이스라엘에게 '네 하나님 만나기를 예비하라'(4:12)고 심판받을 준비를 통고하다.

죄를 돌이키는 회개의 선포(5장) : 우상숭배와 불의와 불법을 저지르는 이스라엘 백성에게 너희는 여호와를 찾으라 그리하면 살리라(5:4, 6)고 하며 하나님의 심판을 강력하게 경고하다. "오직 정의를 물같이 공의를 마르지 않는 강같이 흐르게 할지어다"(암 5:24).

이스라엘 멸망을 선포(6장) : 자기들이 누리고 있는 특권과 우월성을 자랑하며 국가의 장래를 생각지도 않고 호화호식과 사치를 누리며 안일주의에 빠져버린 이스라엘의 타락한 지도자들에게 멸망을 예언하다.

이스라엘 심판에 대한 다섯 가지 환상(7~9:10) : 하나님의 자비와 공의

황충 환상(7:1-3) : 외국 군대의 침략을 상징, 선지자의 중보 기도와 하나

님의 자비로 심판을 모면하다.

큰 불 환상(7:4-6) : 더 큰 재앙을 상징, 선지자의 중보 기도와 하나님의 자비로 심판을 모면하다.

다림줄 환상(7:7-9) : 의로운 심판의 필연성을 상징, 하나님의 공의로 심판을 선언하다.

여름 실과 광주리 환상(8:1-14) : 죄가 극도로 무르익음을 상징, 이스라엘의 처절한 종말을 선언하다. "주 여호와의 말씀이니라 보라 날이 이를지라 내가 기근을 땅에 보내리니 양식이 없어 주림이 아니며 물이 없어 갈함이 아니요 여호와의 말씀을 듣지 못한 기갈이라"(암 8:11).

성전 파괴와 백성 살육 환상(9:1-10) : 최후의 심판 방법을 상징, 하나님의 심판을 피할 수 없다고 선포하다.

이스라엘 회복에 대한 약속

무너진 다윗의 장막을 옛적과 같이 세우고 저희로 만국을 기업으로 얻게 하리라(무너진 다윗의 장막 재건), 내가 내 백성 이스라엘의 사로잡힌 것을 돌이키고, 저희를 그 본토에 심으리니 저희가 나의 준 땅에서 다시 뽑히지 아니하리라(이스라엘의 번영과 평화 회복).

> **참된 경건** : 예배와 헌금을 드리는 것으로 만족할 것이 아니라, 하나님과 맺은 언약을 따라 살며 공의와 정의를 행하는 것이다.

오바댜

1. 개요

명칭 : '여호와의 종', '여호와를 경외하는 자'라는 뜻이다.

배경 : 유다 5대 왕 여호람 때라는 설(블레셋과 아라비아가 예루살렘 왕궁을 약탈할 때 에돔이 유다를 배반하고 반란을 일으킴)과 유다가 바벨론에게 멸망할 때(시드기야 왕)라는 설도 있다. 유다의 멸망 때 에돔이 유다를 침공한 것에 대한 언급(11-16절)으로 보아 후자가 다수설이다.

기록 목적 : 하나님은 믿음 없는 이방 민족인 에돔의 교만과 거만함을 심판하고, 믿음 있는 이스라엘에게 은혜를 주시는 분이심을 알게 하고, 여호와 하나님은 이스라엘만의 하나님이 아니라 이 땅의 모든 민족과 나라를 다스리시는 분이심을 깨닫게 하고자 기록하였다.

주제 : 에돔의 영원한 멸망과 이스라엘의 영원한 구원

- **심판** : 하나님은 하나님의 백성을 멸시하고 인간의 힘만을 의지하는 교만한 행동을 심판하신다(무엇으로 심든지 그대로 거두리라).
- **최후 승리** : 현재 하나님의 백성이 악한 세력에 의해 고난받고 심지어

비참한 패배를 당할지라도 최후 승리는 하나님과 하나님의 백성에게 돌아갈 것이다.

- **하나님 나라의 도래와 완성** : 유다의 회복과 더불어 열방에 대한 심판 및 온 세상에 대한 하나님의 통치를 예언한다.

에돔 : 야곱의 형제인 에서가 에돔 족속의 조상으로, 이스라엘 족속이 출애굽하여 가나안 땅으로 가기 위해 왕의 대로를 지나가려고 하였으나 이를 거절하는 등 이스라엘 민족과 계속적인 갈등관계를 유지하다가 다윗과 솔로몬 때 정복되었지만, 여호람 왕 때 배반하고(대하 21:8-10) 아하스왕 때 독립했으며(대하 28:17), 바벨론이 유다를 공격할 때 동행하였고 예루살렘 성이 함락될 때 살상과 약탈에 가담하였다.

2. 구조

◈ 에돔과 만국에 대한 심판(1-16절)
◈ 하나님 백성에 대한 구원과 만국의 회복(17-21절)

3. 내용

하나님의 심판(1-16) : 내가 너를 나라들 가운데에 매우 작게 하였으므로 네가 크게 멸시를 받느니라, 바위틈에 거주하며 높은 곳에 사는 자여 너의 마음의 교만이 너를 속였도다, 네가 네 형제 야곱에게 행한 포학으로 말미암아 부끄러움을 당하고 영원히 멸절되리라, 여호와께서 만국을 벌할 날이 가까웠나니 네가 행한 대로 너도 받을 것인즉 네가 행한 것이 네 머리로 돌아갈 것이라.

이스라엘 구원(17-21) : 궁극적으로 메시아 시대에는 이스라엘은 물론이고 만국이 구원과 함께 회복될 것이다, 사로잡혔던 이스라엘의 많은 자손은 가나안 사람에게 속한 이 땅을 얻을 것이며 구원 받은 자들이 시온 산에 올라와서 에서의 산을 심판하리니 나라가 여호와께 속하리라.

요나

1. 개요

명칭 : '비둘기'라는 뜻이다(화평의 복음을 전함).

배경 : 요나는 엘리사 이후 여로보암 2세 때 호세아와 아모스 이전에 활동한 북이스라엘 선지자다.

기록 목적 : 하나님의 자비가 이스라엘에 한정되지 않고 뉘우치는 마음으로 하나님께 나오는 모든 사람에게 미친다는 것을 깨닫게 하고자 기록하였다.

주제

- **선교** : 하나님 사랑의 복음을 만국에 전파하라.
- **만국을 다스리시는 만왕의 왕이신 하나님** : 하나님은 사람을 깊은 절망과 죽음의 문턱에까지 떨어지게 하셔서 편견의 감옥과 좁은 마음에 갇혀 있는 데서 벗어나 온 누리를 감싸는 하나님의 사랑을 생명력 있게 증언하게 하신다.

요나 사건의 참 뜻은 예수님의 죽음과 부활에서 완전히 이루어진다(마 12:40 참조 : 요나의 표적), 요나는 탕자의 비유(눅 15:11-32)의 큰아들과 비교하기도 한다.

2. 구조와 내용

◈ **도망가는 요나(1장)** : '니느웨로 가서 그것을 쳐서 외치라'고 하신 하나님의 명령에 불순종하여 욥바에서 배를 타고 다시스로 도망가다가 물고기 뱃속에서 삼 일을 보내다.

◈ **기도(회개)하는 요나(2장)** : 고기 뱃속에서 회개 기도, 감사와 찬양의 기도, 서원을 갚겠다는 기도를 드리자 고기가 요나를 육지에 토해 내다.

◈ **선포(순종)하는 요나(3장)** : 니느웨에서 하나님의 심판 메시지를 소극적으로 선포하였으나 니느웨 사람들이 금식과 함께 회개하자 하나님이 재앙을 거두시다.

◈ **하나님의 사랑을 깨닫는 요나(4장)** : 요나는 니느웨가 심판을 면하는 것을 보고 하나님께 불평했으나, 박 넝쿨과 벌레와 뜨거운 동풍을 통해 하나님께서 니느웨 백성을 사랑하심을 깨닫게 된다.

미가

1. 개요

명칭 : '여호와와 같은 자가 누구냐'라는 뜻이다.

배경 : 미가는 이사야와 같은 시기에 활동한 남유다의 선지자로, 유다가 종교적·정치적 부패로 불의가 팽배하고 백성의 지도자와 선지자들의 부정이 날로 깊어지자 사회개혁을 부르짖다.

기록 목적 : 남유다에 임박한 심판을 경고하여 지도층 사람들의 잘못으로 야기된 불의한 사회 상황과 변질된 예배로 인한 죄악의 회개를 촉구하고, 장차 도래할 메시아 왕국에 대해 백성에게 알려 주어 소망을 갖게 하고자 기록하였다.

주제

- **올바른 예배** : 공의를 행하고 인자를 사랑하며 겸손하게 하나님과 함께 행하는 것이다(실천하는 신앙 강조).
- **메시아 왕국의 도래와 하나님 백성의 회복** : 예수 그리스도의 베들레헴 출생을 예언하다(5:2).

2. 구조

◈ 첫 번째 설교(1~2장)
◈ 두 번째 설교(3~5장
◈ 세 번째 설교(6-7장)

'들으라'는 선포로 시작해서(1, 3, 6장), 약속의 메시지로 끝난다(2, 5, 7장).

3. 내용

첫 번째 설교(1~2장)

우상숭배와 불법과 불의(가난한 농민 학대, 재산 탈취, 교만)가 팽배한 사마리아와 예루살렘에 대한 심판을 선포하고, 남은 자 곧 진심으로 회개하고 깨끗해진 자들에게 구원을 약속하다.

"야곱아 내가 반드시 너희 무리를 다 모으면 내가 반드시 남은 자를 모으고 그들을 한 처소에 두기를 보스라의 양 떼 같이 하며 초장의 양 떼 같이 하리니 사람들이 크게 떠들 것이며 길을 여는 자가 그들 앞에 올라가고 그들은 길을 열어 성문에 이르러서는 그리로 나갈 것이며 그들의 왕이 앞서 가며 여호와께서는 선두로 가시리라"(미 2:12-13).

두 번째 설교(3~5장)

정치, 종교 지도자들의 죄를 고발(3:11) : 뇌물 재판하는 지도자와 삯을 위하여 교훈하는 제사장들과 돈을 위하여 점치는 선지자들이 백성들에게 허위 사실을 유포하자, 미가가 이들이 정의를 미워하고 정직한 것을 굽게 하며 백성을 유혹한다고 책망하면서 "오직 나는 여호와의 영으로 말미암아 능력과 정의와 용기로 충만해져서 야곱의 허물과 이스라엘의 죄를 그들에게 보이리라"(미 3:8)고 선포하다.

마지막 날에 메시아 왕국과 예루살렘의 회복을 선포(4장) : 시온에서 하나님의 말씀이 선포될 것이며 열방이 그 말씀을 듣기 위해 모여들 것이다, 여호와께서 너를 네 원수들의 손에서 속량하여 내시리라.

메시아에 대한 언급(5장) : "베들레헴 에브라다야 너는 유다 족속 중에 작을지라도 이스라엘을 다스릴 자가 네게서 내게로 나올 것이라 그의 근본은 상고에, 영원에 있느니라"(미 5:2). 그가 여호와의 능력과 그의 하나님 여호와의 이름의 위엄을 의지하고 창대하여 땅 끝까지 미치리라, 이 사람은 평강이 될 것이라(5:4-5).

세 번째 설교(6~7장)

이스라엘이 하나님의 은혜를 배반하고 타락함을 고발(6:2-5) : 위선적 종교 생활(6-7절), 불공정한 거래(10-11절), 강포와 사기(12절), 우상숭배(16절), 인간성 파괴(7:2), 부정한 재판과 음모(7:1-6)를 고발하다.

부패와 심판에서 건짐을 받는 길 : 공의를 행하며 인자를 사랑하고 겸손하게 행하라. "사람아 주께서 선한 것이 무엇임을 네게 보이셨나니 여호와께서 네게 구하시는 것은 오직 정의를 행하며 인자를 사랑하며 겸손하게 네 하나님과 함께 행하는 것이 아니냐"(미 6:8).

하나님의 뜻 : 하나님 여호와를 경외하며 그분의 모든 도를 행하고, 마음을 다하고 뜻을 다하여 하나님을 섬기고 사랑하며 여호와의 명령과 규례를 지키는 것이다(신 10:12–13).

하나님의 신실하심과 인자하심을 노래(7장) : 오직 나는 여호와를 우러러보며 나를 구원하시는 하나님을 바라보나니 나의 하나님이 나에게 귀를 기울이시리로다. 주께서는 죄악과 허물을 사유하시며 인애를 기뻐하시므로 진노를 오래 품지 아니하시나이다. 주께서 성실을 베푸시며 인애를 더하시리이다.

나훔

1. 개요

명칭 : '위로자'라는 뜻이다.

배경 : 나훔은 BC 650년경 남유다에서 활동하면서 앗수르가 하나님의 심판을 받아 멸망할 것을 선포해서 유다 백성을 위로한 선지자다.

기록 목적 : 절대 강국인 앗수르에 임한 하나님의 심판을 선포하고, 유다를 위로하며 잔인무도한 인간은 반드시 하나님의 보복을 받게 됨을 가르치고자 기록하였다.

주제 : **하나님의 공의와 심판**

2. 구조와 내용

◈ **니느웨를 향한 경고(1장)** : 여호와는 투기하시며 보복하시며 노하기를 더디하시지만 죄인을 사랑하지 않으시고 진노를 불처럼 쏟으시며 자기 대적을 진멸하신다.

◈ **니느웨의 멸망(2장)**

◈ **니느웨 멸망의 정당성(3장)** : 하나님께 지은 죄악(궤휼, 포학, 수탈, 살육, 음행)으로 인하여 멸망하되, 앗수르가 애굽의 수도 노아몬을 멸망시키듯이 바벨론에게 멸망당할 것이다.

하박국

1. 개요

명칭 : '포옹하다', '붙잡다'라는 뜻이다.

배경 : 하박국은 남유다의 여호야김과 시드기야 왕 시대의 바벨론 침공 시기에 활동했으며, 하나님의 공의와 이스라엘의 궁극적인 구원을 확신하며 찬양한 남유다의 선지자다.

기록 목적 : 의인은 믿음으로 말미암아 산다는 것을 이스라엘 백성에게 깨우치기 위해 기록하였다.

주제 : **의인은 믿음으로 말미암아 살리라.**

특징 : 대부분 하박국 선지자와 하나님의 대화로 이루어져 있고, 신약 성경에서 "오직 의인은 믿음으로 말미암아 살리라"(2:4)의 말씀이 중요한 역할을 하고 있다(롬 1:17, 갈 3:11, 히 10:38).

2. 구조

◈ 하박국의 질문과 하나님의 대답(1~2장)
◈ 하박국의 기도와 찬양(3장)

3. 내용

하박국의 질문과 하나님의 대답

첫 번째 질문과 답변(1:1~11) : 하박국이 유다의 패역한 정치를 용납하시는 듯한 하나님의 침묵과 공의에 의문을 제기하며 하나님께 항변하자, 이에 하나님께서 '바벨론을 심판의 도구로 삼겠다'고 답변하시다.
하나님의 침묵은 불의에 대한 용납이 아니라 징계의 알맞은 때를 기다리시는 것으로 불의에 대한 하나님의 징계는 필연이다.
두 번째 질문과 답변(1:12~2:20) : 하박국이 하나님에게 왜 더 악한 갈대아 사람을 심판의 도구로 삼는지에 대해 불만을 토로하자, 이에 하나님은 '유다를 징벌하기 위해 잠시 악인을 들어쓸 뿐이며 악인은 결국 망하게 되고, 아무리 세상이 불의할지라도 의인은 그 믿음으로 말미암아 살리라'고 답변하시다.
악인의 죄악은 교만과 탐심, 착취와 강탈, 폭력, 부도덕, 우상숭배이다.

하박국의 기도와 찬양

하나님께 유다에 대한 자비를 간구, 하나님의 능력과 심판을 찬양(1:3~

15) : 출애굽한 이스라엘 백성을 인도하신 하나님의 능력을 찬양하고, 하나님의 심판은 의인을 구원하시기 위한 하나님의 역사임을 찬양하다.

믿음의 복에 대한 찬양 : "비록 무화과나무가 무성하지 못하며 포도나무에 열매가 없으며 감람나무에 소출이 없으며 밭에 먹을 것이 없으며 우리에 양이 없으며 외양간에 소가 없을지라도, 나는 여호와로 말미암아 즐거워하며 나의 구원의 하나님으로 말미암아 기뻐하리로다, 주 여호와는 나의 힘이시라 나의 발을 사슴과 같게 하사 나를 나의 높은 곳으로 다니게 하시리로다"(합 3:17-19).

스바냐

1. 개요

명칭 : '여호와께서 숨기신다', '여호와께서 보호하신다'라는 뜻이다.

배경 : 스바냐는 히스기야의 현손(4대손)인 요시야 왕 때 활동한 선지자다. 스바냐의 예언으로 말미암아 요시야는 종교개혁에 박차를 가하였지만 므낫세와 아몬의 통치 하에 지은 죄악이 너무 깊어 하나님의 심판을 단지 미루었을 뿐 막을 수는 없었다(왕하 23:4-8, 10-14, 대하 32:23-28).

기록 목적 : 여호와의 날에 유다에게 임할 하나님의 심판과 남은 자들에게 있을 하나님 구원의 약속을 알리기 위해 기록하였다.

주제

• **심판과 구원**

• **남은 자** : 구원의 기쁨

• **여호와의 날** : 심판의 날이자 축복의 날

2. 구조와 내용

◈ **여호와의 날에 임할 심판(1-3:8)** : 흑암과 분노와 심판의 날인 여호와의
날에 우상숭배, 배도 및 영적 무관심, 정치 사법 종교 지도자들의 타락
등으로 인하여 심판하실 것이다.

◈ **구원(3:9-20)** : 하나님은 심판을 통해 유다를 정화시켜 자신을 경배하
게 할 것이며, 남은 자는 하나님의 보호를 받을 것이고, 하나님은 돌아
온 그들로 인해 기쁨을 이기지 못할 것이고 그들로 하여금 명성과 칭찬
을 얻게 할 것이다.
"너의 하나님 여호와가 너의 가운데에 계시니 그는 구원을 베푸실 전능
자이시라 그가 너로 말미암아 기쁨을 이기지 못하시며 너를 잠잠히 사
랑하시며 너로 말미암아 즐거이 부르며 기뻐하시리라"(습 3:17).

학개

1. 개요

명칭 : '잔치', '축제', '절기'라는 뜻이다.

배경 : 학개는 바벨론 포로에서 귀환한 시기에 활동한 선지자다. BC 520
년까지 15년간 중단된 성전을 재건하도록 당시 유다 총독으로 임명된 스
룹바벨과 대제사장 여호수아에게 촉구하여 BC 516년에 스룹바벨 성전을
완공하게 하였다.

주제 : 성전 재건(하나님 나라의 회복)

2. 구조

◈ 성전 재건의 촉구(1:1-15)

◈ 재건될 성전의 영광(2:1-9)

◈ 순종과 정결한 생활의 축복(2:10-19)

◈ 열방의 심판과 이스라엘의 회복 약속(2:20-23)

3. 내용

성전 재건의 촉구 : 귀환한 포로 공동체들이 하나님의 뜻인 성전 건축보다는 자신의 편안하고 안일한 삶을 추구하고 있어, 이들을 하나님께 돌아오게 하고자 성전을 재건하도록 촉구하다.

> BC 538년 바사 왕 고레스 칙령에 따라 귀환한 이스라엘 포로 공동체가 성전을 재건하던 중 생존의 염려와 정치적인 어려움으로 중단되었다(스 3:8, 4:24).

성전 재건의 영광 : 성전을 건축할 동안에 함께할 것을 약속하다. "이 성전의 나중 영광이 이전 영광보다 크리라"(학 2:9).

순종과 정결한 생활의 축복 : 성전 재건으로 풍성한 물질적 복이 임할 것이다(2:18-19).

열방의 심판과 이스라엘의 회복 약속 : 유다 총독 스룹바벨을 영화롭게 하겠다. "내가 너를 세우고 너를 인장으로 삼으리니 이는 내가 너를 택하였음이니라"(2:23).

> **성전 건축의 참된 의미** : 성전 건축은 단순한 예배 처소의 건축이 아니라 삶의 우선순위를 하나님께 두고 살아가는 신앙 공동체의 회복을 의미한다.

스가랴

1. 개요

명칭 : '여호와께서 기억하신다', '여호와께서 자기 백성을 잊지 않으신다' 라는 뜻이다.

배경 : 스가랴는 바벨론 포로 귀환 후 성전 재건 시대에 활동한 제사장 가문의 선지자로 학개 선지자와 더불어 백성을 각성시켜 성전 건축을 재개했다.

기록 목적 : 낙담해 있는 귀환자들에게 모든 불의에서 돌아서라고 명령하면서 성전 재건을 촉구하고, 성전 재건 후에 있을 예루살렘의 회복과 영광을 알려주고자 기록하였다.

주제 : 백성의 영적 부흥을 위한 성전 건축, 하나님의 심판과 구원.

특징 : 메시아의 초림과 재림을 예언하고, 환상과 상징이 풍부하여 구약의 묵시록으로 불리기도 한다.

스가랴가 예언한 메시아 : 하나님 백성을 괴롭히는 원수들을 멸하실 것이다 (9:1-8), 전쟁을 그치게 하고 화평을 이루실 것이다(9:10), 포로된 자들을 해방시키실 것이다(9:11-13, 10:8-10), 하나님 백성에게 승리를 주실 것이다 (9:14-15), 하나님 백성을 축복하실 것이다(9:16-17), 하나님 백성을 구원하실 것이다(10:6).

2. 구조

◈ 회개 촉구(1:1-6)
◈ 8가지 환상(1:7~6:15)
◈ 금식에 관한 교훈(7~8장)
◈ 종말론적인 예언(9~14장)
※ 1~8장은 성전 건축에 초점을 맞추고, 9~14장은 메시아의 초림과 재림 등 미래의 일을 기록하였다.

3. 내용

회개 촉구(1:1-6)
이제라도 백성들이 선조의 잘못된 것을 본받지 말고 돌아와 말씀에 순종한다면 다시 복을 내려 주시겠다는 말씀을 선포하다. "너희는 내게로 돌아오라 그리하면 내가 너희에게로 돌아가리라, 너희가 악한 길 악한 행위를 떠나서 돌아오라."

8가지 환상

말탄 자(1:7-17) : 하나님의 사자로, 심판 주로 다시 오실 그리스도를 예표, 하나님이 예루살렘을 위로하고 축복하시며 학대했던 열방을 심판하실 것이다.

네 뿔과 네 대장장이(1:18-21) : 사탄의 세력과 하나님의 제어 세력을 예표, 하나님이 대적인 네 나라를 물리치실 것이다.

척량줄을 잡은 천사(2:1-13) : 예루살렘의 회복과 번영을 예표, 여호와 자신이 그 거룩한 성의 성곽이 되실 것이다.

대제사장 여호수아(3:1-10) : 죄 용서와 영적·도덕적 회복을 예표, 이스라엘 백성의 추악한 죄를 없애 버리시고 영광스런 모습을 갖게 하실 것이다.

등대와 두 감람나무(4:1-14) : 등잔은 성전과 교회를 예표하고 불빛은 하나님의 영광을 예표하며, 두 감람나무는 스룹바벨과 대제사장 여호수아를 가리킨다. 이는 장차 왕과 제사장의 직분으로 오실 예수 그리스도를 예표, 성전 건축에 어려움이 많으나 여호와의 영으로 꼭 완공될 것이다.

날아가는 두루마리(5:1-4) : 율법에 의한 정죄와 징계를 상징, 하나님께서 도적질하고 거짓 맹세한 자들을 심판하시리라.

에바 속에 있는 여인(5:5-11) : 악의 상징인 여인이 에바 속에 갇혀 추방되다. 최후 심판 때 악한 자들은 다 파멸될 것을 의미한다.

네 병거(6:1-8) : 열방에 대한 심판의 완성을 상징한다.

여호수아의 면류관(6:9-15) : 제사장과 왕의 사역을 감당할 '순'이라는 메시아가 성전 재건에 참여할 것이다.

금식에 관한 교훈(7~8장)

참된 금식 : 형식적인 금식이 아니라 하나님의 말씀에 순종하여 진실한 재

판을 하고, 인애와 긍휼을 베풀며, 고아와 과부와 나그네를 보살피는 실천적 금식이다(7:9-10). 특히 성전 재건은 하나님의 새로운 축복을 상징해 주는 것이므로, 순종하는 자에게 복을 주신다는 하나님의 약속을 붙잡고 성전 재건에 힘써라. 이제 너희는 금식하는 대신 기쁨과 즐거움과 희락의 절기로 지키고 오직 진리와 화평을 사랑하라.

종말론적인 예언(9~14장)

메시아의 첫 번째 오심과 백성들의 거절(9~11장) : 나귀 새끼를 타고 오시는 왕이 전쟁을 종식시키고 세상을 화평케 하실 것이나(9~10장), 백성이 선한 목자를 팔고 거짓 목자를 따르다가 참혹한 고난을 받게 되고 거짓 목자는 하나님께 징벌을 받아 멸망할 것이다.

메시아의 두 번째 오심과 그의 왕국의 영광을 예언(12~14장) : 그 날에 하나님께서 예루살렘을 포위한 이방인들을 물리치며 백성이 애통함으로 회개하고 죄와 부정함을 씻기 위한 생수가 솟아나며(새로운 정화), 우상이 사라지고 거짓 선지자들이 끊어질 것이다.

그리스도에 대한 스가랴의 예견 : 순(3:8, 6:12), 일곱 눈을 가진 돌(3:9), 왕, 제사장(6:13), 겸손한 왕(9:9-10), 모퉁이 돌(10:4), 거부당한 선한 목자(11:4-13), 찔린 자(12:10), 정결케 하는 샘(13:1), 칼에 치인 목자(13:7), 오실 재판장이시며 왕(14장).

말라기

1. 개요

명칭 : '나의 사자'라는 뜻으로 범죄한 백성을 하나님께로 돌이키고 하나님의 사랑에 의지하도록 하는 대사를 의미한다.

배경 : 말라기는 포로 귀환 후 BC 450-400년경 활동한 선지자다. 활동 당시 성전이 재건되었음에도 영광이 도래하기는커녕 오히려 정치적·경제적인 어려움에 봉착하자, 이에 백성들이 하나님의 약속이 이루어지지 않았다는 사실에 실망하고 자신들을 향한 하나님의 사랑과 공의로운 통치에 대해 회의를 느끼며 율법을 불순종하는 죄악에 빠져들며 이방 여인들과 결혼하고 십일조를 드리지 않고 있었다.

기록 목적 : 이스라엘의 타락상을 분명하게 보여 주고 이에 대한 하나님의 심판을 경고하며 참다운 회개를 권유하기 위해 기록하였다.

주제

• **순종과 불순종** : 율법에 대한 온전한 순종은 약속의 땅의 축복을 받고, 불순종은 포로 생활과 같은 저주를 받는다.

• **회개와 심판** : 심판의 날이 오기 전에 죄악을 돌이켜 하나님께 돌아오라, 돌아오지 않으면 저주를 내리겠다.

특징 : 세례 요한의 사역 예언(3:1), 여섯 개의 논쟁 형식으로 구성.

2. 구조

◈ 이스라엘을 향한 하나님의 사랑(1:1-5)
◈ 제사장들에 대한 책망(1:6~2:9)
◈ 백성에 대한 책망(2:10~4:3)
◈ 하나님의 권고(4:4-6)

3. 내용

이스라엘을 향한 하나님의 사랑(1:1-5) : '내가 너희를 사랑하였노라'고 말씀하시는 하나님께 백성이 '주께서 우리를 어떻게 사랑하였나이까?'라고 반문하면서 하나님의 사랑을 부인하자, 이에 하나님께서 에서와 야곱을 비교하며 야곱의 후손들을 향한 특별한 사랑을 일깨워 주시다.

제사장들에 대한 책망(1:6~2:9) : '제사장들인 너희는 나를 공경하지 아니하고 두려워하지 않는다'는 하나님의 말씀에 '우리가 어떻게 주의 이름을 멸시하였나이까'라고 제사장들이 답변하자, 이에 하나님께서 '너희들이 더러운 떡과 눈 멀고 병든 짐승을 제물로 드리는 등 제단과 내 이름을 더럽히고 사람들을 율법에 거스리게 하거나 율법을 사람들에게 편파적으로 적용하므로 저주와 멸시와 천대를 당하게 하였느니라'고 말씀하시다.

백성에 대한 책망(2:10~4:3)

이방인들과의 잡혼 및 이혼을 책망(2:10-16) : 여호와께서 너희의 봉헌물을 받지도 아니하시리니 이는 너와 아내 사이에 여호와께서 증인이 되시는데 네가 그 아내에게 거짓을 행하였기 때문이라.

점치는 것, 간음, 거짓 맹세, 약자들(일꾼, 고아, 과부, 나그네) 압제, 하나님을 경외하지 않음을 책망(2:17~3:6) : 너희는 악을 행하는 자가 여호와의 눈에 좋게 보이며 기쁨이 되고 정의의 하나님이 계시지 않는다고 하면서 말로 여호와를 괴롭게 하는데, 분명 여호와께서는 악을 행하는 자들을 심판하러 오신다.

십일조와 헌물을 바치지 않음을 책망(3:7-12) : '우리가 어떻게 주의 것을 도둑질 하였나이까'라고 하는데, 너희는 하나님의 소유인 십일조와 헌물을 도둑질하였으므로 저주를 받았느니라.

"만군의 여호와가 이르노라 너희의 온전한 십일조를 창고에 들여 나의 집에 양식이 있게 하고 그것으로 나를 시험하여 내가 하늘문을 열고 너희에게 복을 쌓을 곳이 없도록 붓지 아니하나 보라"(말 3:10).

완악한 말로 여호와께 대적함을 책망(3:13~4:3) : '하나님을 섬기는 것이 헛되니 하나님의 법을 지키고 행하는 것이 유익이 없고, 교만한 자가 복되며, 악을 행하는 자가 번성하고, 하나님을 시험하는 자가 화를 면한다'고 여호와께 대적하므로, 이에 여호와께서 '정한 날에 악한 자를 분별하여 심판하리라, 교만한 자와 악을 행하는 자는 지푸라기 같이 불사를 것이나 경외하는 자는 기념책에 기록하고 의로운 해가 떠올라서 치료하는 광선을 비추리라'고 말씀하시다.

하나님의 권고(4:4-6) : 모세의 율법을 기억하고 순종하라, 하나님과 깨어진 관계를 회복시킬 엘리야 같은 선지자를 보낼 것이다. 그를 기다리며 회개하라 돌이키지 않으면 두렵건대 내가 와서 저주로 그 땅을 칠까 하노라 하시리라(세례 요한에 대한 예언).

> **말라기에 나타난 하나님의 마음**
>
> - 우리를 사랑하신다(1:2).
> - 하나님을 공경하고 두려워하기를 원하신다(1:6).
> - 깨끗한 제물 드리기를 원하신다(1:11).
> - 하나님 말씀을 청종하고 하나님 이름을 영화롭게 하기를 원하신다(2:2).
> - 하나님의 생명과 평강의 언약을 온전하게 지키기를 원하신다(2:5-9).
> - 성결하기를 원하신다(2:10-15).
> - 거짓을 행하지 않기를 원하신다(2:16).
> - 말로 하나님을 괴롭게 하지 않기를 원하신다(2:17).
> - 기쁘고 자원하는 심령으로 십일조와 헌물을 드리기를 원하신다(3:7-12).
> - 교만하여 하나님께 대적하지 않고 하나님께 돌이켜 겸손하여 하나님을 경외하는 삶을 살기를 원하신다(3:13~4:6).

신·구약 중간사

1. 개요

- **구약의 침묵시대에 해당(구약과 신약의 징검다리) :** 말라기 후 마태복음 전까지 약 400년간의 시대로 성경에는 기록이 없는데 이는 권위 있는 선지자가 나타나지 않았기 때문이며 이 시기를 '침묵기'라고도 한다. 바벨론에 멸망당한 후 이스라엘 민족의 삶의 주거지에 따라 골란 공동체, 디아스포라 공동체, 팔레스타인 공동체, 이집트 공동체 등이 있었다.

- **인간의 눈에 보이지 않은 하나님의 사역 :** 세상이 구세주를 영접할 수 있도록, 즉 복음전파를 위한 인프라를 준비하셨다. 언어는 헬라어로 행정은 로마법으로 통일하고 로마에서 전 세계로 뻗어가는 도로를 만들었다.

- **팔레스타인 지역의 종교, 정치적 상황 :** 유대교가 태동하여 사두개파와 바리새파가 등장하고, 총독과 분봉왕의 제도가 시행되었는데 분봉왕인 헤롯 대왕은 에돔인으로 유대인들의 환심을 사기 위해 성전을 건축하였다.

- **구약의 예언 성취와 메시아 사상 :** 다윗 언약과 선지자들(특히 이사야, 미

가)의 예언이 성취되기 시작하는데, 말라기에서 말한 엘리야는 세례 요한(이사야 40장 참조)을 말한다. 즉 하나님의 때에 하나님의 방법으로 메시아를 보내다(성육신).

2. 다니엘서의 예언

세계 열방과 이스라엘의 장래를 환상을 통하여 예언

- **느브갓네살의 금 신상 환상(2장), 다니엘의 네 짐승 환상(7장), 숫양과 숫염소의 환상(8장), 북방 왕과 남방 왕의 꿈(11장)** : 하나님 나라가 수립될 때까지 유대인들을 통치할 네 개의 이방 제국(바벨론, 메대-바사, 헬라, 로마)의 흥망성쇠를 보여 주다.
- **금 신상의 환상** : 머리(금), 가슴/팔(은), 배/넓적다리(동), 종아리/발(철), 산에 뜨인 돌 → 바벨론, 바사, 헬라, 로마, 인자〈그리스도〉를 상징한다.
- **네 짐승 환상** : 독수리 날개를 가진 사자, 세 갈빗대를 물고 있는 곰, 네 개의 날개와 머리를 가진 표범, 열개 뿔과 작은 뿔을 가진 짐승은 바벨론, 바사, 헬라, 로마를 상징한다.
- **숫양과 숫염소의 환상** : 숫양의 두 뿔은 메대와 바사를, 숫염소의 현저한 뿔은 헬라의 알렉산더를, 숫염소의 네 뿔은 헬라의 네 개 왕조를, 그중 한 뿔에서 나오는 작은 뿔은 셀루쿠스 왕조의 안티오쿠스 4세를 상징한다.
- **북방 왕과 남방 왕의 환상** : 셀루쿠스 왕조, 프톨레미 왕조를 상징한다.

3. 실제 세계사에서 일어난 일

고대 근동의 패권

- 앗수르 → 바벨론 → 메대, 바사(페르시아) → 헬라(그리스) → 로마(BC 64 년~).
- 헬라 제국은 네 개 왕조로 분열되고, 이중 프톨레미(이집트)와 셀루쿠스 (시리아) 왕조가 팔레스타인과 밀접하다.

역대 이스라엘 지배 국가

- 앗수르 → 바벨론 → 메대, 바사 → 헬라(알렉산더 왕, 프톨레미 왕조, 셀루쿠스 왕조) → 하스몬 왕조(유대 독립국가, BC 165-64년) → 로마 (BC 64년 이후).
- 구약 성경의 마지막 선지자인 말라기의 활동 시대는 바사시대이고, 프톨레미 왕조는 친 이스라엘 정책으로 70인역 성경(히브리어 성경을 헬라어 성경으로 번역)을 제작한 반면, 셀루쿠스 왕조는 반 이스라엘 정책으로 헬라 문화를 강요하고 성전에서 제우스에게 돼지를 제물로 드리게 했다. 하스몬 왕조는 맛다디아 제사장이 셀루쿠스 왕조에 항거하다가 BC 164년 그 아들 유다(마카비)가 수립한 유대의 독립 왕조로서 그 이후 유대인들은 이 독립일을 수전절로 지켰다.

4. 이스라엘 지역의 실상

하스몬 왕조 : 여호와 신앙을 지키려고 혁명하여 성공했으나 결국 헬라 문화를 수용하였다. 율법 중심의 유대교가 태동하여 안식일, 할례, 정결의식, 십일조, 성전 규례를 엄격히 지켰다. 친 헬라인 사두개파와 반 헬라인 하시딤파의 대립이 극렬하였으며, 하시딤파는 다시 바리새파, 열심당, 에세네파 등으로 분열된다. 팔레스타인은 지역에 따라 유다와 예루살렘 중심, 사마리아와 세겜 중심으로 각기 다른 종교문화가 발달한다.

사두개파와 바리새파 : 사두개파는 부유 귀족 지배 계층인 제사장과 권력가들로 부활과 영적 세계와 천사를 믿지 않고 모세 오경만을 경전으로 한다. 반면에 바리새파는 율법주의자인 서기관과 소외된 제사장들로 부활과 천국과 천사를 믿고 장로의 유전을 믿는다.

> **산헤드린 공의회(70명)**
>
> 종교 및 일상 생활을 재판하고, 사두개파와 바리새파로 구성되며, 의장은 대제사장이고 회원들은 제사장들과 장로들과 서기관이다.

분봉왕과 총독 : 처음에는 로마에 충성하는 헤롯 가문을 분봉왕으로 세워 대 헤롯이 전 지역을 통치하다가(BC 37-4년), 사후에 헤롯 아켈레오(유대, 예루살렘, 에돔)와 빌립(갈릴리 동북부)과 안티파스(갈릴리, 베뢰아) 세 아들이 지역을 분할하여 통치했으나, 아켈레오의 폭정으로 로마가 그를 추방하고 직접 총독을 파견했으며 빌라도는 5대 총독이다(AD 26~36년).

통독을 위한

신약

복음서 개론

1. 복음서 개요

복음 : gospel, good news, 인간을 위한 예수님의 구원 이야기요, 하나님의 구속 사역을 성취하신 예수님에 관한 기쁜 소식이다.

4권의 복음서 : 예수님 사건은 너무 크고 신비하고 오묘해서 어느 누구 혼자서 포괄적으로 다 알지도 못하고 표현하기도 힘들어 하나님께서 네 명의 제자를 통해 예수 그리스도를 온전히 알게 하고자 4권의 복음서를 기록하게 한 것이다(**예수님 사건의 초월성**). 또 어떤 특정 시대와 환경에 처해 있는 독자들에게 예수님의 정체성이 꼭 필요하다고 느껴졌기 때문에 각자의 관점에서 예수님을 묘사하여 복음을 알게 하고자 기록된 것이다(**수신자의 상이**).

수신인	예수님에 대한 묘사
마태	유대인을 대상으로 예수님을 유대인의 왕 메시아로 묘사
마가	로마인을 대상으로 예수님을 종으로 묘사
누가	이방인을 대상으로 예수님을 인자로 묘사
요한	모든 사람을 대상으로 예수님을 하나님의 아들로 묘사

공관복음(마태, 마가, 누가복음) : 공관복음은 예수님의 생애와 사역 자체에 중점을 두어 기록한 결과 용어와 사건 순서, 내용(마가 661절 중 마태 606절과 누가 350절이 일치)이 일치한다. 그러나 각 저자들이 각 수신자들을 상대로 각자의 입장에서 많은 자료와 대화를 통해 성령의 사역으로 기록하였기 때문에 공관복음도 차이점이 상당하다. 한편 요한복음은 예수님의 사역 의미에 중점을 두었다.

2. 예수의 생애와 사역

주요 연대적 사건

탄생 : BC 6년경(마 2:1 참조, 눅 1:5의 헤롯 대왕 BC 4년 사망)

공생애 사역 : 30세쯤 시작하였으며 크게 갈릴리 사역, 열두 제자를 위한 특별 훈련, 유대 사역, 베뢰아 사역으로 구분한다.

십자가 죽음 연도 : 유월절(니산월의 14일)인 안식일 전날에 죽으셨는데, 유월절이 금요일인 경우는 AD 30년과 33년 두 차례인 바, 다수설은 30년에 십자가형을 받으신 것으로 보고 있다.

사역 기간 : 3년 남짓으로, 요한복음은 세 번의 유월절 축제를 언급하나(요 2:13, 6:4, 11:55), 요한복음 5장 1절과 공관복음서를 근거로 요한복음 2장 13절과 요한복음 6장 4절 사이에 또 하나의 유월절이 있었음을 추정할 수 있어 공생애 기간 중 네 번의 유월절이 있었다고 한다.

예수님의 전도 여행

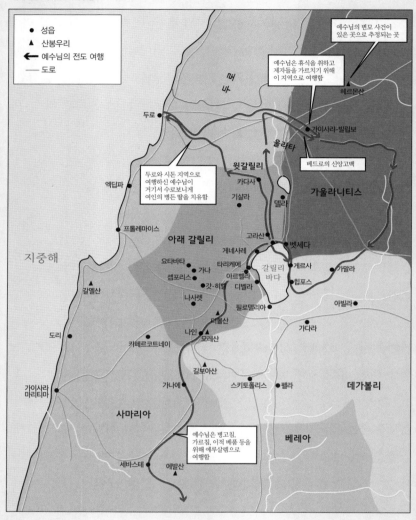

성읍
▲ 산봉우리
← 예수님의 전도 여행
── 도로

메
나

예수님의 변모 사건이
있은 곳으로 추정되는 곳

예수님은 휴식을 취하고
제자들을 가르치기 위해
이 지역으로 여행함

헤르몬산

두로

울라타

윗갈릴리

가이사랴-빌립보

베드로의 신앙고백

두로와 시돈 지역으로
여행하신 예수님이
거기서 수로보니게
여인의 병든 딸을 치유함

엑딥파

카다사

기살라

델라

가울라니티스

프톨레마이스

아래 갈릴리

지중해

고라산

게네사레

벳세다

요타바타

가나

타리케애

게르사

가말라

셉포리스

갓-히벨

아르벨라

갈릴리
바다

힙포스

디벨라

아빌라

나사렛

필로델리아

가다라

데벨산

나인

모레산

카페르코트네이

길보아산

가이사라
마리티마

도리

가나에

스키토폴리스

펠라

데가볼리

사마리아

베레아

예수님은 병고침,
가르침, 이적 배품 등을
위해 예루살렘으로
여행함

세바스테

에발산

322 성경 다이제스트

개요(요한복음을 중심으로) : 요단 강 세례 → 갈릴리(가나 혼인잔치, 가버나움) → 예루살렘(첫 번째 유월절, 성전 청결, 니고데모와의 만남) → 사마리아(수가 성 여인) → 갈릴리 → 예루살렘(두 번째 유월절, 베데스다 38년 된 병자) → 갈릴리(산상수훈, 혈루병 여인, 세 번째 유월절 후 벳세다, 오병이어 사건, 가이사랴 빌립보 사역, 변화산) → 사마리아(초막절) → 유대 및 예루살렘, 베다니 → 베뢰아(수전절 직전, 병 고침) → 베다니(나사로를 살림), 에브라임 유대 광야, 여리고(삭개오), 베다니(향유 옥합 사건) → 예루살렘 입성(네 번째 유월절, 감람산 강화, 최후의 만찬, 다락방 강화, 체포, 재판, 십자가형, 부활, 승천).

예수의 탄생과 유년기

그리스도의 탄생(마 1:18-25, 눅 1:5~2:39) : 가브리엘 천사가 먼저 사가랴 제사장에게 세례 요한의 수태고지를 하고(눅 1:17, 말 4:5), 6개월 후 마리아에게 수태고지 후, 동정녀 마리아가 성령으로 잉태(눅 1:28, 35, 마 1:19-35, 사 7:14 참조).

> 예수님은 이사야의 예언(7:14) 성취와 함께 죄인으로 오지 않기 위해서 동정녀에게서 태어나셨다.

족보(다윗의 계보) : 이사야 예언의 성취를 알리다(사 11:1). 마태복음은 이스라엘 왕국의 회복을 강조하고자 다윗 계통의 왕들의 후손을 중심으로 법적 아버지 요셉의 혈통을 따라 위에서 아래로 기록한 반면, 누가복음은 세상 전체를 하나님 나라로 변화시키는 것을 강조하고자 성령으로 잉태한 실제 혈통인 마리아 조상의 계보를 따라 아래에서 위로 기록하였다. 또한 족보를 세례 사건과 시험 사건 사이에 기재한 것은 첫째 아담은 에덴동산 시험에서 실패했으나 둘째 아담 예수는 광야 시험에서 승리하셨음을 강조하기 위함이다.

그리스도의 유년기 : 이집트와 나사렛에서 살다가 유월절에는 예루살렘 성전에서 절기를 지낸 것으로 보인다.

예수의 세례와 시험

세례
세례 요한 : 사가랴 제사장과 엘리사벳의 아들, 말라기의 예언에 따라 주의 길을 예비하고 회개의 세례를 주고자 가브리엘 천사의 수태고지로 예수님보다 6개월 전에 출생하였다. 예수님에게 물세례를 준 경건하고 행동하는 선지자로 광야에서 활동하다가 헤롯에게 처형당했다.
"나는 너희를 회개키 위하여 물로 세례를 주거니와 내 뒤에 오시는 이는 나보다 능력이 많으셔서 성령과 불로 세례를 주실 것이다"(마 3:11).

예수님의 세례(마 3:13-17, 막 1:9-11, 눅 3:21-23) : 예수님은 구약의 율법과 선지자들을 통해 주신 하나님의 모든 약속에 응하고자 요한의 물세례를 받으셨는데 이때 성령이 비둘기같이 내려오고 하나님의 음성이 들렸다(삼위일체 하나님의 공존).

기름 부음: 구약시대 왕의 취임식 때 예식, 신약시대는 성령 세례를 상징.

성령 세례 : 요엘, 예레미야, 에스겔 등 구약의 선지자들이 예언하였으며, 예수님의 부활 승천 후에 성령 강림이 성취되다(행 2:1-4). "내가 내 영을 만민에게 부어 주리라(욜 2:28). 내가 새 언약을 세우리니 내가 나의 법을 그들의 속에 두며 그 마음에 기록하여 나는 그들의 하나님이 되고 그들은 내 백성이 되리라(렘 31:31-33). 새 영을 너희 속에 두고 새 마음을 너희에게 주되 너희 육신에서 굳은 마음을 제하고 부드러운 마음을 주리라"(겔 36:26).

세례와 성찬식 : 십자가에서 우리 몸이 죽고 예수님과 연합하여 죽음에서 부활함으로 죄에서 자유함을 얻어 하나님과 이웃을 사랑하며 이 땅에서 하나님 나라를 이루라는 의식이다(성도의 생활 지침).

시험

예수님의 시험(마 4:1-11, 막 1:12-13, 눅 4:1-13) : 예수님이 세례받은 후 성령에 이끌리어 유대 광야에서 40일간 마귀에게 시험받으셨으나 이를 기록된 말씀(구약)으로 이기셨는데, 저자들은 이를 예수님이 메시아가 되기에 적합하셨다는 증거로 기록한 것이다.

첫 번째 시험(마 4:3-4, 육신의 정욕의 시험) : '떡을 돌로 만들라'는 마귀의 유혹을 '사람이 떡으로만 살 것이 아니요 하나님의 입으로 나오는 모든 말씀으로 살 것이라'(신 8:3)는 말씀으로 물리치시다.

두 번째 시험(마 4:5-7, 이생의 자랑의 시험) : '꼭대기에서 뛰어 내리라 발이 돌에 부딪히지 않게 하리라'는 마귀의 유혹을 '하나님을 시험치 말라'(신 6:16)는 말씀으로 물리치시다.

세 번째 시험(마 4:8-11, 안목의 정욕의 시험) : '내게 엎드려 경배하면 세상 영광의 모든 것을 주리라'는 마귀의 유혹을 '하나님께 경배하고 다만 그를 섬기라'(신 6:13)는 말씀으로 물리치시다.

예수의 사역

초기 사역(요한복음 중심)

세례 요한의 집회 장소 지역에서 세례 요한의 제자들인 안드레, 베드로, 요한, 빌립, 나다나엘을 만나신 후 갈릴리, 유대, 사마리아에서 순차적으로 사역을 하셨다. 갈릴리에서는 가나의 혼인 잔치를 행하시고, 유대에서는 유월절에 성전(만민이 기도하는 집)에 올라가 성전을 정화하시고 이적을 행하시며 8개월 간 머무르시면서 니고데모에게 구원의 중요 개념인 '거듭남'과 '영생'을 가르치시다. 사마리아에서는 예루살렘에서 갈릴리로 가는 도중 수가 성에서 여인을 만나 참된 예배를 가르치시다.

갈릴리에서의 사역

최초의 설교 : 나사렛 회당에서 이사야(61:1-3) 말씀을 설교하시다. "주의 성령이 내게 임하셨으니 이는 가난한 자에게 복음을 전하게 하시려고 내게 기름을 부으시고 나를 보내사 포로된 자에게 자유를, 눈 먼 자에게 다시 보게 함을 전파하며 눌린 자를 자유롭게 하고, 주의 은혜의 해를 전파하게 하심이라(눅 4:18-19). 하나님의 복음을 전파하며 때가 찼고 하나님의 나라가 가까이 왔으니 회개하고 복음을 믿으라고 하시더라"(마 4:17, 막 1:15, 눅 4:16-30).
제자들을 다시 부르심으로 본격적으로 복음 전파 사역을 시작하시다 : 회당에서 가르치시고 귀신을 쫓아내심, 베드로 장모의 열병을 고치심, 갈릴리

1차 순회 전도, 마태를 부르심, 갈릴리에서 열두 제자 확정.

가르침(마 5-7, 13장, 눅 4:16-32, 요 5장) : 산상수훈, 천국 비유 등 13개 비유의 말씀(마 13장, 눅 12장, 막 4:26-28).

이적(마 8:23~9:34, 막 1:21~2:12, 3:1-6, 눅 7:1-17, 요 4:46~6:21) : 백부장의 종을 고치심, 나인 성 과부의 아들을 살리심, 바다를 잔잔케 하심, 가다라 지방의 귀신들린 자를 고치심, 혈루병 여인을 고치심, 회당장 야이로 딸을 살리심, 오병이어의 표적.

갈릴리 윗지방에서의 사역 : 두로와 시돈, 데가볼리, 가이사랴 빌립보, 변화산 등으로 사역지를 이동하면서 십자가의 수난 사건에 대비하여 제자 훈련에 집중하시고, 수로보니게 여인의 믿음을 칭찬하시며(막 7:24-30), 데가볼리 지역에서 4,000명을 먹이시고, 가이사랴 빌립보에서 베드로가 신앙 고백을 하다.

변화산 사건(세 명의 제자)

마지막 갈릴리에서의 사역 : 변화산에서 내려오는 길에 귀신들린 아이를 고치시고, 갈릴리로 오는 길에 제자 간에 누가 큰지의 다툼을 책망하시며, 갈릴리에서 다시 집중적으로 제자 훈련하시다(마 18장).

유대 사역(후기 사역)

초막절을 지키기 위해 갈릴리에서 예루살렘으로 출발하신 후 70인 전도단을 둘씩 짝 지워 베뢰아 지방에 파송하시고, 선한 사마리아인의 비유와 주기도와 세상의 빛과 선한 목자에 대한 말씀을 하시며, 날 때부터 소경된 자를 고치시고 죽은 나사로를 살리시다.

베뢰아 사역(후기 사역)

소경 바디메오와 열 명의 문둥병자를 고치시고, 잃은 양과 돌아온 탕자와 잃은 은전, 불의한 청지기와 불의한 재판관, 부자와 나사로의 비유, 제자도와 왕국 도래의 지체 등을 말씀하시며, 베뢰아에서 예루살렘으로 돌아오는 길에 삭개오를 만나시고, 베다니에서 마리아가 예수님의 발에 향유를 붓다(유월절 6일 전).

예수의 이적

이적을 행하시는 목적 : 예수님이 하나님의 아들 그리스도임을 믿게 하고 나아가 그 믿음을 굳게 하고(이적 사역은 복음을 위한 보충적 사역), 가난하고 병든 자에게 긍휼을 베풀어 위로와 회복의 기쁨을 주고 나아가 생명을 주시고자 이적을 행하신다.

"이 책에 기록되지 아니한 다른 표적도 많이 행하셨으나 오직 이것을 기록함은 예수께서 하나님의 아들 그리스도이심을 믿게 하려 함이요"(요 20:30-31a). "너희는 표적과 기사를 보지 못하면 도무지 믿지 아니하리라"(요 4:48).

"인자가 온 것은 섬김을 받으려 함이 아니라 도리어 섬기려 하고 자기 목숨을 많은 사람의 대속물로 주려 함이니라"(막 10:45). "해 질 적에 각색 병으로 앓는 자 있는 사람들이 다 병인을 데리고 나아오매 예수께서 일일이 그 위에 손을 얹으사 고치시니라"(눅 4:40).

이적 능력의 원천 : 믿음과 기도

"할 수 있거든이 무슨 말이냐 믿는 자에게는 능히 하지 못할 일이 없느니라"(막 9:23). "기도 외에 이런 유가 나갈 수 없느니라"(막 9:29).

예수의 수난

수난 예고 배경

지배 세력과의 대립 심화

예수님의 성전 청결(정화)과 바리새인들에 대한 질책과 저주로 갈등이 야기되고, 본격적인 예수님의 사역으로 말미암아 지배 세력인 대제사장, 바리새인, 서기관, 장로들이 기득권을 빼앗길 것을 염려하여 예수님을 배척하다.

지배 세력과의 대표적 갈등 사례

- 중풍환자에게 '죄 사함을 받았다'고 말씀하신 사건(신성모독 주장).
- 제자들이 안식일에 밀 이삭을 잘라 먹은 사건(율법 위반 주장) : 나는 자비를 원하고 제사를 원하지 않으며 예수님 자신이 안식일의 주인이다(마 12:7-8).
- 안식일에 병 고친 사건(율법 위반 주장) : 안식일에 선을 행하는 것이 옳다(마 12:12).
- 제자들이 손을 씻지 않고 떡을 먹은 사건(전통 위반 주장) : 너희는 어찌하여 사람의 전통(유전)으로 하나님의 계명을 범하느냐 사람의 입으로 들어가는 것이 사람을 더럽게 하는 것이 아니라 사람의 입에서 나오는 것이 사람을 더럽게 하는 것이다(막 7:6-23).
- 예수님과 제자들이 죄인과 세리들과 함께 식사한 사건(전통 위반 주장) : 건강한 자에게는 의원이 쓸 데 없고 병든 자에게라야 쓸 데 있느니라 나는 의인을 부르러 온 것이 아니요 죄인을 부르러 왔노라(막 2:17).

지배 세력들의 예수님에 대한 반응 : 예수님을 공격하고 죽일 것을 공모하고, 예수님의 이적 사역을 귀신의 왕 바알세불을 힘입어 귀신을 쫓아낸다고 폄훼하며, 예수님에게 표적을 요구하고, 기득권을 위해 진리를 이용하고 왜곡하는 등 갖가지 시험을 하다.

예수 사역의 변화 : 지배 세력의 배척으로 비유로 말씀하고(마 13:34), 제자훈련을 강화하다(열두 제자, 칠십인 제자 파송). 비유로 말씀하신 이유는 믿는 자들에게 진리를 전하고, 불신자들에게는 그 진리를 감추어 더 큰 정죄감을 갖지 않도록 하기 위해서다.

수난 예고와 예수의 사역

수난 예고의 목적 : 제자들에게 예수님의 이 땅에서의 사명(구원의 십자가)을 알려 주시고, 미리 수난에 대비하는 마음의 준비를 하도록 하고자 십자가의 수난을 예고하시다.

1차 수난 예고와 교회 탄생 예고(마 16장)
베드로의 신앙 고백과 베드로에 대한 축복 : "주는 그리스도시오 살아 계신 하나님의 아들이시니이다(마 16:16), 네가 복이 있도다 너는 베드로라 내가 이 반석 위에 내 교회를 세우리니 음부의 권세가 이기지 못하리라 내가 천국 열쇠를 네게 주리니 네가 땅에서 무엇이든지 매면 하늘에서도 매일 것이요 네가 땅에서 무엇이든지 풀면 하늘에서도 풀리리라"(마 17:16-19).
1차 수난 및 부활 예고 후 베드로의 항변에 대한 책망 : "사탄아 네가 하나님의 일을 생각지 아니하고 도리어 사람의 일을 생각하는도다"(마 16:23).

제자도를 가르치심 : "누구든지 나를 따라오려거든 자기를 부인하고 자기 십자가를 지고 나를 따를 것이니라 누구든지 제 목숨을 구원하고자 하면 잃을 것이요 나를 위하여 제 목숨을 잃으면 찾으리라"(마 16:24-25).

변화산 사건과 2차 수난 예고(마 17장)

변화산에서 메시아이심을 보여 주신 후 2차 수난을 예고하시고 근심에 빠진 제자들에게 진리를 가르치시다. : 큰 자와 합심 기도의 능력, 용서의 중요성(일만 달란트와 일백 데나리온의 종의 비유), 하나님의 주권(포도원 일꾼의 비유, 처음 된 자와 나중 된 자의 말씀), 선한 사마리아인의 비유, 탐욕과 재물에 대한 경고(부자 청년의 이야기), 작은 자에 대한 교훈(잃은 양, 잃은 은전, 탕자의 비유), 바리새인과 서기관의 교만과 위선적 삶을 책망.

"누구든지 이 어린 아이와 같이 자기를 낮추는 사람이 천국에서 큰 자니라(마 18:4), 너희 중의 두 사람이 땅에서 합심하여 무엇이든지 구하면 하늘에 계신 내 아버지께서 그들을 위하여 이루게 하시리라, 두세 사람이 내 이름으로 모인 곳에는 나도 그들 중에 있느니라(마 18:19-20), 삼가 모든 탐심을 물리치라 사람의 생명이 그 소유의 넉넉한 데 있지 아니하리라(눅 12:15), 너희 보물이 있는 곳에는 너희 마음도 있으리라"(눅 12:34).

3차 수난 예고와 예수님의 가르침(마 20장)

예루살렘으로 올라가는 길에 3차 수난을 예고하시고, 제자들의 서열 다툼을 책망하시다. "너희 중에 누구든지 으뜸이 되고자 하는 자는 너희의 종이 되어야 하리라"(마 20:27).

예수의 수난

예수의 수난 개요

마리아 집에서의 향유 옥합 사건, 나귀를 타고 예루살렘 입성, 두 번째 성전 청결과 무화과나무 저주, 종교 지도자들과의 논쟁, 감람산 강론, 성만찬, 세족식, 다락방 강화, 겟세마네의 기도, 체포, 대제사장과 공회 재판, 빌라도 재판, 십자가 처형.

종교 지도자들과의 논쟁

예수님의 권세에 대하여 : "무슨 권세로 죄를 사하여 주느냐"라는 질문에 "세례 요한의 권세가 어디서 왔느냐"로 대신 답변하시다.

세금 납부에 대하여 : "가이사에게 세를 바치는 것이 가하나이까"라는 질문에 "가이사의 것은 가이사에게 하나님 것은 하나님께 바치라"고 답변하시다.

부활에 대하여 : "일곱 형제가 부활할 때에 그 중에 뉘 아내가 되리이까"라는 사두개파의 질문에 "부활하면 천사와 같아 결혼하지 않는다"고 답변하시고, 출애굽기의 말씀(3:6)에 근거하여 부활에 대한 논증을 제시함으로써 '산 자의 하나님'이라고 말씀하시다.

가장 큰 계명에 대하여 : "율법 중에서 어느 계명이 크니이까"라는 율법사와 서기관들의 질문에 "하나님 사랑이 첫째 가는 계명이요 둘째도 이와 같으니 이웃을 사랑하라 하셨으니 이 두 계명이 온 율법과 선지자의 강령이니라"고 답변하시다. 서기관은 예수님이 율법을 폐하려고 한다는 비난을 받게 하고자 질문하였으나 예수님은 신명기 6장 5절과 레위기 19장 18절의 말씀을 인용하여 십계명이야말로 하나님 사랑과 이웃 사랑을 내포하고 있는 최고 계명이고, 하나님 사랑 없이 이웃을 사랑할 수 없고, 이웃 사랑 없는 하나님 사랑은 위선이므로 하나님 사랑과 이웃 사랑은 결국 같은 것이라고 말씀하시다.

다윗의 자손에 대하여 : "그리스도는 누구의 자손이냐"라는 예수님의 질문에 바리새인들이 "다윗의 자손이니이다"라고 답변하자, "다윗이 그리스도를 주라 칭하였다"는 시편 말씀(110:1)을 인용하시며 그리스도가 다윗의 자손이 될 수 없다고 설명하시다(그리스도의 선재성).

지배 세력에 대한 예수님의 훈계, 책망, 탄식

훈계 : 세 가지 비유로 훈계하시다. ① 두 아들의 비유는 첫째 아들은 지배 세력을, 둘째 아들은 창기와 세리를 비유한다. 이는 입술의 말보다 행위가 따르는 회개가 참다운 순종이며, 하나님 나라는 의를 자랑하는 자가 아니라 회개하는 자가 들어간다는 뜻이다. ② 악한 포도원 소작인의 비유는 예수님이 유대인에게 배척당하고 하나님 복음이 이방인에게 전파된다는 뜻이다. ③ 혼인 잔치의 비유는 유대인의 불순종과 배척으로 구원의 은혜가 이방인에게 흘러간다는 뜻이다.

책망 : 위선자, 소경된 인도자, 율법의 행위만 지킬 뿐 율법의 정신은 망각한 자, 속은 탐욕과 방탕으로 가득하되 겉만 깨끗이 하는 외식과 불법자, 선지자를 죽인 자의 자손이라고 책망하시다.

탄식 : '예루살렘아 너희 집이 황폐하여 버려진 바 되리라.'

감람산 강론(마 24∼25장, 막 13장, 눅 21장)

종말과 재림에 대한 예언 : 예루살렘 성전 멸망에 대한 예언(마 24:1-2), 종말의 징조.

종말의 징조(마 24:3-14) : 적그리스도의 출현과 미혹, 난리와 난리의 소문, 민족 간 국가 간의 전쟁, 처처에 기근과 지진, 환난과 시험, 거짓 선지자의 출현과 미혹, 불법이 성하고 사랑이 식어지다. 그러나 끝까지 견디는 자는 구원을 얻으며 복음이 온 세상에 전파된 후에 세상의 끝이 온다.

대환난(마 24:15-28) : 멸망의 가증한 것이 거룩한 곳에 서게 됨과 함께 7년 대환난이 시작된다.

그리스도의 재림(마 24:29-35) : 환난 후 인자가 구름을 타고 능력과 큰 영광으로 재림하고, 큰 나팔소리와 함께 천사들이 와서 택하신 자들을 사방에서 모으다.

종말의 시기(마 24:36-44) : 오직 하나님만이 아신다, 그러나 노아의 때와 같이 인자가 임하며 공중 재림 때 영에 속한 성도는 휴거한다.

재림을 준비하는 성도의 삶(마 24:42~25장)

'천지는 없어질지언정 내 말은 없어지지 아니하리라'는 말씀을 믿고 깨어 있어 네 가지 비유의 말씀처럼 재림을 준비하고 있어야 한다. ① 청지기의 비유는 주의 종들이 게으름을 피운다면 종말 심판 때 멸망할 것이라는 뜻이다. ② 열 처녀의 비유는 종말의 시기에 깨어 늘 성령 가운데 생활하라는 말씀이다. ③ 달란트의 비유는 종말이 가까울수록 더욱 충성하라는 말씀이다. 하나님은 각자에게 합당한 재능을 부여하시고 충성스럽게 일하기를 원하시며, 충성심을 재는 하나님의 기준은 '많고 큰 것'이 아니라 '작은 것'이고, 충성된 자는 착한 자이고 게으른 자는 악한 자이며, 충성된 자는 더욱 풍족하게 되고 게으른 자는 있는 것까지 빼앗긴다는 뜻이다. ④ 양과 염소를 가르는 비유는 작은 자에게 하는 베풂이 중요하다는 말씀이다(너희는 내가 주릴 때, 목마를 때, 나그네 되었을 때, 헐벗었을 때, 병들었을 때, 옥에 갇혔을 때 돌아보지 아니하였느니라).

유월절 만찬과 세족식

최후의 만찬 : 유다의 배신을 말씀하시고 성찬식을 거행하면서 예수님의 몸과 피를 상징하는 떡과 포도주로 새 언약을 맺으시다.

세족식(요 13:1-17) : 내가 행한 것 같이 너희도 행하게 하려 하여 본을 보였노라, 너희가 겸손과 섬김의 도를 알고 행하면 복이 있으리라.

다락방 강화

새 계명을 주노니 서로 사랑하라(요 13:34-35)

근심하지 말라, 두려워하지 말라, 담대하라 : 너희는 마음에 근심하지 말라 하나님을 믿으니 또 나를 믿으라(요 14:1), 평안을 너희에게 끼치노니 곧 나의 평안을 너희에게 주노라 내가 너희에게 주는 것은 세상이 주는 것과 같지 아니하니라 너희는 마음에 근심하지도 말고 두려워하지도 말라(요 14:27), 지금은 너희가 근심하나 내가 다시 너희를 보리니 너희 마음이 기쁠 것이요 너희 기쁨을 빼앗을 자가 없으리라(요 16:22), 너희로 내 안에서 평안을 누리게 하려 함이라 세상에서는 너희가 환난을 당하나 담대하라 내가 세상을 이기었노라(요 16:33).

내 안에 거하라, 내 계명을 지키라 : 내가 곧 길이요 진리요 생명이니 나로 말미암지 않고는 아버지께로 올 자가 없느니라(요 14:6, 8:31-32 참조), 나의 계명을 지키는 자라야 나를 사랑하는 자니 나를 사랑하는 자는 내 아버지께 사랑을 받을 것이요 나도 그를 사랑하여 그에게 나를 나타내리라(요 14:21), 내 안에 거하라 나도 너희 안에 거하리라 너희가 나를 떠나서는 열매를 맺을 수 없음 같이 아무 것도 할 수 없음이라, 내가 아버지의 계명을 지켜 그의 사랑 안에 거하는 것 같이 너희도 내 계명을 지키면 내 사랑 안에 거하리라(요 15:4-10).

구하라, 그리하면 받으리라 : 내 이름으로 무엇이든지 내게 구하면 내가 행하리라(요 14:14), 너희가 내 안에 거하고 내 말이 너희 안에 거하면 무엇이든지 원하는 대로 구하라 그리하면 이루리라(요 15:7), 너희가 무엇이든지 아버지께 구하는 것을 내 이름으로 주시리라, 지금까지는 너희가 내 이름으로 아무 것도 구하지 아니하였으나 구하라 그리하면 받으리니 너희 기쁨이 충만하리라(요 16:23b-24).

보혜사 성령을 주노라(요 14:16-17, 26, 16:7, 8, 13) : 성령은 진리의 영으로 영원토록 너희와 함께 거하고 너희 속에 계시나 세상은 보지도 알지도 받지도 못하리라(14:16-17), 하나님이 예수님의 이름으로 보낸 보혜사로 너희에게 모든 것을 가르치고 예수님의 말씀을 생각나게 하리라(14:6), 예수님이 떠나가야 이 땅에 오신다(16:7), 죄에 대하여 의에 대하여 세상에 대하여 책망하시리라(16:8), 모든 진리 가운데로 인도하고 오직 들은 것을 말하며 장래 일을 알리시리라(16:13).

예수님의 중보 기도(요 17장)
- 자신을 위한 기도(1-5) : 아들을 영화롭게 하사 아버지를 영화롭게 하게 하옵소서.
- 제자들을 위한 기도(6-19) : 제자들의 보호와 일치(11), 악에 빠지지 않게 보전(15), 거룩함을 얻도록(18).

- 미래의 신자들을 위한 기도(20–26) : 저희도 하나 되게(21), 예수의 영광 가운데 같이 살기를(22), 사랑이 그들 안에 있게 하시기를(23, 26).

겟세마네 동산의 기도와 잡히심, 철야 심문(마 26:17–75)

겟세마네 동산의 기도 : 십자가를 앞에 두고 세 번이나 순종을 위하여 간절히 기도하며, 잠을 자는 제자들에게 "시험에 들지 않게 깨어 기도하라"고 당부하시다. "나의 원대로 마시옵고 아버지의 원대로 하옵소서"(마 26:39).

잡히심(마 26:47–56) : 예수님의 잡히심은 성경의 예언에 따른 자원에 의한 결정이고, 이때 제자들은 모두 도망가다.

대제사장(공회)의 재판(철야 재판) : 안나스(전 대제사장)가 예비 심문하였으나 죄목을 발견하지 못했으며, 산헤드린 공회에서 심문했으나 증거를 찾지 못하고 거짓 증인들의 증언이 일치하지 아니하자, 대제사장 가야바가 직접 심문하여 신성모독했다고 주장함에 따라 금요일 새벽에 산헤드린 공회가 사형에 해당한 자로 정죄하고 빌라도에게 반역죄로 고소하였다. 죄목은 유대인을 선동하여 혁명을 일으키고, 로마 황제에게 납세를 거부하며, 유대인의 왕이라고 칭하였다는 것이다.

빌라도 재판(정치 재판) : 빌라도가 심문했으나 죄를 발견하지 못하고 헤롯에게 보내자, 헤롯(갈릴리 분봉왕)이 심문하며 예수님을 조롱한 후 빌라도에게 돌려 보내다. 이에 빌라도가 죄 없음을 알고 명절 때 죄수 석방의 관례를 이용하여 예수를 석방하고자 하였으나 오히려 바라바가 석방되고 결국 군중의 협박에 의해 사형 판결(십자가 형)을 내린 후 자신의 손을 씻다.

예수의 죽으심

십자가에 달리신 예수님 : 조롱, 고통, 수치의 결정판(사 53:5 참조).

자색 옷 입히심은 유대인의 왕에 대한 풍자적 조롱 행위이고, 가시 면류 관 씌우심은 왕을 상징하는 것으로 왕권을 풍자하며, 갈대로 머리를 침은 고통을 가중하는 것이고, 침 뱉음은 조롱과 희롱이며, 자색 옷을 벗김은 피로 붙은 상처에 다시 상처를 입히는 것이고, 십자가를 지게 함은 최고 의 수치심을 주는 것이며(신 21:22-23 참조), 십자가에 못 박음은 로마가 식민지인들에게 집행하는 최고의 극형이다.

십자가에서 운명하신 예수님 : 오전 9시에 달리시고, 12시에 온 땅에 어둠 이 임하며, 오후 3시에 운명하시면서 십자가상에서 칠언을 말씀하시다. 운명 후 성전의 성소 휘장이 위로부터 아래로 찢어지고, 지진이 일어나 바위가 깨져 무덤이 열리고 잠들어 있던 사람들이 살아나며, 백부장이 예 수님을 '하나님의 아들'이라고 신앙 고백을 하다.

무덤에 묻힌 예수님(막 15:42-47) : 안식일 전날이므로 당일 아리마대 요 셉이 자기 소유의 새 무덤에 세마포로 싸서 장사지냄으로 이사야의 예언 이 성취되다(사 53:9).

십자가 사건의 뜻 : "피 흘림이 없이는 죄 사함이 없다"는 말씀에 따라 자 기 피로써 우리를 거룩하게 하려고 고난을 받으시고(히 10:22, 13:12), 하 나님의 아들로서 하나님께 절대 순종의 본을 보이셨으며, 성소 휘장이 찢 어짐으로 지성소와 성소의 구분이 없어져 우리로 직접 하나님을 만날 수 있게 하셨다. 이로써 성도는 하나님의 택하신 족속, 왕 같은 제사장, 거룩 한 나라, 하나님 소유가 된 백성이 된 것이다(출 19:5-6, 벧전 2:9 참조).

6. 예수의 부활과 승천

부활

부활의 증인들 : 막달라 마리아 등 몇 명의 여인들의 목격(마 28:9-10), 베드로에게 나타나심(눅 24:34), 엠마오로 가던 제자에게 나타나심(막 16장, 눅 24장), 열 제자에게 나타나심(눅 24장, 요 20장), 열한 제자에게 나타나심(요 20장, 고전 15:5), 갈릴리에서 일곱 제자들에게 나타나심(요 21장), 500명에게 나타나심(고전 15:6), 야고보에게 나타나심(고전 15:7), 갈릴리에서 열한 제자에게 나타나심(마 28:16-20, 막 16:15-18).

증인들의 반응 : 여인들은 부활할 것이라는 예수님의 말씀을 믿고 안식 후 첫날 무덤을 찾아가 부활의 첫 소식을 접한 반면, 제자들은 예수님의 말씀을 믿지 않았을 뿐만 아니라 예수님의 부활 현장을 목격한 여인들의 말도 믿지 않았고, 특히 도마는 예수님의 못자국과 옆구리를 보지 않고는 믿지 아니하겠다고 하였다.

예수님의 부활 후 사역(선교와 양육의 명령)

믿음 있는 자가 되라 : 믿음 없는 자가 되지 말고 믿는 자가 되라 보지 못하고 믿는 자들은 복되도다(요 20:27-29), 믿지 않는 사람은 정죄를 받으리라(막 16:16), 믿는 자들에게는 치유와 축사의 능력과 함께 방언의 표적이 따르리라(막 16:17-18).

성령을 받으라(요 20:22) : 볼지어다 내가 내 아버지께서 약속하신 것(성령)을 너희에게 보내리니 너희는 위로부터 능력으로 입혀질 때까지 이 성에 머물라(눅 24:49), 아버지께서 약속하신 것을 기다리라, 요한은 물로 세례를 베풀었으나 너희는 성령으로 세례를 받으리라(행 1:4-5), 오직 성령이 너희에게 임하시면 너희가 권능을 받고 예루살렘과 온 유대와 사마리아와 땅 끝까지 이르러 내 증인이 되리라(행 1:8), 평강이 있을지어다(눅 24:36, 요 20:19).

양육과 선교의 명령 : 내 양을 먹이라 치라(요 21:15-17), 하늘과 땅의 모든 권세를 내게 주셨으니 너희는 가서 모든 민족을 제자로 삼아 아버지와 아들과 성령의 이름으로 세례를 베풀고 네가 너희에게 분부한 모든 것을 가르쳐 지키게 하라(마 28:18-20a). 천하에 다니며 만민에게 복음을 전파하라(막 16:15).

임마누엘의 약속 : 볼지어다 내가 세상 끝날까지 너희와 항상 함께 있으리라(마 28:20b), 제자들이 두루 전파할새 주께서 함께 역사하사 그 따르는 표적으로 말씀을 확실히 증언하시니라(막 16:20).

예수님의 승천

베다니 감람산에서 제자들을 축복하시고 승천하시자(눅 24:50-51), 흰옷 입은 두 사람이 제자들에게 '너희 가운데서 하늘로 올려지신 이 예수는 하늘로 가심을 본 그대로 오시리라' 하였느니라(행 1:11). 예수께서 하늘로 올려지사 하나님 우편에 앉으시니라(막 16:19).

> 그리스도의 마지막 8일 기간이 복음서의 25퍼센트에 해당된다.

마태복음

1. 개요

명칭 : '하나님의 선물'이라는 뜻, 마태는 세리 출신으로 예수님의 열두 제자 중 한 사람으로 원래 이름은 레위이다.

기록 목적 : 유대인들에게 대망의 메시아가 바로 예수님임을 알게 하고, 예수님이 하나님의 아들이요 그리스도이심을 믿게 하려고 기록하였다.

주제 : **예수는 약속된 메시아**(1:1), **유대인의 왕**(2:2, 27:11, 29, 37), **그리스도요 하나님의 아들**(16:16).

구약과 신약을 연결하는 다리 역할을 한 복음서 : 다섯 편의 설교를 중심으로 예수님의 생애와 사역을 기록하였다. 다섯 편의 설교는 산상수훈 설교(5~7장), 제자 파송 설교(10장), 천국 비유 설교(13장), 교회에 관한 설교(18장), 종말에 관한 설교(24~25장)이다.

특징

- **유대적 색채가 강하다** : 유대인의 메시아가 바로 아브라함과 다윗의 자손인 예수 그리스도이고 예수님은 우리를 죄에서 구원하시는 우리와 함께하시는 하나님이심을 설명하고자 복음서 중 구약을 가장 많이 인용하였다. '이는 선지자로 하신 말씀이 응하게 하려 함이라'는 표현을 사용하여 구약의 메시아 예언이 예수님으로 인해 성취되었음을 강조하였다. 다섯 편의 설교는 모세 오경을 본딴 것으로 유대인에게 친밀감을 준다.

- **이방인을 향해 열려져 있다(복음의 보편성)** : 유대주의적 특징에도 불구하고 이방인에게도 복음이 전파될 것이라는 복음의 보편성을 강조하고자 예수님 족보에 이방 여인이거나 이방인과 관계가 있는 다섯 명의 여인의 이름을, 이방인인 로마 백부장의 믿음을 극찬한 것을, '천국 복음이 모든 민족에게 증거되기 위하여 온 세상에 전파되리라'는 예언의 말씀을(24:14), 모든 족속으로 제자를 삼으라는 지상 명령 말씀(28:18-20) 등을 기록하였다. 하나님 나라가 세상에 확장되기를 원하는 주님의 마음을 강하게 표출하고 있다.

- **예수님의 사역 가운데 가르치심과 교훈을 특별히 강조** : 산상수훈 설교(5~7장), 열두 제자 파송 설교(10장), 천국 비유 설교(13장), 교회에 대한 설교(18장), 종말에 관한 설교(23~25장).

- **교회에 대한 언급이 두드러짐**(16:18, 18:17-18).

2. 구조

◈ 예수의 탄생과 공생애 이전 역사(1~4장)

◈ 산상수훈 설교(5~7장)

◈ 예수의 권능(8~9장)

◈ 제자 파송 설교(10장)

◈ 유대인들의 배척(11~12장)

◈ 천국 비유 설교(13장)

◈ 권능의 행위와 권고의 말씀, 수난 예고(14~17장)

◈ 교회에 관한 설교(18장)

◈ 계속되는 교훈과 수난 예고, 종교 지도자들과의 논쟁(19~23장)

◈ 종말에 관한 설교(24~25장)

◈ 예수의 고난, 죽으심, 부활, 지상명령(26~28장)

3. 내용

예수님의 탄생과 공생애 이전 역사(1~4장)

예수님의 계보(1:1–17) : 아브라함과 다윗의 자손 예수 그리스도의 계보라
(1). 아브라함부터 다윗까지, 다윗부터 바벨론 포로까지, 바벨론 포로에서
그리스도까지 각 14세대로 아브라함에서 그리스도까지는 총 42세대다.

예수님의 탄생(1:18–25) : 마리아가 요셉과 정혼한 후 동거하기 전에 성령
으로 잉태하였다. "아들을 낳으리니 이름을 예수라 하라 이는 그가 자기

백성을 그들의 죄에서 구원할 자이심이라 하니라"(마 1:21).

동방박사(2:1~12), 이집트로 피신과 헤롯의 유아 살해(2:13~23), 세례 요한
(3:1~12), 예수님의 세례와 예수님의 시험

예수님의 공생애 시작 : 갈릴리에서 사역을 시작하면서 첫 제자를 부르시
며 전도와 가르침과 구제의 공생애를 시작하시다(4:12~25). "예수께서 비
로소 전파하여 이르시되 회개하라 천국이 가까이 왔으니라, 나를 따라 오
라 내가 너희를 사람을 낚는 어부가 되게 하리라, 회당에서 가르치시며
천국 복음을 전파하시며 모든 병과 악한 것을 고치시더라."

산상수훈 설교(5~7장)

산상수훈 : 예수님의 대표적인 말씀으로 천국 시민의 헌장이다. 천국의 비
밀이 이 땅에 나타난 것은 부활과 성령으로 인한 교회라고 할 수 있다.

> • **산상수훈의 목적** : 어떻게 천국을 이 땅에서 누리고 살 것인가?
> • **감람산 강화의 목적** : 어떻게 하나님 나라는 이 땅에 임하는가?

팔복의 삶(마 5:1~12, 눅 6:20~26) : 팔복의 삶이란 이웃 사랑을 위한 나
의 희생과 고난이 전제된다는 점에서 '좁은 문'으로 들어가는 길이다(천
국 시민의 성품). 처음 네 개는 비우는 자의 축복이고, 나중 네 개는 채워
진 자의 축복이다. 심령을 비워 성령으로 배부르게 채워진 성도는 능동적
으로 이웃을 긍휼히 여기고 청결한 마음을 가지며 이웃에게 평강을 주고

의를 위해 기꺼이 핍박받는다.

심령이 가난한 자는 천국이 그들의 것임이요 : 심령이 배부른 자는 내 생각, 내 계획, 내 주장대로 삶을 사는 자인 반면, 심령이 가난한 자는 내 모습 이대로 주님 품에 안겨 나로서는 아무 것도 할 수 없다고 고백하는 겸손한 자이다.

애통하는 자는 위로를 받을 것임이요 : 고난의 대부분은 자신의 죄와 잘못된 선택에서 비롯되지만 욥처럼 연단과 고난을 주어 새 사람으로 만들어 사명을 주기 위해 고난을 주는 경우도 있다. 죄인임을 애통하는 자는 고난이 축복의 시작이라는 것을 믿게 되어 진정한 위로를 받게 된다. 기도로 애통하며 죄를 고백할 때 사탄의 영이 쫓겨나고 성령님의 위로가 내 안에 가득 채워진다.

온유한 자는 땅을 기업으로 받을 것임이요 : 성령으로 굳은 마음을 제하고 부드러운 마음으로 이웃을 섬겨라 그리하면 하늘의 땅을 기업으로 받을 것이다.

의에 주리고 목마른 자는 배부를 것임이요 : 자신의 복을 이웃에게 나눠 주기를 즐거워하는 천국 백성은 하나님이 주시는 생명의 양식으로 배부를 것이다.

긍휼히 여기는 자는 긍휼히 여김을 받을 것임이요 : 가난하고 소외된 사람들을 불쌍히 여길 뿐만 아니라 자신에게 손해나 상처를 주는 자를 미워하기보다 그의 연약함을 위해 기도하라. 자신도 결함이 많고 늘 실수가 많다는 것을 깨닫는 사람일수록 남을 긍휼히 여길 것이리라.

마음이 청결한 자는 주님을 볼 것임이요 : 세상 생각을 쫓아가지 말고 성령의 인도하심에 따라 생명수인 말씀과 기도로 세상 생각을 청소하고 마음을 깨끗이 해야 한다(롬 12:2).

화평하게 하는 자는 하나님의 아들이라 일컬음을 받을 것임이요 : 자신이 손해를 볼 때 남과 화평하게 지낼 수 있다.

의를 위해 박해받는 자는 천국이 저희 것임이요 : 아무든지 나를 따라오려거든 자기를 부인하고 자기 십자가를 지고 나를 좇을 것이니라.

세상의 소금과 빛이 되라(마 5:13-16) : 성령님의 인도하심을 받아 죄와 더러운 생각들을 계속해서 깨끗이 씻어내고 하나님의 선한 것으로 채워 나가지 않고서는 세상의 소금이 될 수 없다. 그리스도인의 빛, 즉 착한 행실을 보고 세상 사람들로 하여금 아버지께 영광을 돌리게 하라, 말씀과 생명과 빛으로 오신 예수님을 본받으라.

율법의 완성자로 오신 주님(마 5:17-20) : 성도의 내면(심령)이 변화되어야 천국을 누릴 수 있다. 하나님은 사람의 중심을 보시고 율법은 죄를 깨닫고 주님 앞에 무릎을 꿇도록 인도한다. 우리는 남을 정죄하지 말고 주야로 묵상하여 내 속에 있는 죄를 깨닫고 회개하도록 항상 깨어 기도해야 한다. "내가 율법이나 선지자를 폐하러 온 줄로 생각하지 말라 폐하러 온 것이 아니요 완전하게 하려 함이라, 천지가 없어지기 전에는 율법의 일점 일획도 결코 없어지지 아니하고 다 이루리라"(마 5:17-18).

예수님의 계명 : 살인하지 말라, 간음하지 말라, 보복하지 말라, 달라면 주라, 원수를 사랑하라, 계명을 하나도 버리지 말라.

기도와 구제할 때 외식하지 말고 은밀하게 하라(마 6:1-18)
자선(구제)에 관하여(6:1-4) : 사람에게 보이려고 그들 앞에서 너희 의를 행하지 않도록 주의하라 그리하지 아니하면 하늘에 계신 너희 아버지께 상을 받지 못하느니라. 구제함을 은밀하게 하라 은밀한 중에 보시는 아버지께서 갚으시리라.

기도에 관하여(6:5–15) : 너희는 외식하는 자와 같이 사람에게 보이려고 기도하지 말라 이는 그들이 자기 상을 이미 받았느니라. 또 이방인 같이 중언부언하여 기도하지 말라 하나님께서 구하기 전에 너희에게 있어야 할 것을 아시느니라.

금식에 관하여(6:16–18) : 금식할 때 머리에 기름을 바르고 얼굴을 씻으라 이는 금식하는 자로 사람에게 보이지 않고 오직 은밀한 중에 계신 하나님께 보이게 하려 함이라 은밀한 중에 보시는 네 아버지께서 갚으시리라.

먹을 것, 입을 것, 마실 것 등을 염려하지 말라(마 6:19–34) : 너희를 위하여 보물을 땅에 쌓아 두지 말고 하늘에 쌓아 두라 네 보물 있는 그 곳에는 네 마음도 있느니라. 너희가 하나님과 재물을 겸하여 섬기지 못하느니라. 너희 하늘 아버지께서 이 모든 것이 너희에게 있어야 할 줄을 아시느니라. "그런즉 너희는 먼저 그의 나라와 그의 의를 구하라 그리하면 이 모든 것을 너희에게 더하시리라", 그러므로 내일 일을 위하여 염려하지 말라.

판단하지 말라(마 7:1–5, 눅 6:36–42) : 판단의 기준은 내 생각이 아니라 하나님의 말씀이어야 한다. 비판을 받지 아니하려거든 비판하지 말라.

기도하라(마 7:7–11, 눅 11:9–13) : 구하라 그리하면 너희에게 주실 것이요, 찾으라 그리하면 찾아 낼 것이요, 문을 두드리라 그리하면 너희에게 열릴 것이라. 하물며 하늘에 계신 너희 아버지께서 구하는 자에게 좋은 것으로 주시지 않겠느냐.

하나님의 뜻을 행하라(마 7:12-27) : "무엇이든지 남에게 대접을 받고자 하는 대로 너희도 남을 대접하라 이것이 율법이요 선지자니라(마 7:12), 좁은 문으로 들어가라, 거짓 선지자들을 삼가라, 주여 주여 하는 자마다 천국에 다 들어갈 것이 아니요 다만 하늘에 계신 아버지의 뜻대로 행하는 자라야 들어가리라."

> **성령의 은사와 성령의 열매** : 성령의 은사는 주님이 다시 오실 때까지 연약한 이웃들을 도우라고 일시적으로 주신 것으로, 성령의 열매를 맺기 위한 과정일 뿐 부분적이고 일시적이다.
> **성령 충만** : 성령의 열매를 맺기 위한 직전 단계로 성령 충만하려면 주님께 전적으로 의지하고 완전히 복종해야 한다. 날마다 자신을 부인하며 정과 욕심을 십자가에 못 박고 주님을 따라갈 것을 의지적으로 결단해야 한다. 성령 충만한 삶이란 자신의 삶을 완전히 주님께 맡길 때 성화가 이루어진다. 두렵고 떨림으로 자신의 구원을 이루면서 이웃을 변화시키는 사역이 뒤따라야 한다.

예수님의 권능(8:1~9:34)

병을 다스리는 권세 : 나병환자의 치유, 백부장 하인의 치유, 베드로 장모의 치유.

자연을 다스리는 권세 : 풍랑을 잔잔하게 하시다.

귀신을 쫓는 권세 : 귀신 들린 두 가다라 사람의 치유.

제자의 삶에 관하여(마 18-22, 눅 9:57-60) : 제자의 길은 자기 부인의 길이다.

사죄의 권세 : 중풍병자의 치유(9:1-8), 세리들과의 식사(9:9-13).

중풍병자의 치유 : 병 고침의 기적은 하나님의 권세가 있음을 보여 주기 위한 것에 불과하기 때문에 네 죄 사함을 받았으니라 하는 말이 일어나 걸어가라 하는 말 보다 더 어렵다.

세리들과의 식사 : 너희는 가서 내가 긍휼을 원하고 제사를 원하지 아니하노라 하신 뜻이 무엇인지 배우라, 나는 의인을 부르러 온 것이 아니요 죄인을 부르러 왔노라 하시니라.

전통을 뛰어 넘는 권세(금식에 대한 물음) : 금식에는 때가 있다, 새 포도주는 새 부대에 넣어야 둘이 다 보전되느니라.

죽음과 어둠을 이기는 권세(9:18-35) : 혈루증 앓는 여인의 치유, 회당장 야이로 딸의 치유(9:18-26), 소경 두 명과 벙어리 한 명 치유(9:27-35).

제자 파송 설교(10장)

열두 제자를 부르시고 능력을 주시다(10:1-4) : 세상에서 약하고 부족한 자들을 제자로 부르셨는데 이는 지혜 있는 자와 강한 것을 부끄럽게 하고 있는 것들을 폐하여 아무 육체라도 하나님 앞에서 자랑하지 못하게 하려 하심이라(고전 1:26-29 참조). 나를 믿는 자는 나의 하는 일을 저도 할 것이요 또한 이보다 더 큰 것도 하리니 이는 내가 아버지께로 감이니라(요 14:12).

열두 제자의 파송(10:5-15) : 천국이 가까이 왔다고 전파하고 병든 자를 고치며 죽은 자를 살리며 귀신을 쫓아내라.

주님을 따르고 복음을 전하는 길에는 고난과 박해가 기다린다(10:16-39)
다가오는 박해의 예고(10:16-26) : 너희는 뱀 같이 지혜롭고 비둘기 같이 순결하라, 사람들이 너희를 넘겨 줄 때에 염려하지 말라 그 때에 너희에게 할 말을 주시리니 말하는 이는 너희가 아니라 너희 속에서 말씀하시는 이 곧 너희 아버지의 성령이시니라(10:19-20).
세상의 박해를 두려워하지 말고 하나님을 두려워하라(10:27-33) : 감추인 것이 드러나지 않을 것이 없고 숨은 것이 알려지지 않을 것이 없느니라, 오직 몸과 영혼을 멸하실 수 있는 이를 두려워하라.
예수님 때문에 받는 박해(10:34-39) : 내가 세상에 화평을 주러 온 줄로 생각하지 말라 화평이 아니요 검을 주러 왔노라, 자기 십자가를 지고 따라야 한다.

주님을 영접하는 자의 상급(10:40-42) : 이 작은 자 중 하나에게 냉수 한 그릇이라도 주는 자는 결단코 상을 잃지 아니하리라.

유대인들의 배척 : 메시아에 대한 반대와 논쟁(11~12장)

세례 요한의 회의와 예수님의 대답(11:1-19) : 누구든지 나로 말미암아 실족하지 아니하는 자는 복이 있도다 하시니라, 여자가 낳은 자 중에 세례 요한 보다 큰 이가 일어남이 없도다 그러나 천국에서는 극히 작은 자라도 그보다 크니라.

예수님의 구원으로의 초청(11:25-30) : "수고하고 무거운 짐 진 자들아 다 내게로 오라 내가 너희를 쉬게 하리라, 나는 마음이 온유하고 겸손하니 나의 멍에를 메고 내게 배우라 그리하면 너희 마음이 쉼을 얻으리니, 이는 내 멍에는 쉽고 내 짐은 가벼움이라 하시니라"(마 11:28-30).

표적의 논쟁

안식일 논쟁(12:1-21) : 바리새인들이 안식일에 밀 이삭을 자르고 사람을 치유하는 일을 비판하자, 이에 "인자는 안식일의 주인이니라, 안식일에 선을 행하는 것이 옳으니라, 인자는 하나님의 종으로 심판을 이방에 알게 하며 심판 때까지 상한 갈대를 꺾지 아니하며 꺼져가는 심지를 끄지 아니하시리라"라고 응대하시다.

축사의 논쟁(12:22-37) : 축사는 하나님의 성령의 사역이다(12:22-32). 내가 하나님의 성령을 힘입어 귀신을 쫓아내는 것이면 하나님의 나라가 이미 너희에게 임하였느니라 누구든지 말로 성령을 거역하면 사하심을 얻지 못하리라, 마음에 가득한 것을 입으로 말함이라 선한 사람은 그 쌓은 선에서 선한 것을 내고 악한 사람은 그 쌓은 악에서 악한 것을 내느니라.

논쟁(12:38-42) : 요나의 표적과 같이 인자도 밤낮 사흘 동안 땅 속에 있으리라.

악령이 되돌아옴에 관하여(12:43-45) : 그 사람의 나중 형편이 전보다 더욱 심하게 되느니라.

예수님의 진정한 가족(12:46-50) : 누구든지 하늘에 계신 내 아버지의 뜻대로 하는 자가 내 형제요 자매요 어머니이니라.

천국 비유 설교(13장)

씨 뿌리는 사람의 비유 : 길 가에 뿌려진 씨(천국 말씀을 듣고 깨닫지 못한다), 돌밭에 뿌려진 씨(은혜로 받아들이지만 뿌리가 깊지 못해 쉽게 말라죽는다), 가시덤불에 떨어진 씨(세상의 염려와 재리의 유혹에 막혀 열매를 맺지 못한다), 좋은 밭에 뿌려진 씨(많은 열매를 맺는다).

가라지 비유 : 주님이 악한 자를 왜 이 세상에 그냥 내버려두시는가에 대한 말씀으로 이는 가라지를 뽑다가 곡식까지 뽑을까 걱정되어 둘 다 추수 때까지 함께 자라게 하는 것이다. 그러나 심판 때에 가려진다.

겨자씨 비유 : 천국은 작은 씨앗이 열매를 맺어가는 것과 같으므로, 이웃이 예수님의 평강과 사랑과 은혜로 안식을 취할 수 있도록 천국을 내 안에 확장해 나가야 한다.

밭에 감추인 보화, 좋은 진주를 구하는 장사의 비유 : 천국을 발견한 사람은 세상 즐거움을 버리고 재물, 출세, 명예, 세상 지위를 배설물같이 여긴다.

권능의 행위와 권고의 말씀(14:1~16:12)

세례 요한의 죽음(14:1-12), 오병이어의 기적(14:13-21), 바다 위를 걸으시는 기적(14:22-33), 게네사렛에서의 병자 치유(14:34-36)

바리새인의 외식을 책망(15:1-20) : 너희의 전통으로 하나님의 말씀을 폐하는도다, 사람의 계명으로 교훈을 삼아 가르치니 나를 헛되이 경배하는도다, 입에서 나오는 것들은 마음에서 나오나니 이것이야말로 사람을 더럽게 하느니라, 마음에서 나오는 것은 악한 생각과 살인과 간음과 음란과 도둑질과 거짓 증언과 비방이니라.

가나안 여인의 믿음을 칭찬(21–28) : 개들도 주인의 상에서 떨어지는 부스러기를 먹나이다 이에 예수께서 여자여 네 믿음이 크도다 네 소원대로 되리라 하시니라.

또 다른 치유 기적들(15:29–31), 사천 명을 먹이심(15:32–39)

바리새인과 사두개인의 시험을 엄중 경고(16:1–12) : 악하고 음란한 세대가 표적을 구하나 요나의 표적밖에는 보여 줄 표적이 없느니라, 너희는 바리새인과 사두개인의 교훈을 삼가라.

제자들의 신앙 고백과 수난 예고(16:13-17)

베드로의 신앙 고백과 그에게 주신 약속(16:13–20)

수난과 부활에 대한 첫 번째 예고(16:21–28) : 베드로의 항변과 예수님의 책망, 예수 제자의 길(16:24–28), 변화산 사건과 귀신 들린 아이의 치유(17:1–21). "누구든지 나를 따라 오려거든 자기를 부인하고 자기 십자가를 지고 나를 따를 것이니라, 누구든지 제 목숨을 구원하고자 하면 잃을 것이요 나를 위하여 제 목숨을 잃으면 찾으리라"(마 16:24–25).

수난과 부활에 대한 두 번째 예고, 성전세 납부에 대하여(17:24–27)

교회(공동체)에 관한 설교(18장)

제자들의 지위 다툼(18:1–5) : 너희가 돌이켜 어린 아이들 같이 되지 아니하면 결단코 천국에 들어가지 못하리라 그러므로 누구든지 이 어린 아이와 같이 자기를 낮추는 사람이 천국에서 큰 자니라.

설교 내용 : 남을 실족하게 하지 말라, 잃은 양에 관하여(삼가 이 작은 자 중의 하나도 업신여기지 말라, 이 작은 자 중의 하나라도 잃는 것은 하늘에 계신 너희 아버지의 뜻이 아니니라), 공동체 내의 훈도(먼저 죄를 범한 그 사람만 상대하여 권고하고, 두세 증인의 입으로 확증하게 하며, 교회에 말하고, 마지막으로 이방인과 세리와 같이 여기라), 합심 기도(18:18–20). "너희 중의 두 사람이 땅에서 합심하여 무엇이든지 구하면 하늘에 계신 내 아버지께서 그들을 위하여 이루게 하시리라, 두세 사람이 내 이름으로 모인 곳에는 나도 그들 중에 있느니라"(마 18:19–20).

용서에 대하여(무자비한 종의 비유) : 일곱 번 뿐만 아니라 일곱 번을 일흔 번까지라도 용서하라, 만 달란트 빚진 자와 백 데라리온 빚진 자의 비유(1 달란트 = 5,000데나리온).

계속되는 교훈과 수난 예고(19~20장)

혼인과 이혼과 독신에 관하여, 어린 아이를 축복하심
부자 청년 사건과 예수 제자의 보상(19:16–30) : 내 이름을 위하여 가족과 재물을 버린 자마다 여러 배를 받고 또 영생을 상속하리라, 그러나 먼저 된 자로서 나중 되고 나중 된 자로서 먼저 될 자가 많으니라(마 19:30).

포도원 일꾼에 관하여(20:1-16) : 하나님의 주권을 강조하는 말씀으로 일한 기간보다 일하는 동안의 충성심이 더 중요하다. 내 것을 가지고 내 뜻대로 할 것이 아니냐 이와 같이 나중 된 자로서 먼저 되고 먼저 된 자로서 나중 되리라.

수난과 부활에 대한 세 번째 예고(20:17-19)

다스림과 섬김(20:20-28) : 너희 중에 누구든지 으뜸이 되고자 하는 자는 너희의 종이 되어야 하리라.
두 명의 소경 치유(20:29-34)

예루살렘에서 벌어진 논쟁(21~23장)

예루살렘 입성(21:1-11), 성전 청결(21:12-17)
무화과나무가 저주로 말라 버림(21:18-22) : 회개와 구원의 열매를 맺지 않은 이스라엘에 대한 하나님의 심판을 상징한다.

예수님의 전권에 대한 질문(21:23-27)
두 아들의 비유(21:28-32), 악한 포도원 소작인의 비유(21:33-46)
왕실 혼인 잔치의 비유(22:1-14) : 청함을 받은 자는 많되 택함을 입은 자는 적으니라, 이는 유대인의 불순종과 배척으로 말미암아 구원의 은혜가 이방인에게로 흘러갈 것임을 상징한다.

지배 세력의 예수님에 대한 시험 : 세금, 부활, 가장 큰 계명에 대한 질문.
예수님의 다윗의 자손에 대한 질문(22:41-46)

서기관들과 바리새인들의 교만과 위선을 책망(23:1-36) : 너희 중에 큰 자
는 너희를 섬기는 자가 되어야 하리라 누구든지 자기를 높이는 자는 낮아
지고 누구든지 자기를 낮추는 자는 높아지리라. "화 있을진저 외식하는
서기관들과 바리새인들이여 너희가 박하와 회향과 근채의 십일조는 드리
되 율법의 더 중한 바 정의와 긍휼과 믿음은 버렸도다 그러나 이것도 행
하고 저것도 버리지 말아야 할지니라"(마 23:23). 잔과 대접의 겉은 깨끗
이 하되 그 안에는 탐욕과 방탕, 외식과 불법으로 가득하게 하는도다 너
는 먼저 안을 깨끗이 하라 그리하면 겉도 깨끗하리라.
예루살렘에 대한 탄식(23:37-39) : 누가복음 13장 34-35절

감람산 설교 : 종말에 관한 설교(24~25장)

성전의 무너짐(24:1-2), 종말의 징조, 큰 환난, 그리스도의 재림(24:29-31),
종말의 시기(24:32-42)

청지기의 비유(24:43-51), 슬기로운 처녀들과 어리석은 처녀들의 비유
(25:1-3), 달란트의 비유(25:14-30)
양과 염소의 비유(25:31-46) : 내가 주릴 때에 목마를 때에 나그네 되었을
때에 벗었을 때에 병들었을 때에 옥에 갇혔을 때에 돌아보지 아니하였느
니라, 이 지극히 작은 자 하나에게 하지 아니한 것이 곧 내게 하지 아니한
것이리니 그들은 영벌에 의인들은 영생에 들어가리라(25:35-46).

예수님의 체포당하심, 재판, 죽음, 부활(26~28장)

예수님의 체포당하심 : 제사장들과 장로들의 음모, 베다니에서의 향유 옥합 사건과 가룟 유다의 배신, 최후의 만찬, 베드로의 부인을 예언, 겟세마네 동산에서의 기도와 당부(나의 원대로 마옵시고 아버지의 원대로 하옵소서, 시험에 들지 않게 깨어 기도하라), 예수님의 체포당하심.
재판 : 공회 앞에 서심, 베드로의 예수 부인과 유다의 최후, 빌라도의 재판.
죽음 : 십자가에 못 박히심과 장사.

예수님의 부활과 지상 명령(16-20) : 제자 훈련과 선교
"예수께서 나아와 말씀하여 이르시되 하늘과 땅의 모든 권세를 내게 주셨으니 그러므로 너희는 가서 모든 민족을 제자로 삼아 아버지와 아들과 성령의 이름으로 세례를 베풀고 내가 너희에게 분부한 모든 것을 가르쳐 지키게 하라 볼지어다 내가 세상 끝날까지 너희와 항상 함께 있으리라 하시니라"(마 28:18-20).

마가복음

1. 개요

마가 : 바나바의 조카, 베드로의 영적 아들, 바울의 제자다.

기록 목적 : 당시 로마 황제의 박해로 고난과 죽음의 위협 가운데 있는 그리스도인들을 위로하기 위해 '예수님은 능력 있는 하나님의 아들이심'을 알게 하고자 기록하였다.

주제 : **예수님은 하나님의 아들이요 고난받는 그리스도이시다.**

특징 : 사건 중심으로 간결하고 박진감 있는 직설적인 문체로 기록했으며, 다른 복음서에 비해 예수님이 '하나님의 아들'과 '그리스도'이심을 강조하고자 예수님의 '이적'과 '수난'을 자세히 기재하였다.

> **그리스도** : '기름 부음을 받은 자'를 뜻하며 구약의 '메시아'와 같이 영원한 왕이지만 우리를 구원하기 위하여 종으로 오신 분이다.

2. 구조

◈ **예수님의 사역** : 예수님은 하나님의 아들
  • 복음의 시초(1:1-13)
  • 갈릴리 등에서의 사역(1:14~8:26)
◈ **예수님의 고난** : 예수님은 그리스도
  • 예루살렘 여정(8:27~10:52)
  • 예루살렘에서의 대결(11~12장)
  • 세상의 종말에 관하여(13장)
  • 예수님의 고난, 죽음, 부활(14~16장)
※ 베드로의 신앙 고백(8:29)을 중심으로 나누어지는 이중 구조

3. 내용

복음의 시초(1:1-13)

세례 요한(1:1-8) : 죄 사함을 받게 하는 회개의 세례를 전파하였다. "나보다 능력 많으신 이가 내 뒤에 오시나니 나는 굽혀 그의 신발끈을 풀기도 감당하지 못하겠노라. 나는 너희에게 물로 세례를 베풀었거니와 그는 너희에게 성령으로 세례를 베푸시리라"(1:7-8).

예수님의 세례와 시험(1:9-13) : "예수께서 갈릴리 나사렛으로부터 와서 요단 강에서 요한에게 세례를 받으시고 곧 물에서 올라오실새 하늘이 갈라짐과 성령이 비둘기 같이 자기에게 내려오심을 보시더니, 하늘로부터

소리가 나기를 너는 내 사랑하는 아들이라 내가 너를 기뻐하노라 하시니라"(막 1:9-11).

갈릴리에서의 예수님의 사역(1:14~8:26)

초기 갈릴리 사역(1:14~3:12)

복음 전파의 시작, 네 제자를 부르시다(시몬, 안드레, 야고보, 요한), 시몬의 장모를 고치시다, 순회 전도(1:14-39) : 예수께서 하나님의 복음을 전파하여 이르시되 때가 찼고 하나님의 나라가 가까이 왔으니 회개하고 복음을 믿으라 하시더라, 나를 따라오라 내가 너희로 사람을 낚는 어부가 되게 하리라, 새벽 미명에 한적한 곳으로 가사 거기서 기도하시더라, 온 갈릴리를 다니시며 회당에서 전도하시고 귀신을 내쫓으시더라.

나병환자의 치유(1:40-45)

중풍병자의 치유(2:1-12) : 예수께서 그들의 믿음을 보시고 중풍병자에게 이르시되 '네 죄 사함을 받았느니라' 하시고, 중풍병자에게 '네 죄 사함을 받았느니라' 하는 말과 '일어나 네 상을 가지고 걸어가라'하는 말 중에서 어느 것이 쉽겠느냐고 질문하셨는데, 이 말씀의 근본 취지는 예수님이 땅에서 죄 사함의 권세를 가지고 있음을 보이기 위함이다. 병이 죄로 말미암은 것이므로 병 고침을 위해서는 죄 사함이 필요하기 때문에 죄 사함이 더 어렵다.

세관 레위를 부르심과 세리들과의 식사(2:13-17) : "건강한 자에게는 의사가 쓸 데 없고 병든 자에게라야 쓸 데 있느니라 나는 의인을 부르러 온 것이 아니요 죄인을 부르러 왔노라"(막 2:17) .

금식 문제(2:18-22) : 참 금식은 외식적인 모습을 벗어버리고 마음을 찢고 은밀한 중에 계시는 하나님께만 보이는 것이다. 오직 새 포도주는 새 부대에 넣느니라.

안식일 문제(2:23-28) : 안식일이 사람을 위하여 있는 것이요 사람이 안식일을 위하여 있는 것이 아니니, 인자는 안식일에도 주인이니라.

안식일에 환자를 치유하심(3:1-6) : 안식일에 선을 행하는 것과 악을 행하는 것, 생명을 구하는 것과 죽이는 것, 어느 것이 옳으냐고 질문하면서 율법의 근본정신을 강조하셨는데 이는 하나님께서는 형식적인 제사보다 순종하는 믿음을 원하시기 때문이다.

많은 치유의 기적들(3:7-12)

후기 갈릴리 사역(3:13~7:23)

열두 제자를 부르시다(3:13-19) : 시몬 베드로, 세베대의 아들 야고보와 요한(우뢰의 아들), 안드레, 빌립, 바돌로매, 마태, 도마, 알패오의 아들 야고보, 다대오, 시몬, 가룟 유다.

예수님이 오해받고 의심받으시다(바알세불 논쟁) : "누구든지 성령을 모독하는 자는 영원히 사하심을 얻지 못하고 영원한 죄가 되느니라"(막 3:29).

예수님의 참된 가족(3:31-35) : 누구든지 하나님의 뜻대로 행하는 자가 내 형제요 자매요 어머니이니라(막 3:35).

천국의 비유(4:1-34) : 하나님 나라의 비밀을 너희에게는 주었으나 외인에게는 모든 것을 비유로 하나니 이는 보아도 알지 못하며 들어도 깨닫지 못하게 하여 돌이켜 죄 사함을 얻지 못하게 하려 함이라(4:11-12). 씨 뿌리는 비유, 등불의 비유(복음의 진리는 등불 같아서 어둠 속에서 방황하는 모든 자들에게 비추어 그들을 바른 길로 인도한다), 씨 성장의 비유(하나님 나라의 확장 및 성장을 뜻하는 것으로 하나님 나라는 씨의 성장과 같이 단계적 성장 과정을 거친다), 겨자씨 비유(하나님 나라는 처음에는 보잘 것 없는 것처럼 보이지만 나중에는 모든 것을 품을 정도로 커진다).

이적(4:35~6:56) : 광풍을 잔잔케 하심, 거라사의 귀신들린 사람을 치유하심, 혈루병 걸린 여자의 치유와 야이로의 딸을 살리심, 오병이어의 기적, 물 위를 걸으시다, 게네사렛에서 병자들을 치유하심.

나사렛에서 배척당하시다(6:1-6) : 선지자가 자기 고향과 자기 친척과 자기 집 외에서는 존경을 받지 못함이 없느니라.

열두 제자의 파송(6:7-13) : 갈릴리 사역이 새로운 전환기를 맞이하여 군중에 대한 가르침보다 제자들에 대한 가르침에 치중하며 제자들에게 복음전파의 임무와 함께 권세를 주시다. 제자들이 나가서 회개하라 전파하고 많은 귀신을 쫓아내며 많은 병자에게 기름을 발라 고치더라.

결례에 관한 논쟁(7:1-23) : 너희가 하나님의 계명은 버리고 사람의 전통을 지키느니라, 무엇이든지 밖에서 사람에게로 들어가는 것은 능히 사람을 더럽게 하지 못하되 사람 안에서 나오는 것이 사람을 더럽게 하는 것이니라, 사람의 마음에서 나오는 것은 악한 생각 곧 음란과 도둑질과 살인과 간음과 탐욕과 악독과 속임과 음탕과 질투와 비방과 교만과 우매함이니라.

두로, 시돈 지방(베니게)에서의 사역 : 수로보니게 여인의 딸을 고치시다.
데가볼리에서의 사역 : 농아자의 치유, 사천 명을 먹이심.
달마누다 지방에서의 사역(8:10-26) : 바리새인들의 표적 요구, 한 맹인의 치유.

예루살렘으로의 여정(8:27~10:52)

첫 번째 수난 예고(8:27~9:29) : 빌립보 가이사랴에서 예고하시다.

베드로의 신앙 고백, 예수님의 수난과 부활에 관한 첫 번째 예고

베드로의 항변과 예수님의 질책 : 예수께서 돌이키사 제자들을 보시며 베드로를 꾸짖어 이르시되 사탄아 내 뒤로 물러가라 네가 하나님의 일을 생각하지 아니하고 도리어 사람의 일을 생각하는도다(8:32-33).

예수 제자의 길(8:34~9:1) : 누구든지 나를 따라오려거든 자기를 부인하고 자기 십자가를 지고 나를 따를 것이니라, 누구든지 자기 목숨을 구원하고자 하면 잃을 것이요 누구든지 나와 복음을 위하여 자기 목숨을 잃으면 구원하리라(8:34-35).

변화산 사건(9:2-13) : 예수님의 얼굴이 광채로 변모하시고, 예수님과 모세(구약 율법을 대표)와 엘리야(구약 선지자를 대표)가 등장하다.

귀신들린 소년의 치유(9:14-29) : 할 수 있거든이 무슨 말이냐 믿는 자에게는 능히 하지 못할 일이 없느니라(9:23). 기도 외에 다른 것으로는 이런 종류가 나갈 수 없느니라(9:29).

두 번째 수난 예고(9:30~10:31) : 갈릴리에서 예고하시다.

제자들의 서열 다툼(9:33-37) : 누구든지 첫째가 되고자 하면 뭇 사람의 끝이 되며 뭇 사람을 섬기는 자가 되어야 하리라, 누구든지 내 이름으로 어린 아이를 영접하면 곧 나를 영접함이요 누구든지 나를 영접하면 나를 보내신 이를 영접함이니라, 누구든지 너희가 그리스도에게 속한 자라 하여 물 한 그릇이라도 주면 내가 진실로 너희에게 이르노니 그가 결코 상을 잃지 않으리라.

죄의 유혹에 대한 경고(9:42-50) : 너희 속에 소금(예수의 가르침 자체)을 두고 서로 화목하라.

이혼에 대한 교훈(10:1-12) : 당시 유대에는 여자의 권리를 보호하기 위하여 이혼법이 있었지만 하나님의 법칙은 일부일처제이다(창 1:27, 2:24). 예수님은 인간의 율법이나 규례에 의해서 하나님께서 세우신 창조 원리를 깨뜨릴 수 없다고 단호히 말씀하시다.

어린이들에 대한 축복 : 누구든지 하나님 나라를 어린 아이와 같이 받들지 않는 자는 결단코 그 곳에 들어가지 못하리라(막 10:15).

부자 청년(10:17-27) : 재물이 있는 자는 하나님의 나라에 들어가기가 심히 어렵도다, 하나님의 뜻보다 재물을 더 사랑하는 것은 율법의 근본을 범하는 것이다, 구원은 율법의 행위가 아니라 은혜의 믿음으로 얻는 것이다.

예수 제자의 보상(10:28-31) : 나와 복음을 위하여 전토를 버린 자는 현세에 있어 전토를 백배나 받되 박해를 겸하여 받고 내세에 영생을 받지 못할 자가 없느니라, 먼저 된 자로서 나중 되고 나중 된 자로서 먼저 될 자가 많으니라.

세 번째 예고(10:32-52) : 예루살렘 입성 직전에 예고하시다.

야고보와 요한의 요구(다스림과 섬김의 교훈) : "누구든지 크고자 하는 자는 너희를 섬기는 자가 되고, 너희 중에 누구든지 으뜸이 되고자 하는 자는 모든 사람의 종이 되어야 하리라, 인자가 온 것은 섬김을 받으려 함이 아니라 도리어 섬기려 하고 자기 목숨을 많은 사람의 대속물로 주려 함이니라"(막 10:43-45).

여리고 주변에서의 소경 치유(10:46-52) : 네 믿음이 너를 구원하였느니라.

예루살렘에서의 대결(11~12장)

예루살렘 입성

성전 청결 : 내 집은 만민이 기도하는 집

기도에 대한 교훈(11:20-25) : 말하는 것이 이루어질 줄 믿고 마음에 의심하지 아니하면 그대로 되리라, 그러므로 무엇이든지 기도하고 구하는 것은 받은 줄로 믿으라 그리하면 너희에게 그대로 되리라, 기도할 때에 아무에게나 혐의가 있거든 용서하라 그리하여야 하나님께서도 너희 허물을 사하여 주시리라.

최후의 논쟁

예수님의 권세에 대한 논쟁(11:27~12:12) : 대제사장들과 서기관들과 장로들이 예수님의 권위에 대하여 질문하자, 악한 포도원 농부의 비유를 통하여 유대 지도자들의 잘못을 지적하시다.

세금, 부활, 계명에 관한 논쟁(12:13-37)

율법학자들에 대한 경고(12:38-40) : 가난한 과부의 헌금 이야기를 통하여 율법학자들의 외식을 책망하다. "부자들은 다 풍족한 중에서 넣었거니와 이 과부는 가난한 중에서 자기의 모든 소유 곧 생활비 전부를 넣었느니라."

세상의 종말에 관하여(13장) : 감람산 설교

성전의 종말과 종말의 시작(13:1-13) : 사람의 미혹을 받지 않도록 주의하라, 스스로 조심하라, 복음이 먼저 만국에 전파되어야 할 것이니라, 너희가 내 이름으로 말미암아 모든 사람에게 미움을 받을 것이나 끝까지 견디는 자는 구원을 받으리라.

큰 환난(13:14-23) : 멸망의 가증한 것이 서리라, 이 일이 겨울에 일어나지 않도록 기도하라, 이런 환난은 창조 시초부터 지금까지 없겠고 후에도 없으리라, 너희는 삼가라.

그리스도의 재림(13:24-27) : 그 때에 인자가 구름을 타고 큰 권능과 영광으로 오는 것을 사람들이 보리라.

종말의 시기(13:28-37) : 오직 하나님만이 아신다, 주의하라 깨어 준비하라, 천지는 없어지겠으나 내 말은 없어지지 아니하리라(막 13:31).

예수의 고난과 죽음과 부활(14~16장)

고난 : 대제사장들과 서기관들의 계획, 베다니에서의 마리아의 향유 옥합 사건(내가 온 천하에 어디서든지 복음이 전파되는 곳에는 이 여자가 행한 일도 말하여 그를 기억하리라), 유다의 배반, 최후의 만찬, 베드로의 부인을 예고하심, 겟세마네 동산에서 기도하심(이 잔을 내게서 옮기시옵소서 그러나 나의 원대로 마시옵고 아버지의 원대로 하옵소서, 시험에 들지 않게 깨어 있어 기도하라 마음에는 원이로되 육신이 약하도다 하시니라), 체포당하심, 공회 재판, 베드로의 부인, 빌라도 재판.

죽음 : 십자가 형(제삼시에 십자가에 못 박히시고 제육시에 온 땅에 어둠이 임하며 제구시에 큰 소리를 지르시고 숨지시니라), 예수님의 무덤(아리마대 요셉의 소유).

부활 : 안식 후 첫날 이른 아침에 막달라 마리아에게 먼저 보이시니 마리아가 이를 제자들에게 알리매 그들은 예수께서 살아나셨다는 것과 마리아에게 보이셨다는 것을 듣고도 믿지 아니하니라, 엠마오로 가는 제자들이 남은 제자들에게 알렸으되 역시 믿지 아니하니라, 이에 예수께서 제자들의 믿음 없는 것과 완악한 것을 꾸짖으시니라.

"너희는 온 천하에 다니며 만민에게 복음을 전파하라, 믿는 사람은 구원을 얻을 것이요 믿지 않는 사람은 정죄를 받으리라, 믿는 자들에게는 예수의 이름으로 귀신을 쫓아내며 새 방언을 말하며 병든 사람에게 손을 얹은즉 나으리라"(막 16:15-18).

승천(막 16:19-20)

누가복음

1. 개요

누가 : 헬라인 의사, 바울의 제자, 사도행전의 저자다.

기록 목적 : 1차적으로는 로마 고위 관리 데오빌로에게 예수님에 대한 확실한 지식을 갖게 하기 위해서, 2차적으로는 헬라인에게 예수님을 전하기 위해 기록하였다.

주제 : 예수님은 하나님의 아들임에도 인간을 구원하기 위해 이 땅에 육신을 입고 오신 인자(완전한 인간)인 동시에 죽음에서 부활한 후 승천하신 그리스도이시다.

특징

- **찬송의 책** : 마리아의 감사와 찬양(1:46), 사가랴의 찬양(1:67), 천사의 노래(2:10), 시므온의 찬양(2:28).
- **성령 사역을 강조** : 성령 17회 언급(마태 12회, 마가 6회), 예수님이 성령으로 잉태되고 성령으로 사역하였으며 제자들에게 성령받을 것을 약속하는 등 성령의 사람임을 강조하고, 성령이 그리스도 사후에도 계속적

인 나타남으로 연결된다.

- **기도의 중요성을 강조** : 예수께서 중요한 때마다(세례를 받으시고 성령을 받으실 때, 열두 제자를 부르실 때, 변화산에 올라가실 때, 겟세마네 동산에서, 십자가에서) 기도하셨음을 기록하고 있으며 또한 기도의 비유가 많다(한 밤에 찾아와 성가시게 한 친구, 불의한 재판관과 과부, 바리새인과 세리의 기도 등).
- **보편적 복음을 강조** : 복음을 통한 구원이 사마리아인(10:25, 17:15), 이방인(7:1), 세리와 죄인(5:29, 7:47, 19:5), 가난한 자(4:18, 6:20, 16:19), 아이와 여성(4:26, 7:11, 18:15, 23:27), 강도(23:43) 등에게 미치는 하나님의 은혜를 기록하고 있으며, 특히 15장은 잃은 양의 비유, 잃어버린 드라크마 비유, 탕자의 비유를 통해 잃어버린 자의 구원을 강조하고 있다. "인자가 온 것은 잃어버린 자를 찾아 구원하려 함이니라"(눅 19:10).
- **예수님을 인자로 묘사(히 2:17)** : 죄인을 구원하시기 위해 하나님이 사람의 아들로 태어나 인간이 되셨다(빌 2:6-8).

2. 구조

- ◈ 세례 요한의 탄생과 예수의 탄생(1:1~2:52)
- ◈ 예수의 공생애 이전의 역사(3:1~4:13)
- ◈ 갈릴리 사역(4:14~9:50)
- ◈ 유대 사역과 베뢰아 사역(9:51~19:27) : 예루살렘으로 가는 길
- ◈ 예루살렘 입성(19:28~24장)
  - 성전 청결과 유대 지도자들과의 대결(19:28~21:4)
  - 예루살렘의 멸망과 세상의 종말에 관한 예언(21:5-38)

- 예수의 수난과 죽음(22~23장)
- 예수의 부활과 승천(24장)

3. 내용

세례 요한과 예수의 탄생

서언(1:1-4) : 데오빌로 각하가 예수님에 대하여 알고 있는 바를 더 확실하게 하려고 처음부터 목격자와 사도들이 전하여 준 그대로 내력을 차례대로 써 보냅니다.

세례 요한의 탄생 예고(누가복음에만 있음) : 세례 요한은 사가랴 제사장(아론 후손)과 마리아의 친척인 엘리사벳의 아들이다. 가브리엘 천사가 사가랴에게 "그가 주 앞에 큰 자가 되며 모태로부터 성령의 충만함을 받아 이스라엘 자손을 하나님께로 많이 돌아오게 하겠음이라, 또 그가 엘리야의 심령과 능력으로 주 앞에 먼저 와서 아버지의 마음을 자식에게 거스리는 자를 의인의 슬기에 돌아오게 하고 주를 위하여 세운 백성을 준비하리라"고 고지하다.

예수님의 출생 예고, 마리아의 엘리사벳 방문, 마리아의 찬가(누가복음에만 있음) : 가브리엘 천사가 마리아에게 "성령이 네게 임하시고 지극히 높으신 이의 능력이 너를 덮으시리니 나실 바 거룩한 이는 하나님의 아들이라 일컬어지리라, 대저 하나님의 모든 말씀은 능하지 못하심이 없느니라"고 말하자, 이에 마리아가 "주의 여종이오니 말씀대로 내게 이루어지이다" 라고 대답하다.

세례 요한의 출생(1:57-66) : 사가랴의 찬가(1:67-79)

예수님의 탄생(2:1-21) : 천군 천사의 찬송, 시므온과 안나의 하나님 찬양. "지극히 높은 곳에서는 하나님께 영광이요 땅에서는 하나님이 기뻐하신 사람들 중에 평화로다"(눅 1:14).

예수님의 어린 시절(2:40-52) : 성전에 나타나신 어린 예수를 기록하다. "아이가 자라며 강하여지고 지혜가 충만하며 하나님의 은혜가 그의 위에 있더라, 예수는 지혜와 키가 자라가며 하나님과 사람에게 더욱 사랑스러워 가시더라."

예수의 공생애 이전의 역사(3:1~4:13)

세례 요한의 사역과 예수님의 세례
예수님의 계보 : 예수 → 요셉 → 나단 → 다윗 → 아브라함 → 아담(77대).
예수님의 시험

갈릴리 사역(4:14~9:50) : 초 · 중기 사역

1차 갈릴리 사역(4:14~7:50)
갈릴리에서 공생애 사역을 개시하고 나사렛 회당에서 이사야서 말씀(61:1-2)을 통하여 구원자로 오심을 선포하다. 가버나움에서 베드로의 장모의 열병을 고치고, 나병환자와 중풍병자를 치유하며, 안식일의 주인이심을 선포하고, 열두 제자를 부르시며, 평지와 산상에서 설교하고(축복과 저주에 관하여, 원수 사랑에 관하여, 이웃에 대한 태도에 관하여, 나무와 그 열매에 관하여, 건축에 관하여), 가버나움의 백부장의 믿음을 칭찬하시다.

2차 갈릴리 사역(중기 사역)

씨 뿌리는 비유와 등불의 비유를 통하여 착하고 좋은 마음으로 말씀을 듣고 지키어 인내로 결실하고 등불과 같은 천국 복음을 잘 듣고 깊이 깨달아 믿음의 열매를 맺으라고 가르치시고, 풍랑을 잔잔하게 하시며, 귀신 들린 거라사인과 혈루병 여인을 치유하시고, 회당장 야이로의 죽은 딸을 살리시며, 열두 제자를 파송하여 믿음을 훈련하시고, 오병이어의 기적을 행하시다.

갈릴리 주변 지역 사역(중·후기 사역)

가이사랴 빌립보에서 베드로가 신앙 고백을 하자, 예수님의 수난과 부활에 관하여 첫 번째 예고를 하시고, 변화산 사건 후 귀신들린 소녀를 고치신 다음 수난과 부활에 관하여 두 번째 예고를 하시다. 제자들의 서열 다툼과 배타적 행동을 책망하시다.

유대 사역과 베뢰아 사역(9:51~19:57) : 후기 사역

제자 파송과 가르침

갈릴리에서 예루살렘으로 가던 중 70인 제자에게 전권을 주며 전도하게 하시다. 선한 사마리아인의 비유를 통해 사랑을 말과 혀로만 하지 말고 행함과 진실함으로 하라고 가르치시며, 강청하는 친구의 비유를 통해 끈질기게 기도할 것을 당부하시다. 표적을 구하는 자들에게 하나님의 말씀을 듣고 지키는 자가 복이 있다며 표적을 거부하시고, 바리새인과 율법교사들의 탐욕과 위선을 경계하고 저주하시다.

"너희가 악할지라도 좋은 것을 자식에게 줄줄 알거든 하물며 너희 하늘 아버지께서 구하는 자에게 성령을 주시지 않겠느냐 하시니라"(눅 11:13).

가르침(12:1~14장)

누구든지 말로 인자를 거역하면 사하심을 받으려니와 성령을 모독하는 자는 사하심을 받지 못하리라, 사람의 생명이 그 소유의 넉넉한 데 있지 아니하니라, 자기를 위하여 재물을 쌓아 두고 하나님께 대하여 부요하지 못한 자는 자기 생명을 잃으리라, 먼저 하나님의 나라를 구하라, 인자의 오심을 깨어 준비하라, 나는 세상에 화평을 주려고 온 것이 아니라 도리어 분쟁하게 하려 함이로라, 시대를 분별하라, 회개하지 않으면 망하리라, 하나님 나라의 좁은 문으로 들어가기를 힘쓰라, 보라 나중 된 자로서 먼저 될 자도 있고 먼저 된 자로서 나중 될 자도 있느니라, 청함을 받을 때에 차라리 가서 끝자리에 앉으라 무릇 자기를 높이는 자는 낮아지고 자기를 낮추는 자는 높아지리라, 되도록 잔치에 사회적 약자를 청하라, 청함받은 사람은 많으나 택함받은 사람은 적다, 누구든지 가족은 물론 자기 목숨까지 미워하지 아니하면 내 제자가 되지 못하고 자기 십자가를 지고 나를 따르지 않는 자도 능히 내 제자가 되지 못하리라, 너희 중에 누구든지 자기의 모든 소유를 버리지 아니하면 능히 내 제자가 되지 못하리라.

잃어버린 자의 비유(15장) : 죄인이 회개하여 하나님 앞으로 돌아오면 하나님께서 기뻐하신다. **잃은 양의 비유**(죄인 하나가 회개하면 하늘에서는 회개할 것 없는 의인 아흔아홉을 인하여 기뻐하는 것보다 더하리라), **잃**

은 은전의 비유(죄인 한 사람이 회개하면 하나님의 사자들 앞에 기쁨이 되느니라), **탕자의 비유**(너는 항상 나와 함께 있으니 내 것이 다 네 것이로되 이 네 동생은 죽었다가 살았으며 내가 잃었다가 얻었기로 우리가 즐거워하고 기뻐하는 것이 마땅하니라).

재물과 관련된 우화를 통한 비유(16장) : 부정직한 청지기의 행동은 나쁘게 보이지만 가난한 자에게 재물을 나누어 주는 것과 자신의 상황에 대한 분명한 인식으로 단호하게 행동한 것은 모범적이라는 것이다.

부자와 거지 나사로의 비유는 세상의 안락을 위로로 삼지 말고 비록 가난할지라도 주님을 우선 순위에 두는 삶을 살아야 하며 이 세상에서 믿음이 없는 자는 천국을 생생하게 말할지라도 믿지 않을 것이라는 것이다.

"집 하인이 두 주인을 섬길 수 없나니 혹 이를 미워하고 저를 사랑하거나 혹 이를 중히 여기고 저를 경히 여길 것임이니라 너희는 하나님과 재물을 겸하여 섬길 수 없느니라"(눅 16:13).

죄와 믿음과 구원에 관한 교훈(17장) : 실족하게 하는 자에게는 화로다, 너희는 스스로 조심하라 만일 네 형제가 죄를 범하거든 경계하고 회개하거든 용서하라, "하나님의 나라는 볼 수 있게 임하는 것이 아니요 또 여기 있다 저기 있다고도 못하리니 하나님의 나라는 너희 안에 있느니라"(눅 17:20−21).

기도에 대한 교훈(18:1−14) : 간청하는 과부와 불의한 재판장의 비유와 같이 끈질기게 기도하라, 무릇 자기를 높이는 자는 낮아지고 자기를 낮추는 자는 높아지리라.

영생을 얻는 자(18:15~30) : 누구든지 하나님 나라를 어린 아이와 같이 받들지 않는 자는 결단코 들어가지 못하리라, 재물보다 하나님을 좇는 자만이 영생을 얻을 수 있다, 무릇 사람이 할 수 없는 것을 하나님은 하실 수 있느니라.

삭개오 구원(19:1~10) : 세 번째 수난을 예고하신 후 여리고로 가는 길에 삭개오를 구원하시고 달란트 비유를 통해 작은 일에 충성하라고 가르치시다. "인자가 온 것은 잃어버린 자를 찾아 구원하려 함이니라"(눅 19:10).

예수님의 수난과 부활(19:28~24장)

과부의 헌금을 칭찬 : 예루살렘 입성 후 성전을 정화하고, 유대 지도자들과 예수님의 전권과 세금과 부활에 관하여 논쟁을 하시고, 서기관의 외식과 횡포를 경고하시며 과부의 진실한 헌금을 칭찬하시다.

세상의 종말과 재림에 관한 예언을 하시면서 항상 기도하며 깨어 있으라고 권고하시다 : "너희는 스스로 조심하라 그렇지 않으면 방탕함과 술취함과 생활의 염려로 마음이 둔하여지고 뜻밖에 그 날이 덫과 같이 너희에게 임하리라, 이 날은 온 지구상에 거하는 모든 사람에게 임하리라, 이러므로 너희는 장차 올 이 모든 일을 능히 피하고 인자 앞에 서도록 항상 기도하며 깨어 있으라 하시니라"(눅 21:34~36).

예수님의 체포, 재판 : 유다의 배반, 최후의 만찬, 제자들과의 대화(시몬아 내가 너를 위하여 네 믿음이 떨어지지 않기를 기도하였노니 너는 돌이킨 후에 네 형제를 굳게 하라), 감람산에서의 기도(시험에 들지 않게 일어나 기도하라), 예수님의 체포와 베드로의 부인, 공회 재판과 빌라도 재판, 골고다를 향한 예수님의 길(23:26-31).

예수님의 죽음과 장례 : 십자가 처형과 죽음, 두 행악자(진실로 진실로 네게 이르노니 오늘 네가 나와 함께 낙원에 있으리라).

예수님의 부활과 제자들에 대한 당부 : 모세의 율법과 선지자의 글과 시편에 나를 가리켜 기록된 모든 것이 이루어지리라(24:44), 볼지어다 내가 내 아버지께서 약속하신 것을 너희에게 보내리니 너희는 위로부터 능력으로 입혀질 때까지 이 성에 머물라 하시니라(24:49).

예수님의 승천(24:50-53)

요한복음

1. 개요

요한 : 처음에는 '우레의 아들'에서 나중에는 '사랑받는 제자'로 불렸으며, 예수님의 열두 제자 중 가장 오랫동안 생존하였다.

기록 목적 : 요한이 AD 85년경 로마 제국으로부터 핍박받는 그리스도인을 상대로 '예수님이 하나님의 아들 그리스도이심을 믿게 하고, 예수님을 믿음으로 영생을 얻게 하고자' 기록하였다.

주제 : **믿음, 영생, 성령, 평강**

7대 표적과 7대 선언

7대 표적	7대 선언
물을 포도주로 만드시다(2장)	생명의 떡(6:35)
왕의 신하의 아들을 고치시다(4장)	세상의 빛(8:12)
38년 된 중풍병자를 걷게 하시다(5장)	양의 문(10:7)

오병이어의 기적(6장)	선한 목자(10:11)
물 위를 걸으시다(6장)	부활, 생명(11:25)
소경을 눈 뜨게 하다(9장)	길, 진리, 생명(14:6)
죽은 나사로를 살리시다(11장)	포도나무(15:5)

2. 구조

◈ 서론(1장)
- 육신이 된 말씀(1:1-18)
- 세례 요한의 증언, 처음 제자들의 증언(1:19-51)

◈ 예수님의 공적 활동(2~12장)

◈ 예수님이 제자들에게 하신 고별 연설(13~17장)

◈ 예수님의 수난과 죽음과 부활(18~20장)

◈ 복음서의 부록(21장)

3. 내용

서론(1장) : 하나님의 아들 예수 그리스도

말씀이 육신이 되신 예수 그리스도(1:1-18)

예수님은 말씀이 육신이 되어 세상에 오신 하나님의 아들이고, 예수를 믿는 자는 생명과 빛을 얻고 하나님의 자녀가 되는 특권을 얻는다.

"영접하는 자 곧 그 이름을 믿는 자들에게는 하나님의 자녀가 되는 권세를 주셨으니, 이는 혈통으로나 육정으로나 사람의 뜻으로 나지 아니하고 오직 하나님께로부터 난 자들이니라, 말씀이 육신이 되어 우리 가운데 거하시매 우리가 그 영광을 보니 아버지의 독생자의 영광이요 은혜와 진리가 충만하더라(요 1:12-14), 본래 하나님을 본 사람이 없으되 아버지 품 속에 있는 독생하신 하나님이 나타내셨느니라"(요 1:18).

세례 요한의 예수님에 대한 증언(1:19-34) : 예수님은 세상 죄를 지고 가는 하나님의 어린 양(1:29), 하나님의 아들이시다(1:34).

처음 제자들의 부르심과 제자들의 증언(1:35-51) : 나다나엘이 대답하되 당신은 하나님의 아들이시오 당신은 이스라엘의 임금이로소이다(1:49).

예수님의 공적 활동(2~12장)

사역의 시작(2~4장)

가나의 혼인 잔치(2:1-12) : 첫 번째 표적, 그의 어머니가 하인들에게 이르되 너희에게 무슨 말씀을 하시든지 그대로 하라 하니라(2:5).

성전 정화(2:13-25) : 내 아버지의 집을 장사하는 집으로 만들지 말라 내 아버지의 집은 '만민이 기도하는 집'이다.

니고데모와의 만남(3:1-21) : 사람이 거듭나지 아니하면 하나님의 나라를 볼 수 없느니라(3:3). 사람이 물과 성령으로 나지 아니하면 하나님 나라에 들어갈 수 없느니라(3:5). "하나님이 세상을 이처럼 사랑하사 독생자를 주셨으니 이는 그를 믿는 자마다 멸망하지 않고 영생을 얻게 하려 하심이라"(3:16).

예수님에 대한 세례 요한의 마지막 증언(3:22-36) : 그는 흥하여야 하겠고 나는 쇠하여야 하리라, 하나님이 보내신 이는 하나님의 말씀을 하나니 이는 하나님이 성령을 한량 없이 주심이니라(34).

수가 성 사마리아 여인과의 만남(4:1-42) : "이 물을 마시는 자마다 다시 목마르려니와 내가 주는 물을 마시는 자는 영원히 목마르지 아니하리니 내가 주는 물은 그 속에서 영생하도록 솟아나는 샘물이 되리라"(요 4:13-14). 아버지께 참되게 예배하는 자들은 영과 진리로 예배할 때가 오나니 곧 이 때라 아버지께서는 자기에게 이렇게 예배하는 자들을 찾으시느니라 하나님은 영이시니 예배하는 자가 영과 진리로 예배할지니라(요 4:23-24). 예수께서 이르시되 나의 양식은 나를 보내신 이의 뜻을 행하며 그의 일을 온전히 이루는 이것이니라(요 4:34).

왕의 신하의 아들 치유(4:43-54) : 두 번째 표적, 너희는 표적과 기사를 보지 못하면 도무지 믿지 아니하리라(4:48).

표적과 논쟁(5~9장)

베데스다 연못가에서의 38년 된 병자 치유(5:1-18) : 세 번째 표적

예수님의 자기 증거(5:19-47) : "내가 진실로 진실로 너희에게 이르노니 내 말을 듣고 또 나 보내신 이를 믿는 자는 영생을 얻었고 심판에 이르지 아니하나니 사망에서 생명으로 옮겼느니라"(요 5:24). 너희가 성경에서 영생을 얻는 줄 생각하고 성경을 연구하거니와 이 성경이 곧 내게 대하여 증언하는 것이니라(5:39).

오병이어의 기적 : 네 번째 표적

바다 위를 걸으심 : 다섯 번째의 표적

생명의 떡에 대한 설교(5:22-65) : 그리스도는 생명의 떡이다, 그리스도

가 주는 생명은 영원하다, 그리스도는 구원의 능력이시다. 썩을 양식을 위하여 일하지 말고 영생하도록 있는 양식을 위하여 하라 이 양식은 인자가 너희에게 주리니 인자는 아버지 하나님께서 인치신 자니라, 하나님께서 보내신 이를 믿는 것이 하나님의 일이니라(5:29), 나는 생명의 떡이니 내게 오는 자는 결코 주리지 아니할 터이요 나를 믿는 자는 영원히 목마르지 아니하리라(5:35), 내가 하늘에서 내려온 것은 내 뜻을 행하려 함이 아니요 나를 보내신 이의 뜻을 행하려 함이니라, 하나님의 뜻은 내게 주신 자 중에 내가 하나도 잃어버리지 아니하고 마지막 날에 다시 살리는 이 것이니라, 내 아버지의 뜻은 아들을 보고 믿는 자마다 영생을 얻는 이것이니 마지막 날에 내가 이를 다시 살리리라 하시니라(5:38-40), 나를 보내신 아버지께서 이끌지 아니하시면 내게 올 수 없으니 오는 그를 내가 마지막 날에 다시 살리리라(5:44), 내 살은 참된 양식이요 내 피는 참된 음료로다, 이 떡을 먹는 자는 영원히 살리라(4:55, 58), 살리는 것은 영이니 육은 무익하니라 내가 너희에게 이른 말은 영이요 생명이라(5:63), 내 아버지께서 오게 하여 주지 아니하시면 누구든지 내게 올 수 없다 하였노라(6:65).

베드로의 신앙 고백(6:66-71) : 주여 영생의 말씀이 계시매 우리가 뉘게로 가오리이까 우리가 주는 하나님의 거룩하신 자신 줄 믿고 알았삽나이다.

초막절 여행(7:1-13) : 은밀히 예루살렘으로 가시니라.

초막절에 성전에서 말씀하시는 예수님(7:14-52) : 스스로 말하는 자는 자기 영광만 구하되 보내신 이의 영광을 구하는 자는 참되니 그 속에 불의가 없느니라, 외모로 판단하지 말고 공의롭게 판단하라.

"누구든지 목마르거든 내게로 와서 마시라, 나를 믿는 자는 성경에 이름과 같이 그 배에서 생수의 강이 흘러나오리라, 이는 그를 믿는 자들이 받을 성경을 가르켜 말씀하신 것이라"(요 7:37-39).

간음한 여인(8:1-11) : 막달라 마리아, 나도 너를 정죄하지 아니하노니 가서 다시는 죄를 범하지 말라.

세상의 빛이신 예수님(8:12-29) : "나는 세상의 빛이니 나를 따르는 자는 어둠에 다니지 아니하고 생명의 빛을 얻으리라"(8:12).

진정한 자유(8:30-36) : "너희가 내 말에 거하면 참으로 내 제자가 되고, 진리를 알지니 진리가 너희를 자유롭게 하리라"(8:31-32).

아브라함의 자녀와 마귀의 자녀(8:37-47) : 하나님께 속한 자는 하나님의 말씀을 듣나니 너희가 듣지 아니함은 하나님께 속하지 아니하였음이로다.

예수님과 아브라함(8:48-59) : 아브라함이 나기 전부터 내가 있느니라.

나면서부터 소경된 사람의 치유 : 여섯 번째 표적, 이 사람이 소경이 된 것은 이 사람이나 그 부모가 죄를 범한 것이 아니라 그에게서 하나님의 하시는 일을 나타내고자 하심이니라.

선한 목자와 그 사역(10~11장)

양의 문, 선한 목자이신 예수님(10:1-21) : 누구든지 나로 말미암아 들어가면 구원을 얻고 또는 들어가며 나오며 꼴을 얻으리라, 내가 온 것은 양으로 생명을 얻게 하고 더 풍성히 얻게 하려는 것이라(10:9-10). 내 양은 내 음성을 들으며 나는 그들을 알며 그들은 나를 따르느니라(10:27).

배척당하신 예수님(10:22-42) : 수전절 직전 솔로몬 행각에서 예수님이 '나와 아버지는 하나이니라'고 선포하시자, 이에 바리새인들이 예수님을 신성모독으로 살해하려고 시도하다.

나사로의 부활 : 일곱 번째 표적, "나는 부활이요 생명이니 나를 믿는 자는 죽어도 살겠고 무릇 살아서 나를 믿는 자는 영원히 죽지 아니하리니 이것

을 네가 믿느냐"(11:25-26).

예수님을 죽이려는 결의(11:45-57) : 한 사람이 백성을 위하여 죽어서 온 민족이 망하지 않게 되는 것이 너희에게 유익한 줄을 생각지 아니하는도다(대제사장 가야바).

베다니에서의 향유 부음(12:1-11)

예루살렘 입성(12:12-19)

영광받으실 것을 예고하심(12:20-36) : "내가 진실로 진실로 너희에게 이르노니 한 알의 밀이 땅에 떨어져 죽지 아니하면 한 알 그대로 있고 죽으면 많은 열매를 맺느니라"(요 12:24).

유대인 불신앙(12:37-50) : 그들은 사람의 영광을 하나님의 영광보다 더 사랑하였더라.

예수님의 제자들에게 하신 고별 설교(13~17장) : 다락방 강화

예수님의 가르침(13~16장)

세족식과 새 계명 : 제자들의 발을 씻어주시다. "새 계명을 너희에게 주노니 서로 사랑하라 내가 너희를 사랑한 것 같이 너희도 서로 사랑하라, 너희가 서로 사랑하면 이로써 모든 사람이 너희가 내 제자인 줄 알리라"(요 13:34-35).

길이요 진리요 생명이신 예수님(14:1-15) : 너희는 마음에 근심하지 말라 하나님을 믿으니 또 나를 믿으라, 내가 곧 길이요 진리요 생명이니 나로 말미암지 않고는 아버지께로 올 자가 없느니라(14:6). 너희가 내 이름으로 무엇을 구하든지 내가 시행하리니 이는 아버지로 하여금 아들을 인하여 영광을 얻으시게 하려 함이라 내 이름으로 무엇이든지 내게 구하면 내가 시행하리라, 너희가 나를 사랑하면 나의 계명을 지키리라(14:13-15).

성령에 관한 약속(14:16-31) : 내가 아버지께 구하겠으니 그가 또 다른 보혜사를 너희에게 주사 영원토록 너희와 함께 있게 하리니, 그는 진리의 영이라 세상은 능히 그를 받지 못하나니 이는 그를 보지도 못하고 알지도 못함이라 그러나 너희는 그를 아나니 그는 너희와 함께 거하심이요 또 너희 속에 계시겠음이라(14:16-17). 나의 계명을 지키는 자라야 나를 사랑하는 자니 나를 사랑하는 자는 내 아버지께 사랑을 받을 것이요 나도 그를 사랑하여 그에게 나를 나타내리라(14:21). 보혜사 곧 아버지께서 내 이름으로 보내실 성령 그가 너희에게 모든 것을 가르치고 내가 너희에게 말한 모든 것을 생각나게 하리라, 평안을 너희에게 끼치노니 곧 나의 평안을 너희에게 주노라 내가 너희에게 주는 것은 세상이 주는 것과 같지 아니하니라 너희는 마음에 근심하지도 말고 두려워하지도 말라(14:26-27).

참 포도나무의 비유(15:1-11) : 나는 포도나무요 너희는 가지니 저가 내 안에, 내가 저 안에 있으면 이 사람은 과실을 많이 맺나니 나를 떠나서는 너희가 아무 것도 할 수 없음이라(15:5). 너희가 내 안에 거하고 내 말이 너희 안에 거하면 무엇이든지 원하는대로 구하라 그리하면 이루리라(15:7).

사랑의 계명(15:12-17) : 내 계명은 곧 내가 너희를 사랑한 것 같이 너희도 서로 사랑하라 하는 이것이니라, 너희가 나의 명하는 대로 행하면 곧 나의 친구라.

성령의 사역(16:4b-15) : 내가 떠나 가면 내가 성령을 너희에게로 보내리니 그가 와서 죄에 대하여 의에 대하여 심판에 대하여 세상을 책망하시리라(16:7-8), 진리의 성령이 오시면 그가 너희를 모든 진리 가운데로 인도하시리니 그가 스스로 말하지 않고 오직 들은 것을 말하며 장래 일을 너희에게 알리시리라(16:13). 죄, 의, 심판은 십자가 보혈, 부활, 재림을 의미한다.

수난과 승리의 부활 예고(16:16-33) : 지금까지는 너희가 내 이름으로 아무 것도 구하지 아니하였으나 구하라 그리하면 받으리니 너희 기쁨이 충만하리라(16:24), 아버지께서 나와 함께 계시느니라 이것을 너희에게 이르는 것은 너희로 내 안에서 평안을 누리게 하려 함이라 세상에서는 너희가 환난을 당하나 담대하라 내가 세상을 이기었노라(16:32-33).

다락방 설교의 요지

- 근심하지 말라. 두려워하지 말라. 담대하라.
- 내 안에 거하라. 내 계명을 지키라.
- 구하라 그리하면 받으리라.
- 보혜사 성령을 주노라(요 14:16-17, 26, 16:7, 8, 13).

예수님의 중보 기도(17장)

자신을 위한 기도(17:1-5) : 아들을 영화롭게 하사 아버지를 영화롭게 하게 하옵소서.

제자들을 위한 기도(17:6-19) : 제자들을 하나 되게, 악에 빠지지 않게, 거룩함을 얻게 하옵소서.

교회를 위한 기도(17:20-26) : 저희도 하나 되게, 예수의 영광 가운데 같이 살게, 사랑이 그들 안에 있게 하옵소서.

예수님의 수난, 죽음, 부활(18~20장)

예수님의 체포와 재판 : 예수님의 체포, 예수님의 심문받으심과 베드로의 부인, 빌라도의 심문, 채찍질과 조롱, 선고받으신 예수님.

십자가에 달리신 예수님

부활하신 예수님이 제자들에게 주신 말씀 : 너희에게 평강이 있을지어다(20:21). 아버지께서 나를 보내신 것 같이 나도 너희를 보내노라(20:21). 성령을 받으라(20:22). 믿음 없는 자가 되지 말고 믿는 자가 되라, 나를 보지 못하고 믿는 자들은 복되도다.

복음서의 종결(20:30-31) : "오직 이것을 기록함은 너희로 예수께서 하나님의 아들 그리스도이심을 믿게 하려 함이요 또 너희로 믿고 그 이름을 힘입어 생명을 얻게 하려 함이니라"(20:31).

부록(21장) : 사명

베드로에 대한 당부 말씀(21:15–25) : 내 어린 양을 먹이라, 내 양을 치라, 내 양을 먹이라, 내가 올 때까지 요한을 머물게 하고자 할지라도 네게 무슨 상관이냐 너는 나를 따르라.

사도행전

1. 개요

저자 : 누가, 누가복음 끝 부분(24:49)과 사도행전 첫 부분(1:4)이 동일하다.

기록 목적 : 데오빌로에게 '복음이 어떻게 전파되어 갔는지'를 알게 하고자 교회의 태동과 성장의 사실을 기록하였다.

주제

- **복음의 핵심은 예수 그리스도** : 하나님 나라를 전파하며 주 예수 그리스도에 관한 모든 것을 담대하게 거침없이 가르치더라(행 28:31).
- **복음은 성령의 권능으로 전파된다** : "오직 성령이 너희에게 임하시면 너희가 권능을 받고 예루살렘과 온 유대와 사마리아와 땅 끝까지 이르러 내 증인이 되리라 하시니라"(행 1:8).

특징

- **복음서의 후편(특히 누가복음의 속편)** : 예수 제자들의 사역을 통한 복음의 확장을 기록했으며, 누가복음과 사도행전은 신약의 1/4의 분량이다.
- **복음서와 다른 신약 성경들 간의 다리 역할, 복음 전파의 역사서** : 다른 신

약 성경 특히 바울서신의 역사적 배경을 제공하고, 다른 신약 성경의 저자들의 활동을 상세히 기록해서 다른 성경을 이해하는 데 큰 도움을 준다.

- **성령행전** : 성령 하나님의 사역을 생생하게 기록하여 성령 하나님의 정체성과 중요성을 강조한다(4:8, 8:29, 10:19, 13:2, 16:7). 사도행전은 성령님이 연출하고 베드로와 바울이 주연했다고 할 수 있다.

2. 구조

◈ **2중 구조(중심 인물을 중심으로 구분)**
- 예루살렘 중심의 베드로의 사역(1~12장) : 예루살렘 → 안디옥
- 이방 지역 중심의 바울의 사역(13~28장) : 안디옥 → 로마

◈ **3중 구조(지리적으로 구분)** : 사도행전 1장 8절 참조
- 예루살렘에서의 사역(1~7장)
- 유대와 사마리아의 사역(8~12장)
- 땅 끝에서의 사역(13~28장) : 소아시아, 헬라(그리스), 로마

3. 내용

예루살렘에서의 사역(1~7장)

오순절 성령 강림을 위한 준비(1장) : 예수님의 부활과 승천, 가룟 유다 대신 맛디아를 제비뽑기 방식으로 사도로 선출하다. 부활하신 예수님이 사

도들에게 당부하시다. "예루살렘을 떠나지 말고 아버지께서 약속하신 것을 기다려라. 너희는 성령으로 세례를 받으리라. 이스라엘 나라의 회복의 때와 시기는 하나님의 권한에 두셨으니 너희가 알 바 아니요. 오직 성령이 너희에게 임하시면 너희가 권능을 받고 예루살렘과 온 유대와 사마리아와 땅 끝까지 이르러 내 증인이 되리라"(1:4-8)

성령 강림으로 교회 태동(2장)

오순절 마가 다락방에 성령 강림 : 120명의 제자들이 10일 간 기도에 전념하여 성령 충만함을 받고 방언하다.

베드로의 설교(행 2:14-41) : ① 지금 무슨 일이 일어났는가? 이는 술 취한 것이 아니라 요엘서(2:28-32)에서 말한 말세에 일어날 예언(성령 강림)이 성취된 것이다. ② 그 일이 어떻게 일어났는가? 이는 메시아인 예수님이 십자가에서 부활하심으로 일어난 것이다. 이미 다윗이 예언하였고(2:25-31, 시 16:8-11), 우리가 친히 예수님의 부활을 보았으며, 부활하신 예수님께서 성령을 하나님으로부터 받아 부어 주셨느니라(2:33). ③ 그 일이 왜 일어났는가? 이는 예수님께서 죄인들을 회개시켜 구원하고자 일어난 것이다(2:37-40). ④ 설교 목적과 핵심은? 예수님은 부활하셨으며 바로 주님이시고 그리스도이시다. 누구든지 예수의 이름을 부르는 자는 구원을 받으리라. 너희가 회개하고 죄 사함을 받으면 성령을 선물로 받으리라.

교회의 탄생(행 2:41-47) : 베드로의 설교를 듣고 3,000명이 세례를 받고 최초의 교회가 탄생하다.

초대교회의 모습(행 2:42-47) : 예수 제자 교육, 기도, 교제, 구제, 모이기에 힘씀, 온 백성에게 칭송받음, 날로 부흥하다.

앉은뱅이를 일으킴 : 은과 금은 내게 없거니와 내게 있는 것으로 네게 주노니 곧 나사렛 예수 그리스도의 이름으로 걸으라(3:6).

베드로의 2차 설교(3:13-26) : '앉은뱅이가 일어난 기적은 우리의 권능이 아니라 오직 예수님을 믿음으로 된 것이다. 예수는 거룩하고 의롭다, 하나님이 너희가 죽인 예수를 부활시키셨다, 회개하고 돌이켜 죄 사함을 받으라 그리하면 구원을 얻으리라, 예수는 하나님이 선지자들을 통해 예언한 그리스도다'라고 설교하자. 이에 일반 대중 5,000명이 회개하고 예수님을 그리스도로 믿다.

종교 지도자들의 베드로와 요한에 대한 구금과 석방 : ① 종교 지도자들(산헤드린 공의회)이 무슨 권세와 누구의 이름으로 앉은뱅이의 치유를 행하였는지 심문하자 이에 베드로가 성령 충만하여 '너희가 죽인 예수가 부활하여 치유하였으며 예수 이외의 다른 이로서는 구원을 얻을 수 없다'고 답변하다. ② 이에 종교 지도자들이 치유의 표적을 부인할 수 없어 경고하며 마지못해 석방하자, 베드로와 요한이 '너희의 말보다 하나님의 말씀을 듣는 것이 옳다 우리가 보고 들은 것을 말하지 않을 수 없다'며 당당하게 나아가다.

한마음으로 통성으로 말씀 전도와 치유의 능력과 표적이 일어나게 해달라고 합심 기도하자 모인 곳이 진동하더니 다 성령이 충만하여 담대히 하나님의 말씀을 전하니라, 성령을 속이고 시험한 아나니아와 삽비라 사건이 발생하였으며 표적과 기사 특히 치유의 역사가 많이 일어나다(초대교회는 그리스도인들의 재산 공유 공동체).

종교 지도자들이 마음에 시기가 가득하여 사도들을 구금하였으나 사도들이 주의 사자의 도움으로 옥에서 나와 담대히 생명의 말씀을 가르치다가 다시 잡힌 후 공회에서 종교 지도자들에게 담대히 복음을 선포하다. 또한 종교 지도자들이 사도들을 죽이려고 하였으나 가말리엘의 충고를 받고 채찍으로 때리고 방면하므로 사도들은 날마다 성전에 있든지 집에 있든지 예수는 그리스도라 가르치기와 전도하기를 쉬지 아니하니라.

"사람보다 하나님께 순종하는 것이 마땅하다, 하나님이 너희의 죄 사함을 주시려고 죽은 예수님을 살리셨다, 우리와 성령이 증인이다."

스데반의 증거(6~8:3)

일곱 집사로 택정되다 : 구제로 인한 교회 내 히브리파 유대인과 헬라파 유대인 간의 갈등이 발생하자, 사도들이 헬라파 중에서 성령과 지혜가 충만한 사람 일곱 명을 집사로 택하고 자신들은 기도하는 일과 말씀 사역에 힘쓰다.

스데반의 설교 : 율법과 말씀에 능통하게 구약을 중심으로 예수님이 메시아이심을 선포하다. '예수님은 구약의 선지자들이 예언한 분으로 구약을 성취하신 분이시다, 조상들은 의인을 예언한 선지자들을 죽였고 너희는 성령을 거스려 바로 그 의인을 죽였도다.'

스데반의 순교 : 예수께서 하나님 우편에 서신 것을 보고 '주 예수여 내 영혼을 받으시옵소서, 주여 이 죄를 저들에게 돌리지 마옵소서'라고 기도하면서 순교하다.

유대와 사마리아에서의 사역(8~12장)

빌립의 증거, 베드로와 요한의 안수 기도(8장)

스데반 순교 후 교회에 대한 박해로 인하여 교인들이 두루 흩어져 복음의 말씀을 전했는데, 빌립은 사마리아에서 표적과 능력을 행하며 하나님 나라와 예수 그리스도를 전하고 또 가사에서 에디오피아 내시에게 복음 전도 및 세례를 주다. 베드로와 요한은 사마리아인들을 안수하여 성령 세례를 받게 하다.

사울의 증거(9장) : 사울의 회심

예수님을 만나다 : 사울이 대제사장으로부터 교인들을 체포할 공문을 받아 다메섹으로 가는 도중 홀연히 하늘로부터 둘러 비치는 빛과 함께 '사울아 사울아 네가 어찌하여 나를 박해하느냐'라는 소리를 듣고 사흘 동안 보지 못하고 먹지도 마시지도 못하다.

아나니아의 안수로 세례를 받다 : 아나니아가 환상 중에 예수님으로부터 사울에게 안수하라는 말씀을 듣고 직가에 있는 사울을 찾아가 '예수께서 너로 성령으로 충만하게 하신다'고 하며 안수하자 사울이 눈을 뜨고 세례를 받다. "이 사람은 내 이름을 이방인과 임금들과 이스라엘 자손들에게 전하기 위하여 택한 나의 그릇이라, 그가 내 이름을 위하여 얼마나 고난을 받아야 할 것을 내가 그에게 보이리라"(행 9:15-16).

사울의 복음 전도 행적 : 다메섹 도상 → 다메섹(아나니아) → 아라비아 → 다메섹(갈 1:15-17) → 예루살렘 → 가이사랴 → 다소(행 9:20-30) → 안디옥.

바울의 회심과 초기 전도 사역

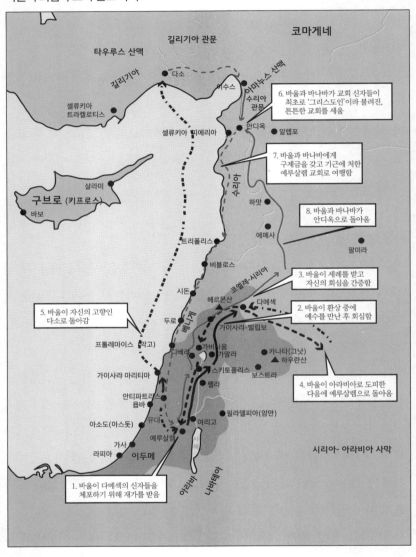

코마게네

타우루스 산맥

길리기아 관문

길리기아

다소

이수스

아마누스 산맥

수리아 관문

셀류키아 트라켈로티스

셀류키아 피에리아

안디옥

알렙포

6. 바울과 바나바가 교회 신자들이 최초로 '그리스도인'이라 불려진, 튼튼한 교회를 세움

7. 바울과 바나바에게 구제금을 갖고 기근에 처한 예루살렘 교회로 여행함

8. 바울과 바나바가 안디옥으로 돌아옴

구브로 (키프로스)

살라미

바보

하맛

에메사

팔미라

트리폴리스

유프라테스강

비블로스

시돈

코엘레-시리아

3. 바울이 세례를 받고 자신의 회심을 간증함

헤르몬산

다메섹

2. 바울이 환상 중에 예수를 만난 후 회심함

5. 바울이 자신의 고향인 다소로 돌아감

두로

가이사랴-빌립보

프톨레마이스 (악고)

디베랴

가버나움 가말라

카나타(그낫)

하우란산

가이사랴 마리티마

스키토폴리스

보스트라

안티파트리스

욥바

펠라

4. 바울이 아라비아로 도피한 다음에 예루살렘으로 돌아옴

아소도(아스돗)

유대

여리고

필라델피아(암만)

가사

예루살렘

라피아

이두메

시리아- 아라비아 사막

1. 바울이 다메섹의 신자들을 체포하기 위해 재가를 받음

유대와 갈릴리와 사마리아 교회의 부흥(9:31) : 온 유대와 갈릴리와 사마리아 교회가 평안하여 든든히 서 가고 주를 경외함과 성령의 위로로 부흥하니라.

베드로의 선교 활동과 이방 선교의 개시(9:32~11:18)

베드로의 이적 : 룻다에서 중풍병자 애니아가 치유되고(죄의 속박에서 해방), 욥바에서 다비다(도르가)가 소생하다(사망의 권세에서 해방).

베드로의 설교 : 가이사랴에서의 고넬료의 환상과 욥바에서의 베드로의 환상을 통해 베드로가 이방인을 상대로 예수의 사역과 부활 및 예수는 그리스도이심을 설교하자, 이방인들이 성령 부어 주심으로 인하여 방언하고 하나님을 찬양하다.

베드로의 고백 : 하나님은 외모를 취하지 아니하시고 믿음(하나님 경외, 의를 행함)을 보시는도다(10:34-35).

예루살렘 교회의 논쟁 : 다른 제자들이 고넬료 사건에 관하여 베드로에게 항의했으나 이방인에게도 성령과 생명 얻는 회개를 주신다는 베드로의 보고를 받고 하나님의 역사가 이방인에게 시작되었음을 깨닫다. 이 사건은 복음이 이방인에게 공식적으로 전파되어 최초로 구원받은 사건이며, 또한 능력은 하나님의 말씀이 선포될 때 나타남을 보여 주었다.

교회의 증거(11:19~12:25)

안디옥 교회 설립 : 최초의 이방인 교회로 주의 손이 그들과 함께 하시매 수많은 사람들이 믿고 주께 돌아오다. 예루살렘 교회에서 믿음과 성령이 충만한 바나바를 안디옥 교회에 파송하자 바나바가 다소에 있는 사울을 찾아가 함께 안디옥 교인들을 가르치매 이때부터 교인들이 비로소 그리스

도인으로 불려졌으며, 안디옥 교회가 예루살렘 교회를 부조하다.

헤롯의 박해 : 복음 확산에 따라 헤롯의 박해도 극심하여 제자 야고보가 순교하고, 베드로가 투옥되었다가 탈출하는 사건이 발생하였으며, 이 때문에 헤롯이 급사하다.

교회의 성장 : 하나님의 말씀은 흥왕하여 더하더라(12:24).

땅끝에서의 사역(바울의 사역)

1차 선교 여행(13~14장) : AD 47-48년

선교 일정 : 안디옥 → 구브로(살라미, 바보) → 갈라디아 지역(밤빌리아 버가, 비시디아 안디옥, 이고니온, 루스드라, 더베) → 밤빌리아 버가 → 앗달리아 → 안디옥.

선교사 파송 : 성령이 안디옥 교회에서 바울과 바나바를 선교사로 세우자, 안디옥 교회에서 바울과 바나바를 마가와 함께 선교지로 보내다. – 마가는 버가에서 선교 여행을 중단하다.

바울의 사역 : 바울이 비시디아 안디옥에서 '예수는 그리스도이고 부활하셨다'고 설교하고, 이고니온과 루스드라에서 이적을 행하며 박해 중에도 복음을 전파하다. "하나님 나라에 들어가려면 많은 환난을 겪어야 할 것이다"(14:22).

안디옥 교회에서 선교 결과 보고 : 하나님이 함께 행하신 모든 일과 이방인들에게 믿음의 문을 여신 것을 보고하다.

예루살렘 공의회(AD 49년)

안디옥 교회에서 할례를 받지 아니하면 구원을 받지 못한다는 주장으로

바울의1차 선교 여행

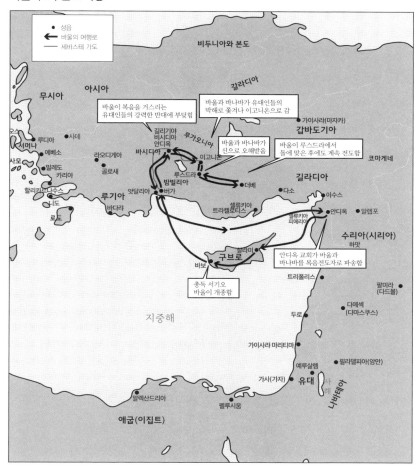

말미암아 다툼과 변론이 일어나 바울과 바나바가 예루살렘 교회를 찾아가서 이를 보고하자, 바리새파 중에 믿는 자들이 이방인에게 할례를 행하고 율법을 지키게 하는 것이 마땅하다고 주장하는 등 많은 변론이 있던 중, 베드로가 고넬료 사건을 간증하면서 '구원은 오직 하나님의 은혜'라고 변론함에 따라 의장인 야고보가 이방인의 구원이 이미 구약에 예언된 것이라고 하면서 '구원은 율법이 아니라 예수의 은혜로 된다'고 결론을

내림으로 이방 선교의 걸림돌을 제거하다.

2차 선교 여행(15:36~18:22) : AD 50-52년

선교 일정 : 안디옥 → 다소 → 더베 → 루스드라(디모데를 만남) → 이고니온 → 비시디아 안디옥 → 드로아 → 네압볼리 → 빌립보 → 데살로니가 → 베뢰아 → 아덴 → 고린도(1년 6개월) → 겐그레아 → 에베소 → 로드 → 가이사랴 → 예루살렘 → 안디옥.

바울의 환상 : 원래 바울은 1차 선교 지역 교회들을 심방하려고 했으나 하나님이 환상을 통해 바울로 하여금 유럽으로 선교 여행을 하게 하다.

동역자 : 마가로 인하여 바나바와 결별하고 실라, 디모데, 누가와 함께 선교.

빌립보에서의 선교(16:11-40) : 최초의 유럽 선교, 자주 장사 루디아의 집에서 세례를 주고, 점치는 소녀의 귀신을 쫓아낸 일로 투옥되었다가 찬송과 기도로 옥문이 열린 사건이 발생하다. 에바브로디도와 글레멘드 같은 영적 지도자를 배출하다. "주 예수를 믿으라 그리하면 너와 네 집이 구원을 받으리라"(행 16:31).

데살로니가(17:1-9) : 경건한 이방인과 귀부인들이 믿다.

베뢰아(17:10-15) : 신사적으로 믿으며 간절한 마음으로 말씀을 받고 성경을 상고하다.

아덴(17:16-34) : 신전과 우상이 가득하고 철학적 지식으로 교만한 나머지 철학과 복음의 충돌로 전도를 중단하다.

고린도(18:1-17) : 세상 지식과 지혜로 하지 않고 단순한 신앙 진리 자체를 전파하고, 로마에서 추방된 아굴라, 브리스길라 부부와 동역하다. "무서워하지 말라, 침묵을 지키지 말고 복음을 전하라."

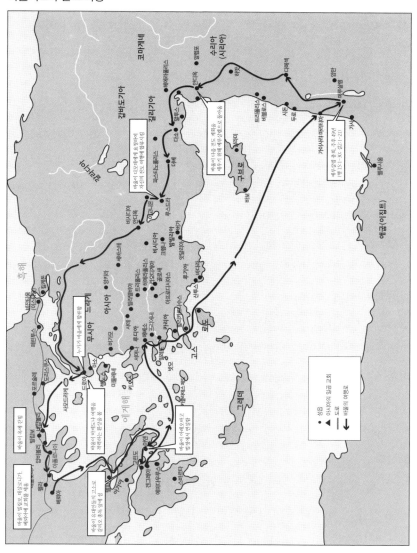

3차 선교 여행(18:23~21:16) : AD 53~56년

선교 일정 : 안디옥 → 갈라디아 → 에베소 → 드로아(트로이) → 마케도냐 → 고린도(3개월) → 아가야 → 마케도냐 → 드로아(트로이) → 밀레도 → 두로 → 돌레마이 → 가이사랴(빌립의 집) → 예루살렘.

에베소 사역(18:23-19) : 두란노 서원에서 3년간 하나님 나라에 대하여 강론하고 이적 사역을 행함으로 부근에 골로새 교회와 라오디게아 교회와 서머나 교회 등이 생겼으며, 한편 아데미 모조 은 신상 상인들의 소동 사건으로 인해 마케도냐로 피신하다. "주의 말씀이 힘이 있어 흥왕하여 세력을 얻으니라"(행 19:20).

고린도(20:1-4) : 3개월 동안 머물면서 로마서 기록하다.

드로아(20:5-12) : 유언과 같은 설교를 하고, 두기고 청년의 소생 사건이 발생하다.

밀레도(20:13-38) : 바울의 고별 설교로 진정한 신앙과 소망을 바라보는 그리스도인의 삶을 강조하고, 눈물과 겸손의 섬김 및 고통의 목회를 회상하며 하나님께 대한 회개와 예수 그리스도께 대한 믿음을 증언하다. 에베소 장로들이 예루살렘에서 결박과 환난이 기다리니 가지 말라고 하였으나 바울은 죽음을 무릅쓰고 가겠다고 선언하며 마지막 당부의 말씀을 권고하다.

"내가 달려갈 길과 주 예수께 받은 사명 곧 하나님의 은혜의 복음을 증언하는 일을 마치려 함에는 나의 생명조차 조금도 귀한 것으로 여기지 아니하노라"(행 20:24). '하나님이 너희들을 자기 피로 사신 교회를 보살피게 감독자로 삼았으니 삼가라, 눈물로 각 사람을 훈계하라, 내가 주와 말씀께 너희를 부탁하노니 말씀이 든든히 세우고 거룩한 기업이 되게 하시리라, 재물(은, 금, 의복)을 탐하지 말라, 약한 사람을 도우라, 주는 것이 받

바울의 3차 선교 여행

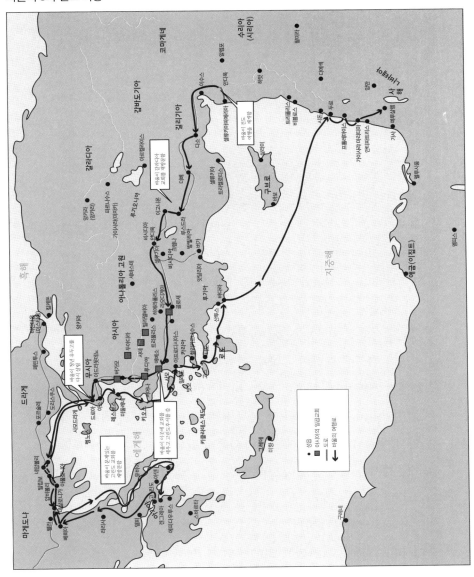

는 것보다 복이 있다.'

가이사랴를 거쳐 예루살렘에 도착 : 가이사랴의 빌립의 집에서 아가보 선지자가 바울이 예루살렘에서 이방인 손에 넘겨진다고 예언하였으나, 바울은 죽음을 각오하며 예루살렘 행을 강행하다. "나는 주 예수의 이름을 위하여 결박 당할 뿐 아니라 예루살렘에서 죽을 것도 각오하였노라"(행 21:13b).

체포 및 재판(21:17~26:32) : AD 57~60년

성전에서의 체포 및 설교(21:27~22:29)

예루살렘 성전에서 아시아에서 온 유대인들이 바울을 붙잡아 성전 밖에서 죽이려고 할 때, 로마 천부장이 바울에 대한 신병을 확보하자 바울이 이를 이용하여 백성들을 상대로 자신의 간증과 함께 예수는 그리스도이심을 설교한 후 천부장에게 자신이 로마의 시민권자임을 고지하다.

공회 앞에서의 설교(22:30~23:10)

천부장이 바울에 대하여 로마 시민권자임을 기화로 죄목을 발견하고자 공회에서 재판할 때, 바울이 '나는 바리새인으로 죽은 자의 소망 곧 부활로 말미암아 심문을 받노라'고 바리새인과 사두개인들의 대립을 유도함에 따라 바리새파와 사두개파 간의 다툼이 발생하자, 천부장이 바울을 무리 가운데서 빼앗아 영내로 데리고 간 그 날 밤에 주께서 바울에게 나타나 격려하다. "담대하라 네가 예루살렘에서 나의 일을 증언한 것 같이 로마에서도 증언하여야 하리라 하시니라"(행 23:11).

가이사랴로 호송(23:12-35) : 로마 군인 470명 동원

가이사랴에서 2년간 감옥 생활하며 총독들에게 재판을 받다(24~26장)

벨릭스 총독 앞에서 대중을 선동한 적 없고 하나님을 참된 방법으로 섬기면서 구약의 말씀을 믿으며 부활을 소망한다고 변론하고(24장), 베스도 총독이 바울의 죄 없음을 알면서도 유대인의 환심을 사고자 예루살렘에서 재판받도록 권유하자 로마 황제의 재판을 받겠다고 상소하고(25장), 아그립바 왕과 베스도 앞에서 간증과 설교를 하다(26장).

로마 입성(행 27:1~28:31) : AD 60년

입성 경로 : 가이사랴 → 구브로 북쪽 해안 → 로드 섬 → 그레데 섬(미항) → 멜리데 섬(몰타) → 수라구사 → 보디올 → 로마.

항해 일정 : 로마 백부장이 미항에서 겨울을 보내고 출발하자는 바울의 의견을 무시하고 뵈닉스로 출발 강행한 결과 유라굴로 광풍으로 죽음의 항해 중, 바울이 하나님의 계시를 받아 선원들을 위로하고 격려하다. "나는 내게 말씀하신 그대로 되리라고 하나님을 믿노라"(행 27:25).

멜리데 섬에서 바울이 독사에게 물렸으나 죽지 않고 추장의 부친과 섬 주민들의 병을 치유함으로 대접받았으며, 보디올에서는 형제들의 환영으로 하나님께 감사하고 담대한 마음을 얻다(28:15).

로마에서의 바울(28:11-31)

바울이 유대인의 지도자들에게 '왜 죄인이 되었는가'를 변명한 후 '하나님의 나라'를 증언하고 모세 율법과 선지자의 말을 인용하여 '예수님'을 증거하는 강론을 하자, 유대인들이 믿는 자와 믿지 않은 자들로 나뉘어졌다. 바울이 믿지 않는 자들에게 이사야의 말씀(6:9-10)을 인용하여 영적 소경임을 지적하며 유대인들의 완악함 때문에 복음이 이방인에게 직접 전파된다고 설명하는 등 2년간 로마 셋집에서 하나님의 나라를 전파하고 예수 그리스도에 관한 모든 것을 담대하게 가르치다.

바울의 동역자들

- 1차 선교 여행 : 바나바, 마가.

- 2차 선교 여행 : 실라, 디모데, 누가, 아굴라, 브리스길라.

- 3차 선교 여행 : 디모데, 누가, 아볼로, 두기고.

사도행전의 교훈

- 복음 전파 및 확장은 하나님 말씀의 흥왕, 왕성함에 달려 있다.

- 박해, 환난이 오히려 복음 전파의 계기가 되었다.

- 부흥을 위해서 기도해야 한다(1:14, 4:24).

- 복음의 증인됨은 하나님의 명령이다.

- 참 성도의 삶 : 인내하면서 겸손히 섬기는 삶(20:19), 타인의 유익을 구하는
  삶(20:20-21), 주님의 인도를 따르는 삶(20:22-24), 하나님의 말씀으로
  든든히 서서 거룩해지는 삶(20:32), 받는 것 보다 주는 삶(20:35).

로마서

1. 개요

기록 연대 및 배경 : 바울이 AD 56년경 3차 선교 여행 중 고린도에서 삼
개월 체류할 때 기록하였다(행 20:2-3).

기록 목적 : 로마 교회에 구원의 복음 교리(이신칭의)를 분명하게 제시하
고자, 로마를 거점으로 서바나 선교를 할 때 로마 교회의 지원을 받고자
(롬 15:23-24), 복음의 보편성을 강조하여 로마 교회 안에 있는 이방인 교
인과 유대인 교인 간의 분쟁을 막고 로마 교회를 하나 되게 하고자(9~11
장), 로마 교인들에게 신령한 은사를 통한 영적 열매를 맺게 하고자(1:11-
13) 기록하였다.

주제 : **이신칭의**(하나님은 복음 안에 그의 의를 나타내시며 이를 믿음으로
받아들이는 모든 사람을 구원하신다).

로마 교회의 설립 : ① 오순절 성령강림 때 로마에서 온 유대인들에 의해, ② 고넬료 등 일부 로마인에 의해, ③ 사도 바울로부터 전도받은 사람들에 의해 세워졌다는 등 여러 설이 있으며, 소수의 유대인과 다수의 이방인의 교인들로 구성되어 있다.

루터의 로마서 주석 서문 : 로마서는 신약 성경의 진정한 핵심이며 가장 순수한 복음이다. 그러므로 그리스도인은 그 내용을 낱말 하나하나에 이르기까지 외우도록 알아야 할 뿐만 아니라 영혼의 일용할 양식으로 나날이 간직하며 살아가는 것이 귀중하며 가치가 있다.

2. 구조

◈ 서두와 주제(1:1–17)
◈ 복음의 필요성(1:18~3:20)
◈ 칭의(3:21~4:25)
◈ 칭의를 받은 자의 특권(5:1–8:39)
   • 하나님의 진노로부터의 자유(5장)
   • 죄로부터의 자유(6장)
   • 율법으로부터의 자유(7장)
   • 사망으로부터의 자유(8장)
◈ 이스라엘에 대한 하나님의 섭리(9~11장)
◈ 구원받은 성도의 삶의 지침(12장~15:13)
◈ 맺는 말(15:14~16:27)

3. 내용

서두와 주제(1:1-17)

발신자(1:1) : 바울은 자신을 예수 그리스도의 종, 복음을 위하여 사도로 택정 입은 자, 이방인을 위한 복음 전도자로 소개하다.

복음
복음의 핵심은 하나님의 아들 예수 그리스도 : 예수님은 성경에서 선지자를 통해 미리 약속하였고, 육적으로는 다윗의 혈통이며, 영적으로는 부활의 능력으로 하나님의 아들로 선포되셨다(1:2-4).
복음은 하나님의 능력 : "내가 복음을 부끄러워하지 아니하노니 이 복음은 모든 믿는 자에게 구원을 주시는 하나님의 능력이 됨이라, 복음에는 하나님의 의가 나타나서 믿음으로 믿음에 이르게 하나니 기록된 바 오직 의인은 믿음으로 말미암아 살리라 함과 같으니라"(1:16-17).
복음은 구원 : 구원은 그리스도를 믿음으로 말미암아 하나님이 의롭다고 인정하여 주실 때 이루어지는 것으로 믿음은 구원의 필수 요소다.

수신자(1:6-7) : 로마에 있는 성도들. 성도는 예수 그리스도의 것으로 부르심을 입은 하나님의 사랑하심을 받은 자다.
바울의 소원(1:8-15) : 하나님의 뜻 안에서 로마 성도들에게 신령한 은사를 주고 열매 맺게 하며 빚진 자로 복음을 전하고자 로마에 가기를 간구하다.

복음의 필요성(1:18~3:20)

하나님을 거부한 죄로 진노를 받는다(1:18-20) : 사람은 하나님의 형상대로 창조되어 그 속에 마음의 율법인 양심이 있고 천지만물에 하나님의 능력과 신성이 있음을 알고 있으므로 하나님의 존재를 모른다고 핑계할 수 없다. 이방인의 근본적인 죄는 우상숭배다.

하나님 진노의 결과(1:24-32) : 마음의 정욕대로 더러움과 부끄러운 욕심에 내버려 두시고(성적인 죄), 상실한 마음대로 내버려 두신다(탐욕, 시기, 비방, 미움, 교만, 자랑 등).

하나님 심판의 원리(2:1-16) : 진리에 따른다(하나님은 인자하심, 용납하심, 오래 참으심으로 우리의 회개를 기다리신다). 인간이 행한 대로 보응하신다(선을 행하는 자에게는 영광과 존귀와 평강과 함께 영생으로, 악을 행하는 자에게는 환난과 곤고와 함께 진노와 분노로 보응하신다). 사람의 외모를 취하지 않으시고 은밀한 것을 심판하신다(율법을 듣는 자가 아니라 율법을 행하는 자라야 의롭다).

유대인도 하나님의 심판을 피할 수 없다(2:17-29) : 율법을 자랑하면서도 율법을 지키지 않았고 다른 사람을 가르치면서도 자신의 행실은 고치지 않아 하나님의 이름을 욕되게 한다. 이방인에 대하여 진리를 모르는 소경이고 어두움이 있으며 어리석고 어린 아이와 같다고 판단하면서도 이방인과 동일한 죄를 짓는다(판단과 위선의 죄).

표면적 유대인 : 육신의 할례를 받은 자.

이면적 유대인 : 마음의 할례를 받고 하나님에게 칭찬받는 자.

유대인의 유익과 유대인에 대한 하나님의 마음은 무엇인가(3:1~8) : 유대인은 하나님의 말씀을 맡는 등 그 유익이 범사에 많고, 유대인에 대한 하나님의 미쁘심과 참되심은 풍성하시다.

모든 사람은 죄인이다(3:9~20) : 의인은 없나니 하나도 없다(3:10), 율법을 통해 죄를 깨닫게 해주어 인간이 하나님의 심판 아래에 있음을 알려 주시고자 율법을 주셨다.

"그러므로 율법의 행위로 그의 앞에 의롭다 하심을 얻을 육체가 없나니 율법으로는 죄를 깨달음이니라"(롬 3:20).

칭의(3:21~4:25) : 복음(구원)의 교리

칭의의 기초(3:21~26) : 인간은 죄의 해결책으로 '의'를 필요로 하는데, 이 '의'는 인간의 노력으로 오는 것이 아니고 하나님 자신에게 근원을 두고 있는 '하나님의 의'로 예수 그리스도를 믿는 믿음으로 얻어진다. '칭의'란 하나님이 화목제물로 세우신 예수 그리스도를 믿음으로 말미암아 의롭다 함을 얻게 되는 것이다.

"모든 사람이 죄를 범하였으매 하나님의 영광에 이르지 못하더니 그리스도 예수 안에 있는 속량으로 말미암아 하나님의 은혜로 값 없이 의롭다 하심을 얻은 자 되었느니라"(3:23~24).

칭의와 율법(3:27–31) : 칭의(의롭다고 하심)는 율법이나 선행에 의한 것이 아니라 오직 예수 그리스도를 믿음으로 말미암아 얻게 되는 하나님의 은혜이므로 자랑할 것이 없다. 율법은 칭의의 수단은 아니지만 죄를 드러내는 역할을 하므로 파기할 수 없고 믿음으로 이를 굳게 세워야 하며, 율법과 믿음의 관계는 상호 보완적이고, 율법은 믿음을 통해 온전하게 된다.

칭의의 예(4:1–25) : 아브라함과 다윗(4:6–8)

아브라함 : 할례를 행하기 훨씬 전에 여호와를 믿음으로 말미암아 의롭다고 칭함을 받았는데(창 15:6), 하나님은 죽은 자를 살리시며 없는 것을 있는 것으로 부르시는 전능하신 분이라고 믿었고(이삭의 번제 사건), 바랄 수 없는 중에 바라고 하나님의 약속을 의심하지 않으며 견고한 믿음으로 하나님께 영광을 돌리고 약속하신 것을 능히 이루실 것으로 믿었다(사라의 잉태 사건).

다윗 : 살인과 간음의 죄를 지었지만 하나님의 은혜로 의롭다함을 받았다.

칭의를 받은 자의 특권(5:1~8:39)

하나님의 진노로부터의 자유(5:1–21)

하나님과 화평을 누림 : 하나님의 영광을 바라고 즐거워하며 하나님과 화목하게 되고 하나님 안에서 즐거워한다. 환난 중에도 즐거워한다(환난 → 인내 → 연단 → 소망). 성령으로 말미암아 하나님의 사랑이 우리 마음에 부어진다(5).

"우리가 아직 죄인 되었을 때에 그리스도께서 우리를 위하여 죽으심으로 하나님께서 우리에 대한 자기의 사랑을 확증하셨느니라"(롬 5:8).

죄의 지배에서 은혜의 지배를 받는다(5:12–21) : 인간은 아담의 불순종으로 죄인이었으나(죄, 율법, 정죄, 심판, 사망), 그리스도의 순종으로 의인이 되리라(의, 은혜, 용서, 구원, 생명). 율법이 있기 전에도 세상에 죄가 있었으나 율법이 없었을 때에는 죄를 죄로 여기지 아니하였으니라(5:13).

죄로부터의 자유(6:1–23)

그리스도와의 연합(6:1–11) : 우리는 그리스도의 죽음과 연합함으로 죄에 대하여는 죽은 자이나(옛 사람), 그리스도의 부활과 연합함으로 하나님께 대하여는 살아 있는 자이다(새 사람). 하나님께 대하여는 살아 있는 자는 바로 거듭난 자(요 3:3), 새로운 피조물(고후 5:17), 속 사람(고후4:16), 새 사람이다(엡 4:24, 골 3:10).

죄로부터 자유로운 자의 삶(6:12–23) : 자신을 하나님께 드리며 지체를 의의 병기로 드리라, 율법 아래에 있지 아니하고 은혜 아래에 있으면 죄가 주장하지 못한다, 너희가 죄로부터 해방되고 하나님께 종이 되어 거룩함에 이르는 열매를 맺었으니 그 마지막은 영생이라 죄의 삯은 사망이요 하나님의 은사는 그리스도 예수 우리 주 안에 있는 영생이니라(롬 6:22–23).

율법으로부터의 자유(7장)

율법과 은혜 : 육신(옛 사람)으로 있을 때는 율법으로 말미암아 죄의 정욕으로 사망의 열매를 맺고 율법 아래서 죄가 주관하나, 옛 사람이 그리스도와 함께 십자가 위에서 죽으면 그리스도의 부활로 말미암아 새 사람으로 거듭나 생명의 열매를 맺는다.

율법의 속성 : 하나님의 선물로 거룩하고, 의롭고, 선하고, 신령하다.

율법의 기능 : 죄를 알게 하고 깨닫게 하나 율법이 죄를 멸할 수 없다.

율법의 한계 : 율법으로 구원받을 수 없으며, 율법은 몽학선생으로 그리스도의 그림자에 불과하다.

마음의 법과 육신의 법(7:15-24) : 인간에게는 두 본성이 공존하면서 갈등하며 마음으로는 하나님의 법을, 육신으로는 죄의 법을 섬긴다. 인간은 원하는 선을 행하지 아니하고 도리어 미워하는 악을 행하는 곤고한 자다.

> **마음의 법** : 하나님의 법, 속 사람, 새 사람, 선, 생명.
>
> **육신의 법** : 죄의 법, 겉 사람, 옛 사람, 악, 사망.

구원의 시작과 끝은 예수 그리스도와 하나님의 사랑 : 죄의 법에서 구원해 주실 구원자인 예수 그리스도로 말미암아 하나님께 감사하리로다(7:25a).

> **구원의 단계**
>
> • 칭의(justification) : 예수님의 죽음으로 죄에서 구원(과거적 구원).
>
> • 성화(sanctification) : 예수님의 부활로 새 생명을 얻어 예수님을 닮아감(현재적 구원).
>
> • 영화(glorification) : 예수님의 재림으로 천국 영생(미래적 구원).

사망으로부터의 자유(8:1-39)

성령이 주시는 생명을 얻는다(8:1-17) : "그리스도 예수 안에 있는 자에게는 결코 정죄함이 없나니, 이는 그리스도 예수 안에 있는 생명의 성령의 법이 죄와 사망의 법에서 해방하였음이라"(8:1-2). 성령을 따라 행하는 자에게 율법의 요구가 이루어지게 하신다(율법에서 해방), 성령의 생각은 생명과 평안이고 성령이 없으면 그리스도의 사람이 아니며 성령은 죽을 몸을 살리신다. 성령의 인도함을 받는 사람은 하나님의 아들이며 하나님의 상속자로서 그리스도와 함께 영광과 고난도 받아야 한다.

> 말씀과 기도로 성령님의 임재와 능력 속에 거하며 늘 성령의 법을 선택하면서
> 사는 것이 바로 성화의 과정이며 구원론의 핵심이다.
> 인간은 성화의 과정 속에서 여전히 죄로 인해 끊임없이 갈등하나, 예수 그리
> 스도 안에 있으면 성령의 도우심으로 정죄함이 없다(7:24, 8:1).

지금은 고통이나 나중에 영광을 받는다(8:18-30) : "현재의 고난은 장차 나타날 영광과 비교할 수 없다"(8:18). 믿는 자는 영광의 소망을 가지고 허무한 데 굴복하지 말며 썩어짐의 종 노릇을 하지 말고 참음으로 기다리며 인내와 기다림으로 눈에 보이지 않는 소망을 가지라. "성령도 우리의 연약함을 도우시나니 우리는 마땅히 기도할 바를 알지 못하나 오직 성령이 말할 수 없는 탄식으로 우리를 위하여 친히 간구하시느니라. 마음을 살피시는 이가 성령의 생각을 아시나니 이는 성령이 하나님의 뜻대로 성도를 위하여 간구하심이니라 우리가 알거니와 하나님을 사랑하는 자 곧 그의 뜻대로 부르심을 입은 자들에게는 모든 것이 합력하여 선을 이루느니라"(롬 8:26-28). 하나님이 우리로 예수님의 형상을 본받게 하기 위하여 우리를 예정하시고 부르시고 의롭다 하시고 영화롭게 하셨느니라.

구원받은 자의 축복 : 그 누구도 그 어떤 것도 우리를 하나님의 사랑에서 끊을 수 없으며, 그리스도 예수가 하나님 우편에서 간구하시기 때문에 어떤 누구도 성도를 대적할 수 없고, 송사할 수 없고, 정죄할 수 없고, 그리스도의 사랑에서 끊을 수 없다.

이스라엘에 대한 하나님의 섭리(9:1~11:36)

이스라엘에 대한 하나님의 선택과 절대 주권(9장)

이스라엘의 선택(9:1-3) : 이스라엘이 하나님의 백성으로 선택된 것은 오로지 하나님의 긍휼, 약속에 의한 것이지 결코 행위에 있지 않다.

이스라엘의 특권(9:4-5) : 양자됨, 영광(출 40:34, 레16:2), 하나님의 백성에 관한 언약들(대하 13:5, 렘 31:31), 율법을 받음(출 19:16-25), 예배(눅 18:9-14, 히 9:6), 메시아에 대한 약속, 믿음의 조상들, 그리스도가 유대인의 혈통(롬 1:3).

하나님의 절대 주권 : 육신의 자녀가 아닌 약속의 자녀가 참 이스라엘이며 하나님의 자녀다. 하나님의 자녀와 구원의 문제는 토기장이와 진흙덩이의 비유처럼 오직 하나님의 자유롭고 은혜로운 선택에 달려 있다(긍휼의 그릇, 진노의 그릇). 율법의 의가 아닌 믿음에서 난 의로 이방인이 구원을 받는다.

이스라엘의 불신앙(10장) : 유대인은 자기 의를 세우려고 하나님의 의에 복종하지 않는다. 그러나 그리스도는 모든 믿는 자에게 의를 이루기 위하여 율법의 마침이 되시니라(10:4), 믿음을 통해 얻는 구원은 멀리 있는 것이 아니라 바로 우리의 마음과 입에 가까이 있다(10:5-13), 입으로 예수를 주라 시인하고 마음으로 그의 부활을 믿으면 구원을 받으리라 사람이 마음으로 믿어 의에 이르고 입으로 시인하여 구원에 이르느니라(10:9-10), 누구든지 주의 이름을 부르는 자는 구원을 받으리라(10:13, 요엘 2:22), 믿음은 들음에서 나며 들음은 그리스도의 말씀으로 말미암았느니라(10:17).

궁극적으로 이스라엘을 구원하시는 하나님의 신실하심(11장)

이스라엘의 구원과 회복에 관한 하나님 약속의 말씀은 신실한 남은 자들을 통해 성취된다. 유대인의 실족으로 구원이 이방인에게 이르러 이방인의 풍성함이 되었으나 다시 이스라엘이 온전한 구원을 얻게 되면 그 충만함은 엄청나다. 이방인은 자긍하지 말라(돌감람나무와 참감람나무 비유), 이스라엘은 이방인의 충만한 수가 들어오면 구원을 받으리라. 하나님의 은혜에 감사하고 섭리와 절대 주권을 찬양하다. "만물이 주에게서 나오고 주로 말미암고 주에게로 돌아감이라 그에게 영광이 세세에 있을지어다" (롬 11:36).

구원받은 자의 삶의 지침(12:1~15:13)

구원받은 자의 삶의 자세 : 자기 몸을 하나님께 거룩한 산제사로 드리라 (희생, 헌신), 하나님의 뜻을 분별하도록 하라(하나님의 뜻은 선하고 기쁘시고 온전하다, 하나님의 뜻을 분별하기 위해서는 하나님의 음성을 듣고 세대를 본받지 말며 마음을 새롭게 하여 변화를 받으라), 믿음의 분량대로 지혜롭게 생각하라, 지체와 은사의 다양성을 인정하고 하나가 되도록 힘쓰라(우리는 여러 지체이나 그리스도 안에서 한몸이다, 은혜대로 받은 은사를 적극 사용하라, 은사는 하나님의 영광을 위해 써야 하고 다른 사람의 은사와 비교해서는 안 된다), 먼저 사랑하라(사랑은 하나 되게 한다, 악을 미워하고 선을 행하라, 형제 사랑하고 서로 우애하며 서로 존경하라, 부지런하고 열심히 하라, 소망 중에 기다려라, 섬겨라), 핍박하는 자를 축복하라(미움은 모든 것을 파괴한다, 타인의 고난에 참여하라, 악역은 하나님께 맡겨라, 선으로 악을 이기라).

은사 : 예언, 섬김, 가르침, 권위, 구제, 구제, 다스림, 긍휼.

성도의 국가적 · 사회적 삶의 원리 : 권세에 순종하라 그러나 권세가 하나님의 뜻에 위반될 때 순종하지 말라, 정직하고 성실하게 세금을 납부하라, 피차 사랑의 빚 외에는 아무 빚도 지지 말라, 이웃을 네 자신과 같이 사랑하라, 사랑은 율법의 완성이고 율법을 다 이루는 것이다(13:10).

참된 삶을 위한 처신 : 하나님의 때가 가까웠음을 잊지 말라. 어두움의 일을 벗어라(단정히 행하라. 방탕과 술 취하지 말라, 음란과 호색하지 말라, 쟁투와 시기하지 말라), 빛의 갑옷을 입으라(예수 그리스도로 옷을 입고 몸을 의의 병기로 드려라, 정욕을 위하여 육신의 일을 도모하지 말고 오직 성령충만을 구하라).

교회 생활의 자세 : 판단하지 말라, 화평과 덕을 세우는 일에 힘쓰라, 오직 바른 믿음을 좇아 행하라, 연약한 자의 약점을 담당하라, 하나님의 진실하심과 긍휼하심에 따라 서로 용납하라, "하나님의 나라는 오직 성령 안에서 의와 평강과 희락이라"(14:17).

맺는 말

바울의 문안 인사 : 그리스도의 일꾼과 복음의 제사장으로서 복음을 편만하게 전하며 이방인을 성령 안에서 거룩하게 성령의 능력으로 전도하고 있다. 로마에 거점을 두고 서바나에 복음을 전하고 싶으며 이번 예루살렘 행을 마치고 로마로 가겠다. 자신이 박해하는 유대인들로부터 구원받고 예루살렘 성도들이 바울의 예루살렘 구제를 받아 들리며 기쁨으로 로마에 갈 수 있도록 기도해 주기를 바란다.

바울의 동역자 소개와 당부 : 주의 종을 영접하라(주의 종은 교회의 일꾼이고 목회자와 성도들의 보호자이다), 동역자들인 형제들에게 거룩한 입맞춤으로 문안하라, 교훈을 거슬러 분쟁을 일으키거나 거치게 하는 자들을 살피고 그들에게서 떠나라, 순종하는 선한 자가 되라. 복음 전파는 하나님 비밀의 계시를 좇는 것이다(복음은 영세 전부터 비밀로 감추어져 왔다가 이제는 선지자가 말한 대로, 하나님의 명령대로 전해지고 있다).

고린도전서

1. 개요

기록 연대 및 배경 : 바울이 AD 55년경 에베소에서 고린도 교회에 보낸 서신서다. 고린도는 아가야 지방의 로마 총독 주재지인 행정 수도, 교통의 요충지인 무역 도시, 다양한 민족이 거주하는 향락적인 도시이며, 이곳에서 바울이 복음을 전하고 아볼로가 목회를 이어받았다(행 18:24-28).

기록 목적 : 고린도 교회가 처음에는 영적으로 부요하고 은사가 풍성하였으나 바울이 떠나간 후 문제가 발생하자(분파, 음행, 송사, 우상의 제물을 먹는 문제, 성만찬 등) 이를 바로잡고자 기록하였다. 바울은 고린도 교회에 고린도전서 이전에 다른 편지를 써보낼 정도로 고린도 교회와 긴밀한 접촉을 하고 있었다(5:9 참조). 바울이 고린도 교회 사람들 특히 글로에 가족에게서 교회 소식을 듣고(1:11 참조), 또 고린도 교회의 공식 대표단으로부터 교회 일에 대한 질문을 받은 후(16:17) 고린도전서를 쓰게 되었다.

주제

- **교회의 일치** : 그리스도를 중심으로 일치 단결
- **교회의 순결** : 거룩한 삶
- **예배의 중요성** : 죄의 고백, 예수님을 기념하는 마음으로 성찬 예식 참여
- **성도의 부활** : 예수 그리스도의 부활이야말로 성도의 부활에 대한 보증

2. 구조

◈ **전반부(1~6장)** : 글로에 가족이 전해 준 소식에 대한 소견
- 교회의 분열(1~4장)
- 교회의 타락(5~6장) : 성적 타락(5장), 성도간의 송사(6:1-11), 탐욕과 탐심의 자유방임에 대한 책망(6:12-20)

◈ **후반부(7~16장)** : 고린도 교회에서 보내온 편지에 대한 답변
- 결혼 문제(7)
- 우상의 제물을 먹는 문제(8~10장)
- 공중 예배 문제(11장) : 여자의 두건 착용, 성만찬
- 영적 은사 문제(12~14장) : 하나님께 영광, 교회에 덕이 되어야 함
- 부활 교리 문제(15장) : 신령한 모습으로의 육체의 부활(영체)
- 헌금 문제(16장) : 물질을 통한 사랑의 교제

3. 내용

고린도 교회에 있는 문제들

교회의 분열(1~4장)

문안 인사(1:1-9) : 바울이 자신을 '하나님의 뜻을 따라 그리스도 예수의 사도로 부르심을 받은 자'로 소개하고 은사의 풍성함으로 재림을 기다리는 교회로 말미암아 하나님께 감사하다고 인사하다.

> 교회는 그리스도 안에서 거룩해지고 성도라 부르심을 받은 자들의 공동체다.

분열 상황과 책망과 권면(1:10-17) : 네 개 파로 분열되었다(바울파, 아볼로파, 게바파, 그리스도파). 너희는 다 같은 말을 하고 너희 가운데 분쟁이 없이 같은 마음과 같은 뜻으로 온전히 합하라, 세례를 주는 것보다 복음 전파가 중요하되 복음 전파는 말의 지혜보다 그리스도의 십자가가 헛되지 않게 하는 것이 더 중요하다.

십자가의 도(1:18-31) : 십자가의 도가 멸망하는 자들에게는 미련한 것이요 구원을 얻는 우리에게는 하나님의 능력이라(18), 유대인은 구원의 표적을 헬라인은 지혜를 구하나 오직 부르심을 받은 자에게는 그리스도는 하나님의 능력이요 하나님의 지혜니라(1:24), 하나님의 어리석음이 사람보다 지혜롭고 하나님의 약하심이 사람보다 강하니라, 하나님은 세상의 미련한 것과 약한 것과 천한 것과 멸시받는 것과 없는 것을 택하사 지혜 있는 자와 강한 것과 있는 것들을 부끄럽게 하시고 폐하려 하시나니 이는 어느 누구도 하나님 앞에서 자랑하지 못하게 하려 하심이라, 예수는 성도에게 지혜와 의로움과 거룩함과 구원함이 되셨으니 자랑하는 자는 주 안에서 자랑하라.

하나님의 지혜(2:1~16) : 바울은 복음을 전함에 있어 다만 세상의 지혜의 말로 하지 않고 성령의 나타나심과 능력으로 예수 그리스도와 그의 십자가의 못 박히신 것만을 전하였다(2:1~5). 하나님의 지혜는 세상의 지혜로는 깨달을 수 없고 오직 성령으로 말미암아 깨달을 수 있다, 성령은 하나님의 깊은 것까지도 통달하시느니라, 하나님의 일도 하나님의 영 외에는 아무도 알지 못하느니라, 영적인 일은 영적인 것으로 분별하느니라(2:10~13). 육에 속한 사람은 성령의 일을 받지 않고 깨닫지도 못하나 신령한 자는 하나님의 지혜가 능력이므로 모든 것을 판단하나 자기는 아무에게도 판단을 받지 아니하느니라(2:14~15).

고린도 교회의 영적 미성숙(3:1~15) : 교회 지도자들은 교회를 세워나가는 일꾼에 불과하니 특정 지도자를 중심으로 파당을 형성하는 것은 어리석은 짓이다. 육신에 속한 자(그리스도 안에서 어린 아이와 같은 자)같이 하나님의 일을 함에 있어 시기와 분쟁을 하지 말라, 오직 자라게 하시는 이는 하나님뿐이며 각각 일한 대로 자기의 상을 받으리라, 교회의 터는 예수 그리스도이고 단지 터 위에 세운 공적에 따라 상급을 받을 뿐이다.

고린도 교인들에 대한 권면(3:16~4:21) : 성도는 하나님의 성전이고 그 안에 성령이 계시므로 거룩하라, 세상 지혜는 하나님께 어리석은 것이니 누구든지 사람을 자랑하지 말라, 그리스도의 일꾼(하나님의 비밀을 맡은 자)으로서 충성을 구하라, 심판하실 이 예수 그리스도가 재림하실 때까지 아무 것도 판단하지 말라, 교만하지 말고 모든 것을 참으며(그리스도 때문에 어리석고, 약해지고, 비천하라) 만물의 찌꺼기 같이 될 것을 각오하라. "너희는 너희가 하나님의 성전인 것과 하나님의 성령이 너희 안에 계시는 것을 알지 못하느냐, 누구든지 하나님의 성전을 더럽히면 하나님이 그 사람을 멸하시리라 하나님의 성전은 거룩하니 너희도 그러하니라(고전 3:16-17). 하나님의 나라는 말에 있지 아니하고 오직 능력에 있음이라" (고전 4:20).

교회의 타락(5~6장)

성적 타락(5장) : 계모와 재혼한 근친상간의 죄를 범한 교인을 징계하지 않고 묵인함에 대해 책망하고, 음행한 자가 세상 사람인 경우에는 단지 사귀지 않으면 되지만 형제 교인인 경우에는 교회에서 내쫓아야 한다. 불신자인 세상 사람들은 하나님께서 판단하시나 교인은 교회에서 치리해야 한다. 교인도 세상과 단절하고 격리되어 살 수 없으나 그들과는 구별된 삶을 살아야 한다.

세상 법정에서의 송사(6:1-8) : 세상과 천사를 판단할 성도가 지혜 없이 세상의 법정에 고발하지 말라, 차라리 불의를 당하는 것과 속는 것(육적 손실)이 세상 법정에 고발하는 것(영적 손실) 보다 낫다.

자유방임에 의한 교회의 부도덕(6:9-20) : 탐욕과 탐심을 부리는 자는 하나님의 나라를 유업으로 받지 못한다. 예수의 이름과 성령 안에서 씻음과 거룩함과 의롭다하심을 받으라. 죄가 되지 않는 한 모든 것이 내게 가하나 다 유익한 것이 아니다. 성도의 몸은 그리스도의 지체이고 성령의 전이며 우리 자신의 것이 아니라 예수님의 피값으로 산 것이므로 몸으로 하나님께 영광을 돌리라.

고린도 교회가 질문한 문제에 대한 답변

결혼(7장) : 독신자는 여자를 가까이 하지 말고 순결을 지키기 어려우면 결혼하라, 부부 생활은 의무를 다하고 서로 자기 몸을 주장하지 말며 분방하지 말라, 미혼자와 과부는 절제할 수 없으면 결혼하라, 이혼은 할 수 없고 불신자인 배우자가 원하면 화평을 위하여 이혼하라, 각 사람은 부르심을 받은 그 부르심 그대로 지내라, 결혼하지 않는 것이 결혼하는 것보다 더 잘하는 것이다.

우상의 제물(8장) : 우상의 제물을 먹어도 좋으나 믿음 약한 자가 실족하지 않게 조심하라, 지식은 교만하게 하며 사랑은 덕을 세운다. 양심은 옳고 그른 것을 판단하는 기준이다. 믿음이 약한 자가 실족하면 곧 그리스도에게 죄를 짓는 것이므로 약한 자를 잘 도와야 한다.

바울의 사도권 변명(9장) : 다메섹 도상에서 예수님을 직접 보고 예수님에게 직접 사도직을 받았으며 사도로서 고린도 교회를 개척하였다. 복음에 장애를 받지 않으려고 경제적 지원받을 권리를 쓰지 않고 범사에 참았다. 내가 복음을 전할지라도 자랑할 것이 없음은 내가 부득불 할 일임이라 만일 복음을 전하지 아니하면 내게 화가 있을 것이로다. 내가 모든 사람에게서 자유로우나 스스로 모든 사람에게 종이 된 것은 더 많은 사람을 얻고자 함이요 몇 사람이라도 구원하고자 함이니라. 썩지 않을 승리자의 관을 얻고자 모든 일에 향방을 가지고 절제하며 자기 몸을 쳐 복종하게 하라.

바울의 경고(10장) : 우상숭배하지 말라(금 송아지 사건), 간음하지 말라(발람의 모압 사건), 하나님 시험하지 말라(불뱀 사건), 원망하지 말라(가네스 바네아 사건), 선줄로 알거든 넘어질까 조심하라(10:12), 사람이 감당할 시험밖에는 너희에게 당한 것이 없나니 하나님은 미쁘사 감당하지 못할 시험 당함을 허락하지 아니하시고 시험 당할 즈음에 피할 길을 내사 능히 감당하게 하시느니라(10:13). 이방인의 제사는 귀신에게 하는 것이니 우상숭배하는 일을 피하라, 모든 것이 가하나 모든 것이 유익하지 아니하고 덕을 세우는 것이 아니니 자기의 유익을 구하지 말고 남의 유익을 구하라(10:23-24), 자기의 양심과 감사함으로 하면 판단과 비방을 받지 않는즉 먹든지 마시든지 무엇을 하든지 다 하나님의 영광을 위하여 하라(10:31).

교회 예배 의식(11장)

공중 예배에서의 남녀의 질서(11:2-16) : 남자는 머리에 아무 것도 쓰지 말라, 여자는 머리에 수건을 쓰라(여자의 머리인 남자에 대한 순종의 표시, 여자는 남자을 위하여 지음을 받은 자), 남자와 여자는 모두 하나님에게서 났으므로 주 안에서 동등하다.

성만찬(11:17-34) : 성만찬은 주님의 몸과 피를 상징하여 주님을 기념하는 것이므로 감사함으로 주님의 죽으심을 주님이 오실 때까지 전해야 한다,

은사(12~14장) : 당시 고린도 교회의 성도들은 자신이 받은 은사만이 최고라는 생각으로 자랑과 교만을 일삼아 교회를 혼란에 빠뜨렸다.

다양한 은사 : 한 분 성령에서 나온다. 성령으로 아니하고는 누구든지 예수를 주시라 할 수 없느니라(12:3). 은사와 직분과 사역은 여러 가지나 성령과 주와 하나님은 같다(12:4-6). 은사(성령을 나타내심)는 교회의 유익

과 형제를 세우기 위한 것이다.

은사 : 지혜, 지식, 믿음, 병 고침, 능력 행함, 예언, 영 분별, 방언, 방언 통역.

교회의 단일성 : 한 성령으로 세례를 받아 한몸이 된다. 모든 지체가 고난과 영광을 함께한다. 성도는 그리스도의 몸이요 지체의 각 부분이다.

교회의 직분과 사역(12:28–30) : 사도, 선지자, 교사, 능력을 행하는 자, 병 고침의 은사를 가진 자, 방언, 통역, 돕는 일, 다스리는 일 등.

사랑(13장) : 사랑의 속성(오래 참음, 온유, 투기하지 않음, 자랑과 교만하지 않음, 무례히 행치 않음, 자기의 유익을 구치 않음, 성내지 않음, 악한 것을 생각지 않음, 불의를 기뻐하지 않음, 진리와 함께 기뻐함, 모든 것을 참고 믿으며 바라며 견딤), 사랑은 영원하고 하나님의 본질이다.

영적 은사의 사용(14장) : 영적 은사는 사랑을 따라 구하라 신령한 것을 사모하되 특별히 예언을 하려고 하라, 듣는 자에게 이해가 되도록 하라, 방언은 통역하기를 기도하라, 예언은 교회의 덕을 세우고 방언은 자기의 덕을 세우나니 방언 말하기를 금하지 말되 예언하기를 사모하라.

부활(15장) : 그리스도는 부활의 첫 열매이고 그리스도에 속한 자들이 재림 시 부활한다. 깨어 의를 행하고 죄를 짓지 말라, 신령한 몸으로 다시 살아나서 하늘에 속한 이의 형상을 입으리라.

연보(16:1–4) : 규칙적으로 각 사람의 수입에 따라 준비하라.

권고 : 깨어 믿음에 굳게 서서 강건하라, 모든 일에 사랑으로 행하라, 주의 일꾼에게 순종하라(16:15–16).

고린도후서

1. 개요

기록 연대 및 배경 : 바울이 AD 55년경 3차 선교 여행 때 에베소 교회에서 목회하던 중 디모데에게 고린도 교회에서 거짓 선지자들이 바울의 사도권을 부인한다는 말을 듣고 이에 디도 편에 '눈물로 쓴 편지'를 보냈으나 소식이 없다, 직접 고린도로 가기 위해 드로아를 지나 마케도냐로 가다가 디도에게서 '눈물로 쓴 편지'로 인하여 고린도 교회가 회개했다는 소식을 듣고 기뻐서 그곳에서 쓴 편지로, 바울의 인간적인 마음을 가장 많이 담겨 있다.

기록 목적 : 교인들을 위로하고 거짓 선지자들을 경계하고자 기록하였다.

주제

- **사도권** : 하나님이 참된 사도에게 화목하게 하는 직책을 주셨다.
- **고난과 위로** : 복음 전파를 위한 고난 중에 하나님을 더욱 굳게 의뢰하라, 하나님만이 성도의 진정한 위로가 되시기 때문이다.
- **구제** : 인간이 누리는 모든 것이 본래 하나님의 소유이므로 서로를 돌아

보며 사랑을 나누는 것이야말로 하나님의 뜻에 순종하는 실천적 삶이다.

2. 구조

◈ **바울 자신의 사역에 대한 설명(1~7장)**
  - 바울의 회고
  - 바울의 사역
  - 고린도 교회를 향한 권면
◈ **예루살렘 교회를 위한 구제 헌금에 대한 권고(8~9장)**
◈ **사도권에 대한 바울 자신의 변증(10~13장)**
  - 바울의 방어
  - 참 사도권 변호
  - 방문 계획과 권면

3. 내용

사역에 대한 바울의 해명(1~7장)

바울의 회고(1~2장)

하나님의 자비와 위로를 찬양하고 감사하다 : 바울은 자신을 하나님의 뜻으로 말미암은 그리스도 예수의 사도라고 소개하며 자비와 위로의 하나님을 찬양하고, 자신의 환난은 고린도 교인들을 구원받게 하기 위한 것이며 이 고난을 견디게 하는 하나님의 위로에 감사하다. 하나님께서 환난을 허락하심은 사람을 의지하지 말고 오직 하나님만 의지하게 하심이다.

화해를 위한 바울의 해명(1:12~2:4) : 거짓과 위선으로 고린도 교인들을 대했다는 음해에 대하여 하나님의 은혜와 거룩함과 진실함으로 대했다고 주장하고, 고린도 교회를 방문하지 못한 것은 편의나 이익을 위한 것이 아니라 고린도 교회를 아끼는 마음 때문이다, 하나님께서 그리스도 안에서 굳건하게 하시고자 기름을 부으시고 인치시며 보증으로 마음에 성령을 주셨고, 눈물의 편지를 쓴 경위는 고린도 교인들을 근심하게 하기보다는 사랑 안에서 바른 길로 인도하고자 쓴 것이라고 해명하다.

반대자들에 대한 용서(2:5-11) : 교회의 유익과 회개를 위해 교회를 근심하게 한 성도를 징계하되, 징계의 목적은 회개하여 온전한 성도로 회복시키는 것이므로 징계 후에는 실족하지 않도록 용서하고 위로하라.

바울의 사역(3~5장)

너희는 그리스도의 편지라(3:1-3) : 나의 사도됨은 다른 사람의 추천서가 별도로 필요 없고 너희가 바로 편지(추천서)다. 먹으로 쓴 것이 아니요 하나님의 영으로 쓴 것이며 돌판에 쓴 것이 아니요 육의 마음판에 쓴 것이다.

언약과 새 언약(3:4-11)

- 옛 언약 : 죄를 깨닫게 함, 율법의 조문, 행함, 임시적, 사라질 영광.
- 새 언약 : 생명으로 인도, 그리스도의 영, 믿음, 영원함, 나타날 영광.

주는 영이시다 : 주의 영이 계신 곳에는 자유가 있느니라(3:17). 수건을 벗은 얼굴로 거울을 보는 것 같이 주의 영광을 보게 될 것이다.

복음의 광채(4장) : 복음은 하나님의 영광의 빛을 마음에 비쳐주는 보배이다. 세상의 신이 불신자의 마음을 혼미하게 하여 그리스도 영광의 복음의 광채가 비치지 못하게 하나 하나님께서 우리 마음에 하나님의 영광을 아는 빛을 비추셨다. 예수 그리스도의 보배를 질그릇 같은 우리 몸에 담으면 하나님의 크신 능력이 나타나고 보배로 말미암아 질그릇이 박해를 받아도 버린바 되지 아니하며 거꾸러뜨림을 당하여도 망하지 않고 그리스도와 더불어 고난을 당하나 예수의 생명과 영광을 받는다. 겉사람은 후패하여도 속사람은 날로 새로워진다. "우리가 주목하는 것은 보이는 것이 아니요 보이지 않는 것이니, 보이는 것은 잠깐이요 보이지 않는 것은 영원함이라"(4:18).

천국의 소망(5:1-10) : 만일 땅에 있는 우리의 장막 집이 무너지면 하늘에 있는 영원한 집이 우리에게 있는 줄 아느니라. 하나님은 우리로 천국 소망을 이루게 하시고 보증으로 성령을 주셨다. 우리는 믿음으로 행하고 보는 것으로 행하지 아니한다. 누구나 주님의 심판대 앞에 서게 될 것이므로 이 심판에 대비하여 주님을 기쁘게 하는 삶을 살아야 한다.

화해의 소식(5:11-21) : 예수가 모든 사람을 대신하여 죽으심은 살아 있는 자들로 하여금 다시는 자신들을 위하여 살지 않고 예수를 위하여 살게 하려 함이다. "그런즉 누구든지 그리스도 안에 있으면 새로운 피조물이라 이전 것은 지나갔으니 보라 새 것이 되었도다"(5:17). 하나님이 그리스도로 말미암아 우리를 하나님과 화목하게 하시고 우리에게 화목하게 하는 직분과 함께 화목하게 하는 말씀을 부탁하였으므로 그리스도의 사신으로서 간청하노니 너희는 하나님과 화목하라(5:18-21).

사도직의 확증과 고린도 교회를 향한 권면(6:1~7:4)

사도직의 확증(6:1-10) : 사도는 오직 모든 일에 하나님의 일꾼으로 자천하여 고난 중에도 인내하며 비방을 받지 않을려고 무엇에든지 아무에게도 거리끼지 않게 한다. 사도는 근심하는 자 같으나 항상 기뻐하고, 가난한 자 같으나 많은 사람을 부요하게 하고, 아무 것도 없는 자 같으나 모든 것을 가진 자로다.

고린도 교회를 향한 권면과 사랑(6:11~7:4) : 마음을 넓히고 믿지 않은 자와 멍에를 함께 메지 말라, 성도는 살아 계신 하나님의 성전이고 하나님의 백성이다, 하나님을 두려워하는 가운데서 거룩함을 온전히 이루어 육과 영의 온갖 더러운 것에서 자신을 깨끗하게 하라(7:1). 너희로 인하여 환난 가운데서도 위로와 기쁨이 가득하고 넘치느니라.

회고의 연속(7:5-16) : 에베소에서 고린도전서를 보냈으나 고린도 교회에 아무런 변화가 없고 오히려 바울을 음해한다는 소식을 듣고 고린도 교회를 바로잡으려고 눈물로 책망의 편지를 써서 디도 편에 보낸 후 후회하였다. 그러나 에베소에서 마케도냐로 가는 도중에 디도를 만나 고린도 교인들이 눈물로 쓴 편지로 인해 회개했다는 소식을 접하고 기뻐하였다. "하나님의 뜻대로 하는 근심은 후회할 것이 없는 구원에 이르게 하는 회개를 이루는 것이요 세상 근심은 사망을 이루는 것이니라"(고후 7:10).

헌금의 원리(8~9장)

예루살렘 교회를 위한 모금(8:1-24)

마케도냐 교회의 헌금(1-6) : 줄 수 없는 어려운 형편에도 전심으로 간절히 자원하는 마음으로 풍성한 연보를 하였고, 먼저 자신을 주께 드리고 하나님의 뜻을 따라 주었다.

고린도 교회에 대한 권면(7-24) : 간절함을 가지고 사랑의 진실함을 증명하라, 자신의 가난함으로 말미암아 우리를 부요하게 하신 예수의 은혜를 생각하라, 헌금은 너희의 유익을 위함이다.

헌금(구제)의 목적과 방법(8:13~9:8) : 내는 자와 받는 자 간의 서로의 필요를 채워 균등하게 하려 함이고, 미리 준비하고 심는 정신으로 하며 마음에 정한대로 하라(기도 가운데 하라), 하나님은 즐겨내는 자를 사랑하시므로 인색함이나 억지로 하지 말라.

헌금에 대한 하나님의 복(9:9-15) : 의가 영원하며 부족한 것을 채우시고 풍성하게 하시며, 하나님께 감사하게 하고 영광을 돌리게 한다.

사도권에 대한 바울의 변호 : 적대자들과의 논쟁(10~12장)

인신 공격에 대한 바울의 방어 : 적대자들이 바울은 예루살렘 교회의 천거서가 없는 거짓 사도이고 복음 전도의 동기가 진실치 못하며 육체가 너무 미약하고 인격이 부족해 존경받기 어렵다고 공격하자, 이에 바울은 자신의 영적 무기는 세상의 방법과 인간의 지혜인 육신에 속한 것이 아니라 어떤 견고한 진도 무너뜨리는 하나님의 능력인 하나님의 말씀과 기도와 주께서 주신 권세라고 주장하며, 사도는 자신의 분량 밖의(분수 이상의) 자랑은 하지 않고 주 안에서 자랑하며 오직 주께서 칭찬해야 한다고 반박하다.

바울과 거짓 사도들(11:1-15) : 바울이 고린도 교인들에게 '너희를 높이려고 나를 낮추어 복음을 값없이 전했고, 너희를 섬기기 위하여 다른 교회로부터 물적 신세를 졌으며, 너희에게 폐를 끼치지 않기 위해 스스로 조심했고, 너희를 사랑했다'고 호소하는 한편, '거짓 사도들은 속이는 일꾼이고,

그리스도의 사도로 가장하는 자이며, 사탄의 일꾼이고, 사탄이 광명의 천사로 가장하듯이 거짓 사도들도 의의 일꾼으로 가장한다'고 주장하다.

바울의 참 사도권 변호(11:16~12:13) : 나는 담대하고 히브리인이며 그리스도 일꾼이고 교회를 위하여 수고하며 투옥과 굶주림과 춥고 헐벗음과 박해를 받았다. 부득불 자랑하건대 14년 전에 셋째 하늘에 올라가는 체험을 했으나 하나님께서 나로 하여금 이 은혜로 말미암아 자만하게 하지 않게 하려고 '육체의 가시'를 주셨는데, 이를 하나님께 치유해 달라고 간구하였으나 하나님께서는 '내 은혜가 네게 족하도다 이는 내 능력이 약한 데서 온전하여진다'라고 하시면서 치유해 주지 않으셨다. 나는 지극히 크다는 사도들보다 조금도 부족하지 않으며, 표적과 기사와 능력을 행함으로 사도의 표가 되었다.
"나의 여러 약한 것들에 대하여 자랑하리니 이는 그리스도의 능력이 내게 머물게 하려 함이라 그러므로 내가 그리스도를 위하여 약한 것들과 능욕과 궁핍과 박해와 곤고를 기뻐하노니 이는 내가 약한 그 때에 강함이라"(고후 12:9b-10).

바울의 세 번째 고린도 방문 계획(12:14-21) : 첫 번째는 2차 선교 여행 때 방문(행 18장), 두 번째는 아무 성과 없이 돌아온 눈물의 방문(2:1), 세 번째는 고린도후서의 기쁨의 방문(12:21)이다. 세 번째 방문 전에 고린도후서를 통해 다툼, 시기, 당 짓는 것, 비방, 수군거림, 거만함, 혼란, 더러움, 음란, 호색을 회개하라고 권면한 것이다.

마지막 권면과 작별 인사(13장)

권면 : 악을 철저히 처벌하라, 구원받았음을 확신하라, 진리를 거슬리지 말라, 기뻐하고 온전하고 위로하고 마음을 같이하고 평안하라.

"너희는 믿음 안에 있는가 너희 자신을 시험하고 너희 자신을 확증하라 예수 그리스도께서 너희 안에 계신 줄을 너희가 스스로 알지 못하느냐 그렇지 않으면 너희는 버림받은 자니라"(고후 13:5). "주 예수 그리스도의 은혜와 하나님의 사랑과 성령의 교통하심이 너희 무리와 함께 있을지어다"(고후 13:13).

갈라디아서

1. 개요

기록 연대 및 배경 : 바울이 AD 49년경 예루살렘 공의회에 참석한 후 갈라디아 교회에 보낸 편지. 바울의 1차 선교 여행 후 갈라디아 교회에서 유대주의자들이 바울의 사도권을 부인함과 아울러 구원받으려면 믿음 이외에 할례와 율법도 지켜야 한다고 주장해서 교회 안에 혼란과 갈등이 발생하였다.

기록 목적 : 바울이 자신의 사도권을 변호하고 자신이 전한 복음의 정체성과 복음의 진리를 강조하며 그리스도인의 자유를 권면하고자 기록하였다.

주제

- **믿음과 구원** : 이신칭의, 구원은 율법적 행위나 선행이 아닌 오직 믿음으로 말미암는다.

- **율법의 역할** : 인간의 죄와 무능력을 깨닫게 하여 오직 그리스도로 말미암은 구원을 갈망하게 하는 것일 뿐 구원을 이루지 못한다. 몽학선생에 불과하다.

- **성도의 자유** : 예수를 믿는 자는 죄에서 해방되어 정죄함이 없으므로 자유자이다. 그러나 참된 성도의 자유는 자유방임(육신의 소욕을 좇는 자)이 아니라 성령의 인도함을 따라 성령의 소욕을 좇아 성령의 열매를 맺는 것이다.

2. 구조

◈ 바울의 사도권 변호(1~2장)
◈ 이신칭의 복음에 대한 강론(3~4장) : 율법과 은혜의 관계를 설명
◈ 복음의 실제적 적용(5~6장)

3. 내용

바울의 사도권 변호(1~2장)

바울의 사도권(1:1-3) : 바울은 자신을 '예수 그리스도와 하나님 아버지가 사도로 세우시고 보낸 하나님과 예수님의 사도이고, 그리스도의 종이며, 하나님이 모태에서부터 택정하시고 복음을 이방에 전하기 위하여 은혜로 부르셨다'고 소개하다.

복음의 핵심(예수님 대속의 은총과 구원) : 그리스도께서 하나님의 뜻을 따라 이 악한 세대에서 우리를 건지시려고 우리 죄를 위해 자기 몸을 드리셨으며, 가짜 복음은 그리스도의 복음을 변하게 하는 것이므로 저주를 받는다. "이제 내가 사람들에게 좋게 하랴 하나님께 좋게 하랴 사람들에게

기쁨을 구하랴 내가 지금까지 사람들의 기쁨을 구하였다면 그리스도의 종이 아니니라"(갈 1:10).

바울의 사도권 변호(1:11~2:14)

바울이 전한 복음과 바울의 회심 : 내가 전한 복음은 오직 예수 그리스도의 계시로 말미암은 것이다. 내가 유대교에 있을 때 하나님의 교회를 심히 박해하고 잔해하였으나 회심 직후 다메섹에서 아라비아로 갔다가 다시 다메섹으로 가서 3년 후 예루살렘에서 15일 체류하며 베드로와 야고보를 심방하고, 그 후 수리아와 길리기아에서 전도함으로 말미암아 교회들이 이를 하나님께 영광 돌렸다.

예루살렘 교회에서 이방인의 사도로 인정하였다(2:1-14) : 그로부터 14년 후 바나바, 디도와 함께 예루살렘 공의회에 하나님의 계시로 갔으며 그곳에서 유명한 자들에게 복음을 제시하고, 예루살렘 교회의 기둥인 야고보, 게바, 요한과도 교제의 악수를 하였다.

구원은 오직 예수 그리스도를 믿음으로(2:15-21) : 사람이 의롭게 되는 것은 율법의 행위로서가 아니고, 오직 예수 그리스도를 믿음으로 말미암고, 율법의 행위로는 의롭다 함을 얻을 육체가 없다.

"내가 그리스도와 함께 십자가에 못 박혔나니 그런즉 이제는 내가 사는 것이 아니요 오직 내 안에 그리스도께서 사시는 것이라 이제 내가 육체 가운데 사는 것은 나를 사랑하사 나를 위하여 자기 자신을 버리신 하나님의 아들을 믿는 믿음 안에서 사는 것이라"(갈 2:20).

구원의 복음에 대한 강론(3~4장) : 은혜와 율법의 관계

율법을 능가하는 믿음 : 십자가의 고난이 밝히 보이거늘 누가 너희를 꾀더냐? 너희가 무엇으로 성령을 받았느냐 율법의 행위냐 아니면 믿음이냐? 너희는 어리석게도 성령으로 시작하였다가 육체로 마칠려고 하느냐? 너희가 복음으로 인한 괴로움을 헛되이 받았느냐? 너희의 성령의 사역이 율법의 행위에서냐 듣고 믿음에서냐?

구원은 오직 믿음으로(복음의 진리를 구약을 인용하여 설명하다) : 믿음으로 말미암은 자들은 아브라함과 함께 복을 받으며(창 12:3, 15:6) 인간은 어느 누구도 하나님 앞에서 율법으로 말미암아 의롭게 되지 못하고 율법으로 구원받을 수 없으며(신 27:26) 오직 믿음으로만 구원받을 수 있다(합 2:4). 복음의 핵심인 예수 그리스도는 우리를 율법의 저주에서 속량하고자 십자가에 달리셨으며(신 21:23), 예수 그리스도 안에서 아브라함의 복이 이방인에게 미치고, 믿음으로 말미암아 성령의 약속을 받게 된다.

하나님의 약속과 율법의 관계(3:15–25) : 하나님의 아브라함에 대한 약속은 율법(십계명)보다 430년 전에 한 것이므로, 430년 후에 만든 율법이 하나님의 약속을 헛되게 하지 못한다. 그렇다면 율법은 무엇이냐? 율법은 원래의 언약이 아닌 '더한 것'이고, '그 범법(죄)을 드러내기 위해서 주어진 것'이며, '천사들로 말미암아 중보의 손을 빌어 제정된 것'이다. 율법은 믿음이 오기 전까지 우리를 제약하나 구원할 수 없고 단지 우리를 그리스도에게로 인도하는 몽학선생(초등교사)에 불과하며 그리스도가 오심으로 그 역할이 끝난다. 한편 아브라함에 대한 언약은 하나님이 직접 아브라함에게 주신 것이다.

하나님의 유업을 이을 자(3:26~4:7) : 어렸을 때는 율법 아래에서 종 노릇하다가 때가 차매 예수 그리스도의 속량하심으로 아들의 명분을 얻고 예수 그리스도로 말미암아 율법에서 자유를 얻으며, 성령님으로 말미암아 하나님을 아버지라고 부른다.

바울의 권면과 각오(4:8-20) : 이제는 다시 율법주의자에게 종 노릇하지 말고 하나님의 복을 잃지 말라, 내 말은 참된 말로 원수가 될 수 없고 저희의 말은 좋은 뜻이 아니며 오히려 이간을 붙여 하나님보다는 저희를 받들게 하게 함이라. 너희 속에 그리스도의 형상이 이루기까지 해산하는 수고를 하겠다.

모세 오경을 통한 은혜와 율법의 관계를 설명(4:21-31)
은혜 : 약속의 자녀(사라, 이삭), 자유자, 새 언약, 위에 있는 예루살렘, 성령을 따라 난 자, 유업을 얻는다.
율법 : 육체의 자녀(하갈, 이스마엘), 종, 옛 언약, 지금 있는 예루살렘, 육체를 따라 난 자, 유업을 얻지 못한다.

복음의 실제적 적용(5~6장)

참된 자유자가 되라(5:1-6) : 다시는 종의 멍에를 메지 말라. 율법을 좇으면 아무 유익도 없고 은혜도 없나니 오직 성령으로 믿음과 의의 소망을 가져라. 율법은 하나님을 위하여 내가 무엇인가를 드리는 행위라면 은혜는 하나님께서 나를 위하여 무엇인가를 행하시는 것을 받는 것이다.

거짓 선생에 대한 책망(5:7–12) : 진리를 순종하지 못하게 하는 자, 요동케 하는 자, 어지럽게 하는 자는 심판을 받으리라.

오직 사랑으로 서로 종 노릇하라(13) : 그리스도의 자유로 육체의 기회를 삼지 말라(절제된 섬김과 사랑의 자유).

성령을 좇아 행하라(5:16–26) : 성령의 소욕과 육체의 소욕은 서로 대적하여 성령을 좇으면 육체의 욕심을 이루지 아니하고, 성령의 인도하심을 따르면 율법 아래 있지 아니한다. 육체와 정과 욕심을 십자가에 못 박았으므로, 헛된 영광을 구하여 서로 격동하고 투기하지 말라.

육체의 열매(15) : 음행, 더러운 것, 호색, 우상숭배, 주술, 원수 맺는 것, 분쟁, 시기, 분냄, 당 짓는 것, 분열함, 이단, 투기, 술취함, 방탕함.

성령의 열매(9) : 사랑, 희락, 화평, 오래 참음, 자비, 양선, 충성, 온유, 절제로 이를 금지할 법이 없다.

그리스도의 법을 성취하라(6:1–5) : 범죄한 형제들에게는 온유한 심령으로 바로잡고 한편 자신을 돌아보아 시험을 받을까 두려워하라, 짐(약함, 가난, 질병, 절망)을 서로 지라, 아무 것도 아니면서 된 줄로 생각지 말라(이는 자신을 속이는 일이다), 남과 비교하지 말고 스스로 기뻐하도록 각각 자기의 일을 살피라, 자신의 의무를 이행하도록 각각 자기의 짐을 지라.

모든 이에게 착한 일을 하라(6:6–10) : 말씀을 배우는 자는 가르치는 자와 함께 좋은 것을 나누라, 스스로 속이지 말라, 무엇으로 심든지 그대로 거두나니 육체는 썩어진 것을 성령은 영생을 거두리라, 선을 행하되 낙심하지 말라.

마지막 권면(6:11-16) : 육체의 모양을 내려 하는 자는 스스로 율법을 지키지 아니한다. 내게는 주 예수 그리스도의 십자가 외에 결코 자랑할 것이 없나니 세상과 나는 십자가에 못 박혔다. 내가 내 몸에 예수의 흔적을 지니고 있노라(체험적 신앙을 고백).

에베소서

1. 개요

기록 연대 및 배경 : 바울이 AD 62년경 로마 감옥에서 에베소 교회에 보내는 회람 형식의 편지다. 에베소는 소아시아 최고의 도시로 상업이 발달하고 이방 문화와 이방 종교(아데미 신상)가 성행했으며 바울이 3차 선교 여행 때 3년간 목회하였고 그 후 요한과 디모데가 목회한 초대교회의 중심지다.

기록 목적 : 당시 에베소 교회 안에 유대인들과 이방인들 간의 갈등이 있으므로 교회의 하나 됨을 위해 교회의 본질과 성도의 삶을 가르치고자 기록하였다.

주제

- **하나님의 경륜** : 구원은 삼위일체 하나님의 은혜(성부 하나님의 택하심, 성자 하나님의 구속하심, 성령 하나님의 인치심)이고, 하나님은 경배와 찬양을 받으시기에 합당하신 분이시다.
- **예수 그리스도의 대속 사역** : 죄 문제를 해결하여 우리로 하여금 하나님

과의 화목을 이루게 하신다.

- **유기적 교회 공동체** : 예수 그리스도는 교회의 머리, 성도는 교회의 지체이다. 그러므로 성도는 그리스도 안에서 온전히 하나가 되어 주님께 충성하며 겸손과 사랑으로 서로를 돌아보아야 한다.
- **성도의 새로운 삶** : 성령 충만한 가운데 삶의 모든 영역에서 거룩한 삶을 추구해야 한다.

※ 중심 단어 : 그리스도 안에서, 하늘, 풍성, 충만, 은혜, 영광, 기업.

> 에베소서는 교회론을 중심으로 예수 그리스도의 구속의 비밀을 기록한 '기독교 진리의 寶庫'이다.

2. 구조

◈ **그리스도 몸으로서의 교회(1~3장)**

- 성도들의 구원 과정은 삼위일체 하나님의 사역이다.
- 구원과 믿음의 관계(2:8), 구원과 행위의 관계(2:10)
- 교회는 그리스도의 몸이고 영적 조직체다(3:2).

◈ **교회의 일원으로서의 성도의 생활(4~6장)**

- 성도의 교회 생활(4:1-16)
- 성도의 개인 생활(4:17~5:21)
- 성도의 가정 생활(5:22~6:9)
- 성도의 영적 싸움(6:10-20)

3. 내용

그리스도의 몸으로서의 교회 : 교회의 본질과 소명(1~3장)

하나님의 구원의 역사에 대한 찬양(1:1-14) : 하나님 곧 우리 주 예수 그리스도의 아버지께서 그리스도 안에서 하늘에 속한 모든 신령한 복을 우리에게 주심은 우리로 하나님의 영광을 찬송하게 하려는 것이다. 성부 하나님은 우리를 택하고 예정하사 우리로 거룩하고 흠이 없게 하시고, 성자 하나님은 우리를 구속하사 예수 그리스도의 피로 우리의 죄를 사하시며(구속은 하나님 속에 감추어졌던 비밀의 경륜으로 이는 만물을 그리스도 안에서 통일되게 하려 하심이다), 성령 하나님은 우리를 인치사 우리 기업(유업)의 보증이 되셨다.

그리스도의 영광을 아는 지식을 위한 기도(1:15-19) : 교회의 머리되시는 그리스도의 구속의 진리를 깨닫게 하시고 지혜와 계시의 영을 주사 하나님을 알게 하소서, 마음의 눈을 밝히사 하나님의 부르심의 소망과 성도 안에서 기업의 영광의 풍성함과 베푸신 능력의 지극히 크심을 알게 하옵소서.

교회의 본질(1:20-23) : 교회는 하나님이 예수 그리스도를 통해 세우신 하나님의 사람들의 신앙 공동체이자, 하나님 능력의 역사로 교회를 만물 위에 세우고 예수님을 교회의 머리로 세우신 예수님의 몸이다. 또한 하나님이 하늘의 신령한 복을 주시는 축복의 비밀 통로다.

하나님의 은혜로 인한 구원(2:1-10) : 구원받기 전 우리의 신분은 불순종의 아들이며 본질상 진노의 자녀로 허물과 죄 가운데서 행하며, 세상 풍속을 좇고 공중 권세를 잡은 자를 따르며, 육체의 욕심을 따라 지냈다. 그러나 구원은 하나님의 은혜요 선물로 허물과 죄로 죽었던 우리를 살리고, 하나님의 사랑과 은혜와 긍휼과 자비로 그리스도와 함께 살리셨고 일으키고 하늘에 앉히셨다.

"너희는 그 은혜에 의하여 믿음으로 말미암아 구원을 받았으니 이것은 너희에게서 난 것이 아니요 하나님의 선물이라, 행위에서 난 것이 아니니 이는 누구든지 자랑하지 못하게 함이라, 우리는 그가 만드신 바라 그리스도 예수 안에서 선한 일을 위하여 지으심을 받은 자니 이 일은 하나님이 전에 예비하사 우리로 그 가운데서 행하게 하려 하심이니라"(엡 2:8-10).

하나님의 은혜로 화목하게 된 유대인과 이방인(2:11-22) : 전에는 이방인은 외인이고 세상에서 소망이 없고 하나님도 없는 자이었으나, 예수 그리스도가 십자가의 피로 중간에 막힌 담을 허심으로 이방인과 유대인을 하나로 만드사 한 새 사람을 지어 화평하게 하시고, 유대인과 이방인을 한 몸으로 하나님과 화목하게 하시며, 평안을 전함으로 이방인과 유대인이 한 성령 안에서 하나님께 나아감을 얻게 하셨다. 이제 이방인은 성도들과 동일한 시민이요 하나님의 권속이고 사도들과 선지자들의 터 위에 세우심을 입은 자이며 예수 안에서 성전이 되어가고 성령 안에서 하나님이 거하실 처소가 된다.

바울의 사도직을 설명(3:1-13) : 바울 자신은 하나님의 은혜로 복음을 위한 하나님의 일꾼, 즉 사도로 세워졌는데 이는 그리스도의 풍성함을 이방인에게 전하게 하시고 영원부터 감추었 던 비밀의 경륜(예수 그리스도의 구속의 은혜)을 드러내게 하시기 위함이다. 하나님은 교회를 통해 하늘에 있는 정사와 권세들에게 하나님의 지혜를 알게 하고자 그리스도의 비밀을 드러내게 하신다.

바울의 중보 기도(3:14-21) : 성령으로 말미암아 속사람을 능력으로 강건하게 하시고 믿음으로 말미암아 그리스도께서 마음에 계시게 하소서. 하나님의 사랑 가운데서 그리스도의 풍성한 사랑을 알고 깨닫게 하시고 하나님의 모든 것으로 충만하게 하소서, 우리가 구하거나 생각하는 모든 것에 더 넘치도록 역사하시는 하나님의 영광이 교회와 예수 그리스도 안에서 영원무궁하기를 원하노라.

교회의 성도의 삶(4~6장)

성도의 교회 생활(4:1-16) : 성령이 하나 되게 하신 것을 겸손과 온유와 오래 참음과 사랑과 용납과 화목으로 힘써 지키라, 몸과 성령과 소망과 주와 믿음과 세례와 하나님은 모두 하나이다. 만물을 충만하게 하고자 각 사람에게 그리스도의 선물의 분량대로 은혜를 주시려고 사도와 선지자와 복음 전하는 자와 목사와 교사로 세우셨는데 이는 성도를 온전케 하고 봉사의 일을 하게 하며 그리스도의 몸을 세우려 하심이라. 예수를 믿는 것과 아는 일에 하나가 되어 그리스도의 장성한 분량이 충만한 데까지 이르러라 이는 속임수와 유혹에 빠져 세상 교훈과 풍조에 밀려 요동치 않게 하려 함이라. 오직 사랑 안에서 참된 것을 하고 각 지체가 서로 도우면서 사랑 안에서 성장하라(4:15-16).

성도의 개인 생활(4:17~5:21) : 유혹의 욕심을 따라 썩어져 가는 구습을 좇는 옛 사람을 버리고 하나님을 따라 의와 진리의 거룩함으로 지으심을 받은 새 사람을 입으라, 마귀로 틈을 타지 못하게 하고 하나님의 성령을 근심하게 하지 말라, 하나님을 본받는 자가 되어 그리스도의 사랑으로 사랑하고 음행과 더러운 것과 탐욕은 그 이름조차도 부르지 말며 누추함과 어리석은 말이나 희롱의 말을 하지 말고 감사의 말을 하라, 빛의 자녀들처럼 착하고 의롭고 진실하게 살며 어둠의 일에 참여하지 말고 은밀히 행하지 말며 잠에서 깨어 일어나라, 지혜 있는 자같이 하여 세월을 아끼며 어리석은 자가 되지 말고 주의 뜻이 무엇인지 이해하라, 술 취하지 말라 이는 방탕한 것이니 오직 성령으로 충만함을 받으라, 서로 화답하고 찬송하며 감사하라, 그리스도의 경외함으로 피차 복종하라.

성도의 가정 생활(5:22~6:9) : 아내는 남편에게 순종하고 남편은 아내를 사랑하라(남편과 아내는 그리스도와 교회의 관계), 자녀들은 부모에게 순종하고 공경하며 부모는 자녀를 노엽게 하지 말고 오직 주의 교양과 훈계로 양육하라, 종들은 성실한 마음으로 순종하고 상전도 종들을 섬기고 위협하지 말라.

성도의 영적 싸움 : 하나님의 전신갑주를 입고 마귀를 대적하며 항상 성령 안에서 기도하고 간구하라. 하나님의 전신갑주는 진리의 허리띠, 의의 흉배, 평안의 복음의 신, 믿음의 방패, 구원의 투구, 성령의 검(말씀)이다.

> 주님이 원하시는 교회는 그리스도 안에서 하나 되는 교회다.
> 교회는 하나님이 하늘의 신령한 복을 주시는 축복의 비밀통로다.

빌립보서

1. 개요

기록 연대 및 배경 : 바울이 AD 62년경 로마 감옥에서 빌립보 교회에 보낸 편지다. 빌립보는 소아시아에서 유럽(로마)으로 들어가는 관문으로 로마제국의 군사 도로에 위치한 군사적 요충지인 로마의 축소판이다. 시민의 대다수가 로마인과 헬라인이며 유대인은 소수이고 특히 로마의 퇴역 군인들이 많이 살았다.

기록 목적 : 헌금을 보내준 빌립보 교회에 감사하는 마음을 전하고, 자신은 감옥에 있지만 복음은 여전히 전파되며, 예수 그리스도 안에서 하나님의 평강을 확신하고 어떤 환경에서도 기뻐할 것을 권면하고, 교회 질서를 어지럽히는 자들을 경계하고자 기록하였다.

주제

- **기쁨과 평강** : 환경과 여건을 초월한 영원한 기쁨, 예수 그리스도 안에서 하나님의 평강을 확신.
- **겸손과 일치** : 헌신과 희생의 삶.
- **이신칭의** : 오직 그리스도를 믿는 믿음만이 구원을 보장한다.
- **자족과 풍성한 삶** : 성도는 구원을 완성해 가는 과정에 있으므로, 어떤

고난과 박해 가운데서도 그리스도를 바라보며 끝까지 인내해야 한다.

> **신앙의 최고 목표는** 하나님 나라에 들어가는 것이고, **신앙의 1차 목표는** 하나님 나라에 임하는 것이다.

2. 구조

◈ 바울의 갇힘과 재판 과정(1:1-26)

◈ 그리스도와 교제하는 삶(1:27~2:18)

◈ 동역자들에 대한 소식(2:19-30) : 디모데, 에바브로디도

◈ 믿음으로 의롭게 됨과 은혜로 사는 삶(3:1~4:1)

◈ 권고와 후원에 대한 감사(4:2-23)

3. 내용

바울의 갇힘과 재판 과정

문안 인사와 감사, 간구(1:1-11)

그리스도 예수의 종 바울이 빌립보 교회의 성도와 감독과 집사들에게 인사하고 지난날의 베푼 친절에 감사하며 복음을 위해 고난에 동참함을 칭찬하고, 그들이 지식과 총명으로 사랑이 더 풍성하고 선한 것을 분별하며 끝까지 진실하고 허물없이 살며 예수 그리스도의 의의 열매가 가득하여 하나님의 영광과 찬송이 되기를 간구하다. "너희 안에 착한 일을 시작하신 이가 그리스도 예수의 날까지 이루실 줄을 우리는 확신하노라"(1:6).

매임 가운데에서도 복음을 담대히 전하는데 매임이 도리어 복음 전파에 도움이 된다. 사람들이 투기와 분쟁으로 또는 착한 뜻으로 그리스도를 전파하나 무슨 방도로 하든지 전파되는 것은 그리스도니 기뻐하리라. 나의 삶의 목적은 그리스도를 더욱 존귀하게 하는 데 있으므로 살든지 죽든지 내 몸에서 그리스도가 존귀하게 되게 하려 하나니 이는 내게 사는 것이 그리스도니 죽는 것도 유익하다. 너희 믿음의 진보와 기쁨을 위해 다시 너희와 같이 있겠다.

그리스도와 교제하는 삶

그리스도의 복음에 합당하게 생활하라(1:27-30) : 한마음 한 뜻으로 복음의 신앙을 위해 협력하고 대적자를 두려워 말라, 그리스도인은 예수를 믿을 뿐 아니라 그를 위하여 고난도 받아야 한다.

하나 됨과 겸손함으로 살아라(2:1-11) : 마음을 같이하여 같은 사랑을 가지고 뜻을 합하여 한마음을 품어라, 다툼이나 허영으로 하지 말고 오직 겸손한 마음으로 남을 자기보다 낫게 여기고 다른 사람의 일도 돌보라, "너희 안에 이 마음을 품으라 곧 그리스도 예수의 마음이니 그는 근본 하나님의 본체시나 하나님과 동등됨을 취할 것으로 여기지 아니하시고 오히려 자기를 비워 종의 형체를 가지사 사람들과 같이 되셨고 사람의 모양으로 나타나사 자기를 낮추시고 죽기까지 복종하셨으니 곧 십자가에 죽으심이라"(빌 2:5-8).

항상 하나님께 복종하여 두렵고 떨림으로 구원을 이루라(2:12-18) : 우리 안에서 행하시는 하나님이 자기의 기쁘신 뜻을 위해 소원을 두고 행하시니 모든 일에 원망과 시비가 없이 하라, 성도는 흠없는 하나님의 자녀로 세상 가운데 빛들로 나타나라, 생명의 말씀을 붙들고 달음질과 수고를 하게 되면 그리스도의 날에 자랑할 것이 있다.

동역자들에 대한 소식

디모데(2:19-24) : 디모데는 자기 일보다 그리스도 예수의 일을 먼저 구하고 복음을 위한 연단과 수고의 삶을 살고 있는 바울의 영적 아들이다.
에바브로디도(2:25-30) : 빌립보 교회에서 바울을 돕기 위해 로마에 보낸 빌립보 교회 성도다. 그리스도의 일을 위하여 자기 목숨을 돌보지 아니하는 삶을 살고 있는 바울의 형제요 함께 수고한 군사다.

믿음으로 의롭게 됨과 은혜로 사는 삶

유대주의에 대한 경고 : 율법주의자(개, 행악자)를 삼가고 하나님의 성령으로 봉사하며 오직 그리스도 예수로 자랑하고 육체를 신뢰하지 말라.

자신의 신앙 고백을 통해 칭의와 부활의 구원을 알리다 : 전에는 율법의 의로는 흠이 없는 바리새인 유대주의자로 교회를 박해했으나 지금은 오직 그리스도 예수를 아는 지식이 가장 고상하기 때문에 그리스도를 위하여 모든 것을 해로 여기고 배설물로 여긴다. 내가 가진 의는 율법에서 난 의가 아니고 그리스도를 믿음으로 하나님으로부터 난 의다. 그리스도 예수의 죽으심을 본받아 부활에 이르기를 소망한다.

그리스도를 좇아가는 삶(3:12~4:1) : 푯대를 향하여 하나님의 부름의 상을 위하여 달려가노라 이미 얻었다 함도 아니요 온전히 이루었다 함도 아니요 성화의 과정일 뿐이다. 우리의 시민권은 하늘에 있으므로 땅의 일을 생각하지 말고 예수 그리스도의 재림과 영화를 소망하라, 만물을 복종하게 하시는 예수 그리스도가 우리의 낮은 몸을 자기 영광의 몸의 형체와 같이 변하게 하시리라. 땅의 일을 생각하는 자는 십자가의 원수로 멸망하며 부끄러움을 받으므로 주 안에 서라.

권고와 후원에 대한 감사

그리스도인의 생활원리 : 주 안에서 같은 마음을 품으라, 복음에 힘쓰는 자들을 도우라, 주 안에서 항상 기뻐하라, 너희 관용을 모든 사람에게 알게 하라 주께서 가까우시니라, 아무 것도 염려하지 말고 오직 기도와 간구로 너희 구할 것을 감사함으로 하나님께 아뢰라 그리하면 하나님의 평강이 그리스도 예수 안에서 너희 마음과 생각을 지키시리라(4:4-7), 참됨과 경건과 옳음과 정결과 사랑과 칭찬과 덕(excellent)과 기림(praiseworthy)의 8덕을 생각하며 행하라.

헌금에 대한 감사와 헌금의 축복(4:10-17) : 헌금으로 인하여 주 안에서 크게 기쁘다. 비천과 배고픔과 궁핍의 어떠한 형편에든지 자족의 비결을 배웠노라. 내게 능력 주시는 자 안에서 모든 것을 할 수 있느니라. 헌금은 받으실 만한 향기로운 제물이요 하나님을 기쁘시게 한 것이라 하나님이 그리스도 예수 안에서 영광 가운데 그 풍성한 대로 모든 쓸 것을 채우시리라.

골로새서

1. 개요

기록 연대 및 배경 : 바울이 AD 62년경 로마 감옥에서 기록한 서신서다.
골로새는 소아시아 지역에 위치한 교통의 요지로 풍부한 물과 함께 염색
업과 목축업도 발달하였고 부근에 히에라볼리와 라오디게아가 있으며,
골로새 교회는 에바브라가 세우고 빌레몬이 섬기던 교회다.

기록 목적 : 바울이 오네시모를 위하여 빌레몬에게 보낸 사적인 편지이자,
골로새 교회에 보낸 공적인 편지다. 골로새 교회가 지리적 여건으로 인하
여 이방 종교 등 이단의 위협을 받고 있어 이를 반박하고 참된 구원의 진
리와 함께 성도의 삶을 가르치고자 기록하였다.

주제 : 오직 예수 그리스도

- **그리스도의 신성** : 그리스도는 만물의 창조주로서, 만물보다 먼저 계신
  분(1:16-17), 그리스도는 하나님의 충만한 신성을 몸에 지니신 분(1:19,
  2:9).

- **경배받으실 그리스도** : 그리스도는 하나님과 인간을 화해시키시는 유일

한 중보자(1:20-22).

- **그리스도와 연합한 삶** : 그리스도는 경배받으시기에 합당하신 분으로, 승리하기 위해서는 그리스도와 연합하는 삶을 살아야 한다.

2. 구조

◈ **교리 부분(1~2장)** : 참된 구원의 진리
- 오직 그리스도 : 예수님의 창조 사역과 선재성을 주장, 예수 그리스도는 모든 만물의 근원과 머리, 온 우주의 지배자이고 교회의 머리이다.
- 예수 안에는 신성의 완전함, 지혜와 지식의 완전함이 있다.
- 예수님은 보이지 않는 하나님의 형상을 이 세상에 나타내신 분이다.

◈ **실천 부분(3~4장)** : 구원받은 성도의 삶
- 새 사람으로서의 합당한 삶을 당부 : 거룩, 사랑, 긍휼, 자비, 겸손, 온유, 오래 참음, 용서, 용납, 평강, 감사, 찬양의 삶.
- 항상 기도에 힘쓰고, 외인을 향해서는 지혜로 행하고, 말을 항상 은혜 가운데 소금으로 고루게 함같이 하라.

3. 내용

교리 부분

인사와 감사, 기도(1:1-12)

하나님의 뜻으로 말미암아 사도가 된 바울이 그리스도 안에서 신실한 형제들인 성도에게 인사하며, 골로새 교인이 복음 진리의 말씀으로 인한 소

망(구원)으로 말미암아 믿음과 사랑의 충만한 삶을 살고 있음을 하나님께 감사하다. '그들로 하여금 하나님의 뜻을 아는 지식이 충만하고 하나님을 기쁘시게 하며 선한 일에 열매를 맺고 하나님을 아는 것에 자라며 하나님의 능력에 덧입고 모든 견딤과 오래 참음으로 승리하며 하나님께 감사하는 삶을 살게 하옵소서.'

그리스도론 : 그리스도는 우리의 죄를 속량하신 구원자이고, 선지자와 만물의 창조주이며, 세상의 주관자이고, 만물의 으뜸이며, 교회의 머리가 되시는, 하나님과 인간을 화목하게 하신 중보자이시다. 그리스도는 전에 악한 행실로 하나님과 원수되었던 옛 사람을 이제는 거룩하고 흠 없고 책망할 것이 없는 새 사람으로 세우신다.

그리스도의 일꾼 바울(1:24∼2:7) : 하나님의 말씀을 이루려고 사도의 직분으로 교회의 일꾼이 되어 하나님의 비밀인 그리스도의 영광의 풍성함(구원의 복음)을 이방에 전파하고, 사람을 지혜와 지식의 모든 보화가 감추어져 있는 그리스도 안에서 완전한 자로 세우기 위해 힘을 다하여 가르쳤다. "그러므로 그리스도 예수를 주로 받았으니 그 안에서 행하되, 그 안에 뿌리를 박으며 세움을 받아 교훈을 받은 대로 믿음에 굳게 서서 감사함을 넘치게 하라"(골 2:6-7).

이단론 : 거짓 가르침과의 대결
영지주의 대 그리스도의 신성(2:8-10) : 그리스도의 신성을 부인하고 그리스도를 천사로 격하하는 영지주의는 사람의 전통과 세상의 초등학문을 따르는 헛된 속임수와 철학에 불과하지만, 그리스도는 신성의 충만함으

로 모든 통치자와 권세의 머리이시다.

율법주의 대 그리스도의 실재(2:11-17) : 형식주의인 율법주의는 육의 할례와 절기 준수를 강요하는 그림자에 해당하지만, 그리스도는 십자가의 보혈과 부활의 승리로 영의 할례를 받게 한 실재이시다.

신비주의 대 그리스도의 머리되심(2:18-19) : 천사들이 하늘에서 하나님께 경배드리는 모습을 모방하는 신비주의는 꾸며낸 겸손과 천사 숭배로 육신의 생각을 따라 헛되이 과장한 것이지만, 그리스도는 교회의 머리로 몸인 교회에 생명을 공급하고 연합하게 하신다.

금욕주의 대 그리스도의 자유주심(2:20-23) : 자의적 숭배와 겸손을 강조하는 금욕주의는 사람의 명령과 가르침을 강조하며 몸을 괴롭게 할뿐 육체의 소욕을 금함에 있어 유익이 없지만, 그리스도만이 성령으로 말미암아 인간에게 온전한 자유를 주신다.

실천 부분

그리스도인의 삶은 영적 가치를 추구하며 옛 삶을 벗고 새로운 삶을 입는다 (3:1~4:6) : 그리스도께서 하나님 우편에 앉아 계시므로 위의 것을 찾으라, 우리의 생명이 그리스도와 함께 하나님 안에 있기 때문에 위의 것을 생각하고 땅의 것을 생각하지 말라, 땅에 있는 지체를 죽이라(음란, 부정, 사욕, 부정, 악한 정욕, 탐심), 땅의 것을 벗어버리라(분함, 노여움, 악의, 비방, 부끄러운 말), 거짓말을 하지 말라, 옛 사람을 벗어버리고 새 사람을 입어라, 그리스도 안에서 하나님이 택하신 거룩하고 사랑 받는 자로서 긍휼과 자비와 겸손과 온유와 오래 참음과 용납과 용서와 사랑과 평강과 감사와 찬송의 삶을 살라, 그리스도의 말씀에 풍성히 거하여 모든 지혜로 가르치며 권면하고 무엇을 하든지 다 주 예수의 이름으로 하고 하나님께 감사하라, 아내들아 남편에게 복종하라, 남편들아 아내를 사랑하며 괴롭게 하지 말라, 자녀들아 부모에게 순종하라, 아비들아 자녀를 노엽게 하지 말라, 종들아 상전에게 순종하고 하나님을 경외하는 마음으로 성실히 하며 무슨 일을 하든지 마음을 다하여 주께 하듯 하고 사람에게 하듯 하지 말라, 상전들아 의와 공평을 종들에게 베풀라, 기도를 계속하고 기도에 감사함으로 깨어 있으며 전도자와 전도를 위해 기도하라, 지혜로 행하여 세월을 아끼고 항상 은혜 가운데서 소금으로 맛을 냄과 같이 말을 하라.

바울의 동역자와 당부(4:7-18)

두기고(편지 전달자), 오네시모(빌레몬의 종), 아리스다고, 마가(바나바의 생질), 유스도, 에바브라(골로새, 라오디게아, 히에라볼리의 성도를 위해 수고하는 자), 누가, 데마. 라오디게아 교회와 서로 문안하고 편지를 읽게 하고 아킵보에게 직분을 삼가 이루라고 하라.

데살로니가전서

1. 개요

기록 연대 및 배경 : AD 52년경 고린도 교회에서 기록하였다. 데살로니가는 마케도니아의 수도로 로마 황제 숭배사상이 팽배한 도시이며, 데살로니가 교회 안에는 적지 않은 유대인들과 경건한 헬라인과 귀부인들이 있었다.

기록 목적 : 유대인들에 의한 박해와 성적 문란으로 인한 환난 가운데 믿음을 지키는 데살로니가 교인을 격려하고, 주님의 재림 즉 종말에 대비하여 거룩한 삶을 살도록 권면하고자 기록하였다.

주제

- **성숙한 신앙** : 윤리적 삶을 강조, 성적으로 정결하고 사랑으로 섬겨라.
- **예수님의 재림**(4:16, 5:1-2) : 영광스런 심판 주로 오셔서 불신자를 심판.
- **성도의 부활**(4:13-18, 5:10) : 죽은 성도들도 재림 때 부활하여 영광에 동참하므로 부활에 대한 소망을 가지고 고난과 환난을 이겨내야 한다.

2. 구조

◈ 교회에 행하신 하나님의 역사에 대한 감사(1~3장)
◈ 교회의 나아갈 길에 대한 교훈(4~5장)

3. 내용

교회에 행하신 하나님의 역사에 대한 감사(1~3장)

현재에 대한 감사 : 믿음의 역사와 사랑의 수고와 소망의 인내에 감사하며, 환난 가운데서 성령의 기쁨으로 말씀을 받아 예수를 본받는 자가 되어 우상을 버리고 재림을 소망하는 모든 믿는 자의 본이 됨을 칭찬하다.

과거에 대한 감사(2장)
복음이 전해진 경위(2:1-12) : 사도들은 고난과 능욕 속에서 하나님을 힘입어 밤낮으로 일하며 목숨을 바쳐 복음을 전했고, 사도들의 권면은 사람을 기쁘게 하려 함이 아니고 마음을 감찰하시는 하나님을 기쁘시게 하려 함이다. 사도들의 거룩하고 옳고 흠 없는 행동은 성도들을 하나님께 합당히 행하게 하려 함이고, 복음 전파도 말로만 전한 것이 아니라 능력과 성령과 확신으로 했다.
복음을 받아들인 경위(2:13-16) : 말씀을 받을 때 사람의 말로 받지 아니하고 하나님의 말씀으로 받았으니 이 말씀이 믿는 자 가운데에서 역사하느니라.

재림과 보상(2:17-20) : 전도자는 예수 재림 때 전도의 열매로 면류관을 받는다. 전도의 열매는 성도의 소망과 기쁨과 영광이다.

디모데 파송과 교회를 위한 간구(3장) : 자기 대신에 디모데를 파송하여 교회를 위로하고, 굳건한 믿음으로 예수님의 재림 때 거룩함에 흠이 없기를 기도하다.

감사와 기도는 하나님께 드리는 성도의 향내 나는 제물이다.

교회의 나아갈 길에 대한 교훈 : 재림에 대비한 삶(4~5장)

도덕적 교훈(4:1-12) : 이방인 헬라 사회에 만연한 도덕적 · 성적 타락을 회개하고 거룩하라, 거룩함은 하나님의 뜻이고, 거룩함을 저버림은 성령을 주신 하나님을 저버림이니라(4:3, 8), 하나님의 가르치심을 받아 서로 사랑하라, 궁핍하지 않도록 일하기를 힘쓰라.

교리적 교훈(4:13~5:11) : 예수님이 재림하실 때 주 안에서 죽은 자들이 먼저 일어나고, 그 뒤에 살아 있는 사람들이 변화된 후 구름 속으로 끌어 올려 공중에서 예수님을 영접할 것이다. 재림의 시기는 하나님만 아시며 주의 날이 도적같이 임하므로 깨어 근신함으로 피차 권면하고 덕을 세우라, 믿음과 사랑의 호심경을 붙이고 구원의 소망의 투구를 쓰라, 하나님이 우리를 세우심은 예수 그리스도로 말미암아 구원을 받게 하심이라.

실제적 교훈(5:12-24) : 사랑 안에서 교회 지도자를 귀히 여기며 성도들끼리 화목하라, 게으른 자를 권계하고 마음이 약한 자를 안위하며 힘이 없는 자를 붙들어주고 모든 사람에 오래 참으라, 악으로 악을 갚지 말고 모든 사람을 대하든지 항상 선을 따르라, 항상 기뻐하라 쉬지 말고 기도하라 범사에 감사하라 이것이 그리스도 예수 안에서 너희를 향하신 하나님의 뜻이니라(5:16-18), 성령을 소멸치 말며 예언을 멸시하지 말고 악은 어떤 모양이라도 버리라.

마지막 간구와 당부 : 평강의 하나님께 예수님 재림 때에 거룩하고 영과 혼과 육이 흠 없기를 간구하라, 미쁘신 하나님이 모든 것을 다 이루시리라, 서로 기도하고 문안하라.

데살로니가후서

1. 개요

기록 연대 : AD 52년경 고린도 교회에서 기록하였다.

기록 목적 : 박해받는 성도들을 위로하고 주님의 재림에 관하여 바르게 가르쳐 주고 성도들에게 재림에 대비하여 올바른 삶을 살도록 권면하고자 기록하였다.

주제

- **성도의 고난** : 성도는 환난 속에서도 믿음으로 인내하라. 그리하면 주의 재림 때 영생의 축복으로 갚아주신다.
- **예수님의 재림** : 재림 전에 불법자들이 나타나 성도들을 미혹할 것인데, 성도는 영적으로 깨어 진리와 거짓을 분별하며 언제라도 재림 주 예수님을 맞을 준비를 하고 있어야 한다.
- **균형 잡힌 신앙** : 성경 말씀을 읽고 지킴으로 거짓 교훈을 물리쳐야 한다. 항상 현재의 삶에 충실하면서 자신이 갖고 있는 재능과 물질과 시간을 선용해 하나님과 이웃을 위해 헌신 봉사해야 한다.

2. 구조

◈ 데살로니가 교인들에 대한 감사와 격려(1장)
◈ 교리적 교훈(2:1-12)
◈ 실천적 교훈(2:13~3:18)

3. 내용

박해받는 성도들에 대한 감사와 격려(1장) : 성도들의 믿음의 성장과 사랑의 풍성함에 감사하고, 성도들이 박해와 환난에서도 인내와 믿음을 지켜 자랑스럽다. 환난 후에 오는 안식과 영광을 소망하며, 하나님의 공의로운 심판으로 영원한 멸망의 형벌이 있으므로 부르심에 합당한 삶을 살라고 간구하다.

교리적 교훈(2:1-12) : 재림 전에 배교와 불법의 사람이 나타나는데, 이들은 자기를 높이고 자기 이름을 높이는 멸망의 아들이요 대적하는 자요 사탄이다. 하나님께서 미혹의 역사를 허락하시는 이유는 진리를 믿지 않고 불의를 좋아하는 모든 자를 심판받게 하려고 함에 있다.

실천적 교훈(2:13~3:18) : 진리를 믿음으로 구원받게 하시고 영원한 위로와 좋은 소망을 은혜로 주신 하나님께 감사하라, 그리스도의 영광을 위해 게으르고 무질서하게 행하지 말며 무위도식하지 말고 선을 행하며 선을 행하다가 낙심하지 말라, 불순종하는 자를 지목하여 사귀지 말고 부끄럽게 하도록 권면하라.

디모데전서

1. 개요

배경 : 바울이 디모데에게 보낸 목회 서신으로 당시 바울은 로마 감옥에서 석방 후 AD 63년경 마케도냐 지방을 선교하고 있었고, 디모데는 에베소 교회를 목회하고 있었다.

기록 목적 : 디모데에게 거짓 교사들의 교훈을 경계하고 교회를 올바로 세우고 잘 다스릴 수 있도록 권면하고자 기록하였다.

주제

- **말씀에 입각한 정통 신앙** : 말씀을 가까이 하여 진리를 깨달을 때에만 거짓 교훈과 거짓 교사들의 교훈에 미혹당하지 않는다.
- **공중 예배에 합당한 자세** : 경건한 마음과 단정한 몸가짐으로 질서를 지켜야 한다. 성도들 간의 교통이 중요하며 감사와 경배를 드리고 기도와 간구에 힘써야 한다. 하나님은 유일하시며 초월적인 신으로 유일한 경배 대상이시고 인류 구원을 총괄하고 계시며 심판 주가 되신다.
- **교회 지도자** : 목회자는 성도들을 구원에 이르는 진리로 보호해야 한다.

예수님께서 고난 가운데 인내하신 것 같이 믿음의 선한 싸움을 싸우며 인내해야 한다.

2. 구조

◈ **잘못된 교리의 문제점(1장)** : 거짓 교리의 위험성
◈ **교회에 대한 규율(2~3장)** : 예배의 방향
◈ **목회 지침(4~6장)** : 거짓 교사에 대한 방비, 과부와 장로, 부자를 향한 권면

3. 내용

잘못된 교리의 문제점

인사말(1:1-2) : 구주 하나님과 소망이신 그리스도 예수의 명령에 따라 사도가 되었으며 믿음 안에서 아들 된 디모데에게 예수 그리스도의 은혜와 긍휼과 평강을 기원하노라.

거짓 교리에 대한 경계(1:3-11) : 신화와 족보에 몰두하지 말라 이는 하나님의 경륜을 이루지 못한다. 청결한 마음과 선한 양심과 거짓이 없는 믿음에서 나오는 사랑에서 벗어나 율법의 선생이 되지 말라. 율법은 적법하게만 쓰면 선한 것이나 옳은 사람을 위하여 세운 것이 아니고 육체의 소욕을 좇아 바른 교훈을 거스리는 사람들을 위한 것이다.

바울의 간증(1:12-17) : 박해자였을 때 예수님에게 긍휼을 받아 사도의 직분까지 맡게 되었다. 예수께서 죄인을 구원하시려고 세상에 임하셨는데

괴수인 나로 하여금 구원을 받게 하여 다른 사람들의 구원의 본이 되게 하셨다.

영적 싸움을 위한 권면(1:18–20) : 바른 교훈을 따라 선한 싸움을 싸우며 믿음과 착한 양심을 가지라, 그렇지 않으면 사탄의 노예가 될 것이다.

교회에 대한 규율

공적 예배(2:1–15) : 모든 사람을 위해 간구와 기도와 도고와 감사를 하라, 고요하고 평안한 생활을 하려면 위정자를 위하여 기도하라, 하나님은 모든 사람이 구원을 받으며 진리를 아는 데에 이르기를 원하신다. 예수님은 하나님과 우리 사이의 유일하신 중보자이시니 각처에서 분노와 다툼이 없이 거룩한 손을 들어 기도하라, 여자들은 단정한 옷을 입고 소박함과 정절함으로 오직 선행에 힘쓰며 일체 순종함으로 조용히 배우고 정숙함으로써 믿음과 사랑과 거룩함에 거하라.

교회 직분자의 자격(3:1–13)

감독의 자격(1–7) : 선한 일을 사모함, 책망할 것이 없음, 한 아내의 남편, 절제, 신중, 단정, 나그네 대접, 가르치기를 잘함, 술을 즐기지 아니함, 구타하지 아니함, 관용, 다투지 아니함, 돈을 사랑하지 아니함, 자녀의 공손함, 새로 입교한 자가 아님, 외인에게도 선한 증거를 얻은 자.

집사의 자격(3:8–13) : 정중, 일구이언을 하지 아니함, 술에 인박히지 아니함, 더러운 이를 탐하지 아니함, 깨끗한 양심에 믿음의 비밀을 가진 자.

복음(3:14-16) : 교회는 살아 계신 하나님의 집이고 진리의 기둥과 터이
다. 예수 그리스도는 육신으로 나타나시고 영으로 의롭다 하심을 받으시
고 천사들에게 보이시고 만국에 전파되시고 세상에서 믿은 바 되시고 영
광 가운데서 올려지셨느니라.

목회 지침

바른 교리를 지켜라(4:1-16) : 이단은 믿음에서 떠나 미혹하는 영과 귀신
의 가르침을 따르고 외식함으로 거짓말을 한다. 하나님의 말씀과 기도로
거룩하라(4:5), 선한 일꾼은 믿음의 말씀과 좋은 교훈으로 양육을 받으라,
망령되고 허탄한 신화를 버리고 경건에 이르도록 네 자신을 연단하라, 육
체의 연단은 약간의 유익이 있으나 경건은 범사에 유익하니 금생과 내생
에 약속이 있다. 오직 말과 행실과 사랑과 믿음과 정절에 있어서 믿는 자
의 본이 되라, 읽는 것과 권하는 것과 가르치는 것에 전념하라.

여러 계층에 관한 지침(5:1~6:2)
과부에 대하여(5:1-16) : 하나님께 소망을 두어 항상 간구와 기도를 하는
참 과부는 존대하라. 자기 친족을 돌보지 아니하면 믿음을 배반한 자요
불신자보다 더 악하다.
장로들에 대하여(5:17-25) : 말씀과 가르침에 수고하는 장로들을 더 존경
하라. 범죄한 사람들을 모든 사람 앞에서 꾸짖어 나머지 사람들로 두려워
하게 하라, 편견이 없이 공평하게 하라.
종에 대하여(6:1-2) : 자기 상전들을 범사에 공경할 자로 알라, 믿는 상전
들을 형제라고 가볍게 여기지 말고 잘 섬겨라.

신도들에게 가르치고 권하라(6:1-10) : 예수 그리스도의 말씀과 경건의 교훈을 따르지 아니하면 교만, 변론, 언쟁, 투기, 분쟁, 비방, 악한 생각, 마음의 부패함, 진리를 잃어버림으로 말미암아 다툼이 일어나느니라.

자족하는 마음을 가져라. "부하려 하는 자들은 시험과 올무와 해로운 욕심에 떨어져 파멸과 멸망에 빠지게 된다, 돈을 사랑함이 일만 악의 뿌리가 되나니 돈을 탐내는 자들은 미혹을 받아 믿음에서 떠나 많은 근심으로써 자기를 찔렀도다"(6:9-10).

믿음의 선한 싸움을 싸우라, 영생을 취하라(6:11-16) : 의와 경건과 믿음과 사랑과 인내와 온유를 따르라, 기약이 이르면 복되시고 주권자이고 만왕의 왕이며 만주의 주이신 하나님이 나타나심을 보이시리라.

부자들에게 좋은 터를 쌓아 참된 생명을 취하도록 권고하라(6:17-19) : 마음을 높이지 말고 재물에 소망을 두지 말고 하나님께 두라, 왜냐하면 재물은 정함이 없고 하나님은 우리에게 모든 것을 후히 주시고 누리게 하시기 때문이다. 선을 행하고 선한 사업을 많이 하고 나누어 주기를 좋아하며 너그러운 자가 되라.

디모데후서

1. 개요

배경 : 바울이 디모데에게 보낸 마지막 목회 서신이다. 당시 바울은 로마 감옥에서 석방 후 선교 여행을 하다가 디모데전서와 디도서를 쓴 다음 재투옥되어 AD 67년경 감옥에 있다가 순교했다.

기록 목적 : 디모데에 대한 바울의 유언과 같은 편지로, 끝까지 고난을 극복하고 복음을 지키도록 격려하고, 거짓 교사들로부터 복음의 진리와 바른 교훈을 지키도록 당부하고자 기록하였다.

주제

- **믿음의 용기** : 고난당할지라도 두려워하거나 부끄러워하지 말고 담대하라. 그리스도의 영광에 참여하기 위해서는 고난도 함께 받는다.

- **바른 교훈** : 성경의 진리를 굳게 잡고 바른 교훈을 좇아 믿음에 합당한 삶을 살아라.

- **승리의 비결** : 고난 중에도 인내하는 것 자체가 영적 전쟁이자 믿음의 선한 싸움이다. 그리스도를 의지하고 그분의 말씀대로 행할 때에만 승

리할 수 있다. 의의 면류관이 예비되어 있으므로 성령의 도우심을 의뢰하며 하나님의 전신갑주로 무장하라.

2. 구조

◈ **복음 전도자의 자세와 임무(1~2장)** : 현재의 시험을 인내하라.
- 복음을 지키라는 명령(1:1-18)
- 복음을 가르치고 복음을 위해 고난을 받으라는 명령(2:1~26)

◈ **말세의 징조와 전도자의 사명(3~4장)** : 장래의 시험을 이기라.
- 복음을 위해 견디라는 명령(3:1-17)
- 복음을 전파하라는 명령(4:1-22)

3. 내용

복음 전도자의 자세와 임무

개인적 문안(1:1-7) : 디모데의 거짓 없는 믿음으로 말미암아 청결한 양심으로 섬겨오는 하나님께 감사하고 또 기쁨이 가득하도다. "하나님이 우리에게 주신 것은 두려워하는 마음이 아니요 오직 능력과 사랑과 절제하는 마음이다"(딤후 1:7).

오직 하나님의 능력을 따라 복음과 함께 고난을 받으라(1:8-12) : 복음, 즉 하나님의 구원하심과 부르심은 우리의 행위 때문이 아니라 오직 하나님의 은혜인 것이다. 믿음과 사랑으로써 성령으로 말미암아 복음을 지키라,

복음을 가르칠 수 있도록 충성된 사람들에게 전수하라, 고난을 받으라 그리하면 주께서 범사에 총명을 주시리라, 부활하신 예수 그리스도를 기억하여 모든 것을 참으라.

거짓 교사에 대한 교훈 : 거짓 교사들에게 말다툼을 하지 말라고 하나님 앞에서 엄히 명하라, "진리의 말씀을 옳게 분별하며 부끄러울 것이 없는 일꾼으로 인정된 자로 자신을 하나님 앞에 드리기를 힘쓰라"(딤후 2:15). 금과 은과 나무와 질 그릇이 있으나 하나님은 깨끗한 그릇을 사용하신다. 누구든지 자기를 깨끗하게 하면 귀히 쓰는 그릇이 되어 거룩하고 주인의 쓰심에 합당하며 모든 선한 일에 준비함이 되리라.

디모데에 대한 권면(2:22-26) : 청년의 정욕을 피하고 의와 믿음과 사랑과 화평을 따르라, 어리석고 무식한 변론을 버리라, 모든 사람에 대하여 온유하고 가르치기를 잘하며 참으라, 거역하는 자를 온유함으로 훈계하라.

말세의 징조와 전도자의 사명

말세의 특징(3:1-9) : 자기 사랑, 돈 사랑, 자긍함(자기 자랑), 교만, 훼방, 부모 거역, 감사하지 않음, 거룩하지 않음, 무정, 원통함을 풀지 않음, 참소, 무절제, 사나움, 선한 것을 좋아하지 않음, 배반, 조급, 자고, 하나님보다 쾌락을 더 사랑함, 경건의 모양은 있으나 경건의 능력을 부인한다.

배우고 확실한 일에 거하라(3:10-17) : 나의 교훈과 행실과 의향(신실한 소망)과 믿음과 오래 참음과 사랑과 인내와 박해와 고난을 본받아라. "무릇 예수 안에서 경건하게 살고자 하는 자는 박해를 받으리라"(3:12). 구원의 도를 깨달아 선한 일을 행하라.

"성경은 능히 너로 하여금 그리스도 예수 안에 있는 믿음으로 말미암아 구원에 이르는 지혜가 있게 하느니라, 모든 성경은 하나님의 감동으로 된 것으로 교훈과 책망과 바르게 함과 의로 교육하기에 유익하니, 이는 하나님의 사람으로 온전하게 하며 모든 선한 일을 행한 능력을 갖추게 하려 함이라"(딤후 3:15-17).

항상 힘써 말씀을 전파하라(4:1-8) : 범사에 오래 참음과 가르침으로 경책하며 경계하며 권하라, 고난을 받으며 전도자의 직무를 다하라, 진리에서 떠나 자기 사욕을 좇는 허탄한 이야기를 따르지 않게 하라, 주의 재림을 사모하라 그리하면 주님이 의의 면류관을 주실 것이다. "나는 선한 싸움을 싸우고 나의 달려갈 길을 마치고 믿음을 지켰느니라"(딤후 4:7).

바울의 주변 상황과 문안(4:9-22) : 어서 속히 내게로 오라 많은 사람이 나를 떠나고 오직 누가만 있다. 올 때에 마가를 데리고 오라 겉옷과 가죽 종이에 쓴 책을 가지고 오라, 너는 겨울 전에 어서 오라, 주께서 함께 하심으로 말미암아 주께서 모든 악한 일에서 건져내시고 또 그의 천국에 들어가도록 구원하시리라(4:17-18).

디도서

1. 개요

배경 : 바울이 AD 63년경 고린도에서 디도에게 보낸 목회서신이다. 디도는 순수한 헬라인으로 안디옥에서 바울의 전도를 받고 회개한 후 바울의 영적 아들로 그레데 교회를 담당하였다.

기록 목적 : 디도에게 그레데 교회의 문제를 해결하기 위한 목회상의 지침을 주고 구원받은 성도들의 모범적 삶을 제시하고자 기록하였다.

주제

- **율법주의 경계(1:10–16)** : 거짓 교사들의 가르침을 경고
- **올바른 지도자 선택(1:5–9)** : 믿음과 행실이 올바른 자
- **성도의 거룩한 생활(2장)** : 참된 믿음은 거룩한 생활과 선한 행실을 수반
- **시민으로서의 마땅한 도리(3장)** : 시민의 의무를 다하며, 불신자에게도 관용을 베풀어야 한다.

2. 구조

◈ 교회 행정에 관한 지침(1장)
◈ 교회 구성원에 대한 지침(2장)
◈ 성도의 사회 생활에 관한 지침(3장)

3. 내용

교회 행정에 관한 지침

인사말(1:1-4) : 하나님께서 성도들에게 믿음을 갖게 하고 진리의 지식을 가르치며 영생에 대한 소망을 넣어주기 위해 자신을 사도로 택하셨고, 또한 하나님의 명에 따라 전도의 사명을 위임받았다. 영생은 하나님이 영원 전부터 약속하신 것으로 믿음과 지식의 기초다.

장로, 감독의 자격(1:1-9) : 책망할 것이 없음, 한 아내의 남편, 믿는 자녀를 둠, 제 고집대로 하지 아니함, 급히 분내지 아니함, 술을 즐기지 아니함, 구타하지 아니함, 더러운 이를 탐하지 아니함, 나그네를 대접함, 선을 좋아함, 근신함, 의로움, 거룩함, 절제함, 말씀을 그대로 지킴, 가르치기를 잘함(16개). 감독과 장로는 교회 내에서 바른 교훈으로 권면하고, 거스려 말하는 자들을 책망하여 교회를 바로 세워 나가야 하는 직분이다.

거짓 교사를 분별하여 경계하라(1:10-16) : 거짓 교사란 불순종하고 헛된 말을 하여 속이는 자, 더러운 이득을 취하려는 자, 율법주의자, 허탄한 이야기를 하며 진리를 배반하는 자, 마음과 양심이 더러운 자, 하나님을 입으로 시인하나 행위로는 부인하는 자, 가증하고 선한 일을 버리는 자이다. 거짓말쟁이고 배만 위하는 게으름뱅이인 그레데인들을 엄히 꾸짖어 온전한 믿음을 갖게 하고 거짓 교사들을 따르지 않도록 하라.

교회 구성원에 대한 지침(2장) : 교회 바로 세우기(바른 교리의 삶)

성도에 대한 지침 : 나이 든 남자는 절제와 위엄과 신중과 믿음과 사랑과 인내함에 온전하라, 나이든 여자는 행실이 거룩하며 헐뜯지 말고 술의 노예가 되지 아니하며 선한 것을 가르치고 젊은 여자들을 교훈하라, 젊은 여자는 남편과 자녀를 사랑하고 신중과 순결하며 집안 살림을 잘하고 선하며 남편에게 복종하라, 젊은 남자는 신중하며 단정하고 교훈에 부패하지 아니하며 책망할 것이 없는 바른 말을 하라.

목회자에 대한 지침 : 바른 교훈에 합당한 것을 말하고 자신이 성도들 앞에 선한 일의 본을 보이며 성도들을 바른 교훈으로 가르치고 권면하라, 대적자들에게 모든 권위로 책망하여 업신여김을 받지 말라.

지침의 목적 : 하나님의 말씀이 비방을 받지 않게 하려 하고, 대적하는 자로 하여금 부끄러워 성도들을 비방하지 못하게 하려 하며, 범사에 하나님의 교훈을 빛나게 하려 함에 있다.

바른 교훈과 바른 삶 : 하나님은 모든 사람에게 구원을 주신다. 예수 그리스도는 모든 불법에서 속량하시고 깨끗하게 하신다. 세상에서 경건하고 정욕을 버리며 신중하고 의롭게 하나님과 예수 그리스도의 영광을 소망하며 기다려라, 선한 일을 열심히 하라.

성도의 사회 생활에 관한 지침(3장) : 교회 바로 세우기

사회 생활의 자세(3:1-3) : 통치자와 권세 잡은 자들에게 복종하라, 모든 선한 일을 준비하라, 비방하지 말고 다투지 말며 관용하고 범사에 온유함으로 나타내라.

구원론(3:4-7) : 하나님의 자비와 사랑하심과 긍휼하심, 예수 그리스도의 중생의 씻음(십자가의 보혈), 성령의 새롭게 하심으로 죄인인 우리를 구원하신다. 우리를 성령충만하게 하사 예수 그리스도의 은혜로 의롭다 하심을 얻게 하시어 하나님의 상속자로서 영생의 소망을 갖게 하신다.

거짓 교사와 이단자에 대한 자세(3:8-15) : 구원의 복음을 굳세게 말하여 믿는 자들로 선한 일을 힘쓰게 하라, 어리석은 변론과 족보 이야기와 분쟁과 율법에 대한 다툼을 피하라, 이단은 훈계한 후 멀리하라, 열매 있는 자가 되도록 준비하고 좋은 일에 힘쓰기를 배우라.

디도서에 나타난 올바른 교리

- 하나님께서 그리스도를 통해 구원하시고 영생을 얻게 하신다(1:2).

- 하나님은 모든 사람에게 구원을 베푸신다(2:11).

- 구원은 전적으로 인간의 행위가 아닌 하나님의 은혜로 이루어진다(3:4-5).

디도서와 디모데전서

- 유사점 : 목회서신으로 지도자의 자격, 거짓 가르침을 다루는 법, 올바른 교리와 행위의 필요성에 대한 교훈, 영적 아들들에 대한 격려와 권고 등.

- 차이점 : 디도서가 디모데전서보다 더 간결하고 보다 공적이며 덜 개인적이다. 디모데전서는 바른 교훈을, 디도서는 성도의 행위를 더 강조한다.

빌레몬서

1. 개요

배경 : 바울이 로마 감옥에서 빌레몬에게 쓴 서신서다. 빌레몬은 골로새 교회의 신실한 평신도 대표이고 오네시모는 빌레몬의 종으로 로마 감옥에서 바울을 섬겼다.

기록 목적 : 바울이 빌레몬에게 오네시모를 용서해 줄 것을 부탁하고자 기록하였다.

주제 : **사랑과 용서**

2. 구조와 내용

◈ **골로새 교회에 대한 인사와 빌레몬의 믿음과 사랑에 감사(1:1-7)** : 성도들에게 선을 알게 하고 그리스도께 이르게 하여 평안과 기쁨과 위로를 주고 있다는 빌레몬의 신실한 믿음과 사랑을 듣고 하나님께 감사 기도를 드리다.

◈ **오네시모를 위한 간청(1:8-21)** : 사도로서 성도인 빌레몬에게 명할 수도 있지만 '사랑으로 오네시모를 용서해 달라, 오네시모가 전에는 무익하였으나 지금은 유익하므로 그를 용서해 주어 그로 하여금 감옥에 갇힌 나를 섬기게 하여 주기 바란다, 앞으로는 오네시모를 종으로 대하지 말고 형제로 대하기를 바란다, 오네시모를 나를 대하듯 영접하기를 바란다, 네가 오네시모를 용서함으로 나로 하여금 평안과 기쁨을 얻게 해주기를 바란다'고 빌레몬에게 간청하다.

바울은 오네시모를 자신의 아들, 심복, 형제로 소개한다.

◈ **인사와 축도(1:22-25)** : 에바브라, 마가, 아리스다고, 데마, 누가도 문안 인사 하노라, 그리스도의 은혜가 너희 심령과 함께 있을지어다.

바울의 생애

- 다소 출생

- 예루살렘에서 가말리엘 학파에서 수학

- 산헤드린 공의회원, 스데반 순교 현장 목격

- 다메섹 도상에서 부활하신 예수님을 만남(행 9장)

- 다메섹으로 감(아나니아의 기도로 눈을 뜸)

- 아라비아에서 약 3년을 보냄(갈 1:17-18)

- 다메섹으로 돌아와 잠시 말씀을 전파(갈 1:17, 행 9:19-25)

- 예루살렘 15일 체류 중 야고보 등 방문(갈 1:18-19, 행 9:26-30) : AD 35년

- 다소로 피신, 오랫동안 거주(갈 1:21, 행 9:26-30)

- 수리아 안디옥 교회에서 바나바와 함께 말씀을 가르침(행 11:19-30)

- 예루살렘 교회를 돕고자 헌금을 가지고 감(행 11:30)

- 1차 선교 여행(구브로, 버가, 안디옥, 이고니온, 루스드라, 더베)

- 예루살렘 공의회 방문(행 15장, 갈 2:1-10) : AD 49년

- 2차 선교 여행(갈라디아, 드로아, 빌립보, 가이사랴)

- 3차 선교 여행(갈라디아, 에베소, 고린도, 밀레도, 가이사랴)

- 예루살렘, 가이사랴에서 2년 투옥 : AD 57-59년경

- 로마로 후송, 로마 셋집에서 거주(1차 구금) : AD 60-62년경

- 석방(마케도니아, 고린도 지방 등 순회)

- 로마 감옥에 투옥(2차 구금)

- 순교(AD 67-68년경)

바울서신 개요

서신명	when	where	who	what	how
로마서	3차 여행	고린도	로마 교회	복음(이신칭의),선교	참 복음을 알려 주고자, 선교 후원을 받고자
고린도전서	3차 여행	에베소	고린 교회	교회문제(분열, 송사, 제사고기), 십자가 도	교회분열 방지, 교회 안정(사랑, 은사, 부활)
고린도후서	3차 여행	마케도냐	고린 교회	사도권, 연보	사도권 변호, 위로와 기쁨을 주고자
갈라디아서	1차 여행 후	수리아 안디옥	갈라 교회	복음—율법 아닌 믿음	이신칭의, 성령은 율법 아닌 믿음에서 나옴
에베소서	로마 감옥	로마 감옥	에베 교회	주님의 몸된 교회, 성도의 삶	교회의 화평과 통일을 위해
빌립보서	로마 감옥	로마 감옥	빌립 교회	그리스도의 마음, 기쁨과 평강을 가지라	연보 감사, 교회질서 권면하고자
골로새서	로마 감옥	로마 감옥	골로 교회	오직 예수, 예수 충만	유대형식주의, 헬라철학, 동방종교를 반박
데살로니가전서	2차 여행	고린도	데살 교회	예수 재림, 부활	성도 위로, 재림에 대비하여 단정하게 살라
데살로니가후서	2차 여행	고린도	데살 교회	예수 재림	상동
디모데전서	석방후	마케도냐	디모데	바른 교훈, 교회 규율, 목회 지침	거짓 교사들의 교훈을 경계하고, 목회 권면
디모데후서	2차구속	로마	디모데	복음 전도자의 자세 (고난을 두려워 말라)	끝까지 고난을 극복하고 복음지키도록 권면
디도서	석방후	고린도	디도	교회 행정, 성도 지침	직분자 자격 교훈, 거짓 교사 가르침 경고
빌레몬서	로마 감옥	로마 감옥	빌레몬	사랑과 용서	오네시모를 용서하도록

히브리서

1. 개요

저자와 기록 연대 : 저자는 바울, 바나바, 아볼로 등 여러 설이 있으나 미상이고, 기록 시기는 예루살렘 성전의 파괴가 기록되지 않는 점으로 보아 AD 70년 이전 디모데의 생존 기간(13:23)인 AD 68~69년으로 추정된다.

배경 : 64년 로마 대화재 사건 이후 일부 그리스도인들이 로마의 박해와 유대인들의 멸시 및 방해와 신앙적 미성숙으로 다시 유대교로 돌아가거나 신앙을 포기하는 사태가 발생하였다.

기록 목적 : 유대교에서 그리스도교로 개종한 유대인들에게 그리스도의 절대 우월성과 속죄의 영원성을 입증하여 배교의 위험에서 건져내고 바른 신앙을 갖도록 격려하고자 기록하였다.

주제

- **그리스도의 절대 우월성** : 선지자, 천사, 모세보다 탁월하시다.
- **속죄의 영원성** : 예수님 자신이 직접 화목제물이 되셔서 인간의 죄를 완전하게 없애신 제사, 즉 단 한 번만으로도 충분한 효력이 있는 제사를

통해서 속죄하시다(히 9:12).

- **믿음 :** 하나님을 기쁘시게 하다.

특징 : 신약의 구약으로 레위기의 내용이 많이 내포되어 있고, 예수님의 십자가 사건을 구약의 (희생)제사와 비교하여 진정한 구원의 길임을 설명하고 있으며, 구약의 시편 말씀을 많이 인용하고 있다.

히브리 사람(Hebrews) : 성경에서 히브리 사람으로 소개되는 첫 사람은 아브라함이고(창 14:13), 히브리는 '에벨'에서 온 말로 '강(유프라테스 강)을 건넌 자'의 뜻을 갖고 있으며, 히브리인은 에벨의 모든 자손의 조상인 '셈'에서 시작되었는데(창 10:21 참조), 성경에서는 이스라엘 사람과 동일하게 사용하고 있다(창 39:14, 출 1:15).

2. 구조

◈ **예수 그리스도의 우월성(1:1~10:18)**
- 그리스도 성품의 우월성(1:1~4:13) : 그리스도의 신적 속성
- 그리스도 사역의 우월성(4:14~10:18)

◈ **그리스도인의 실천적 삶에 대한 교훈(10:19~13:25)**
- 하나님 앞에 담대히 나아가라(10:19~11:40).
- 진정한 믿음의 표본인 예수 그리스도를 바라보라(12장).
- 믿음의 선한 행실의 증거를 세상에 나타내라(13장).

3. 내용

예수 그리스도의 우월성(1:1~10:18)

그리스도 성품의 우월성(1:1~4:13) : 그리스도의 신적 속성

하나님께서 아들을 통해 말씀하시다(1:1-3) : 하나님께서 옛적에 선지자를 통해 마지막에 아들을 통해 말씀하셨다. 하나님의 아들은 만유의 상속자와 천지 창조자이고 능력의 말씀으로 만물을 붙드시며 죄를 정결하게 하시고 하나님 우편에 앉아 계시는 하나님의 영광의 광채요 본체의 형상이다. 선지자들은 불완전한 자들로 하나님의 계시를 전달할 뿐이지만 주님은 흠 없는 자로서 계시 그 자체다.

아들은 천사보다 뛰어나시다(1:4-14) : 당시 유대인들이 천사를 하나님과 인간 사이의 중개자로 여긴데 대해 주님만이 유일한 중보자이심을 강조하다. 예수님은 하나님의 아들, 하나님으로부터 기름 부음을 받은 왕, 영원불변하신 창조 주, 하나님의 우편에 앉아 있는 분인데 반해, 천사는 바람과 불꽃같은 예수님과 우리들을 섬기는 영에 불과하다.

귀중한 구원을 경시하지 말라(2:1-4) : 그리스도와 그 복음에 접한 성도는 구원에 합당한 삶을 살아야 한다. 구원의 비밀이 큰 만큼 성도의 책임도 커지는 것이다. 구원은 예수님이 처음 말씀하신 것이요, 이를 들은 사도들이 우리에게 확증하신 것이며, 하나님도 표적과 기사와 성령으로 증언하셨다.

구원의 창시자이다(2:5-18) : 초대교회에서는 그리스도의 성육신 사건을 두고 그가 천사보다 낮아졌다는 주장이 제기되었으나, 성육신은 죄인의 구원을 위한 그리스도의 자발적 순종의 결과이며 단지 하나님의 뜻을 성취하기 위한 잠시 동안의 낮추심인 것에 불과하다.

> **그리스도의 낮아지심(낮추심)** : 성육신, 자신을 비워 종이 되심(빌2:7), 천사보
> 다 못하게 되심(히2:7), 고난, 죽음, 장사.
> **그리스도의 올리우심(높으심)** : 부활, 승천, 신령한 은사를 주심, 만물을 복종케
> 하심, 영광과 존귀로 관을 쓰심, 하나님의 우편에 앉아 계심, 재림 주로 오심.

그리스도는 모세보다 뛰어나시다(3:1-6) : 유대인들이 모세를 역사상 가장 뛰어난 인물로 흠모했기 때문에 예수님을 모세와 비교하여 뛰어나심을 묘사하다. "그러므로 함께 하늘의 부르심을 받은 거룩한 형제들아 우리가 믿는 도리의 사도이시며 대제사장이신 예수를 깊이 생각하라"(히 3:1).

하나님이 주시는 안식에 들어가라(3:7~4:11) : 성도는 마땅히 그리스도의 복음을 받아들여 하나님이 주시는 안식에 들어가기를 힘쓰라, 복음을 거부하는 자는 안식을 유업으로 받지 못한다.

하나님의 말씀의 능력(4:12-13) : "하나님의 말씀은 살아 있고 활력이 있어 좌우에 날선 어떤 검보다도 예리하여 혼과 영과 및 관절과 골수를 찔러 쪼개기까지 하며 또 마음의 생각과 뜻을 판단하나니, 지으신 것이 하나도 그 앞에 나타나지 않음이 없고 우리의 결산을 받으실 이의 눈 앞에 만물이 벌거벗은 것 같이 드러나느니라"(히 4:12-13).

그리스도 사역의 우월성(4:14~10:18) : 대제사장이신 그리스도

예수는 아론 계열의 대제사장보다 더 위대하신 대제사장(4:14~7:28) : 구약의 제사장과 그리스도의 공통점은 중보자적인 역할과 기름 부음으로 하나님의 권위를 가진 것이나, 본질적인 차이점은 그리스도는 멜기세덱

과 같은 영원한 대제사장인 반면 구약의 제사장은 아론의 반차를 따른 율법의 제사장에 불과하다. "그러므로 우리는 긍휼하심을 받고 때를 따라 돕는 은혜를 얻기 위하여 은혜의 보좌 앞에 담대히 나아갈 것이니라"(히 4:16).

하나님의 확실한 약속을 붙잡으라(5:11~6:20) : 초신자들은 이 진리를 깨닫도록 그리스도의 장성한 자의 신앙에 이르고자 힘써야 한다. 영적 성숙에 게으른 자는 배교의 위험에 빠지기 쉽기 때문에 신자는 영적 지식의 성장이 있어야 한다. 과거에 심오한 신앙 체험을 많이 했더라도 현재 미숙하다면 범죄로 빠질 수 있다. 그러므로 선 줄로 생각하지 말고 온전한 신앙의 분량에 이르고자 노력해야 한다. "한 번 빛을 받고 하늘의 은사를 맛보고 성령에 참여한 바 되고 하나님의 선한 말씀과 내세의 능력을 맛보고도 타락한 자들은 다시 새롭게 하여 회개할 수 없나니 이는 그들이 하나님의 아들을 다시 십자가에 못 박아 드러내 놓고 욕되게 함이라"(히 6:4-6).

그리스도는 멜기세덱의 반차를 따른 대제사장(7장) : 그리스도가 멜기세덱의 반차를 따른 대제사장으로서 구약(율법)의 대제사장보다 우월하신 대제사장임을 강조하며 유대교로 돌아가고자 시도했던 개종한 유대인들의 배교 행위가 얼마나 어리석은지를 암시하고 있다.

> **율법적 제사장직 :** 불완전함, 계명의 법을 좇음, 일시적, 외적 형식에 의존, 많은 제사장, 죽음에 의해 없어지는 제사장.
> **그리스도의 제사장직 :** 온전함, 무궁한 생명의 능력을 좇음, 영구적, 진정한 사랑의 동기, 유일한 제사장, 영원히 살아 계시는 제사장.

새 언약의 중보자(8장) : 언약을 테마로 그리스도의 우월성을 강조하고 있
다. 구약의 대제사장의 제사는 옛 언약(율법) 하에서 그리스도의 구속 제
사의 모형이고, 그리스도의 제사는 새 언약(십자가의 보혈과 성령)에 근거
한 것으로 완전하고 충족스러운 희생이므로 더이상의 제사가 필요하지 않
다. 주님은 율법의 마침이요 친히 자신을 희생제물로 드린 새 언약의 중보
자다. "내 법을 그들의 생각에 두고 그들의 마음에 이것을 기록하리라 나
는 그들의 하나님이 되고 그들은 내게 백성이 되리라, 내가 그들의 불의를
긍휼히 여기고 그들의 죄를 다시 기억하지 아니하리라"(8:10-11).

땅의 성소와 하늘의 성소(9:1-22) : 그리스도는 참 장막(하늘 성소)의 제사
장이고, 구약의 제사는 성소에서 동물의 피로 율법에 의한 제사임에 반해
신약의 제사는 예수님의 피로 성령에 의한 제사다. "영원하신 성령으로
말미암아 자기를 하나님께 드린 그리스도의 피가 어찌 너희 양심을 죽은
행실에서 깨끗하게 하고 살아 계신 하나님을 섬기게 하지 못하겠느냐"(히
9:14). "율법을 따라 거의 모든 물건이 피로써 정결하게 되나니 피흘림이
없은즉 사함이 없느니라"(9:22).

그리스도의 희생으로 이루어진 속죄(9:23~10:18) : 구약의 제사는 제물의
불완전성 때문에 한계성이 있는 반면, 그리스도의 제사는 흠 없는 자신을
제물로 드림으로 죄 문제를 완전하게 해결한다. "이와 같이 그리스도는

많은 사람의 죄를 담당하시려고 단번에 드리신 바 되셨고 구원에 이르게 하기 위하여 죄와 상관 없이 자기를 바라는 자들에게 두 번째 나타나시리라"(히 9:28). "율법은 장차 올 좋은 일의 그림자일 뿐이요 참 형상이 아니므로 해마다 늘 드리는 같은 제사로는 나아오는 자들을 언제나 온전하게 할 수 없느니라"(히 10:1). "이 뜻을 따라 예수 그리스도의 몸을 단번에 드리심으로 말미암아 우리가 거룩함을 얻었노라"(히 10:10).

그리스도인의 실천적 삶에 대한 교훈(10:19~13:25)

믿음 위에 굳게 서라(10:19–39) : 믿음은 추상적 개념이 아니라 인간의 삶을 통해 나타나는 하나님 역사다. 그러므로 우리가 예수의 피를 힘입어 성소에 들어갈 담력을 얻었나니, 우리가 마음에 뿌림을 받아 악한 양심으로부터 벗어나고 몸은 맑은 물로 씻음을 받았으니 참 마음과 온전한 믿음으로 하나님께 나아가자, 우리가 믿는 도리의 소망을 굳게 잡고 서로 돌아보아 사랑과 선행을 격려하며 모이기를 폐하는 어떤 사람들의 습관과 같이 하지 말고 오직 권하여 그 날이 가까움을 볼수록 더욱 그리하자(10:19–25). 담대함을 버리지 말라 이것이 큰 상을 얻게 하느니라, 너희에게 인내가 필요함은 너희가 하나님의 뜻을 행한 후에 약속하신 것을 받기 위함이라(10:36).

옛 언약에 나타난 믿음의 길(11장) : 믿음은 세상적으로 볼 수 없는 것을 영적으로 보는 것으로 이는 하나님의 약속에 대한 전적인 신뢰에 기반을 두고 있다. "믿음은 바라는 것들의 실상이요 보이지 않는 것들의 증거니 선진들이 이로써 증거를 얻었느니라, 믿음으로 모든 세계가 하나님의 말씀으로 지어진 줄을 우리가 아나니 보이는 것은 나타난 것으로 말미암아 된 것이 아니니라(11:1-3), 믿음이 없이는 하나님을 기쁘시게 하지 못하나니 하나님께 나아가는 자는 반드시 그가 계신 것과 또한 그가 자기를 찾는 자들에게 상 주시는 이심을 믿어야 할지니라"(11:6). 도리어 하나님의 백성과 함께 고난 받기를 잠시 죄악의 낙을 누리는 것보다 더 좋아하고, 그리스도를 위하여 받는 수모를 애굽의 모든 보화보다 더 큰 재물로 여겼으니 이는 상 주심을 바라봄이라(11:25-26).

그리스도인들이 걷는 믿음의 길(12장) : 참된 신자는 자신의 믿음을 생활 속에서 구체적으로 실천해야 한다. 모든 무거운 것과 얽메이기 쉬운 죄를 벗어 버리고 인내로써 우리 앞에 당한 경주를 하며 믿음의 주요 온전케 하시는 이인 예수를 바라보자 그는 그 앞에 있는 기쁨을 위하여 십자가를 참으사 부끄러움을 개의치 아니하시더니 하나님 보좌 우편에 앉으셨느니라(12:1-2), 무릇 징계가 당시에는 즐거워 보이지 않고 슬퍼 보이나 후에 그로 말미암아 연단 받은 자들은 의와 평강의 열매를 맺느니라(12:11), 모든 사람과 더불어 화평함과 거룩함을 따르라 이것이 없이는 아무도 주를 보지 못하리라(12:14).

마지막 권면들(13장) : 참된 신앙은 대신 관계와 대인 관계가 공히 진실해야 한다. 옛날로 돌아감은 그리스도를 다시 욕보이는 것과 같으므로 행함이 있는 믿음으로 신앙 생활의 생명력을 회복해야 한다. 형제를 사랑하고, 손님 대접하기를 잊지 말며, 학대받은 자를 생각하고, 결혼을 귀히 여기며 음행과 간음을 하지 말라, 돈을 사랑하지 말고 있는 바를 족한 줄로 알라(13:1-5). 예수 그리스도는 어제나 오늘이나 영원토록 동일하시니라

(13:8). 오직 선을 행함과 서로 나누어 주기를 잊지 말라 하나님은 이 같은 제사를 기뻐하시느니라(13:16). 양들의 큰 목자이신 우리 주 예수를 영원한 언약의 피로 죽은 자 가운데서 이끌어 내신 평강의 하나님이 모든 선한 일에 너희를 온전하게 하사 자기 뜻을 행하게 하시고 그 앞에 즐거운 것을 예수 그리스도로 말미암아 우리 가운데서 이루시기를 원하노라 (13:20-21).

야고보서

1. 개요

배경과 수신자 : 예루살렘 공의회 의장인 예수님의 동생 야고보가 팔레스타인 밖에 흩어져 있는 유대인 그리스도인을 상대로 기록했다는 견해가 있으나, 신약 성경의 열두 지파란 '새 이스라엘'로서의 모든 그리스도인에게 적용되고 있는 점으로 보아 모든 그리스도인을 상대로 썼다고 함이 상당하다.

기록 목적 : 진정한 믿음 생활이란 믿음과 행함이 함께하는 신앙 생활임을 깨닫게 하고, 말씀을 단지 듣는 자로 머물러 있지 말고 말씀을 행하는 자가 되게 하고자 기록하였다(신약의 잠언).

주제

- **믿음의 인내** : 유혹과 시험을 이기기 위해서는 믿음의 인내가 필요하다. 끝까지 믿음을 수호하는 자는 생명의 면류관을 얻게 된다(1:1-12). 고난 극복을 위한 인내(5:7-11)와 기도(5:13-18).
- **행하는 신앙** : 행함 없는 신앙은 영혼 없는 몸처럼 죽은 것이다. 행함이

란 사랑과 자비를 행하는 것이다(1:27, 2:8, 13, 15-16, 3:17-18).

- **경계와 권고의 말씀** : 부자들에 대한 경고와 빈부에 대한 차별을 경계
  (2:1-9, 5:1-6), 말(혀)에 대한 신중을 당부(3:1-12), 세상의 지혜와 하
  늘의 지혜를 구별(3:13-18), 공동체 안에서의 다툼, 비방, 분노, 허탄한
  자랑에 대한 경고와 권면(4:1-6, 11-12, 4:7-10, 13-17).

2. 구조

◈ 믿음의 시험(1:1-18)
◈ 믿음의 실천 사항(2:19~5:6)
◈ 믿음의 승리(5:7-20)

3. 내용

믿음의 시험(1:1-18) : 시련과 유혹

시련에 대하여(1:2-12) : 시련의 목적은 우리를 온전케 하여 부족함이 없
게 하려는 것이므로 시험받을 때 기뻐할 줄 알아야 한다. "너희가 여러 가
지 시험(trials)을 당하거든 온전히 기쁘게 여기라 이는 너희 믿음의 시련
이 인내를 만들어 내는 줄 너희가 앎이라, 인내를 온전히 이루라 이는 너
희로 온전하고 구비하여 조금도 부족함이 없게 하려 함이라"(약 1:2-4).
시험을 당할 때 오직 믿음으로 하나님께 지혜를 구하고 조금도 의심하지
말라. 낮고 가난한 사람은 믿음 안에서 받는 부를 자랑해야 하고 높고 부
유한 사람은 세상과 재물의 덧없음을 깨닫고 낮아짐을 고백해야 한다. 그

러므로 시험을 참는 자는 하나님께서 약속하신 생명의 면류관을 얻을 것이다.

유혹에 대하여(1:13-18) : 시험(temptation)은 자기 욕심에 미혹되어 받는 것이지 하나님께서 시험하지 않으신다. 욕심이 잉태한즉 죄를 낳고 죄가 장성한즉 사망을 낳는다. 하나님은 우리에게 변함 없이 각종 은사와 온전한 선물을 주시는 빛의 아버지가 되시며 진리의 말씀으로 우리를 낳으셨기 때문에 유혹에 속지 말고 오직 하나님만을 바라보라.

믿음의 실천 사항(1:19~5:6)

말씀대로 행하라(1:19-27) : 듣기는 속히 하고 말하기는 더디 하며 성내기도 더디 하라, 사람이 성내는 것이 하나님의 의를 이루지 못함이라, 그러므로 모든 더러운 것과 넘치는 악을 내버리고 너희 영혼을 능히 구원할 바 마음에 심어진 말씀을 온유함으로 받으라, 너희는 말씀을 행하는 자가 되고 듣기만 하여 자신을 속이는 자가 되지 말라(1:19b-22). 하나님 아버지 앞에서 정결하고 더러움이 없는 경건은 곧 고아와 과부를 그 환난 중에 돌보고 또 자기를 지켜 세속에 물들지 아니하는 그것이니라(1:27).

성도를 빈부로 차별하지 말라(2:1-13) : 성도는 그리스도 안에서 같은 믿음을 소유한 자이며 동일한 하나님 나라의 유업을 받을 자이므로 형제 사랑은 하나님의 명령이다. 하나님은 가난한 자를 택하사 믿음에 부요하게 하시고 또 자기를 사랑하는 자들에게 약속하신 나라를 상속받게 하셨으며 긍휼을 행하지 아니하는 자를 심판하신다.

믿음을 행함으로 증명하라(2:14-26) : 행함이 없는 믿음은 그 자체가 죽은 것이라(2:17), 영혼 없는 몸이 죽은 것 같이 행함이 없는 믿음은 죽은 것이니라(2:26).

혀를 잘 다스려라(3:1-12) : 말에 실수가 없으면 온전한 사람이다. 혀는 배의 키와 작은 불처럼 작으나 그 위력은 엄청나기 때문에 말의 재갈로 제어하는 것 같이 잘 다스려야 한다. 혀는 쉬지 아니하는 악이요 죽이는 독이 가득한 것이다.

하늘의 참된 지혜를 구하라(3:13-18) : 지혜와 총명이 있는 자는 지혜의 온유함으로 선행을 행하는 자이다. 마음속에 독한 시기와 다툼으로 자랑하지 말고 거짓말하지 말라. 하늘의 지혜는 성결, 화평, 관용, 양순, 긍휼, 선함, 편견과 거짓이 없다. 화평하게 하는 자들은 화평으로 심어 의의 열매를 거둔다.

다투지 말고 겸손하라(4:1-12) : 다툼과 싸움은 정욕과 욕심과 시기 때문이다. 너희가 얻지 못함은 구하지 아니함이요 구하여도 받지 못함은 정욕으로 쓰려고 잘못 구하기 때문이다. 세상과 벗이 되고자 하는 자는 스스로 하나님과 원수가 되는 것이니라. 하나님은 교만한 자를 물리치시고 겸손한 자에게 은혜를 주신다. 하나님께 복종하고 마귀를 대적하라 그리하면 피하리라. 하나님을 가까이하라, 손을 깨끗이 하라, 마음을 성결하게 하라, 주 앞에서 낮추라 그리하면 주께서 너희를 높이시리라. 서로 비방하거나 판단하지 말라.

하나님을 의지하라(4:13–5:6) : 현세적인 유익을 좇지 말고 허탄한 자랑을 하지 말라, 내일 일을 너희가 알지 못하며 너희는 잠깐 보이다가 없어지는 안개니라. 사람이 선을 행할 줄 알고도 행하지 아니하면 죄다. 불의한 재물을 쌓지 말고 사치와 방종(쾌락)에 빠지지 말라, 하나님의 심판을 생각하며 가난하고 소외된 이웃을 도와라.

믿음의 승리(5:7-20)

주님의 재림을 소망하고, 고난 가운데 인내하라(5:7–12)
주의 강림이 가까우니 길이 참고 원망하지 말라, 주는 가장 자비하시고 긍휼히 여기시는 분이시다. 헛된 맹세는 하지 말라.

기도의 중요성을 강조(5:13–18) : 너희는 고난당하는 자가 있느냐 그는 기도할 것이요 즐거워하는 자가 있느냐 그는 찬송할지니라(5:13), 믿음의 기도는 병든 자를 구원하리니 주께서 그를 일으키시리라 혹시 죄를 범하였을지라도 사하심을 받으리라 그러므로 서로 너희 죄를 고백하며 병이 낫기를 위하여 서로 기도하라 의인의 간구는 역사하는 힘이 큼이니라 (5:15–16).

진리에서 떠난 자를 돌이키는 자는 참으로 복된 자다.

참된 신앙

- 믿음과 행함이 함께하는 신앙 : 열매 맺는 신앙(2:14-26)

- 연단과 인내의 신앙(5:7-11)

- 행함이 있는 믿음(하나님, 자신, 사람과의 관계에 따라)

  - 하나님을 찬송하고 순종하는 것(아브라함과 라합)

  - 인내하고, 기도하며, 세속에 물들지 않는 것

  - 찬송하고 축복하며 참된 진리를 전하는 언어 생활(3:9-10, 5:19), 재물

    을 자랑하지 않고 나누는 경제 생활(1:10, 4:16, 1:27)

- 참된 신앙은 하나님 사랑과 이웃 사랑을 실천하는 것(1:27)

베드로전서

1. 개요

배경 : 베드로 사도가 AD 65년경 로마에서 실루아노를 통해 소아시아 북쪽의 여러 지역에 흩어져 있는 그리스도인에게 쓴 서신서다(1:1, 5:12). 당시 그리스도인들이 이방인의 풍습(음란, 정욕, 술 취함, 방탕, 향락, 우상숭배)을 멀리해서 유대인과 이방인들에게 박해받을 뿐만 아니라 특히 로마 황제로부터 엄청난 박해를 받고 있었다.

기록 목적 : 로마 정부로부터 심한 박해를 받고 있는 그리스도인들을 위로하고 소망을 주기 위해 기록하였다.

주제

- **소망과 인내** : 성도의 부활과 영생의 소망을 갖고 끝까지 인내하며 살아라, 현재의 고난이란 신앙의 연단과 성화의 방편일 뿐이다.
- **성도의 사회적 의무** : 참 성도는 일반 사회에서도 모범을 보여야 한다.
- **하나님의 심판** : 원수 갚는 것은 하나님의 절대 주권에 속한 것임을 알아야 한다(4:17-19). 악에 악으로 맞서지 말고 선으로 대하여 궁극적 승리를 거두는 것이 성도의 마땅한 자세다.

2. 구조

◈ 성도의 소망 가운데 사는 삶(1:1~2:12)
◈ 성도의 세상에서 취할 모범적인 삶의 태도(2:11~4:11)
◈ 고난과 박해받는 성도에 대한 권면(4:12~5:14)

3. 내용

성도의 소망 가운데 사는 삶(1:1~2:12)

성도들은 부활의 예수님으로 말미암아 고난의 때도 소망이 있다 : 산 소망을 갖는 이유는 하나님께서 예수님을 부활하게 하심으로 말미암아 우리를 거듭나게 하시고 썩지 않고 더럽지 않고 쇠하지 아니하는 하늘의 유업을 잇게 하시며 말세에 믿음으로 말미암아 구원하시기 때문이다.
불의 연단으로 말미암아 금보다 귀한 확실한 믿음으로 예수 재림 때에 칭찬과 영광과 존귀를 받기 때문에 산 소망으로 말미암아 시험과 고난 중에도 기뻐하라. 믿음의 목적은 영혼의 구원을 받는 것으로 믿음의 구원의 비밀은 구약의 선지자들이 성령으로 예언하셨다.

성도들은 죄악 된 삶을 버리고 하나님의 거룩하심을 본받아 성결한 삶을 살며 주의 재림을 맞이하라(1:13–22) : 마음의 허리를 동이고 근신하여 주님이 재림 때에 주실 구원의 은혜를 온전히 바라며 이전의 사욕을 본받지 말고 모든 행실에 거룩한 자가 되라, 외모로 보시지 않고 행위대로 심판하시는 하나님께 두려움으로 지내라, 구속의 은혜는 오직 그리스도의 보배로운 피로 된 것이니라, 하나님의 진리를 순종함으로 영혼을 깨끗하게 하여 거짓 없이 뜨겁게 서로 사랑하라.

구원의 방법(1:23~2:3) : 하나님의 말씀을 사모하라. "너희가 거듭난 것은 썩어질 씨로 된 것이 아니요 썩지 아니할 씨로 된 것이니 살아 있고 항상 있는 하나님의 말씀으로 되었느니라"(벧전 1:23), "오직 주의 말씀은 세세토록 있도다"(25), "모든 악독과 모든 기만과 외식과 시기와 모든 비방하는 말을 버리고 갓난 아기들 같이 순전하고 신령한 젖을 사모하라 이는 그로 말미암아 너희로 구원에 이르도록 자라게 하려 함이라"(2:1-2).

성도는 하나님의 백성, 거룩한 제사장이다(2:4-10) : 성도는 하나님께 택하심을 입은 보배로운 산 돌이신 예수님에게 나아와 신령한 집으로 세워지고 신령한 제사를 드릴 거룩한 제사장이 되어야 한다. 예수님은 믿는 자에게는 보배롭고 요긴한 모퉁이 돌이지만 믿지 아니하는 자에게는 부딪히는 돌과 거치는 반석과 같다. "너희는 택하신 족속이요 왕 같은 제사장들이요 거룩한 나라요 그의 소유가 된 백성이니 이는 너희를 어두운 데서 불러 내어 그의 기이한 빛에 들어가게 하신 이의 아름다운 덕을 선포하게 하려 하심이라"(벧전 2:9).

성도들의 세상에서의 모범적인 삶(2:11~4:11)

육체의 정욕을 제어하고 선행하라(2:11-12)
인간이 세운 제도, 정부와 위정자들에게 순복하라(2:13-17) : 뭇 사람을 공경하고, 형제를 사랑하며, 하나님을 두려워하고, 왕을 공경하라.

그리스도의 고난과 인내를 본받아 주인에게 순복하라(2:18–25) : 선을 행함으로 고난을 받아도 하나님을 생각함으로 슬픔을 참으면 하나님 앞에서 아름다우니라, 예수님의 고난을 생각하라.

아내는 남편에게 순종하고, 남편은 아내를 귀히 여기라(3:1–7) : 남편들아, 아내는 연약한 그릇이요 생명의 은혜를 유업으로 함께 받을 자이므로 귀히 여기라 이는 기도가 막히지 아니하게 하려 함이라(3:7).

사람과의 올바른 자세를 가지라(3:8–12) : 마음을 같이 하여 체휼하며(함께 아파함) 사랑하며 불쌍히 여기며 겸손하며 악을 악으로 갚지 말고 도리어 복을 빌라, 악한 말을 그치며 선을 행하고 화평을 구하라.

고난에는 큰 유익이 있으므로 박해를 인내하라(3:13~4:6) : 의를 위하여 고난을 받으면 복 있는 자니 두려워 말고 소동치 말라, 너희 마음에 그리스도를 주로 삼아 거룩하게 하고 너희 속에 있는 소망에 관한 이유를 묻는 자에게는 대답할 것을 항상 준비하되 온유와 두려움으로 하고 선한 양심을 가지라(3:15), 선을 행함으로 고난 받는 것이 하나님의 뜻일진대 악을 행함으로 고난 받는 것 보다 나으니라(3:17).

옛 생활을 버리고 새롭게 살라(4:1–11) : 음란, 정욕, 술취함, 방탕, 향락, 우상숭배의 삶은 지나간 때로 족하다. 만물의 마지막이 가까이 왔으니 정신을 차리고 근신하여 기도하라, 무엇보다도 뜨겁게 서로 사랑할지니 사랑은 허다한 죄를 덮느니라(4:8), 서로 대접하고 은사를 받은 대로 선한 청지기 같이 하나님이 공급하시는 힘으로 서로 봉사함으로 하나님께 영광을 돌리라.

고난과 박해받는 성도를 향한 권면(4:12~5:14)

성도의 고난과 영광(4:12-19) : 오히려 그리스도의 고난에 참예하는 것으로 즐거워하라 이는 그의 영광을 나타내실 때에 너희로 즐거워하고 기뻐하게 하심이라, 그리스도인으로 고난받으면 부끄러워하지 말고 도리어 그 이름으로 하나님께 영광을 돌리라, 하나님의 뜻대로 고난을 받은 자들은 선을 행하는 가운데에 그 영혼을 미쁘신 창조주께 의탁하라.

공동체 구성원들이 서로 즐겁게 섬겨라(5:1-9) : 장로들은 하나님의 양 무리를 치되 억지로 하지 말고 하나님의 뜻을 따라 자원함으로 더러운 이득을 위하여 하지 말고 기꺼이 하며 맡은 자에게 주장하는 자세를 하지 말고 양 무리의 본이 되라 그리하면 예수 재림 때 영광의 관을 얻으리라, 젊은이들은 장로들에게 순종하고 장로들과 젊은이들은 서로 겸손으로 허리를 동이라, 하나님은 교만한 자를 대적하시되 겸손한 자들에게는 은혜를 주시니라 때가 되면 겸손한 자를 높이시리라, 모든 염려를 다 주께 맡기라 이는 그가 너희를 돌보심이라(5:7), 근신하라 깨어라, 믿음을 굳건하게 하여 마귀를 대적하라.

축복(5:10-14) : 은혜의 하나님이 잠깐 고난을 당한 너희를 친히 온전하게 하시며, 굳건하게 하시며, 강하게 하시며, 터를 견고하게 하시리라 (5:10).

면류관의 종류

- 썩지 않는 면류관(고전 9:25–27) : 옛 성품을 잘 이겨내는 사람

- 기쁨의 면류관(살전 2:19–20) : 예수 재림 때 구원받은 사람

- 생명의 면류관(약 1:12, 계 2:10) : 시험을 이긴 사람

- 의의 면류관(딤후 4:8) : 믿음을 끝까지 지킨 사람

- 영광의 면류관(벧전 5:2–4, 딤후 4:1–2) : 신실한 설교자와 교사

베드로후서

1. 개요

배경 : 베드로 사도가 AD 67년경 로마에서 기록한 서신서다. 당시 초대교회는 외부의 박해와 환난과 함께 내부의 거짓 교사들의 잘못된 교리에 미혹을 받고 있었다.

기록 목적 : 베드로 사도가 성도들에게 구원과 재림에 대한 올바른 교훈을 알려 성도들로 하여금 거짓 가르침의 미혹에서 벗어나 장래의 확실한 소망을 갖도록 기록하였다.

주제

- **신앙 성장** : 성도는 고난 중에도 인내하는 가운데 날마다 예수 그리스도의 은혜와 예수님을 아는 지식에서 자라 가야 한다.
- **거짓 교사 경계** : 성도는 거짓 교사들에게 미혹되지 않도록 영적 분별력을 갖추어야 한다.
- **예수 그리스도의 재림** : 성도는 주님의 재림을 대망하면서 언제라도 그분을 맞이할 수 있는 영적으로 순결하고 준비된 삶을 살아야 한다.

2. 구조

◈ 신앙 성숙을 위한 권고(1장)
◈ 거짓 교사들에 대한 경고(2장)
◈ 주님의 재림에 대한 준비(3장)

3. 내용

신앙 성숙을 위한 권고(1장)

하나님과 예수 그리스도를 아는 참 지식은 성도로 하여금 신의 성품에 참여하는 자가 되게 한다(1:1–4) : 예수 그리스도는 그의 신기한 능력으로 우리에게 생명과 경건에 속한 것을 주셨고 그의 영광과 덕도 나누어 주셨다. 우리는 예수님의 이 보배로운 큰 약속으로 말미암아 썩어질 세상의 정욕을 버리고 예수님의 성품에 참여해야 한다. → 신의 성품에 참여하기 위한 요소: 믿음, 덕, 지식, 절제, 인내, 경건, 형제 우애, 사랑(8덕)

더욱 힘써 택하심과 부르심을 굳게 하라(1:8–15) : 예수 그리스도를 알기에 게으르지 말고 열매 없는 자가 되지 말라, 게으르지 않고 열매를 맺으면 실족하지 않고 영원한 나라에 들어가리라, 이 복음의 진리를 항상 생각하라.

확증된 복음의 진리(1:16–21) : 예수 그리스도의 능력과 재림을 확신하라, 베드로는 자신의 변화산 직접 체험을 증언할 뿐만 아니라 변화산 체험보다 더 확실한 구약의 선지자들의 예언은 이미 확증되었다고 설명하다. "성경의 모든 예언은 사사로이 풀 것이 아니니 예언은 언제든지 사람의 뜻으로 낸 것이 아니요 오직 성령의 감동하심을 받은 사람들이 하나님께 받아 말한 것임이라"(벧후 1:20-21).

거짓 교사들에 대한 경고(2장)

거짓 교사의 속성 : 이단을 가만히 끌어들임, 주의 구속을 부인, 호색, 탐심이 많다.

구약에 나타난 거짓 선생의 행실(2:4-19) : 노아 홍수 사건, 소돔과 고모라의 멸망 사건, 발람의 사건을 예로 들면서 거짓 선생의 특성을 묘사하고 있다. 거짓 선생은 교만한 자, 음란과 더러운 정욕에 빠진 자, 당돌하고 자긍한 자, 비방하는 자, 낮에 즐기고 노는 것을 기쁘게 여기는 자, 유혹하며 탐욕을 가진 자, 불의의 삯을 사랑하는 자, 허탄한 자랑의 말을 하는 자이며 이성 없는 짐승, 저주의 자식, 물 없는 샘, 광풍에 밀려가는 안개, 멸망의 종이다.

하나님의 심판 : 성도가 된 후 배도하여 세상의 더러움에 얽매이면 그 나중 형편이 처음보다 더 심하므로 의의 도를 안 후 받은 거룩한 명령을 저버리는 것보다 알지 못하는 것이 도리어 낫다.

주님의 재림에 대한 준비(3장)

재림의 약속과 심판을 기억하라(3:1-7) : 선지자들의 예언과 예수 그리스도의 재림을 기억하라. 거짓 교사들은 자기의 정욕을 따라 행하며 재림을 부인하고 노아의 홍수 사건을 무시하는 등 하나님의 말씀을 일부러 잊게 한다. 하나님은 전에는 물로 심판하였으나 이제는 불로 심판하실 것이다.

주님의 재림을 소망하고 준비하라(3:8-13) : 새 하늘 새 땅의 재림의 날이 임하기를 거룩한 행실과 경건함으로 소망하고 사모하라. 주께는 하루가 천 년 같고 천 년이 하루 같다, 주의 재림은 더딘 것이 아니고 하나님이 인간들을 더 많이 구원하기 위하여 오래 참으시기 때문이다. 재림은 뜻하지 않게 도둑같이 오며 뜨거운 불로 심판하신다(3:8-10).

오직 예수 그리스도의 은혜와 그를 아는 지식에서 자라 가라(3:14-18) : 주 앞에서 점과 흠이 없이 평강 가운데서 나타나기를 힘쓰라, 주의 오래 참으심이 구원이 될 줄로 여기라, 성경을 억지로 풀지 말라, 무법한 자들의 미혹에 이끌리지 말라.

요한일서

1. 개요

배경 : AD 70년 이후 초대교회 안에 도덕적 방종을 장려하며 그리스도의 성육신과 대속의 죽음을 부인하는 영지주의가 교회 공동체를 위협하고 있었다.

기록 목적 : 요한 사도가 AD 85-90년경 에베소 교회에서 소아시아 교회 성도들에게 영지주의 이단사상을 경계하고 하나님과의 교제를 강조해서 이를 바로잡기 위해 기록하였다.

주제

- **죄** : 믿음으로 말미암아 구원받은 성도라도 이 세상에서 사는 동안에는 계속 죄를 범하게 된다. 왜냐하면 믿음에 의한 구원은 구원의 시작에 불과할 뿐 구원의 완성인 영화의 단계에 도달하는 것은 아니기 때문이다. 따라서 성도는 하나님의 뜻에 복종하며 지속적으로 죄의 유혹에 대항해야 하고 범죄한 경우에는 즉각 회개해서 하나님과의 관계를 회복해야 한다.

- **사랑** : 하나님의 계명, 눈에 보이지 않는 하나님을 사랑한다 하면서도 눈에 보이는 이웃과 형제를 사랑하지 않는다면 진실하지 못하다.
- **믿음의 확신** : 누구든지 주를 믿기만 하면 영생을 얻는다는 약속을 굳게 믿어야 한다.

2. 구조

◈ 그리스도인의 교제(1:1~2:27)
◈ 그리스도인의 삶의 자세(2:28~4:1)
◈ 그리스도인의 승리(5:1–21)

3. 내용

그리스도인의 교제

서론(1:1–4) : 예수님은 생명의 말씀으로 우리가 예수님을 직접 듣고 보고 만졌다. 예수님은 영원한 생명으로 하나님과 계시다가 우리에게 나타나셨다. 하나님과 예수 그리스도는 성도의 교제(사귐)를 통해 기쁨 충만을 간구하신다.

빛 가운데 행하라(1:5–7) : 하나님은 빛이시라 어둠이 조금도 없으시다. 하나님과 사귐의 삶은 어둠에 행하지 아니하고 진리를 행하는 것으로 빛 가운데 행하면 예수의 피가 모든 죄에서 깨끗하게 한다.

죄를 자백하라(1:8-10) : 죄가 없다고 말하면 스스로 속이는 것이다. 만일 우리가 우리 죄를 자백하면 그는 미쁘시고 의로우사 우리 죄를 사하시며 우리를 모든 불의에서 깨끗하게 하실 것이요(1:9).

예수님의 계명을 지켜라(2:1-6) : 예수님은 하나님 앞에서 우리의 죄를 변호하시는 의로우신 중보자이며 우리의 죄와 온 세상의 죄를 위한 화목제물이이시다. 예수님의 계명을 지키지 아니하면 거짓말하는 것이고 진리를 행하지 아니하는 것이지만 그 말씀을 지키면 하나님의 사랑이 온전하게 되며 예수님이 행하시는 대로 행하는 자만이 하나님 안에 사는 것이다.

서로 사랑하라(2:7-11) : 형제 사랑은 옛 계명(이웃을 자기 몸같이 사랑하라)이면서 또한 새 계명(내가 너희를 사랑한 것 같이 너희도 서로 사랑하라)이다. 형제 사랑하는 자는 빛 가운데 행하는 자이지만 형제를 미워하는 자는 어둠에 행하는 자다.

세상을 사랑하지 말라(2:12-17) : 성도들에게 신앙의 수준에 따라(자녀들아, 아비들아, 청년들아) 하나님의 말씀으로 악을 이기고 세상을 이기고 세상을 사랑하지 말라고 권면하다.
"이 세상이나 세상에 있는 것들을 사랑하지 말라 누구든지 세상을 사랑하면 아버지의 사랑이 그 안에 있지 아니하니, 이는 세상에 있는 모든 것이 육신의 정욕과 안목의 정욕과 이생의 자랑이니 다 아버지께로부터 온 것이 아니요 세상으로부터 온 것이라, 이 세상도 그 정욕도 지나가되 오직 하나님의 뜻을 행하는 자는 영원히 거하느니라"(요일 2:15-17).

적그리스도에게 미혹되지 말라(2:18-28) : 지금도 많은 적그리스도가 일어났으니 마지막 때인 줄 아노라. 적그리스도는 원래 기독교 신앙 공동체에 속해 있다가 나간 자이고 예수님이 그리스도이심을 부인하는 자이며 진리가 아닌 거짓으로 성도를 미혹하는 자이다.

그러나 성령의 기름 부음을 받으면 모든 것을 아느니라(20-25) : 성령의 기름 부음이 모든 것을 가르치며 또 참되고 거짓이 없으니 가르치신 그대로 주 안에 거하라, 예수님이 약속하신 것은 영원한 생명이니라.

그리스도인의 삶의 자세(2:28~5:3) : 예수 안에 거하는 삶

성결한 생활(2:28~3:6) : 주 안에 거하라, 재림 때에 예수 그리스도의 참 모습을 그대로 볼 것이다. 예수님은 죄가 없으시며 우리 죄를 없애려고 나타나신 것이므로 예수 안에 거하는 자마다 범죄하지 아니한다. 의를 행하는 자는 의롭고 죄를 짓는 자는 마귀에 속하나니 하나님의 아들이 나타나신 것은 마귀의 일을 멸하려 하심이라, 하나님께로부터 난 자는 죄를 짓지 아니하나니 이는 하나님의 씨가 그의 속에 거함이라, 마귀의 자녀는 의를 행하지 아니하며 형제를 사랑하지 아니한다.

행함과 진실을 동반한 사랑(3:13-24) : 세상이 너희를 미워하여도 이상히 여기지 말라, 형제를 사랑하는 자는 사망에서 옮겨 생명으로 들어간다. 예수님이 우리를 위하여 목숨을 버리셨으니 우리도 그 사랑을 알고 형제들을 위하여 목숨을 버리는 것이 마땅하니라, 말과 혀로만 사랑하지 말고 행함과 진실함으로 하라.

영들을 시험하라(4:1-6) : 영을 다 믿지 말고 오직 영들이 하나님께 속하였나 분별하라, 예수 그리스도께서 육체로 오신 것을 시인하는 영은 하나님께 속한 진리의 영이요, 시인하지 아니하는 영은 세상에 속한 적그리스도의 미혹의 영이라, 하나님께 속한 자는 적그리스도를 이기나니 이는 그 안에 계신 이가 세상에 있는 자보다 크심이라, 적그리스도의 영은 세상에 속한 고로 세상에 속한 말을 하매 세상이 그들의 말을 듣느니라.

형제를 사랑하라(4:7-21) : 사랑하는 자들아 우리가 서로 사랑하자 사랑은 하나님께 속한 것이니 사랑하는 자마다 하나님으로부터 나서 하나님을 알고 사랑하지 아니하는 자는 하나님을 알지 못하나니 이는 하나님은 사랑이심이라(4:7-8). 사랑 안에 두려움이 없고 온전한 사랑이 두려움을 내쫓나니 두려움에는 형벌이 있음이라 두려워하는 자는 사랑 안에서 온전히 이루지 못하였으니라(4:18). 누구든지 하나님을 사랑하노라 하고 그 형제를 미워하면 이는 거짓말하는 자니 보는 바 그 형제를 사랑하지 아니하는 자는 보지 못하는 바 하나님을 사랑할 수 없으니라(4:20).

그리스도인의 승리(5:1-21)

참 믿음 : 예수께서 그리스도이심을 믿는 자마다 하나님께로부터 난 자이며 하나님을 사랑하는 것은 하나님의 계명을 지키는 것이라, 무릇 하나님께로부터 난 자마다 세상을 이기느니라 세상을 이기는 승리는 이것이니 우리의 믿음이니라. 믿음의 결국은 영생을 받음이라. 내가 하나님의 아들의 이름을 믿는 저희에게 이것을 쓰는 것은 너희로 하여금 너희에게 영생이 있음을 알게 하려 함이라(5:13).

예수님은 세상을 이기는 그리스도로 임하셨다.

① 예수님이 물과 피와 성령으로 자신을 증거하셨다(물은 요단 강 세례, 피는 십자가 보혈, 성령은 예수님의 능력을 의미).

② 하나님이 우리에게 예수 안에 있는 생명을 주심으로 직접 그 아들에 관하여 증거하셨다.

기도의 능력(5:14-17)

그를 향하여 우리가 가진 바 담대함이 이것이니 그의 뜻대로 무엇을 구하면 들으심이라 우리가 무엇이든지 구하는 바를 들으시는 줄을 안즉 우리가 그에게 구한 그것을 얻은 줄을 또한 아느니라(5:14-15).

그리스도 안에서 지켜주신다(5:18-21)

예수 그리스도가 하나님께로부터 난 자를 지키시매 악한 자가 만지지도 못하므로 하나님께 속한 자는 다 범죄하지 아니한다. 하나님의 아들이 지각을 주사 우리로 참된 자를 알게 하신 것과 또한 우리가 참된 자 곧 그의 아들 예수님 그리스도 안에 있는 것이니 그는 참 하나님이시요 영생이시라(20), 자신을 지켜 우상에게서 멀리하라(5:21).

요한이서

1. 개요

배경 : 당시 소아시아 교회에 거짓 교사(영지주의자)들의 그릇된 가르침이 만연하였다. 거짓 교사란 예수님의 성육신을 부인하고 성도를 미혹하는 적그리스도다.

기록 목적 : 요한 사도가 AD 90년경 에베소 교회에서 소아시아 교회에게 거짓 교사의 가르침을 경계하고, 진리 안에서 사랑을 실천하도록 권고하기 위해 기록하였다.

주제

- **진리 안에 거함** : 하나님의 말씀은 일점일획도 변함이 없는 영원한 진리다. 성도가 진리의 실상을 분명히 알고 진리에 순종하는 삶을 살기 위해서는 성경 말씀을 듣고 읽고 묵상하기를 힘써야 한다.
- **사랑의 실천** : 사랑의 실체이신 예수님의 말씀처럼 서로 사랑하라.
- **거짓 교사 경계**

2. 구조와 내용

◈ **하나님의 계명 안에 거함**(1:1–6) : 계명 안에서 진리를 실천하라.
  • 인사(1–3) : 택하심을 받은 성도들이 진리 안에 거하는 삶을 사는 것을 칭찬하며 은혜와 긍휼과 평강이 진리와 사랑 가운데서 함께 있으리라고 인사하다.
  • 진리와 사랑 가운데 행하다(1:4–6) : 진리와 사랑 안에 사는 삶이 바로 계명대로 행하는 삶이다. 진리란 예수님의 성육신, 십자가 죽음과 부활, 하나님 아들, 그리스도이다. 사랑이란 서로 사랑함으로 하나 되어 율법을 완성하는 것이다.

◈ **거짓 교사들을 거절함**(1:7–13) : 거짓을 경계하고 진리를 지키라.
  • 거짓 교사들의 교리(1:7–9) : 예수 그리스도의 성육신을 부인하고 미혹하며, 상을 도적질하고, 그리스도의 교훈 안에 거하지 아니한다.
  • 거짓 교사들을 경계하라(1:10–11) : 집에 들이지도 말고, 인사도 하지 말라.

◈ **축복**(1:12–13) : 성도와의 직접적인 만남을 통한 기쁨 충만을 소망하다.

요한삼서

1. 개요

배경 : 요한 사도가 목회 중 교회가 아닌 개인 가이오에게 보낸 서신서다.

기록 목적 : 손님 대접을 잘하는 가이오를 칭찬하고, 잘못하는 디오드레베를 책망하고자 기록하였다.

주제

- **사랑의 접대** : 하나님은 전인적인 구원을 베푸시는 분이시다(1:2). 선행은 하나님께 속하고 악행은 하나님을 뵈옵지 못한다(1:11). 사랑으로 형제를 대접하라.
- **교만을 경계** : 성도는 겸손과 섬김의 삶을 살아야 한다.
- **실천적 신앙** : 성도는 진리를 아는 것으로만 그치지 말고 진리에 합당한 삶을 살려고 노력해야 한다.

2. 구조와 내용

◈ **인사말(1:1-3)** : 사랑하는 자여 네 영혼이 잘됨 같이 네가 범사에 잘되고 강건하기를 내가 간구하노라.

◈ **가이오의 섬김과 호의를 칭찬하다(1:4-8)** : 나그네에게 행하는 것은 신실한 일이니 하나님께 합당하게 전송하라, 나그네를 영접하는 것은 진리를 위하는 삶이다(형통한 그리스도인).

◈ **디오드레베의 이기주의와 교만을 책망하다(1:9-11)** : 교만한 그리스도인은 으뜸 되기를 좋아하고 교회 지도자를 비방하며 형제를 맞아들이지도 아니하고 맞아들이고자 하는 자를 박해한다.

◈ **데메드리오를 칭찬하다(1:12)** : 뭇 사람의 인정을 받고, 진리를 몸소 행한 자이다.

유다서

1. 개요

배경 : 초대교회 내에 영지주의자인 거짓 교사들이 교회의 분열을 획책하는 분위기가 팽배했으며, 영지주의자는 헬라 철학의 이원론(영혼은 선하고 육체는 악하다)을 주장했고 쾌락주의자(방종주의)와 금욕주의자로 나누어진다.

기록 목적 : 예수님의 동생인 유다 사도가 교회에 들어온 거짓 교사들의 실상을 밝혀 현혹되지 않도록 경고하고, 거룩한 믿음 위에 굳건히 서서 자신을 지키도록 권면하고자 기록하였다.

주제

• **거짓 교사 경계** : 쾌락주의와 금욕주의 경계
• **배교에 대한 경계** : 구원의 진리를 알면서도 그 길에서 이탈하는 자는 결국 멸망의 심판을 당할 뿐이다.

중심 사상 : 주 예수 그리스도는 홀로 하나이신 주재시다(1:4). 하나님의 말씀을 기억하며 행하는 신앙을 가지라(1:17). 그리스도는 우리를 보호하사 거

침이 없게 하시고 하나님의 영광 앞에 흠이 없이 서게 하실 분이다(24).

2. 구조와 내용

◈ **인사와 권면(1:1-4)** : 긍휼과 평강과 사랑의 인사와 함께 성도들에게 거
짓 교사들의 가르침에 미혹당하지 말고 믿음의 도를 위하여 힘써 싸우
라. 성도는 하나님의 부르심을 입고 하나님 안에서 사랑을 얻으며 예수
를 위하여 지키심을 입은 자이다. 거짓 교사는 불경건하고 방탕하며 하
나님 은혜와 예수 그리스도를 부인한다.

◈ **거짓 교사들에 대한 경고(1:5-19)**
  • **거짓 교사** : 거짓 교사는 광야에서 배도하여 심판받은 이스라엘 민족,
    타락한 천사들, 소돔과 고모라 사람들, 가인, 발람, 고라와 같은 자 등
    과 같이 멸망과 정죄의 심판을 받는다.
  • **특성** : 하나님이 허락한 지위를 지키지 아니하고 임의로 행함, 음란
    함, 육체를 더럽히며 권위를 업신여기며 영광을 비방함, 어그러진
    길로 몰려가며 패역을 일삼음, 경건하지 않으며 완악한 말을 함, 원
    망하고 불만을 토함, 정욕대로 행함, 자랑과 아첨을 행함, 조롱하며
    분열을 일으킴.
  • **정체** : 이성 없는 짐승, 애찬의 암초, 자기 몸만 기르는 목자, 바람에
    불려가는 물 없는 구름, 죽어 뿌리까지 뽑힌 열매 없는 가을 나무, 수
    치의 거품을 뿜는 바다의 거친 물결, 캄캄한 흑암으로 돌아갈 유리하
    는 별, 육에 속한 자, 성령이 없는 자.

◈ **성도들을 위한 권면(1:20-23)** : 의심하는 자들을 긍휼히 여기고 죄악에 빠진 자들을 구원하며 죄는 미워하되 죄인은 긍휼히 여기라, 거룩한 믿음 위에 자기를 세우며 성령으로 기도하며 하나님의 사랑 안에서 자신을 지키며 주님의 긍휼을 기다리라(1:20-21).

◈ **송영(1:24-25)** : 하나님과 예수님의 영원한 영광과 위엄과 권력과 권세를 찬양하다. 하나님은 능히 너희를 보호하사 거침이 없게 하시고 영광 앞에 흠이 없이 즐거움으로 서게 하시는 홀로 하나이신 분이시다. 그리스도가 영광을 받으시면 하나님께서도 영광을 받으신다.

요한계시록

1. 개요

배경 : 요한 사도가 AD 95년경 밧모 섬에서 소아시아에 있는 일곱 교회들에게 보낸 예수 그리스도의 재림을 계시한 서신서다. 당시 초대교회는 안으로는 거짓 교사들과 유대인들에 의한 교리적 어려움을 받고 있었고, 밖으로는 황제 숭배를 강요하는 로마(도미시안 황제)의 박해를 받고 있었다.

기록 목적 : 요한 사도가 박해를 받고 있는 교회와 성도를 위로하고 격려하고자 예수님으로부터 받은 계시를 기록하였다(예수 그리스도의 재림과 심판, 교회의 최후 승리).

주제

- **하나님의 주권** : 하나님의 절대 주권을 믿는 성도는 세속 권력의 박해에 굴하지 않고 끝까지 인내해야 한다.
- **예수님의 재림과 최후 심판** : 구원받은 성도는 천국에서 영생한다.
- **새 하늘과 새 땅** : 하나님의 창조 세계가 회복된다.

특징 : 요한계시록은 박해 시대의 산물인 묵시문학적 환상과 상징의 표현

을 사용하여 감춰진 하나님의 비밀을 밝히 드러낸 예배와 소망에 관한 예언서다(교회의 영적 싸움 강조).

- **구약 성서의 구절과 개념을 많이 인용** : 이사야서, 에스겔서, 다니엘서, 스가랴서의 일부 내용인 어린 양, 이세벨, 발람, 바벨론, 새 하늘과 새 땅 등이 언급되며, 특히 구약의 묵시록인 다니엘서와 흡사하다(적그리스도, 7년 환난, 재림 등).
- **상징적 표현과 숫자가 많음** : 흰 옷 입은 사람(선인), 붉은 용(사탄, 적그리스도), 짐승(거짓 선지자, 거짓 종교), 음녀(세상 권력), 7(완전 수), 12(구약의 열두 지파, 신약의 열두 제자), 666(세상 수), 144,000.
- **구조가 잘되어 있음** : 일곱 교회, 일곱 봉인(박해), 일곱 나팔(경고), 일곱 표징(용, 바다 짐승, 땅 짐승, 어린 양, 천사들, 추수, 하늘의 찬양), 일곱 대접(심판).

2. 구조

◈ **서론(1:1-8)**
- 서론(1:1-3), 인사말(1:4-5a), 예수 그리스도에 대한 찬양(1:5b-7)
- 하나님의 말씀(1:8)

◈ **요한이 계시 받은 경위(1:9-20)** : 요한이 본 것(과거)
- 예수 그리스도와의 만남
- 예수 그리스도의 명령

◈ **예수 그리스도가 교회에 주시는 말씀(2~3장)** : (현재)

◈ **환난, 예수 그리스도의 재림과 심판, 새 하늘 새 땅(4~22장)** : 장차 될 일
- 하늘의 보좌(4~5장)

- 어린 양이 일곱 봉인을 떼다(6:1~8:5)

- 일곱 천사가 일곱 나팔을 불다(8:6~15:4)

- 일곱 천사가 일곱 대접을 땅에 쏟다(16:1~21) → 셋째(마지막) 재앙

- 음녀 바벨론에 대한 심판과 바벨론 멸망(17:1~18:24)

- 어린 양의 혼인 잔치, 예수 그리스도의 재림(19:1-21)

- 천년 왕국(20:1-6)

- 최후의 심판(20:7-15)

- 새 하늘과 새 땅, 새 예루살렘(21~22:5)

◈ **결론(22:6-21)**

요한계시록의 구조를 서론(1:1-8), 본론(1:9~22:5), 결론(22:6-21)으로 구분하는 견해도 유력하다. 이 견해에 의하면 본론은 네 개의 환상으로 이루어졌다. 각 환상 앞에 '내가 성령에 감동하였더니'(1:10, 4:2, 17:3, 21:10)의 어구가 반복된다. → 첫 번째 환상(일곱 교회에 대한 환상), 두 번째 환상(일곱 인/일곱 나팔/일곱 대접 환상), 세 번째 환상(큰 성 바벨론의 멸망에 대한 환상), 네 번째 환상(거룩한 성 새 예루살렘에 대한 환상).

장별 주제

사건	교회시대	환난기	천년 왕국	백보좌 심판	천국
하늘	1장	4~5장	19~20장	20장	21~22장
땅	2~3장	6~19장	20장		

환난의 목적 : 첫째 구원, 둘째 심판

3. 내용

서론(1:1-8)

예수 그리스도의 계시(1:1-3) : 하나님이 예수 그리스도에게, 예수 그리스
도가 천사에게, 천사가 요한에게 순차적으로 알려준 것으로, 사도 요한이
하나님의 말씀과 예수 그리스도의 증거를 증언하다. 이 예언의 말씀을 읽
는 자와 듣는 자와 그 가운데에 기록한 것을 지키는 자는 복이 있나니 때
가 가까움이라(1:3).
인사말(1:4-5a) : 삼위일체 하나님이 주시는 은혜와 평강을 기원하다.
예수 그리스도를 찬양(1:5b-7) : 우리를 십자가의 보혈로 죄에서 해방하시
고 하나님를 위하여 나라와 제사장으로 삼으신 예수님에게 영광과 능력이
세세토록 있기를 원하노라, 볼지어다 그가 구름을 타고 오시리라. 아멘.
주 하나님의 말씀(1:8) : 나는 알파와 오메가라 이제도 있고 전에도 있었고
장차 올 자요 전능한 자라.

요한이 계시를 받은 경위(1:9-20)

예수 그리스도와의 만나다 : 하나님의 말씀과 예수를 증언하였음으로 말
미암아 밧모 섬에 갇혀 있던 중 주의 날에 성령에 감동되어 나팔 소리 같
은 큰 음성을 듣고 일곱 금 촛대 사이로 다니시는 예수 그리스도를 바라
보다. "예수님은 발에 끌리는 옷을 입고, 가슴에 금띠를 두르고, 머리와
털이 흰 양털과 눈 같고, 눈은 불꽃 같고, 발은 빛난 주석 같고, 음성은 맑
은 물소리 같고, 오른손에 일곱 별이 있고, 입에 좌우의 날선 검이 나오

고, 얼굴은 해가 힘 있게 비치는 것 같더라."

예수 그리스도의 명령 : 네가 보는 것을 써서 일곱 교회에 보내라, 일곱 별은 일곱 교회의 사자이고 일곱 촛대는 일곱 교회다. "나는 처음이요 마지막이니 곧 살아 있는 자라 사망과 음부의 열쇠를 가졌노니, 네가 본 것과 지금 있는 일과 장차 될 일을 기록하라."

예수 그리스도가 일곱 교회에 주시는 편지(2~3장)

예수님이 일곱 교회에 하신 말씀 : 각 교회에 문안 인사, 예수님의 모습, 칭찬, 책망, 경고와 권면, 약속의 말씀과 함께 "귀 있는 사람은 성령이 교회들에게 하시는 말씀을 들을지어다"라는 말씀으로 끝낸다. 일곱 교회에 말씀하시는 예수님의 모습을 종합해 보면 1장의 예수님의 모습과 같고, 일곱 교회의 약속의 말씀을 종합해 보면 21~22장 약속의 성취와 같다(생명나무, 둘째 사망이 없음, 이기는 자에 대한 복, 새벽별, 생명책, 새 예루살렘, 보좌).

일곱 교회에 하신 말씀의 요지

에베소 교회 : 처음 사랑이 식어 버린 전통적인 교회(전통 고수에는 열심이나 하나님과의 교제는 등한시한다).

서머나 교회 : 가난하지만 부요한 교회(물질에 초연하고 헌신과 충성).

버가모 교회 : 우상숭배하는 교회(혼탁한 세태와 결탁한 교회).

두아디라 교회 : 악한 여선지자를 좇는 교회(많은 이단에 심취되어 진리를 떠나 우상숭배와 부도덕을 허용한다).

사데 교회 : 이름뿐인 명목상 교회(그릇된 교리와 형식주의에 빠져 믿음의 행위가 죽어 있다).

빌라델비아 교회 : 연약하나 충성스러운 교회(적은 능력으로 말씀을 지킨다).

라오디게아 교회 : 세상적으로는 부요하지만 영적으로 가난한 교회(세태를 좇아 인기를 누리며 물질적 부를 누리는 세속화된 교회).

요한계시록의 교회들

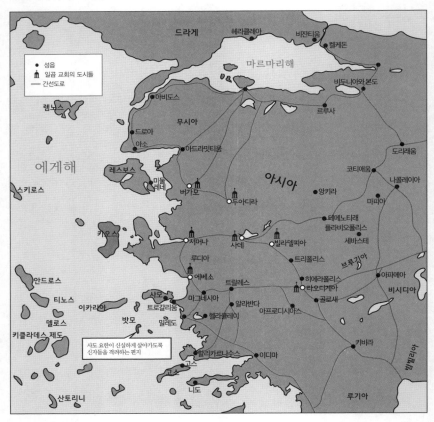

일곱 교회

	예수님 모습	칭찬	책망	경고, 권면	약속
에베소 교회 (2:1-7)	일곱 별을 붙잡고 일곱 금 촛대 사이로 거니시는 이	선행, 수고 인내, 악을 배격, 교회 질서 확립, 게으르지 않음.	처음 사랑을 버렸다(형식적인 신앙생활).	회개하여 처음 행위를 가지라. 그렇지 않으면 네 촛대를 옮기리라.	낙원의 생명나무 열매를 주겠다.
서머나 교회 (2:8-11)	죽었다가 살아나신 이	환난과 인내		고난을 두려워 말라. 죽도록 충성하라.	생명의 면류관을 주리라. 둘째 사망이 없음.
버가모 교회 (2:12-17)	좌우에 검을 가진 자	고난과 순교의 위기에서 믿음을 굳게 지킴(순수한 신앙).	발람의 교훈(우상의 제물, 행음), 니골라당(거짓 교사)의 교훈을 좇음.	회개하라 그렇지 않으면 검으로 싸우리라.	감춘 만나와 흰 돌, 새 이름을 주겠다.
두아디라 교회 (2:18-29)	눈이 불꽃 같고, 발이 빛난 주석 같음.	사업, 사랑, 믿음, 섬김, 인내, 나중 행위가 처음 것보다 많다.	이세벨을 용납(우상의 제물, 행음)	회개하지 않으면 큰 환난 가운데 던지리라, 굳게 잡아라.	만국을 다스리는 권세를 주겠고, 새벽별을 주리라.
사데 교회 (3:1-6)	일곱 별, 일곱 영을 가지신 이	몇 사람이 영적 순결을 지킴.	살았다 하나 죽은 자, 구습(극도의 형식주의, 행함 없음).	회개, 그렇지 않으면 도적같이 이르리니	흰옷을 입고 주와 동행하리라, 이름을 생명책에 기록
빌라델비아 교회 (3:7-13)	다윗의 열쇠를 가지신 이 곧 열면 닫을 사람이 없고 닫으면 열 사람이 없다.	작은 능력으로 내 말을 지키며 내 이름을 배반하지 않았다.		아무나 네 면류관을 빼앗지 못하게 하라.	시험의 때를 면하리라, 성전의 기둥이 되리라(기둥에 내 이름을 기록하리라).
라오디게아 교회 (3:14-22)	아멘, 충성되고 참된 증인이시오 하나님의 창조의 근본이신 이		미지근함, 교만, 영적 가난, 수치, 영적 소경	차든지 더웁든지 하라, 정금으로 부유하라, 흰옷을 입어 벌거벗은 수치를 보이지 않게 하라, 안약을 눈에 발라라, 회개하라.	보좌에 앉힘.

사탄의 회(당), 사탄의 권좌(위), 사탄의 깊은 것

예수 그리스도의 재림, 심판, 새 하늘과 새 땅 : 장차 될 일(4-22장)

하늘의 보좌(4~5장)
하나님에 대한 찬양 : 보좌 앞에 하나님의 일곱 영인 일곱 등불이 있고, 흰 옷과 금관을 쓴 이십사 장로와 네 생물(사자, 송아지, 사람, 독수리)이 보좌에 앉으신 하나님을 거룩하시고 전능하시며 영광과 존귀와 감사와 권능을 받기에 합당하시다고 찬양하며, 하나님이 일곱 인으로 봉인된 두루마기를 들고 계시다.

예수 그리스도에 대한 찬양 : 봉인을 떼기에 합당하신 어린 양이 하나님의 오른손에서 두루마리를 취하시매 장로들과 네 생물과 수천수만의 천사들과 모든 피조물과 만물들이 찬양하다. 장로들과 네 생물은 성도의 기도들이 가득한 금 향로를 가지고 엎드리며 찬양하고, 천사들은 어린 양을 '능력과 부와 지혜와 힘과 존귀와 영광과 찬송을 받으시기에 합당하시다'고 찬양하고, 모든 피조물과 만물들은 '찬송과 존귀와 영광과 권능을 세세토록 돌릴지어다'라고 하나님과 어린 양을 찬양하다.

어린 양이 일곱 봉인을 떼다(6:1~8:5)
첫째 봉인~넷째 봉인을 떼다 : 4마리 말(흰, 붉은, 검은, 청황색 말)이 등장하는데 이는 인간의 죄악과 반역에 대한 하나님의 심판의 도구인 전쟁, 내란, 경제적 결핍, 기근, 사망을 상징한다.

다섯째 봉인을 떼다 : 순교자들에게 흰 두루마기를 주시며 그 수가 차기까지 잠시 동안 쉬라고 하는데, 이는 오늘날 교회시대를 연상하며 종말의 시작을 암시한다.

여섯째 봉인을 떼다 : 큰 지진, 해가 검어지고 달이 피 같고, 별이 떨어지고, 하늘이 떠나가고, 산과 섬이 옮겨지는데, 이는 마태복음의 종말의 징조를 연상하며 하나님 심판의 강도가 점진적으로 확대되어 마지막 재앙이 임하는 것을 암시한다.

하늘나라의 모습을 보여 주다(7장) : 흰 옷 입은 큰 무리가 하나님과 어린 양 앞에서 "구원하심이 보좌에 앉으신 우리 하나님과 어린 양에게 있도다"라고 찬양하다. 흰 옷 입은 자는 큰 환난에서 나오는 자들로서 어린 양의 피에 그 옷을 씻어 희게 하였으며 하나님의 보좌와 성전에서 어린 양의 인도를 받고 또한 하나님으로부터 위로를 받는데, 이는 구원받을 모든 하나님의 백성을 상징하는 7장 1~8절의 '천사가 땅에서 하나님의 인을 이마에 인친 144,000명'과 21장의 '새 하늘 새 땅에 있는 사람'과 동일한 사람들로 보인다. 또한 모든 천사가 보좌에 앉으신 하나님께 "찬송, 영광, 지혜, 감사, 존귀, 권능, 힘이 우리 하나님께 세세토록 있을지어다. 아멘"이라고 찬양하다.

일곱째 봉인을 떼다(8:1-5) : 일곱 천사가 하나님 앞에 서서 일곱 나팔을 받은 후 천사가 금 향로를 보좌 앞 금 제단에 드려 향연을 하나님 앞으로 올라가게 한 다음 제단의 불을 담아다가 땅에 쏟자 우레와 음성과 번개와 지진이 나다(금 향로의 향은 성도의 기도).

일곱 천사가 일곱 나팔을 불다(8~15:4)
첫째~넷째 나팔을 불다 : 피 섞인 우박과 불이 땅에 쏟아지고, 불 붙는 큰 산이 바다에 던져지며, 횃불 같은 큰 별이 떨어지고, 해와 달과 별의 1/3이 타격을 받는데, 이는 자연계(땅, 바다, 물, 하늘)에 재앙을 주는 것이다.

다섯째 나팔을 불다 : 하늘에서 땅에 떨어진 별 하나가 열쇠로 무저갱을 여니 황충이 짙은 연기 속에서 나와 전갈과 같은 꼬리와 쏘는 살로 하나님의 인 맞지 아니한 사람들을 괴롭히다(첫째 재앙).

여섯째 나팔을 불다 : 유브라데 강에 결박된 네 천사와 마병대 2억 명이 말의 입에서 나오는 불과 연기와 유황으로 사람 1/3을 살해하며, 남은 사람들은 회개하지 않고 살인과 우상숭배와 복술과 음행과 도둑질을 계속 자행하다.

작은 책자를 가진 천사(10장) : "때가 얼마 남지 않았다 일곱째 나팔 소리가 나는 날에는 하나님께서 하나님의 종 예언자들에게 전하여 주신대로 하나님의 비밀이 이루어질 것이다." 요한에게 들고 있는 책자를 주면서 "이것을 받아 먹어라, 이것은 배에는 쓰겠지만 입에는 꿀 같이 달 것이다"라고 말하는데, 이는 하나님의 비밀인 복음은 믿는 자에게는 기쁘지만 불신자에게는 심판이 임하므로 힘들다는 뜻이다.

두 증인(11:1-14) : 하늘로부터 "내가 나의 두 증인에게 권세를 주리니 두 증인이 굵은 베옷을 입고 1260일간 예언할 것이다"라는 음성이 들려오다. 두 증인(주 앞에 서 있는 올리브 나무 두 그루와 두 촛대)이 권세를 가지고 예언할 것이나 예언이 끝난 후 짐승에게 살해당하고 시체가 주께서 십자가에 못 박히신 곳(소돔 또는 애굽)에 있다가 사흘 반이 지난 뒤 부활하여 승천한 다음 큰 지진이 일어나고 많은 도시가 무너지고 많은 사람이 죽는다(둘째 재앙).

일곱째 나팔을 불다(11:15-19) : 하늘의 음성이 들리고 장로들이 하나님을 경배하며 하나님의 성전이 열리고, 언약궤가 보일 때 천둥과 번개와 함께 큰 지진이 나고 큰 우박이 쏟아지다.

여자와 붉은 용(12장) : 면류관을 쓴 여인이 해산의 진통과 괴로움으로 울고 있다가 아들을 낳은 후 큰 독수리의 두 날개를 이용하여 광야로 도망쳐서 하나님이 마련하여 주신 곳에서 1,260일 동안 피신하고, 아들은 장차 쇠 지팡이로 만국을 다스리실 분으로 하나님의 보좌로 올라간다. 하늘에서 미가엘 천사들과의 전쟁에 패배하여 땅으로 내려와 온 세계를 미혹하던 악마(사탄)가 이 여자를 쫓아갔으나 여자가 광야에 있는 은신처로 피해 버리자 여자의 남아 있는 자손들(하나님의 계명을 지키며 예수의 증언을 간직하고 있는 사람들)과 싸우다가 미가엘 천사에게 패배하는데, 이때 하늘에서 "하나님의 구원과 권능과 나라가 이루어지고 하나님이 세우신 그리스도의 권세가 나타났다, 어린 양이 흘린 피와 증언한 말씀을 힘입어서 악마를 이겨냈다, 하늘아 즐거워하라 그러나 땅과 바다는 화가 있도다"라고 큰 음성이 들리다(여자는 예수 그리스도와 교회를 붉은 용은 사탄을 상징한다).

두 짐승(13장) : 짐승 하나는 뿔 열과 머리 일곱인 짐승으로 이 붉은 큰 용으로부터 힘과 왕위와 권세를 받아 하나님과 하늘에 사는 이들을 모독하고 박해하자 생명책에 기록되지 않은 사람들이 이 짐승을 경배하고, 다른 짐승은 뿔 둘이 있고 용처럼 말을 하는 짐승으로 큰 기적을 행하며 이를 미끼로 사람들을 미혹하여 사람에게 우상을 만들도록 하고 우상에게 경배하지 않은 사람을 죽이면서 많은 사람들의 오른손과 이마에 짐승의 표(666)를 받게 하다(두 짐승은 사탄을 상징).

어린 양과 144,000명의 새 노래(14:1-5) : 시온 산에 서서 하나님과 네 생물과 24장로들 앞에서 새 노래를 부르다. 십사만사천 명은 순결한 자, 어린 양을 어디든지 따라가는 자, 속량함을 받은 자, 처음 익은 열매로 하나님과 어린 양에게 속한 자, 거짓말을 하지 않고 흠이 없는 사람이다.

세 천사가 전하는 말(14:6-12) : 너희는 하나님을 두려워하고 영광을 돌려라, 하나님께서 심판하실 때가 이르렀다 하나님께 경배하여라(첫 번째 천사). 큰 도시 바벨론이 무너졌다, 바벨론은 자기 음행으로 빚은 진노의 포도주를 모든 민족에게 마시게 한 도시다(두 번째 천사). 우상에게 절한 사람은 누구든지 하나님의 진노의 포도주를 마실 것이고 불과 유황으로 고통받을 것이며 밤낮으로 휴식을 얻지 못할 것이다(세 번째 천사).

하늘의 음성과 성령의 말씀 : 이제부터 주님 안에서 죽는 사람들은 복이 있다, 그들은 수고를 그치고 쉬게 될 것이다.

마지막 수확(14:14-20) : 흰 구름 위에 금 면류관을 쓰고 낫을 들고 있는 인자 같은 분이 한 천사의 요청에 따라 낫을 대어 땅에 있는 곡식을 거두어들이고, 다른 한 천사가 낫으로 땅의 포도를 거두어서 하나님의 포도주를 만드는 틀에 던지고 포도주 틀을 밟아 누르니 엄청난 피가 흘러나오다(구원과 심판의 비유).

환난을 이긴 사람들의 찬양(15:2-4) : 불이 섞인 유리 바다 위에서 모세의 노래와 어린 양의 노래를 부르다. 만민의 왕이신 주님! 주님의 길은 참되시고 주님만이 홀로 거룩하시며 모든 민족이 주님의 정의로운 행동으로 경배할 것이다.

일곱 천사의 일곱 대접(15:5~16:21)

일곱 천사가 일곱 대접을 받자 하늘의 장막 성전이 열리다 : 네 생물 중 하나가 깨끗하고 빛난 세마포를 입고 금 띠를 두른 일곱 천사에게 금 대접 일곱을 주자 하나님의 영광과 권능에서 나오는 연기로 가득 차다.

일곱 천사가 일곱 대접의 재앙을 쏟다(종말 직전에 임할 마지막 재앙들을 자세히 묘사) : 짐승의 표를 받은 자와 우상숭배자들에게 독한 종기 발생하고, 바다가 피로 변하여 바다의 모든 생물이 죽고, 강과 물 근원이 피로 변하며, 해가 사람을 태우고, 유브라데 강이 말라 동방의 왕들의 길이 예비되자, 용과 짐승과 거짓 선지자의 입에서 더러운 귀신의 영이 나와 이적을 행하며 왕들을 아마겟돈으로 모으며, 번개와 뇌성과 지진으로 큰 성과 만국의 성들이 무너지고 바벨론의 섬과 산들이 없어지고 큰 우박이 떨어지다.

큰 음녀 바벨론에 대한 심판(17~19장)

일곱 대접을 가진 한 천사가 음녀가 받을 심판을 보여 주다(17장) : 화려한 치장의 여자가 일곱 머리와 열 뿔이 있는 붉은 짐승을 타고 있는데 손에 가증한 것들과 음행의 더러운 것들이 가득한 금 잔을 들고 이마에는 '큰 바벨론'이라는 이름이 적혀 있다(바벨론은 세상의 임금들을 다스리는 통치권을 가진 큰 도시, 세상의 권력을 상징). 이 붉은 짐승은 하나님의 이름을 모독하는 이름들로 가득한데 음녀를 미워해서 음녀의 살을 삼키고 음녀를 불에 사르다.

다른 천사가 하늘에서 큰 권세를 가지고 내려와 외치다(18:1-3) : 귀신들의 거처가 되고 온갖 더러운 영의 소굴이 된 큰 도시 바벨론이 무너졌도다.

하늘에서 또 다른 음성이 들려오다(18:4-20) : 내 백성아 그 도시에서 떠나가라 너희는 그 도시의 죄에 가담하지 말고 그 도시가 당하는 재난(죽음,

슬픔, 굶주림, 대화재)을 당하지 않도록 하여라, 그 도시의 죄는 하늘에까지 닿았고 하나님은 그 도시의 불의한 행위를 기억하신다. 도시가 자기를 영화롭게 하였고 사치하였으나 그만큼 그에게 고통과 슬픔을 안겨지며 세상의 왕들과 세상의 상인들은 많은 재물이 한순간에 잿더미가 되어 울고 슬퍼하고 두려워할 것이다.

한 힘 센 천사가 큰 맷돌 같은 돌을 바다에 던지고 말하다(18:21-24) : 바벨론의 흔적도 찾을 수 없도다, 모든 노래소리가 들리지 않을 것이다, 등불빛도 다시는 비치지 않을 것이다. 이는 예언자들의 피와 성도들의 피와 땅에서 죽임을 당한 모든 사람의 피 때문이다.

예수님의 재림과 심판

하늘에서의 하나님 찬양(19:1-5) : 하늘에 있는 큰 무리의 우렁찬 음성이 들리고(할렐루야, 구원과 영광과 권력은 우리 하나님의 것이다), 이십사 장로와 네 생물이 하나님께 엎드려 경배하다(아멘, 할렐루야).

어린 양의 혼인 잔치(19:6-10) : 하늘에서 우렁찬 우렛소리와 같은 음성이 선포되고(어린 양의 혼인 날이 이르렀다, 그의 신부에게 빛나고 깨끗한 세마포 옷을 입게 하셨다, 이 세마포 옷은 성도들의 의로운 행실이다), 또 한 천사가 "어린 양의 혼인 잔치에 초대를 받은 사람은 복이 있다, 이 말씀은 하나님의 참된 말씀이다, 하나님께 경배를 드려라, 예수의 증언은 곧 예언의 영이다"라고 말하다.

예수님의 재림(19:11-21) : 신실하고 참되신 분이라는 이름을 가진 분이 백마를 타고 오시는데, 눈은 불꽃 같고 머리에는 많은 관을 썼으며 피로 물든 옷을 입고(그의 이름은 '하나님의 말씀') 그의 입에 있는 날카로운 칼로 모든 민족을 치시고 쇠 지팡이로 모든 민족을 다스리며 하나님의 진노의 포도주 틀을 밟겠고 그의 옷과 넓적다리에는 '왕들의 왕', '군주들의 군주'라고 적혀 있다.

심판 : 하늘의 군대가 깨끗한 세마포 옷을 입고 백마를 타고 예수님을 따르며 아마겟돈에 모여 있는 짐승과 세상의 왕들과 그 군대들을 물리치고, 짐승(적그리스도의 상징)과 거짓 예언자를 붙잡아 산 채로 유황이 타오르는 불못(바다)로 던지며, 남은 자들을 입에서 나오는 칼로 죽이자 새들이 그들의 살점을 먹다.

천 년 왕국과 최후 심판(20장) : 교회의 승리

천 년 왕국(20:1-6) : 한 천사가 하늘에서 내려와 그 용 곧 악마요 사탄인 그 옛 뱀을 붙잡아 결박하여 무저갱에 천 년 동안 가두고, 환난 중에 예수를 증언함과 하나님의 말씀 때문에 순교한 사람들과 짐승과 우상에게 경배하지 아니하고 그들의 표를 받지 아니한 사람들이 살아나서 그리스도와 함께 천 년 동안 다스린다(**첫째 부활**). 첫째 부활에 참여한 사람은 복이 있고 거룩하며, 둘째 사망이 아무런 세력도 부리지 못하고, 하나님과 그리스도의 제사장이 되어 천 년 동안 다스린다.

최후의 심판(20:7-15) : 천 년이 지나면 사탄이 옥에서 풀려나와 땅의 사방에 있는 민족들을 미혹하여 성도들의 천 년 왕국에 대항하나, 하늘에서 불이 내려와 대항한 자들을 모두 삼켜 버리고, 악마는 기히 짐승과 거짓 예언자들이 있는 불과 유황의 바다(영원히 밤낮으로 고통당하는 곳)로 던져지며(사탄의 최후), 모든 죽은 사람들이 하나님의 보좌 앞에 서서 생명책에 기록된 대로 자기들의 행위에 따라 심판을 받으며 생명책에 기록되어 있지 않은 사람은 누구나 불못에 던져지다(**둘째 사망**).

새 하늘 새 땅, 새 예루살렘(21:1~22:5)

요한이 최후 심판 후 처음 본 장면(21:1-2) : 새 하늘과 새 땅, 거룩한 도성 새 예루살렘이 하나님께로부터 하늘에서 내려오다.

요한이 들은 음성(21:3-4) : 하나님이 그들과 함께 계실 것이요, 그들은 하나님의 백성이 될 것이며 다시는 죽음과 슬픔과 울부짖음과 고통도 없을 것이다.

하나님의 말씀(21:5-8) : 내가 모든 것을 새롭게 하리라 다 이루었다 나는 알파와 오메가요 처음과 마지막이라 내가 생명수 샘물을 목마른 자에게 값없이 주리니 이기는 자는 이것들을 상속으로 받으리라 나는 그의 하나님이 되고 그는 내 아들이 되리라, 두려워하는 자들과 믿지 아니하는 자들과 흉악한 자들과 살인자들과 음행하는 자들과 점술가들과 우상 숭배자들과 거짓말하는 자들은 불과 유황으로 타는 못에 던져지리니 이것이 둘째 사망이라.

예루살렘 성을 일곱 대접을 가진 한 천사가 보여 주다(21:9-27) : 하나님의 영광에 있어 귀한 보석 같이 빛나고 벽옥과 수정 같이 맑으며, 높은 성곽과 열두 대문(열두 천사, 열두 지파 이름)과 열두 기초석(열두 사도 이름)이 있다. 성곽은 벽옥으로, 성은 정금으로, 열두 기초석은 벽옥과 남보석과 옥수와 녹보석과 홍마노와 황보석과 황옥과 녹옥과 남황옥과 비취옥과 청옥과 자수정으로, 열두 문은 진주로, 성의 길은 정금으로 되어 있더라. 주 하나님과 어린 양이 성전이라 하나님의 영광과 등불로 해와 달의 비췸이 쓸 데 없고 밤이 없으며, 어린 양의 생명책에 기록된 자들만 영광과 존귀로 들어가다.

또 수정 같이 맑은 생명수의 강과 생명나무를 보여 주다(22:1-5) : 하나님과 어린 양의 보좌로부터 나온 강 좌우에 열두 가지 열매를 맺은 생명나무가 있다.

결론(22:6-21) : 예언의 말씀

천사의 말(22:6–11) : "내가 곧 오겠다" 하신 주님의 말씀을 기억하여라, 이 책에 기록된 예언의 말씀을 지키는 사람들은 복이 있도다. 때가 가까이 왔으니 이 책에 적힌 예언의 말씀을 봉인하지 말아라 이 말씀은 믿음직하고 참되다.

예수님의 말씀(22:12–16) : 보아라 내가 곧 가겠다. 나는 각 사람에게 그 행위대로 갚아주려고 상을 가지고 간다. 나는 알파와 오메가요, 처음과 마지막이요, 시작과 마침이라. 자기 두루마기를 깨끗이 빠는 자들은 복이 있으니 이는 생명나무에 나아오며 성에 들어갈 권세를 받으리라, 교회를 위하여 내 사자를 보내어 이것들을 너희에게 증언하게 하였노라, 나는 다윗의 뿌리요 자손이니 곧 광명한 새벽 별이라.

성령과 신부가 하는 말씀(22:17) : 오라 목마른 자도 올 것이요 또 원하는 자는 값없이 생명수를 받으라.

요한의 증언(22:18–19) : 누구든지 이것들 외에 더하면 하나님이 이 두루마리에 기록된 재앙들을 그에게 더하실 것이요, 누구든지 이 예언의 말씀을 제하여 버리면 하나님이 이 두루마리에 기록된 생명나무와 거룩한 성에 참여함을 제하여 버리시리라.

예수님의 마지막 말씀과 간구와 인사 : 내가 진실로 속히 오리라. 아멘 주 예수여 오시옵소서. 주 예수의 은혜가 모든 자들에게 있을지어다. 아멘.

《성경통독 이렇게 하라》, 조병호, 도서출판 땅에쓰신글씨.

《통독을 위한 성서해설》, 아놀드 로드스, 대한기독교출판사.

《성경의 맥을 잡아라》, 문봉주, 두란노.

《순복음교회 평신도 성경학교 교재》, 조용기, 서울말씀사.

《어! 성경이 읽어지네》, 이애실, 두란노.

《프리셉트 구약개관, 신약개관》, 김병삼, 프리셉트.

《구약성경 개론, 신약성경 개론》, 폴 벤웨어, 요단출판사.

《함께 읽는 신약성서와 구약성서》, 한국신학연구소.

《확 뚫리는 성경의 맥》, 장영승, 나눔.

《신약의 숲을 걷다》, 홍성환, 넥서스크로스.

《즐거운 성경 66권 성경연구》, 유진소, 두란노.

《40일간의 성경탐구》, 유진소, 두란노.

《성경교사를 위한 성경 핸드북》, 스티븐 밀러, 성서유니온선교회.

《성경핸드북》, 김인철, 도서출판 엠마오.

《신약성서신학》, 조경철, kmc.